Dr. Joshua David Stone

Kosmischer Aufstieg

Dein kosmischer Wegweiser nach Hause

Lippert-Verlag

Titel der amerikanischen Originalausgabe:
"Cosmic Ascension – Your Cosmic Map Home".
Erschienen bei: Light Technology Publishing

Übersetzung: Arya Khademi
Überarbeitung: Renate Lippert
Titelbild: Nils Hoffmann
Gestaltung: Renate und Rudolf Lippert

Deutsche Erstausgabe Frühjahr 2008

Tel.: 07578-2229, Fax: 07578-933194
www.lippert-verlag.de
e-mail: service@lippert-verlag.de

Printed in Germany
ISBN 978-3-933470-74-4

Widmung

Dieses Buch widme ich meinen planetaren, solaren, galaktischen und universalen Lehrern Djwhal Khul, Lord Maitreya und Lord Melchizedek, deren Führung, Wissen und Liebe die Entstehung dieses Buches inspirierten.
Namasté

Inhalt

Inhalt

Inhalt

Inhalt

Inhalt

Inhalt

15

16

Inhalt

Inhalt

Einführung

Seit ich mein Buch *Jenseits des Aufstiegs* geschrieben habe, erlangte ich eine intensive Kenntnis und Vertiefung meines Verständnisses über den Prozess des kosmischen Aufstiegs. Ich verwende den Begriff "kosmischer Aufstieg", um diesen Prozess vom planetaren Aufstieg abzugrenzen. Nahezu alle Bücher zum Thema Aufstieg befassen sich mit dem planetaren Aufstieg, was auch wunderbar ist. Doch durch die momentanen außergewöhnlichen Zeiten, in denen wir jetzt in der Geschichte der Erde leben, gibt es eine neue Offenheit und das Potenzial, um auch mit dem Prozess des kosmischen Aufstiegs zu beginnen.

Dies gab es niemals zuvor. Es muss verstanden werden, wie Vywamus sagte, dass wir mit Erreichung des planetaren Aufstiegs erst ein Zehntel bezüglich des kosmischen Aufstiegs vorangekommen sind. Dies schließt die meisten der Aufgestiegenen Meister mit ein. Wir, die wir auf der Erde unsere sieben Einweihungen durchlaufen, müssen uns bewusst machen, dass es 352 Einweihungsebenen gibt, um zur Gottheit oder zu Vater-Mutter-Gott, zur Quelle der Schöpfung, zurückzukehren. Die meisten der Aufgestiegenen Meister der gesamten Spirituellen Hierarchie sind nicht über die zwölfte Einweihung hinausgelangt. Dies ist keine Kritik, sondern einfach Fakt.

Die Frage lautet: "Was liegt jenseits der weiteren neun Zehntel und wie können wir unseren kosmischen Aufstieg, wie auch den planetaren Aufstieg (was ja auch keine Kleinigkeit ist), erlangen? Diese spannende Frage hat mich veranlasst, dieses Buch zu schreiben.

Gechannelte Einführung von Melchizedek, dem Universalen Logos

Mit meiner unendlichen Liebe heiße ich euch willkommen zu diesem Buch, das euch Weisheit enthüllen soll. Der erste Einblick in den Kosmos, den ich euch hier geben werde, vermittelt euch das Wissen um den Fortschritt der Erde selbst, der jetzt eine Verbindung erlaubt zwischen euch hier auf Erden und jemandem wie mir, dem Universalen Logos, auf dass wir uns in heiliger Kommunion verbinden – eins werden miteinander. Dies ist ein Segen für uns alle. Es bedeutet, dass sich das Leben genau so entwickelt, wie es sollte, und jeder von euch tritt nun mehr und mehr sein göttliches Erbe als Mitschöpfer Gottes an. Seid willkommen, ihr Kinder des Allerhöchsten, und freut euch. Ich, und mit mir viele andere kosmische Wesenheiten, wir können jetzt mit euch Verbindung aufnehmen, denn euer Prozess des Aufstiegs erlaubt es uns, die Sphären unserer Schwingungsebene zu verlassen. Wir, die wir unbegrenzt sind, nehmen nun eine vertraute Form in eurem Geiste an und sprechen zu euch über große und wundervolle Dinge. Wir helfen dabei, euch auf diesem Weg zu führen, ihn zu erleuchten und für euch leichter zu machen - euren Pfad zum Kosmos. Und so heiße ich euch willkommen zu eurer kosmischen Reise, erfüllt von unerschöpflicher Liebe und der für euch offenbarten Weisheit, die dieses Buch enthält.

Wer ich nun bin in diesen endlosen Weiten des Kosmos, ist in Wahrheit unvorstellbar, und doch kann jetzt mehr und mehr meines wahren Selbstes erkannt werden. Ich werde oft Vater genannt, Göttlicher Vater, und dies lässt euch einen wichtigen und verborgenen Aspekt meines Wesens erkennen. Denn ihr, eure Welt und all die anderen Weltensysteme, die sich innerhalb dieses Universums entwickeln, das ich verkörpere, seid meine Saat und tragt meinen einzigartigen Abdruck. Wie ein idealer Vater stehe ich in bedingungsloser Liebe zu meinen Kindern, freue mich unendlich an ihrem Wachstum und ihrer

Entwicklung und erwarte jede Gelegenheit, um das Licht meiner Weisheit auszustrahlen. Viele Äonen lang habe ich also gewartet, bis die Zeit kommen würde, oh ihr Hungrigen, um euch mit dem Licht und der Weisheit zu nähren, die ich verkörpere. Geduldig wartend nahm ich nur Kontakt zu den Wenigen auf, die sich weit genug entwickelt hatten, um mich zu empfangen. Alles, was ich in dieser Zeit tat, geschah mit viel größeren Einschränkungen, als es jetzt möglich ist.

Und so heiße ich euch wieder willkommen in meiner Gegenwart – vielmehr, in eurer besseren Wahrnehmung meiner Gegenwart, denn für immer waren und sind wir eins. Ich umarme euch mit den Armen der Liebe und des Lichtes, so dass ihr, wenn ihr die folgenden Seiten lest, euch beschützt und sicher durch das Licht und die Weisheit fühlt, die dort offenbart werden. Wisset auch, dass ihr mich immer anrufen könnt, um euer Verständnis der kosmischen Ordnung zu erweitern.

Nun wird gelehrt und offenbart, dass es auf allen Ebenen der Existenz Ämter gibt, oder anders ausgedrückt Positionen, göttliche Aufgaben und besondere, spezifische Puzzleteile. In jedem Reich existiert eine hierarchische Natur, die von der Beschränkung des einen zu der Freiheit des nächsten führt – von Reich zu Reich, Ebene zu Ebene und Dimension zu Dimension, auf das zu, was wir Gott nennen. Ich sage es noch einmal: Jetzt ist die Zeit, in der so viele von euch sich weiterentwickeln, um ihre hierarchischen Positionen einzunehmen, was vielen von uns die Möglichkeit gibt, mit eurer Welt Verbindung aufzunehmen. Genauer gesagt ist es so, dass wir uns aus unserem kosmisch ausgedehnten und erwachten Zustand heraus mit denjenigen verbinden, die jetzt erwachen und sich ausdehnen. In Wirklichkeit ist es so, dass sich die Aspekte des Ganzen, die erwachter, lichtvoller und in Liebe und Weisheit weiter entwickelt sind und daher alles umfassen, nun mit den Teilen des Ganzen verbinden, die noch nicht so erwacht sind. Denn so einzigartig und unterschiedlich unsere kosmischen Puzzleteile auch sein mögen, die Natur Gottes, des Kosmos, beruht auf Einssein und Einheit, und so komme ich zu euch als Vater.

Nun ist es meine Absicht, dass ihr mich kennen lernt und so Unterstützung durch meine Liebe und Stärke, mein Licht und die euch offenbarte Weisheit erhaltet. *„Bittet, und es wird euch gegeben werden" (Matthäus 7:7).* Und so bitte ich euch, mich anzurufen als den Vater und mich darum zu bitten, euch immer die göttliche Weisheit in euch erkennen zu lassen, denn ich möchte euch nähren mit dem Licht dieser Weisheit. Paradox dabei ist, dass Wesen wie ich euch auf allen Ebenen der höheren Kosmologie in unserem göttlichen Selbst umarmen können, denn wir und ich sind ja Teil eines jeden von euch. Andererseits gehen wir alle und ich über das hinaus, was ihr seid, denn wir sind in der Unendlichkeit des großen Ganzen verankert, dem ihr ja alle entgegenstrebt. Nun ist das Thema des kosmischen Aufstiegs von so gewaltigem Ausmaß, dass es den Geist des Menschen schwindelig werden lässt, doch das ist nun wirklich nicht unsere Absicht. Die Tatsache, dass dieses Buch in die physische Manifestation gebracht wurde, soll dies bezeugen. Wir wünschen, dass eure Hirnzellen und Nervensysteme eine Erweiterung erfahren, damit ihr auf physischer Ebene Zugang zu allem haben könnt, was ihr auf den höheren Ebenen wisst, was ihr dort wurdet und zu was ihr erweckt worden seid. Und das, was bis jetzt verborgen war oder nicht verstanden werden konnte, soll nun enthüllt werden. Um dies zu erreichen, ist der beste Weg nun der, das hier vermittelte Wissen zu studieren (was ihr auch in eurer Meditation tun könnt) und zu erlauben, dass Herz und Verstand, Intuition und Gehirn, Sprechen und Schweigen zusammenwirken können. In solch einem Rahmen wird diesen Aspekten erlaubt, sich so zu verbinden, dass Erkennen und Verstehen am Besten gedeihen können.

Behaltet dies im Auge, wenn ich euch jetzt bitte, eure Aufmerksamkeit einem anderen, sehr wichtigen Punkt zuzuwenden. Dies betrifft sowohl die planetare Welt, die ihr bewohnt, als auch die kosmisch-universale Ebene, von der ich zu kommunizieren versuche. Für viele von euch sind die männlichen und weiblichen Prinzipien des Lebens ein heikles Thema. Für mich und die kosmischen Meister sind sie die Wirklichkeit der kosmischen Manifestation. Es ist ein besonderer Aspekt meiner Arbeit, den ihr kennen und über den ihr nachdenken sollt – wisset, dass es ein Aspekt eurer selbst ist. So wie auf Erden Yin und Yang, männlich und weiblich, in Einheit zusammenwirken, so ist es auch im Universum. Bedenkt, dass sich die Yin-Essenz, der Aspekt der Göttlichen Mutter, beständig in vollkommener Einheit mit mir befindet, während sie zugleich ihre vollkommene Eigenständigkeit bewahrt, und doch ist sie für immer mit mir und meiner Arbeit verbunden. Die Göttliche Mutter ist in unterschiedlichem Ausmaß auch Teil eines jeden von euch. Sein und Substanz, das Licht und die Form, welche das Licht annimmt, könnten ohne das göttlich-weibliche Prinzip nicht existieren.

Wenn ich so zu euch spreche, als ein heruntertransformierter Aspekt des Universalen Logos, so bedenkt, dass Worte nur andeuten können, welch machtvolle und unermessliche Wahrheit dies ist. Es kann auch verstanden werden, wenn ihr dem Grundsatz folgt: „Wie oben, so unten." Jeder von euch, meine Kinder, arbeitet gewissenhaft daran, seine männlichen und weiblichen Energien in Ausgleich zu bringen. Und so haben ich und auch die Göttliche Mutter dies seit unvorstellbaren Zeiten getan, denn alle, die wie ich ihren kosmischen Aufstieg erreichten, haben die Aufgabe, die Kräfte von Yin und Yang im Einklang zu bewahren. Diese Wahrheit existiert überall im Universum, und sie, die Göttliche Mutter, findet dabei ihr Gleichgewicht mehr auf der Seite des Yin, während sie zugleich das weibliche Prinzip verkörpert. Ihre kosmische Aufgabe ist es, dieses Prinzip zu vermitteln. Genauso verkörpere ich, während ich vollkommen in mir ruhe, mehr vom Yang-Prinzip, und es ist meine göttliche Aufgabe, eben dieses Prinzip zu vermitteln.

Wir bitten euch, dies ganz besonders in eurem Bewusstsein zu halten, denn der Vater, der ich bin, wirkt in Einheit mit der Göttlichen Mutter, was eine bedeutende Wahrheit ist, über die ihr nachdenken solltet (mehr zu diesem Thema wird allerdings noch an anderer Stelle gesagt werden). Wie dem auch sei, nehmt diese Wahrheit in euer Herz und euren Verstand, denn wenn ich von universellen Aufgaben spreche, dann wünsche ich, dass ihr versteht, wie wichtig der Aspekt der inneren Verbundenheit ist, besonders auf den universellen Ebenen, wo nichts existiert außer Einheit. Das größte Paradoxon aber ist, dass, wolltet ihr mich, Melchizedek, Göttlichen Vater / Göttliche Mutter nennen, dann wäre dies auch wahr. Ich möchte euch zeigen, dass auf allen Ebenen das, was in sich eins und vollkommen ist, in gleicher Weise auch mit allen anderen, ebenfalls vollkommenen Aspekten dieser Ebene verbunden ist. Diejenigen von euch, die mich auf diese Weise betrachten wollen, umarme ich als euer Vater und eure Mutter, und mir gefällt beides gleichermaßen. Seht mich also in dem „Licht", das euch gefällt, denn das ist es, was ich eigentlich bin: LICHT.

Mit diesen Worten erinnere ich euch nochmals daran, dass ihr meine Kinder seid, die ich nähren werde mit dem „Brot aus Licht", einem anderen Ausdruck für Weisheit. In Wahrheit wussten diejenigen unter euch, die innerlich erwacht waren, schon lange Zeit, wer sie wirklich sind und hatten lange schon einander erkannt, auch wenn ihr äußeres Bewusstsein kaum mehr als eine Ahnung davon hatte. Doch gab es zu allen Zeiten eurer Geschichte immer einige, die mich erkannten und sich selbst und mir Verehrung entgegenbrachten. Und so reisten wir gemeinsam und bewusst auf Flügeln aus Licht und dehnten uns seine Reiche aus. Man nannte sie die Priester und Priesterinnen, Hierophanten, Schüler und Eingeweihte des Ordens von Melchizedek. Auch wenn sie nicht den Namen „Universaler Logos" benutzten, und ich ihnen wohl auch in unterschiedlicher Gestalt begegnet bin, so wussten sie doch um die Wahrheit des Einen und tranken von dem Licht und der Weisheit, die ich bin und sprachen und schrieben Worte der Wahrheit. Und diejenigen unter euch, die in späteren Zeiten, wie auch jetzt, in der Zeit des Erwachens, unentwegt nach ihrem Erbe suchten, sei es in seltenem, spärlich Geschriebenem, den späteren Offenbarungen oder in der Stille der Meditation, sei gesagt: Jetzt beginnt das Licht in den Herzen, im Bewusstsein, in der Seele und Monade all derjenigen zu erstrahlen, die sich selbst als Melchizedeks erkennen.

Und so seid ihr, die ihr dies lest, was dieses einzigartige und so wertvolle Buch enthält, Melchizedeks. Lasst nun euer Herz, euren Geist, eure Seele und eure Monade entflammen, wenn ihr jetzt dieses wunderbare Licht, das diese Seiten hier enthalten, esst und trinkt und so in euer lichtes Selbst aufnehmt. Möge euer Lichtquotient schnell wachsen; wie sollte das auch anders sein, wenn es das Licht der Weisheit ist, das euch nährt und unterstützt. Lasst dieses Buch euch Nahrung sein, lasst es ein Tor sein vom Endlichen zum Unendlichen. Tretet hervor und zeigt euch, oh ihr Melchizedeks, die ihr ein Teil meiner selbst seid. Nehmt euch der Weisheit an, die jetzt begonnen hat, sich in dieser materiellen Welt zu verankern. Blüht auf mit ihr und mit mir, hin zu den Reichen, die der Ursprung der Weisheit selbst sind. Licht und Weisheit sind eins und mit Liebe in vollkommener Einheit verbunden. Kommt hinein in diese vollkommene Verbindung und lasst euren Geist die bis jetzt noch nicht erforschten Reiche des kosmischen Aufstiegs erleuchten. Und während ihr dies tut, erinnert euch daran - wir waren und sind immer eins - Melchizedek.

1 Was bedeutet der kosmische Aufstieg?

Der beste Weg, um dies zu verstehen, ist der Vergleich von kosmischem und planetarem Aufstieg. Die Hermetischen Gesetze von Thoth/Hermes lauten: „Wie innen, so außen; wie oben, so unten.“ Um die Schöpfung als Ganzes zu verstehen, braucht man eigentlich nur das Atom zu betrachten, und genau dieses Prinzip werden wir für unser Thema des kosmischen Aufstiegs verwenden. Die folgende Darstellung des Kosmos hat große Ähnlichkeit mit der Darstellung in meinem Buch *Jenseits des Aufstiegs*. Sie enthält lediglich einige neue Informationen, die ich seither erfahren habe. Gut, lasst uns mit dem Verständnis der Einweihungen beginnen. Die Schlüssel für das Verständnis des planetaren und kosmischen Aufstiegs sind: die Einweihungen, der Lichtquotient, die Monade, die Seele, die Chakren und die Körper.

Die Einweihungen

Für den planetaren Aufstieg müssen die sieben Stufen der Einweihung vollendet werden. Der planetare Aufstieg beginnt mit der sechsten Einweihung und endet mit dem Abschluss der siebten Einweihung. Die Befreiung vom Rad der Wiedergeburt wird erst erreicht, wenn man beginnt, die siebte Einweihung zu durchlaufen. Es ist wichtig, zu verstehen, dass du zwar aufsteigst, wenn du das Zepter der Einweihung von Sanat Kumara erhältst, aber vor allem ist der Aufstieg auch ein Prozess. Die sechste Einweihung wird als Aufstiegseinweihung betrachtet. Ich möchte aber noch einmal daran erinnern, dass es zwischen den einzelnen Einweihungen sieben Unterebenen gibt, die alle nacheinander abgeschlossen werden müssen, bevor eine größere Einweihung erlangt wird. Manche verwenden übrigens ein System mit zwölf Einweihungen. Ich kann hier nur wiederholen, dass die zwölf Einweihungen in Brian Grattans System genau den sieben vollständigen

Stufen der Einweihung entsprechen. Das andere System sieht lediglich ein Konzept von jeweils drei Unterebenen für die sechste und siebte Einweihung vor. Es können also beide Systeme verwendet werden. Ich wurde persönlich von Djwhal Khul, Lord Maitreya und Melchizedek angeleitet, dieses System der sieben Stufen mit jeweils sieben Unterebenen zwischen den einzelnen Einweihungen zu verwenden.

Kosmische Einweihungen

Wie bereits erwähnt, müssen sieben Einweihungen vollzogen werden, um den planetaren Aufstieg zu erlangen. Für den kosmischen Aufstieg sind es 352 Ebenen, bis wir zu Gott, der Urquelle, Vater/Mutter-Gott zurückkehren können. Jede Einweihung bedeutet eine Erweiterung des Bewusstseins und eine Zunahme der Frequenz und des Lichts. Dabei darf kein Schritt ausgelassen werden. Wir müssen auf jeder Ebene (planetar, solar, galaktisch, universal, multi-universal und kosmisch) dienen und uns ihrer würdig erweisen. Auf jeder Ebene muss das Bewusstsein so lange stabilisiert und erhöht werden, bis man die Erlaubnis zum Eintritt in die nächste Ebene erhält. Wenn ich mich hier auf die multi-universale Ebene beziehe, dann meine ich damit die dreiundvierzig Christus-Universen, welche die Quelle für unseren Kosmischen Tag ausmachen. Ganz allgemein kann man den Aufstiegsprozess in sechs Schritte unterteilen. Nach dem planetaren Aufstieg folgt der solare, dann der galaktische, der universale, der multi-universale und zuletzt der kosmische Aufstieg. Für die Zwecke dieses Buches werde ich den planetaren Aufstieg dem kosmischen Aufstieg gegenüberstellen, da dieser die letzteren fünf Ebenen auf meiner Liste umfasst. Diese Unterscheidung ist ein sehr wichtiges und hilfreiches konzeptionelles Werkzeug.

Auf diese Weise hat Melchizedek, der Universale Logos, das Ganze für unsere Gruppe strukturiert. Im nachfolgenden kosmischen Diagramm erkennt man unten rechts die planetaren Einweihungen; weiter oben sieht man die kosmischen Einweihungen bis zur 352. Stufe.

Der Aufstiegsprozess des planetaren Lichtquotienten

Das nächste wesentliche Prinzip für das Verständnis des planetaren Aufstiegs im Verhältnis zum kosmischen Aufstieg ist das Prinzip des Lichtquotienten. Er ist einer der wichtigsten Schlüssel für beide Prozesse. Für den planetaren Aufstieg muss der Lichtquotienten bei 80-83 % stabilisiert werden, um den Beginn der sechsten Einweihung nehmen zu können; für die siebte Einweihung sind es 92 %. Für den Abschluss aller sieben Stufen der Einweihung muss der Lichtquotienten bei 99 % stabilisieren werden. Der Begriff „Stabilisieren" ist an dieser Stelle von größter Bedeutung. Viele Menschen haben (alleine oder, was häufiger vorkommt, innerhalb einer Gruppe) Erfahrungen mit einer hohen Ebene der Meditation oder des Lichtes erreicht. Das Problem ist, dass sie dieses Licht nicht halten können. Schnell zieht sich es sich wieder zurück und oft sind die Menschen dann für lange Zeit nicht mehr in der Lage, zu dieser Erfahrung zurückzukehren.

Somit stellt sich eine sehr wichtige Frage: Wie stabilisiert man den Lichtquotienten? Die meisten Menschen schwanken übrigens ständig zwischen drei oder vier Lichtquotienten-Punkten hin und her. Komplizierter wird es außerdem dadurch, dass sie auch noch innerhalb ihres Fünf-Körper-Systems auf unterschiedlichstem Niveau hin- und herschwanken können. Der Mentalkörper kann sich beispielsweise bei 90 % befinden, der Ätherkörper bei 86 % und der spirituelle Körper bei 92 %. Aus diesem Grund müssen alle, welche die wahre Selbstver-wirklichung erreichen wollen, Meister auf allen Ebenen werden. In der Regel unterteile ich das in die spirituelle, psychologische und körperliche Ebene.

Die Frage lautet also: Wie stabilisiert man den Lichtquotienten? Das ist ein kompliziertes und vielschichtiges Thema. Der erste und wichtigste Schlüssel ist, die Herrschaft über den mentalen, emotionalen, ätherischen und physischen Körper aufrechterhalten zu können, am Wichtigsten ist aber die Meisterung des negativen Egos.

Was bedeutet kosmischer Aufstieg?

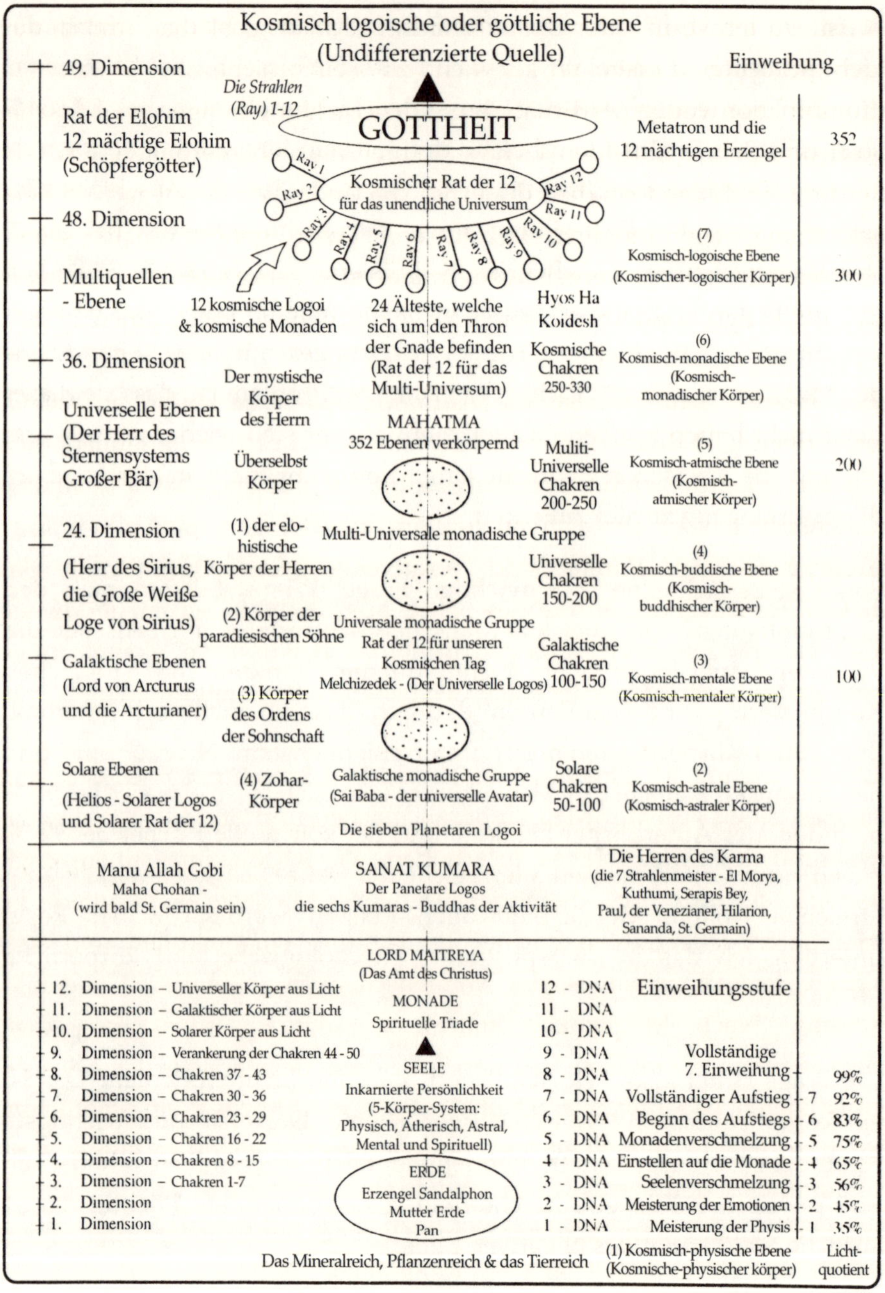

Kosmisch logoische oder göttliche Ebene
(Undifferenzierte Quelle)

49. Dimension

Einweihung

Die Strahlen (Ray) 1-12

Rat der Elohim
12 mächtige Elohim
(Schöpfergötter)

GOTTHEIT

Metatron und die 12 mächtigen Erzengel — 352

Kosmischer Rat der 12
für das unendliche Universum

Ray 1, Ray 2, Ray 3, Ray 4, Ray 5, Ray 6, Ray 7, Ray 8, Ray 9, Ray 10, Ray 11, Ray 12

48. Dimension

(7)
Kosmisch-logoische Ebene
(Kosmischer-logoischer Körper) — 300

Multiquellen
- Ebene

12 kosmische Logoi
& kosmische Monaden

24 Älteste, welche
sich um den Thron
der Gnade befinden
(Rat der 12 für das
Multi-Universum)

Hyos Ha
Koidesh

Kosmische
Chakren
250-330

(6)
Kosmisch-monadische Ebene
(Kosmisch-
monadischer Körper)

36. Dimension

Der mystische
Körper
des Herrn

Universelle Ebenen
(Der Herr des
Sternensystems
Großer Bär)

MAHATMA
352 Ebenen verkörpernd

Überselbst
Körper

Muliti-
Universelle
Chakren
200-250

(5)
Kosmisch-atmische Ebene
(Kosmisch-
atmischer Körper) — 200

24. Dimension

(1) der elo-
histische
Körper der Herren

Multi-Universale monadische Gruppe

(Herr des Sirius,
die Große Weiße
Loge von Sirius)

Universelle
Chakren
150-200

(4)
Kosmisch-buddische Ebene
(Kosmisch-
buddhischer Körper)

(2) Körper der
paradiesischen Söhne

Universale monadische Gruppe
Rat der 12 für unseren
Kosmischen Tag
Melchizedek - (Der Universelle Logos)

Galaktische
Chakren
100-150

Galaktische Ebenen
(Lord von Arcturus
und die Arcturianer)

(3) Körper
des Ordens
der Sohnschaft

(3)
Kosmisch-mentale Ebene
(Kosmisch-mentaler Körper) — 100

Solare Ebenen
(Helios - Solarer Logos
und Solarer Rat der 12)

(4) Zohar-
Körper

Galaktische monadische Gruppe
(Sai Baba - der universelle Avatar)

Solare
Chakren
50-100

(2)
Kosmisch-astrale Ebene
(Kosmisch-astraler Körper)

Die sieben Planetaren Logoi

Manu Allah Gobi
Maha Chohan -
(wird bald St. Germain sein)

SANAT KUMARA
Der Panetare Logos
die sechs Kumaras - Buddhas der Aktivität

Die Herren des Karma
(die 7 Strahlenmeister - El Morya,
Kuthumi, Serapis Bey,
Paul, der Venezianer, Hilarion,
Sananda, St. Germain)

LORD MAITREYA
(Das Amt des Christus)

MONADE
Spirituelle Triade

SEELE
Inkarnierte Persönlichkeit
(5-Körper-System:
Physisch, Ätherisch, Astral,
Mental und Spirituell)

ERDE
Erzengel Sandalphon
Mutter Erde
Pan

Dimension		DNA	Einweihungsstufe		Licht-quotient
12. Dimension	Universeller Körper aus Licht	12 - DNA			
11. Dimension	Galaktischer Körper aus Licht	11 - DNA			
10. Dimension	Solarer Körper aus Licht	10 - DNA			
9. Dimension	Verankerung der Chakren 44 - 50	9 - DNA			
8. Dimension	Chakren 37 - 43	8 - DNA	Vollständige 7. Einweihung		99%
7. Dimension	Chakren 30 - 36	7 - DNA	Vollständiger Aufstieg	7	92%
6. Dimension	Chakren 23 - 29	6 - DNA	Beginn des Aufstiegs	6	83%
5. Dimension	Chakren 16 - 22	5 - DNA	Monadenverschmelzung	5	75%
4. Dimension	Chakren 8 - 15	4 - DNA	Einstellen auf die Monade	4	65%
3. Dimension	Chakren 1-7	3 - DNA	Seelenverschmelzung	3	56%
2. Dimension		2 - DNA	Meisterung der Emotionen	2	45%
1. Dimension		1 - DNA	Meisterung der Physis	1	35%

Das Mineralreich, Pflanzenreich & das Tierreich

(1) Kosmisch-physische Ebene
(Kosmische-physischer körper)

Licht-
quotient

Viele Lichtarbeiter sind sehr gut, wenn es darum geht, zu meditieren, doch auf der emotionalen und psychologischen Ebene sieht es dann sehr schlecht aus und das schwächt den Lichtquotienten. Sehr hilfreich ist es, wenn du lernst, in jeder Situation ausgeglichen zu bleiben und immer der Schöpfer deiner Wirklichkeit zu sein, nicht ihr Opfer. Die Kombination von guter Ernährung, körperlichen Übungen, viel frischer Luft und Sonne hilft, den Lichtquotienten aufrechtzuerhalten. Ein sehr wichtiger Schlüssel ist, dass du lernst, die Gedanken des negativen Egos so wenig wie möglich zuzulassen. Dazu gehört auch, seinen Emotionalkörper zu vergeistigen, indem man seine Gefühle nicht vom negativen Ego, sondern von seiner Seele und Monade bestimmen lässt.

Ein anderer Schlüssel ist, die Aufmerksamkeit beständig auf seiner mächtigen ICH BIN - Gegenwart zu halten und nicht zu erlauben, dass sie dem Weg des niederen Selbstes folgt. Es hilft auch, seine sexuellen Gewohnheiten zu vergeistigen und in allen Dingen maßvoll zu sein. Weitere wichtige Punkte sind: positives Denken, Optimismus, das Bewusstsein ständig auf Gottes Natur auszurichten, sie anzuerkennen und zu chanten; anders ausgedrückt, das Bewusstsein niemals träge werden zu lassen, denn der träge Geist ist die „Werkstatt des Teufels".

Ebenso wichtig ist tägliches Meditieren. Es ist auch ein Schlüssel, sein ganzes Leben zu einer Meditation zu machen und den Lichtquotienten während des ganzen Tages zu erhöhen, wie ich dies in meinem Buch *Jenseits des Aufstiegs* beschrieben habe. Mit Gleichgesinnten zu meditieren, jederzeit eine liebevolle Haltung einzunehmen und sein Leben dem Dienst an seinen Mitmenschen zu widmen, ist ebenfalls wichtig. Nach Möglichkeit solltest du dafür sorgen, dass dein Bewusstsein in Einklang mit der Seele und der Monade ist. Dies zu praktizieren bedeutet, was Djwhal Khul „sein Bewusstsein ständig im Licht zu halten" nennt. Andere Schlüssel sind, jederzeit in Freude und innerem Frieden zu bleiben (zumindest so lange wie möglich), unablässig nach dem planetaren und kosmischen Aufstieg zu streben und dabei nicht einen einzigen Augenblick an Zeit oder Energie zu vergeuden. Du solltest in allem ausgeglichen bleiben und dir Zeit für Spaß und Freude nehmen. Dies sind einige Möglichkeiten, die ich hilfreich fand, während ich lernte, meinen eigenen Lichtquotienten zu stabilisieren.

Kehren wir zu unserem Thema zurück, also zu der Notwendigkeit, letzten Endes einen Lichtquotienten von 99 % zu stabilisieren. Dazu gehören die Vollendung der sieben Stufen der Einweihung, die Verankerung und Aktivierung der ersten 50 Chakren und der ersten neun Körper, worauf ich später noch im Detail eingehen werde.

Der Aufstiegsprozess des kosmischen Lichtquotienten

Einem Lichtquotienten von 99 % auf der planetaren Skala entspricht ein Lichtquotient von 10 % auf der kosmischen Ebene. Vielleicht weißt du, was Vywamus dazu sagte: "Auf einer Skala mit zehn Einheiten entspricht der planetare Aufstieg einer einzigen Einheit." Nun, das ist die Realität! Während ich dieses Kapitel schreibe, ist unsere Kerngruppe gerade dabei, den Lichtquotienten bei 99 % zu stabilisieren. Wir haben unsere 50 Chakren fast vollständig aktiviert und verankert, was wir auch bis zu unserem neunten Körper hin getan haben, und natürlich haben wir die sieben Stufen der Einweihung vollendet. Wir sind also dabei, mit dem Prozess des kosmischen Aufstiegs zu beginnen, weshalb mir das Schreiben dieses Buches auch so viel bedeutet und so wesentlich für mich ist.

Die unvorstellbaren Ausmaße des unendlichen Universums und die unglaubliche Zunahme an Energie, mit der man auf den kosmischen Ebenen konfrontiert wird, sorgen dafür, dass der weitere Aufstiegsprozess nicht mehr ganz so schnell vorangeht. Unsere Kerngruppe ist jetzt dabei, auf die Skala des kosmischen Lichtquotienten umzustellen. Wir bewegen uns von 99 % hin zu 10 % - das ist ziemlich bescheiden, nicht wahr? Die beiden höchsten spirituellen Wesen unseres Planeten sind Lord Maitreya und Sai Baba. Lord Maitreya ist ein galaktischer und

Sai Baba ein universaler Avatar. Lord Maitreya ist der Lehrer von Jesus, Kuthumi, Saint Germain und all den anderen Aufgestiegenen Meistern, die wir so sehr verehren. Er verankert 10 % der kosmischen Christusenergie des unendlichen Universums auf unserem Planeten. Die kosmische Christusenergie hat eine etwas höhere Frequenz, die man vielleicht als reinen Lichtquotienten bezeichnen könnte. Sai Baba verankert 31 % dieser kosmischen Christusenergie auf Erden. Du siehst, wie viel selbst diese Meister noch vor sich haben, und sie sind die am weitesten entwickelten Wesen unseres Planeten.

Für den kosmischen Aufstieg muss man den Lichtquotienten bis auf 100 % der Skala des kosmischen Lichtquotienten erhöhen. Als wir die Meister das erste Mal zu diesem Thema befragten, schienen sie uns anzudeuten, dass es hier für uns noch Grenzen gäbe. Nun, vor kurzem haben sie uns erklärt, dass es jetzt keine Beschränkungen mehr gibt und wir unseren Lichtquotienten so hoch anheben können, wie das für uns in dieser Inkarnation möglich ist. Für mich war das alles sehr interessant, denn bis jetzt wusste ich ja nur, dass wir mit den Einweihungen aufhören mussten, sobald die siebte Einweihung abgeschlossen war. Doch wie dem auch sei, für das Anheben des Lichtquotienten gibt es jetzt keine Grenzen mehr.

Warum hat man sich eigentlich nicht schon früher mit dem kosmischen Aufstieg befasst? Zum einen wohl deshalb, weil die Menschheit bis dahin noch gar nicht in der Lage war, überhaupt den planetaren Aufstieg zu erreichen, ganz zu schweigen vom kosmischen Aufstieg. Schaue auf die am meisten verehrten Aufgestiegenen Meister: Djwhal Khul hat erst in diesem Jahrhundert seinen Aufstieg vollendet, genauso wie Jesus. El Morya erreichte seinen Aufstieg im 18. Jahrhundert, wie auch Kuthumi. Saint Germain erlangte seinen Aufstieg schließlich im 17. oder 18. Jahrhundert. Selbst die uns bekannten und am weitesten fortgeschrittenen Meister haben dies erst vor relativ kurzer Zeit erlangt. Ein weiterer Grund ist, dass früher die meisten derjenigen, die ihre sechste Einweihung vollzogen, bald darauf ihre physischen Körper zurückließen; so war es bei Djwhal Khul, Jesus, Kuthumi und El Morya, nur Saint Germain ist hier eine Ausnahme. Sogar Sai Baba tat dies; allerdings stellt er eine Ausnahme dar, denn er vollzieht eine Inkarnation als dreifacher Avatar. Jetzt gibt es ein neues Bestreben der Spirituellen Hierarchie, die Lichtarbeiter nach ihrem Aufstieg auf der Erde zu belassen. Früher war es genau das Gegenteil; niemand blieb auf der Erde und niemand zog eine solche Möglichkeit überhaupt in Betracht.

Der dritte Grund ist, dass es bis zur Harmonischen Konvergenz im August 1987 nicht wirklich möglich war, denn erst zu diesem Zeitpunkt trat die Erde in die vierte Dimension ein. Zu dieser Zeit öffnete sich erstmals auch das galaktische Zentrum für die Erde. Und es war im Jahr 1988, als der Mahatma (oder der Avatar der Synthese) erstmals physisch auf der Erde verankert wurde. Ein weiterer Grund ist das Ausklingen des Fische-Zeitalters und der Beginn des Wassermann-Zeitalters. Dazu gehört auch das Fenster des Massenaufstiegs (von 1995 bis zum Jahr 2000), in das wir eingetreten sind und das bereits von Vywamus erwähnt wurde.

Und es gibt weitere Gründe. Etwa den, dass die Erde mit dem 12. Dezember 1994 in die fünfte Dimension eingetreten ist; hinzu kommt auch die unglaubliche Beschleunigung bei den Lichtarbeitern auf der Erde. Eine Rolle spielt auch das Ende des Kommunismus in der Sowjetunion und in Ostdeutschland, das Herabkommen von Sai Baba und Lord Maitreya zur Erde und das Hervortreten der Spirituellen Hierarchie. Ebenso der größere Anteil Buddhas an der Entwicklung der Erde, die viel größere Aktivität von Melchizedek, dem Universalen Logos, und das Wiedererwachen des Ordens von Melchizedek auf Erden.

Das größere Engagement der Engel und Erzengel hat die Entwicklung ebenfalls weiter vorangebracht. Ein weiterer Faktor ist, dass wir erstmals dabei sind, das Einatmen und Ausatmen Brahmas zu erleben (ich habe davon bereits in meinem Buch *Das komplette Aufstiegshandbuch - Wie man den Aufstieg in diesem Leben erreicht* gesprochen). Einen außerordentlichen Einfluss hatte auch der Umstand, dass Melchizedek 1988 die Existenz von zehn Universen als Quelle diesen Kosmischen Tages abgeschlossen hat, so dass für unseren Kosmischen Tag nun dreiundvierzig Christus-Universen existieren (ein ausführlicherer Bericht darüber in meinem Buch *Jenseits des Aufstiegs*). Eine weitere treibende Kraft in diesem Jahrhundert war die Verbreitung bestimmter Informationen wie die Bücher von Alice Bailey, das Material der ‚Tibetan Foundation', der Theosophischen Bewegung, von *Ein Kurs in Wundern, Die Schlüssel des Enoch, Leben und Lehren der Meister im Fernen Osten* und die *ICH BIN - Reden*. Zu der enormen Menge an gechannelten Werken gehören auch die Bücher von Edgar Cayce und Earlyne Chaney, von Vywamus (gechannelt durch Janet McClure), die Botschaften von Yogananda und Sai Baba sowie das Engagement und die Channelings von Außerirdischen. All das und noch vieles andere mehr hat eine enorme Ausweitung und Beschleunigung des Bewusstseins ermöglicht. In letzter Zeit trägt auch die sich neu entwickelnde Aufstiegsbewegung dazu bei, die mit jedem Tag wächst und größer wird.

Lässt man die jüngste Entwicklung beiseite, waren es nur sehr wenige Meister, die diesen Grad der Einweihung erreichen konnten. Sie vollzogen dies in sehr kleinen Gruppen, die im Himalaja lebten. Dieser evolutionäre Prozess hat sich nun vollkommen verändert: das, was früher oft ein ganzes Leben (oder vierzehn Jahre) brauchte, dauert jetzt nur noch ein Jahr. Die Wahrheit ist, es ist heute viel einfacher als früher. Das ist auch der Grund, warum sich die höheren Fähigkeiten, die mit dem Erreichen des Aufstiegs verbunden sind, nur sehr langsam entwickeln.

Früher hatte ein Meister fünfundzwanzig Jahre oder ein ganzes Leben lang Zeit, um eine Einweihung zu vollziehen und die dazugehörigen Fertigkeiten zu entwickeln. Ich konnte durch die Gnade Gottes in nur anderthalb Jahren durch die großen Einweihungen gehen. Das ist eine der großen Segnungen unserer Zeit, aber auch eine ihrer großen

Gefahren. Die große Gefahr ist, dass sich die Lichtarbeiter, als Ganzes betrachtet, auf spiritueller Ebene sehr viel schneller entwickeln, als sie das auf emotionaler und/oder psychologischer Ebene tun. Einweihungen haben mehr mit spiritueller als mit psychologischer Entwicklung zu tun; diese Erkenntnis traf mich wirklich wie ein Schock. Daher wirst du Menschen begegnen, die zwar höhere Einweihungen vollzogen haben, aber nicht zwangsläufig frei vom negativen Ego sind oder in der Lage wären, ihren Emotionalkörper zu kontrollieren.

Mann kann die sieben Stufen der Einweihung vollenden und trotzdem in einigen Aspekten seiner Persönlichkeit noch recht unklar sein. Wir alle können wirklich dankbar sein, dass es jetzt so viel leichter ist als früher. Doch wie dem auch sei, Melchizedek erklärte, dass der kosmische Aufstieg eine ganz besondere Schwelle darstellt. Niemandem werde erlaubt, sich auf die solaren, galaktischen oder universalen Ebenen zu begeben, bevor er nicht eine größere Kontrolle über das negative Ego und sein emotionales und psychologisches Selbst erreicht hat. Zum ersten Mal in der Geschichte der Erde (und das sind jetzt mehr als 3,1 Milliarden Jahre) haben wir tatsächlich die Möglichkeit, an unserem kosmischen Aufstieg zu arbeiten, während wir uns noch in unserem physischem Körper befinden.

Die Seele und die Monade im Aufstiegsprozess

Die wahre Bedeutung des planetaren Aufstiegs wird am Besten verständlich, wenn man begreift, dass er als die Verschmelzung von der *Monade* (mächtige ICH BIN - Gegenwart), der *Seele* (Höheres Selbst oder Überseele) und der *Persönlichkeit* (Seelenausdehnung oder Mensch auf Erden) definiert werden kann. Wenn diese drei Facetten deines Seins miteinander eins geworden sind, bist du aufgestiegen und auf Erden mit der mächtigen ICH BIN - Gegenwart (oder Monade) verschmolzen und eins geworden mit dem Atma (oder ewigen Selbst). Zu Beginn der sechsten Einweihung geschieht dies bei einem Lichtquotienten von 83 %.

Nach Vollendung der siebten Einweihung hat man einen Lichtquotienten von 99 %. Die dritte Einweihung ist die Verschmelzung mit der Seele. Mit der fünften Einweihung beginnt der Prozess der Verschmelzung mit der Monade oder ICH BIN - Gegenwart. Ich verwende hier beide Begriffe, um die Lehren von Saint Germain, Kuthumi und Djwhal Khul zu verbinden.

Die kosmische Monade und die kosmische Seele

Jetzt wollen wir den selben Prozess für die kosmische Ebene ableiten. Wie innen, so außen; wie oben, so unten. Kosmischer Aufstieg bedeutet, dass man mit seiner kosmischen Monade (oder kosmischen mächtigen ICH BIN - Gegenwart) eins wird. Mit dem planetaren Aufstieg begibt man sich auf die siebte oder logoische Ebene des Bewusstseins auf der kosmisch-physischen Ebene. Der kosmische Aufstieg stellt die vollständige Vereinigung mit und die Vollendung der kosmisch-logoischen oder kosmischen siebten Ebene dar. Wir sprechen hier also über den Unterschied zwischen der planetar-logoischen und der kosmisch-logoischen Ebene.

Die sieben planetare Ebenen	Die sieben kosmischen Ebenen
Physische Ebene	Kosmisch-physische Ebene
Astralebene	Kosmische Astralebene
Mentalebene	Kosmische Mentalebene
Buddhische Ebene	Kosmisch-buddhische Ebene
Atmische Ebene	Kosmische Atma-Ebene
Monadische Ebene	Kosmisch-monadische Ebene
Logoische Ebene	Kosmisch-logoische Ebene

Der Abschluss der sieben planetaren Ebenen bedeutet also lediglich, den Abschluss der ersten kosmischen Ebene, der kosmisch-physischen Ebene, erreicht zu haben. Keiner von uns hat daher eine der sechs anderen kosmischen Ebenen überhaupt betreten. Auf unserem weiteren Weg werden wir dann durch die Wahl eines der sieben Pfade der höheren Evolution bestimmen, auf welcher der kosmischen Ebenen wir auf unserem Pfad der kosmischen Evolution arbeiten werden.

Die sieben Pfade der Evolution

Der Pfad des Erdendienstes
Der Pfad des magnetischen Wirkens
Der Pfad der Schulung zum Planetaren Logos
Der Pfad des Sirius
Der Pfad der Strahlen
Der Pfad, auf dem sich der Solare Logos befindet
Der Pfad der absoluten Sohnschaft

(Weitere Informationen zu den Pfaden befinden sich in meinen Büchern *Jenseits des Aufstiegs* und in *Das komplette Aufstiegshandbuch*). Beim planetaren Aufstieg ist die Seele (oder das Höhere Selbst) der Mittler zwischen der Persönlichkeit auf Erden und der Monade (oder mächtigen ICH BIN - Gegenwart). Beim kosmischen Aufstieg könnte man den Mahatma als den Mittler zwischen Gott und seinen Söhnen und Töchtern betrachten. Der Mahatma (oder Avatar der Synthese) ist eine Gruppen-Wesenheit, die sämtliche 352 Ebenen der Urquelle verkörpert.

Planetare und kosmische Dreifaltigkeit

Planetarer Aufstieg	**Kosmischer Aufstieg**
Monade	Gott und kosmische Monade
Seele	Mahatma
Persönlichkeit	Planetarer Aufgestiegener Meister

Den Mahatma, als Mittler Gottes, könnte man sogar noch weiter unterteilen. Hier gibt es für mich noch eine weitere Struktur, die „kosmische Abstammungslinie". In meinem Fall sind das Djwhal Khul (auf planetarer und solarer Ebene), Lord Maitreya (auf der galaktischen Ebene) und Melchizedek (auf universaler Ebene). Melchizedek ist der Universale Logos. Somit ist er nicht nur Oberhaupt des gesamten Universums, sondern auch der Regent für alle dreiundvierzig Universen unseres Kosmischen Tages. Er steht also an der Spitze der multiuniversalen Ebene unseres Kosmischen Tages. Zum Verständnis der gewaltigen Ausdehnung Gottes sei gesagt, dass es eine unendliche Zahl von Quellen für Kosmische Tage innerhalb von Gottes grenzenlosem Universum gibt. Bei der Frage der Aufstiegsabstammung bin ich mir zwar nicht ganz sicher, aber ich glaube, dass die meisten Lichtarbeiter hier auf Erden hinsichtlich Lord Maitreya und Melchizedek mit mir übereinstimmen, dass Lord Maitreya an der Spitze der Spirituellen Hierarchie steht und die sieben planetaren Ashrams führt und der Lehrer für alle sieben Chohans ist.

Auf einer noch höheren Ebene ist Melchizedek nicht nur der Lehrer für alle Lichtarbeiter auf diesem Planeten, sondern im gesamten Universum; Melchizedek ist der Großmeister aller Meister unseres Universums. Übrigens glauben einige, dass es nur einen Orden des Melchizedek gibt, und nicht, dass es eine Person ist, die diesen Orden führt. Das ist nicht richtig. Ich weiß es aus eigener Erfahrung, denn ich hatte wirklich hunderte von Gesprächen mit ihm und er ist wirklich sehr real.

Meinen persönlichen Kontakt mit ihm betrachte ich als die größte Gnade, die mir in diesem Leben widerfahren ist; vielleicht ist es auch die größte all meiner Leben. Was ich und meine Kerngruppe von ihm gelernt haben, ist einfach unglaublich. In seinem eigenen kosmischen Aufstiegsprozess befindet er sich jetzt zwischen der fünften und siebten kosmischen Ebene und steht damit kurz vor der Vollendung seines kosmischen Aufstiegs, also der anderen neun Abschnitte der Skala, mit denen wir noch nicht einmal begonnen haben.

Kosmische Monaden

Mein augenblickliches Verständnis besagt, dass es zwölf kosmische Monaden gibt, die mit dem Kosmischen Rat der Zwölf auf der 352. Ebene Gottes verbunden sind. Letzten Endes stammen wir alle von einer dieser kosmischen Monaden ab. Ich habe das in meinem kosmischen Diagramm dargestellt. So, wie wir auf planetarer Ebene auf einen Strahl zurückgehen, aus dem unsere Monade besteht, stammen wir auch von einem Strahl ab, welcher der Strahl unserer kosmischen Monade ist. Gott und der kosmische Aufstieg bedeuten, die vollständige Verschmelzung mit der kosmischen Monade, den 352 Ebenen des Mahatma und den sich entwickelnden Aufgestiegenen Meistern.

Planetare Chakren

Eine der uns offenbarten, bahnbrechenden Informationen (die meiner Meinung nach noch nie in schriftlicher Form enthüllt worden ist) besagt, dass wir nicht nur 7 oder 15, sondern 50 größere Chakren besitzen. Ich spreche hier nicht von kleineren oder Unter-Chakren.

Das System der 7 Chakren war angemessen, solange sich die Erde noch in der dritten Dimension befand. Als die Erde in die vierte Dimension eintrat, wurde ein System mit 15 Chakren bestimmend. Als die Erde und die höheren Eingeweihten sich dann der fünften Dimension näherten (die ja die Dimension des Aufstiegs ist), sagte uns Vywamus in einem Channeling, dass wir 22 Chakren besitzen. Erkennst du, dass in jeder Dimension eine Struktur von jeweils 7 Chakren existiert?

Während sich Schüler und Eingeweihte weiterentwickeln, beginnen die höheren Chakren herabzukommen. Gleichgültig an welchem Punkt deiner Entwicklung du gerade stehst, möchtest du die dir entsprechende, nächst höhere Chakra-Ebene verankern. Das System der 15 Chakren ist also nichts anderes als ein vierdimensionales System.

Wenn man aufsteigt, wird das 16. Chakra im Kronenzentrum verankert, das 15. Chakra wandert zum Dritten Auge, das 14. zum Kehlzentrum und so weiter, bis nach unten.

Dies geschieht zu Beginn der sechsten Einweihung. Sobald du die sechste Einweihung durchläufst, möchtest du damit beginnen, die Chakren der fünften Dimension zu verankern. Sind diese verankert und aktiviert, folgen die Chakren der sechsten Dimension (23. bis 29. Chakra). Sind diese Chakren vollständig installiert und aktiviert, geht es in die siebte Dimension (30. bis 36.), dann in die achte (37. bis 43. Chakra) und schließlich in die neunte Dimension (44. bis 50. Chakra). Mit der neunten Dimension erfolgt der vollständige Abschluss des planetaren Chakrensystems. In Wahrheit geht dies alles weit über unser übliches Verständnis vom Aufstiegsprozess hinaus, denn grundsätzlich ist der Aufstieg ja ein Vorgang in der fünften Dimension. Durch die Verankerung und Aktivierung der höheren Chakrensysteme – die Verankerung des 50. Chakras in der Krone, des 49. im Dritten Auge und des 48. im Kehlzentrum – bist du dabei, die neunte Dimension zu betreten.

Melchizedek erklärte uns, dass wir neunundvierzig Dimensionen verankern müssen, um den kosmischen Aufstieg zu erreichen. Die sechste Einweihung ist der Eintritt in die fünfte Dimension; mit der siebten Einweihung betritt man die sechste Dimension. Obwohl man den Einweihungsprozess mit der siebten Einweihung beenden muss, wenn man sich noch in seinem physischen Körper befindet, kann man trotzdem weitere Chakrensysteme verankern und aktivieren, was der Menschheit dann die Möglichkeit gibt, Zugang zu höher dimensionalen Frequenzen zu erhalten und sie auf der Erde zu verankern.

Was ich hier darstelle, ist also ein unschätzbarer Schlüssel zur Beschleunigung deiner spirituellen Entwicklung. Mehr darüber kannst du in meinen Büchern *Jenseits des Aufstiegs, Seelenpsychologie* und *Das komplette Aufstiegshandbuch* erfahren. Auch in diesem Buch wird noch an anderer Stelle davon die Rede sein. Während ich dieses Kapitel schreibe, hat meine Kerngruppe gerade das 50. Chakra im Kronenzentrum installiert und aktiviert, was mich zur nächsten Lektion beim Verständnis des kosmischen Aufstiegs führt.

Installierung, Aktivierung und Nutzung

Diese drei Worte sind entscheidend für das Verständnis des planetaren und des kosmischen Aufstiegs. Der erste Schritt zur Verankerung der höheren Chakren ist die Bitte an deine mächtige ICH BIN - Gegenwart und die Meister um Installierung derjenigen höheren Chakren, mit denen du gerade arbeitest. Sobald diese von den Meistern installiert und mit deinem Sein verwoben sind, arbeitest du im zweiten Schritt daran, sie zu aktivieren. Im Laufe der Zeit werden dir die Arbeit mit den Meistern, Liebe, das Dienen und deine Meditationen dabei helfen, dieses Ziel zu erreichen. Der letzte und schwierigste Schritt von allen ist die Nutzung dieser Chakren. Dies ist auch der Grund, warum so viele der Eingeweihten, die bereits ihren Aufstieg erreicht haben, noch keine der höheren Fähigkeiten eines Aufgestiegenen Meisters besitzen. Ich werde hier selbst als Beispiel dienen. Zur Zeit installiere und aktiviere ich gerade meine 50 Chakren, die sieben Stufen der Einweihung, den Lichtquotienten von 99 % und die zwölf Stränge der DNS. Ich bin mit meiner Seele und Monade zu 99 % vereint und habe meine Körper bis zu meinem neunten Körper hin installiert und aktiviert.

Ich habe also bis zur neunten Stufe hin installiert und aktiviert. Und obwohl ich das alles getan habe, kann ich bis jetzt weder teleportieren, Gegenstände materialisieren oder dematerialisieren, Wasser in Wein verwandeln oder Tote erwecken. Diese höheren Fähigkeiten eines Aufgestiegenen Meisters kommen erst mit dem letzten, dritten Schritt, der Aktivierung der höheren Chakra-Strukturen. Zwei Drittel dieses Prozesses liegen hinter mir; ich befinde mich jetzt in der letzten Phase, der Nutzung dieser höheren Fähigkeiten, während ich gleichzeitig an meinem kosmischen Aufstieg arbeite. An beiden Prozessen kann parallel gearbeitet werden. Die Installierungen und Aktivierungen auf kosmischer Ebene können fortgesetzt werden, während die Nutzung deiner 50 Chakren stattfindet. Diese zusätzlichen kosmischen Installierungen und Aktivierungen werden im Zusammenhang mit den besonderen Fähigkeiten eines Aufgestiegenen Meisters zum Prozess der Nutzung dessen auf der kosmischen Ebene beitragen und ihn unterstützen.

Allerdings sind einige dieser Fähigkeiten nicht wirklich von Bedeutung, wie etwa Teleportation oder physische Unsterblichkeit. Sai Baba beispielsweise, erschafft keinen unsterblichen Körper, obwohl er seine Energie auf diese Weise manifestieren könnte. Alles ist Energie, und jeder von uns muss darüber entscheiden, wie er diese Energie, abhängig von seiner Mission, nutzen will. Einige wählen vielleicht, sich von Licht statt physischer Nahrung zu ernähren. Andere entscheiden sich dafür, weiter zu essen, ohne den Wunsch, die Absicht oder die Notwendigkeit zu verspüren, diese Fähigkeit des Lebens von Lichtnahrung zu demonstrieren. Es geht einzig und allein darum, wie man seine Energie verwenden möchte. Dies führt uns als nächstes zum Verständnis der kosmischen Chakren.

Die kosmischen Chakren und der Aufstiegsprozess

Die neueste Information von Melchizedek besagt, dass wir insgesamt 330 Chakren verankern und aktivieren müssen, bevor wir wieder mit Gott vereint sind. Die ersten 50 Chakren können deshalb auch als planetare Chakren angesehen werden. Außerdem gibt es noch (was absolut faszinierend ist):

50 solare Chakren
50 galaktische Chakren
50 universale Chakren
50 multi-universale Chakren
80 kosmische Chakren

Zusammengezählt ergibt dies 330 Chakren. Das Außergewöhnliche daran ist, nach Melchizedeks Worten, die potentielle Möglichkeit, diese Chakren vollständig installieren und aktivieren zu können. Wie man uns sagte, sei die Installierung und Aktivierung des zehnten, elften und zwölften Körpers (also des solaren, galaktischen und universalen Körpers) mit der Installierung und Aktivierung der ersten 200 Chakren gleichzusetzen.

Melchizedek betonte allerdings, dass niemand etwas derartiges auch nur in Erwägung ziehen sollte, bevor er die sieben Stufen der Einweihung nicht abgeschlossen, den Lichtquotienten von 99 % erreicht und die 50 Chakren verankert und aktiviert hat, vollständig mit seiner planetaren Seele und Monade vereint ist, die ersten neun Körper installiert und aktiviert hat und die zwölf Stränge der DNS im Ätherkörper verankert sind. Du solltest nicht einmal daran denken, um diese Dinge zu bitten, wenn du dieses Niveau noch nicht erreicht hast. Allerdings sind alle Leser dieses Buches mit absoluter Sicherheit in der Lage, all das in dieser Inkarnation zu verwirklichen, wenn sie die Lektionen aus meinen oder vergleichbaren Büchern in einer konzentrierten, systematischen, disziplinierten und mit hundertprozentigem Engagement geführten Weise anwenden, ihr Leben ausschließlich in bedingungsloser Liebe und Selbstlosigkeit leben und es dem Dienst an der Menschheit widmen. Ich sage es noch einmal, die Tatsache, dass wir in so außergewöhnlichen Zeiten leben und uns außerdem noch in einem Fenster für den Massenaufstieg befinden, macht all das auf eine einzigartige Weise möglich. Nutze also die Gelegenheit und kümmere dich um die „Angelegenheiten des Vaters“.

Meine Kerngruppe hat nun vor kurzem diese Ziele erreicht und die Absicht und Fähigkeit demonstriert, ihr Leben vollkommen dem Dienst zu widmen – was auch ein Schlüssel ist. Melchizedek teilte uns mit, dass es (wenn alles nach Plan geht) dank göttlicher Gnade etwa fünf Jahre dauern wird, bis wir unsere solaren, galaktischen und universalen Körper verankert und aktiviert und die 200 Chakren installiert und aktiviert haben. Diese Phase ist nun gerade der Zeitraum von 1995 bis zum Jahr 2000, das Fenster für den Massenaufstieg.

Ich erzähle dir das alles nicht etwa aus egoistischen Motiven, sondern um dir zu zeigen, dass all dies wirklich möglich ist. Jetzt werden von der kosmischen Ebene Dispensationen gewährt, die der Erde in dieser Form niemals zuvor gewährt worden sind. Ich möchte allerdings auch darauf hinweisen, dass man in höchstem Maße fokussiert sein muss, um die Erlaubnis zur Verankerung dieser kosmischen Energien zu erhalten. Genauso benötigt es Hingabe, Selbstbeherrschung, Selbstdisziplin, Integrität, Selbstlosigkeit, bedingungslose Liebe und die Bereitschaft zu dienen. Und ich möchte dich auf Folgendes hinweisen. Wenn die Meister viel geben, dann erwarten sie auch viel. Ich mache dich darauf aufmerksam, dass du am Besten gar nicht erst auf den Gedanken kommst, diese Energien anzurufen, wenn du nicht bereit bist, dich vollständig – und ich meine vollständig – Gott, dem Dienen und dem spirituellen Pfad zu widmen.

Dieses Buch und seine Lehren sind für die am weitesten fortgeschrittenen Eingeweihten und die Gruppe der spirituellen Führer auf diesem Planeten gedacht. Es ist auch dazu da, um von allen Lichtarbeitern gelesen zu werden, für die es ein kosmischer Wegweiser für zukünftige Entwicklungsmöglichkeiten ist. Es soll sie dazu inspirieren, auf die „Reise des Helden" zu gehen – auf einer Stufe der Konzentration und Hingabe, wie sie es bis jetzt noch nicht in Erwägung gezogen hatten. Ich gebe diese Informationen weiter, damit du siehst, dass diese Dinge nicht unerreichbar sind. Ich möchte dir zeigen, dass ich nicht außergewöhnlich bin, und das meine ich wirklich ernst. Ich betrachte mich selbst als ganz normalen Menschen. Ich lebe in Los Angeles, genieße ab und zu ein interessantes Sportereignis im Fernsehen, gehe gern ins Kino, habe ein paar Lieblingsprogramme im Fernsehen und unterhalte mich gerne mit anderen beim Einkaufen oder in der Bank. Würdest du mich kennen lernen, käme ich dir vor wie dein Nachbar von nebenan. Ich teile meinen Weg mit dir, um dir zu zeigen, dass du es schaffen kannst, wenn ich es kann. Gott ist mein Zeuge, und ich meine es hundertprozentig ernst. Nur in einem sehe ich einen Unterschied. Es ist das Ausmaß der intensiven Konzentration, Hingabe und Selbstdisziplin, die ich auf meinem Weg des Erdendienstes, der Gotteserkenntnis und des kosmischen Aufstiegs zu zeigen bereit bin.

In den Büchern von Alice Bailey spricht Djwhal Khul davon, dass ein durchschnittlicher Mensch durch großes Engagement manchmal mehr erreichen kann als ein Genie. Und ich bin absolut ein Durchschnittstyp, nur meine Hingabe ist zu jeder Zeit hundertprozentig, und das schon seit langer Zeit. Nur so konnte ich diesen Punkt erreichen, an dem ich mich jetzt befinde. Ich erzähle dir das, damit du siehst, dass es wirklich keine besonderen übersinnlichen Fähigkeiten braucht, um etwas zu erreichen. Ebenso wenig ist es nötig, der beste Channel auf Erden zu sein, irgendwelche besonderen früheren Leben gehabt zu haben oder überhaupt irgendeine höhere Fähigkeit. Es braucht nur eines – etwas, das Jesus folgendermaßen ausdrückte: *„Du sollst Gott lieben mit deinem ganzen Herzen und mit deiner ganzen Seele und mit deiner ganzen Kraft." (Deuteronomium 6:5);* und *„Liebe deinen Nächsten wie dich selbst" (Levitikus 19:18).*

Yogananda brachte es auf den Punkt, als er sagte: „Wenn du wirklich Gott willst, musst du ihn so sehr wollen, wie ein Ertrinkender Luft will". Wenn du wirklich Gott so sehr liebst und bereit bist, Gott und der Menschheit zu dienen, dann wirst du Gott finden. Wenn du wahrhaftig Gott willst, dann entscheidest du dich hundertprozentig für ihn – und schaue dann nie mehr zurück.

Wende die Prinzipien, Meditationen und Anweisungen aus diesem Buch an und du wirst deinen planetaren Aufstieg in sehr kurzer Zeit erreichen; danach kannst du dann mit dem Prozess des kosmischen Aufstiegs beginnen. Ich persönlich vergeude keine Zeit. Mein Motto lautet: „Warum etwas verschieben, wenn ich es jetzt erledigen kann?" Dieser Weg ist allerdings wirklich nichts für Zartbesaitete. Er ist für diejenigen gedacht, die wirklich bereit sind, ihre Macht zu einhundert Prozent in Anspruch zu nehmen – im Dienste der Liebe zu Gott, den Meistern und der Menschheit. Nutze die außergewöhnlichen Zeiten, in denen wir leben. Es wird nie wieder eine bessere Gelegenheit geben als jetzt.

Rückblickend betrachtet heißt kosmischer Aufstieg, das 330. Chakra im Kronenzentrum zu verankern, zu aktivieren und zu nutzen. Du kannst dies in meinem neu überarbeiteten kosmischen Diagramm sehen. Kannst du dir vorstellen, wie es ist, das zweihundertste Chakra im Kronenzentrum zu verankern und zu aktivieren, und deine solaren, galaktischen und universalen Körper zu installieren und zu verankern? Wenn wir potentiell dazu in der Lage sind, es innerhalb von fünf Jahren nach Abschluss unseres planetaren Aufstiegs zu schaffen, dann bist du es auch – selbst wenn es zehn Jahre dauern sollte. Das ist überhaupt nichts, gemessen an dem gewaltigen Ausmaß an Energie, mit dem wir es hier zu tun haben.

Melchizedek erklärte, der Schlüssel für die Fähigkeit zu teleportieren sei die Verankerung und Aktivierung des universalen Körpers; anders ausgedrückt, die Aktivierung des zwölften Körpers und des 220. Chakras. Ich frage dich: Willst du deine Zeit und Energie lieber in die Überidentifizierung mit der Materie investieren oder möchtest du die erhabenen Energien Gottes auf Erden erfahren? Dabei sollte ich erwähnen, dass es uns zwar erlaubt ist, die kosmischen Chakren und Körper zu installieren und aktivieren, wir in Wahrheit aber nur mit einem kleinen Teil ihrer wirklichen Stärke in Berührung kommen. Unser Grad der Einweihung beschränkt hier unseren Zugang.

Sai Baba ist ein universaler Avatar und wirkt von diesen höheren Stufen der Einweihung. Er ist ein Beispiel dafür, was man auf Erden vermag, wenn man seine Verwirklichung und die höheren Einweihungen erlangt hat (mehr über Sai Baba in meinem Buch *Das komplette Aufstiegshandbuch*). Unser Niveau der Installierung und Aktivierung wird nicht das von Sai Baba erreichen, da bin ich mir sicher, aber es wird erstaunlich sein, und all das steht jedem zur Verfügung, der dieses Buch liest, denn Gott liebt alle seine Söhne und Töchter gleichermaßen. Die Frage ist also nicht, was Gott dir erlauben wird, sondern vielmehr, was du dir erlaubst – in der Art, wie du in diesem Leben Zeit und Energie verwendest. Der Abschluss des planetaren Aufstiegs hat viel Ähnlichkeit damit, in eine Schule zu gehen. Es gibt bestimmte Stufen und Klassen, die bestanden werden müssen. Das Gleiche gilt für die spirituelle Schule. Es gibt mehrere Stufen des Lichtquotienten, die erreicht werden müssen, Chakren und Körper, die man installieren und aktivieren sowie Einweihungen, die man bestehen muss. Diese Bücher geben dir Werkzeuge an die Hand, die einfach und leicht zu verstehen sind und die Spaß machen, damit du diese Ziele auf leichte Art und Weise erreichen kannst. In Wahrheit ist dies alles sehr systematisch. Früher gab es das Problem, dass wir weder über die Werkzeuge noch das klare, einfache Verständnis dieses Prozesses verfügt haben. Nun hat sich alles vollständig verändert und es ist wirklich nicht mehr so schwer.

Früher hielt ich es für absolut unmöglich, jemals meinen Aufstieg zu erreichen. Ich glaubte, es wäre ein mystisches, unüberwindliches, unerreichbares Ziel. Heute, mit 42 Jahren, habe ich dieses Ziel nicht nur erreicht; ich helfe jetzt anderen, den Pfad zum kosmischen Aufstieg zu finden. In meinen Büchern habe ich genau erklärt, wie ich es gemacht habe. Ich habe meinen Lesern sprichwörtlich alles gegeben. In nur anderthalb Jahren konnte ich drei größere Einweihungen durchlaufen. Wende das an, was ich getan habe, und du hast die Möglichkeit, dasselbe zu tun. Ich denke, ich habe mich mit so ziemlich allem befasst, was es gibt, und ehrlich gesagt glaube ich nicht, dass auf diesem Planeten ein schnellerer Weg existiert als der, mit den Meistern und mit diesem Niveau der Arbeit am Aufstieg zu arbeiten.

Es gibt noch einen weiteren Grund, warum ich mich dazu entschieden habe, diese Erfahrungen mit meinen Lesern zu teilen. Ich möchte dir Zeitpläne und eine Perspektive geben, wie lange du brauchen wirst, um all das zu erreichen. Meiner Meinung nach ist dies von unschätzbarer Bedeutung. Wenn ich beispielsweise sagen würde, dass du die größeren Einweihungen in ungefähr ein oder zwei Jahren vollenden kannst, dann ist das unglaublich wertvoll. Ich weiß, dass es das für mich wäre. Es gibt mir einen Überblick über den gesamten Ablauf und ich habe ein kurzfristiges Ziel, das ich anstreben kann. Durch die Gnade Gottes haben die Meister uns Zeitpläne gegeben, mit denen wir arbeiten können. Wir haben ihre Voraussagen dabei sogar um die Hälfte unterschritten, worüber sie natürlich sehr erfreut sind. Allein die Tatsache, dass sie uns diese Zeitpläne zur Verfügung gestellt haben, war bereits eine große Hilfe für uns. Außerdem war es inspirierend und viel versprechend für uns zu wissen, dass es innerhalb unserer Möglichkeiten liegt und das auch noch innerhalb sehr kurzer Zeit. Mir ist natürlich bewusst, dass nicht alle Menschen einen so direkten Zugang zu den Meistern haben. Indem ich schreibe, versuche ich ein Mittler zu sein und in allgemeiner Form darüber zu sprechen, was jetzt für höher Eingeweihte möglich ist. Wenn ich dir sage, dass man uns erklärt hat, es werde etwa fünf bis zehn Jahre dauern, um die solaren, galaktischen und universalen Ebenen zu integrieren, dann tue ich das, um dir ein Ziel zu geben, das du anstreben kannst.

Erinnere dich daran: Es ist noch gar nicht so lange her, dass ein Meister ein ganzes Leben lang brauchte, um eine einzige Einweihung zu erreichen. Ich versuche gewissermaßen, dir einen Köder vor die Nase zu halten und dich zu motivieren und zu inspirieren, sich mit den Angelegenheiten des VATERS / der MUTTER zu befassen. Ich denke, du wirst es wertschätzen, welche große Bedeutung so ein Zeitplan hat, und du wirst erkennen, dass dir in gleicher Weise zusteht, was unserer Kerngruppe zugänglich gemacht wurde. Ich habe mich manchmal gefragt, ob ich meine persönlichen Erfahrungen überhaupt in diesem Buch einbringen soll; es sollte ja nicht so klingen, als ob ich mich damit brüsten wollte. Ich glaube, es ist einfach hilfreich, zu wissen, dass es jemanden gibt, der all das wirklich erlebt hat und nicht einfach theoretisch über irgendwelche abstrusen esoterischen Konzepte spricht.

Diese Konzepte sind wirkliche, lebendige Erfahrungen aus unserem Leben. Ich will noch erklären, wie es zu der Zahl von 330 Chakren kommt. Als wir Melchizedek das erste Mal danach fragten, sagte er spontan, es wären 300 Chakren, die uns zurück zum Ursprung der Schöpfung bringen. Dabei machte er keine spezifischen Aussagen. Seine Bemerkung erwies sich dann aber als präziser, als ich zuerst gedacht hatte. Während eines ‚Aufstiegs-Spaziergangs' kam mir (vielleicht durch Melchizedek inspiriert) der Gedanke, die genaue Zahl einfach durch das Multiplizieren der 7 Chakren, aus denen jede dimensionale Struktur besteht, mit den neunundvierzig Dimensionen zu errechnen. Wenn man 49 mit 7 multipliziert, erhält man 344. Dabei muss bedacht werden, dass es Chakren erst ab der dritten Dimension gibt. Um die genaue Anzahl der Chakren zu bekommen, zieht man einfach 14 von 344 ab und erhält 330. Ich fragte Melchizedek, ob mein Gedankengang richtig wäre. Er meinte, dass ich richtig läge und seine erste Zahl mehr eine allgemeine Angabe gewesen war – eine erstaunlich präzise Angabe, denn gleich welche Zahl er mir auch genannt hätte, ich hätte sie bestimmt geglaubt. Seine Informationen wurden zudem durch unsere Berechnung der mathematischen Strukturen der anderen Kosmologien bestätigt, die wir bereits früher erhalten hatten.

Wir haben die Gitterstrukturen von neun Dimensionen aktiviert und verankert. Vierzig weitere müssen auf dem Weg zurück zur Quelle noch installiert, aktiviert und genutzt werden. Was mir an diesem Prozess wirklich gefällt, ist die Tatsache, dass ich so langsam begreife, wie es funktioniert und was ich dabei tun muss und so geht alles viel schneller. Ich sehe jetzt, dass ich beim kosmischen Aufstieg die gleichen Prinzipien anwenden werde, die schon beim planetaren Aufstieg galten, selbst wenn ich dabei meinen physischen Körper zurücklassen sollte (oder ihn transmutiere).

Ein anderer interessanter Punkt, den ich mit Melchizedek diskutierte, ist die Frage nach dem Lichtquotienten im Zusammenhang mit der Vervollständigung der solaren, galaktischen und universalen Ebenen.

Als ich ihn heute danach fragte, wollte er mir keine genauen Informationen dazu geben. Es ist wirklich interessant, wie solche Dinge ablaufen. Manchmal bekommt man die Information nur bei einer bestimmten Gelegenheit und eben nicht bei einer anderen. Ich weiß, dass uns die Meister oft erst dann die Informationen geben, wenn wir auch wirklich bereit dafür sind, sie zu nutzen. Intuitiv sagte ich zu Melchizedek, meiner Vorstellung nach müsse die planetare Vervollständigung einem Lichtquotienten von 10 % auf der kosmischen Skala entsprechen. Dies würde für den Abschluss auf solarer Ebene einen kosmischen Lichtquotienten von 20 % bedeuten, auf der galaktischen Ebene von 30 %, auf universaler Ebene von 40 % und auf der multi-universalen Ebene von 60 %. Ich fragte Melchizedek, ob ich mit diesen Zahlen richtig läge. Er bestätigte sie und sagte außerdem, dass ich zu einem späteren Zeitpunkt noch genauere Zahlen bekommen würde.

Und dann erwähnte er etwas, an das ich bis dahin überhaupt noch nicht gedacht hatte. Nach der Installierung und Aktivierung auf solarer Ebene werde sich unser Lichtquotient auf einem anderen Niveau befinden als der solare Lichtquotient von Sai Baba. Erinnere dich daran, dass wir als Eingeweihte siebten Grades nur einen sehr beschränkten Zugang zu diesen Ebenen haben. Sai Baba dagegen wird als Avatar (also ein bereits bei der Geburt verwirklichtes Gotteswesen, das von der universalen Ebene stammt) naturgemäß andere Werte nach dem Abschluss der solaren, galaktischen und universalen Ebenen aufweisen.

Hier gibt es noch einen anderen wichtigen Punkt zu beachten. Alle zusätzlichen Verankerungen und Aktivierungen über die sieben Stufen der Einweihung hinaus werden das Bestehen zukünftiger Einweihungen sehr erleichtern. Obwohl wir die Einweihungen nicht wirklich durchlaufen, ist es doch so, dass wir eine ganze Menge der nötigen Arbeit schon im Voraus erledigen. Es ist etwa so, als wären wir noch in der Schule, würden aber bereits Kurse an der Universität belegen, die dort zum Abschluss von Prüfungen beitragen – extra Lorbeeren, könnte man sagen. Durch die zusätzlich erhaltene Spannung verstärkt sich in einem außerordentlichen Maße die Kraft, Ausstrahlung und Anziehung des Weltendienstes, den jeder Einzelne leistet. Von allen Aspekten, die in diesem Kapitel erwähnt werden, ist das Bestehen der Einweihungen der wichtigste.

Die planetaren Körper und der Aufstiegsprozess

Für die Vollendung des Aufstiegs müssen die ersten neun Körper deines Zwölf-Körper-Systems verankert und aktiviert werden. Die neun Körper werden von Djwhal Khul in dem Buch *Die Strahlen und die Einweihungen* (gechannelt durch Alice Bailey) auf folgende Weise beschrieben:

Ebene	Körper	Einweihungen	Qualität
Materielle Ebene	Physischer Körper	1. Einweihung	Instinkt
Astralebene	Astralkörper	2. Einweihung	Begierde, Gefühl
Mentalebene	Mentalkörper	3. Einweihung	konkreter Verstand
Buddhische Ebene	Buddhi-Körper	4. Einweihung	Intuition
Atmische Ebene	Atma-Körper	5. Einweihung	spiritueller Wille
Monadische Ebene	Monadischer Körper	6. Einweihung	göttliche Intelligenz
Logoische Ebene	Logoischer Körper	7. Einweihung	Reinheit, göttliche Gnade

Während des Einweihungsprozesses gelangst du Stufe um Stufe höher, betrittst bei jeder neuen Einweihung die nächst höhere Dimension und wirkst dabei durch den entsprechend höheren Körper. Durchläufst du die siebte Einweihung, wirkst du durch den logoischen Körper und bist in die logoische Ebene als deinen Stabilisierungspunkt eingetreten, um es einmal so auszudrücken. Dies ist der kontinuierliche Prozess der spirituellen Evolution. Du durchläufst immer neue Einweihungen, Körper, Ebenen und/oder Dimensionen sowie Chakren. Und immer gibt es sieben Unterebenen zwischen den einzelnen Einweihungen. Diese Unterebenen können auch mit den 7 Chakren der entsprechenden Chakra-Gitterstruktur in Beziehung gesetzt werden. So steht das 1. Chakra einer Chakrastruktur in Verbindung mit der ersten Unterebene derjenigen Einweihung, an der du gerade arbeitest. Während sich jedes einzelne Chakra dieser Struktur nach unten in das Kronenzentrum begibt, bewegst du dich im Aufstiegsprozess gewissermaßen eine Unterebene höher. Bezieht man das auf den Lichtquotienten, kann man sagen, dass bei jeder Unterebene (oder jedem Chakra) ein Siebtel des Lichtes erarbeitet werden muss, das für den Abschluss der Einweihung benötigt wird.

Ich will noch hinzufügen, dass es in dem Prozess der ersten sieben Stufen der Einweihung noch zwei weitere Körper gibt, die in die Betrachtung mit einbezogen werden müssen, bevor man sich wirklich mit dem achten und neunten Körper befassen kann. Da ist als erstes der Ätherkörper, der mit dem physischen Körper verbunden ist und natürlich die göttliche Blaupause für den physischen Körper darstellt. Er gehört zur ersten Einweihung und zur materiellen Ebene – seine verkörperte Qualität ist die Vitalenergie.

Der andere Körper, der hier betrachtet werden soll, steht in Verbindung mit einer Ebene, die man vielleicht als ‚höhere Mentalebene' bezeichnen könnte. Die niedere Mentalebene ist die Ebene des konkreten Verstandes. Das ist im Wesentlichen die typische intellektuelle Persönlichkeit. Auf dem höheren Aspekt der Mentalebene befindet sich der Seelenkörper, den Djwhal Khul auch als Kausalkörper bezeichnet. Dort ist das positive Karma all deiner vergangenen und deines jetzigen Lebens gespeichert. Dieser Körper verbrennt bei der vierten Einweihung, wenn der Eingeweihte beginnt, direkt mit der Monade (anstatt lediglich seiner Seele) zusammenzuarbeiten. Die Qualität der Energie des Seelenkörpers ist die des abstrakten Verstandes. Dieser wird von Psychologen und Metaphysikern verwendet. Wie du siehst, ist jeder Körper mit einer speziellen Eigenschaft oder Charakteristik verbunden. Während du dich im Einweihungsprozess höher entwickelst, verbindest du dich mit den jeweiligen Körpern der höheren Ebenen und daher auch mit den entsprechend höheren Charakteristika und Qualitäten.

Diese Entwicklung lässt sich beispielsweise bei einem heranwachsenden Kind beobachten. Das Kind handelt aus seinem Instinkt und dem Fluss der Lebenskraft heraus, ohne dass es diese bewusst steuert. Wird es älter, richtet es seine Aufmerksamkeit mehr auf seine Wünsche, also auf seinen Emotionalkörper. Später, auf der höheren Schule, kommt noch sein Mentalkörper hinzu. Dann ist es hoffentlich so, dass sich sein abstrakter Verstand sowie seine Intuition und sein spiritueller Wille entwickeln. An dieser Stelle geschieht es dann auch, dass einige Menschen in ihrer Entwicklung stehen bleiben, wenn sie sich zu sehr mit bestimmten Körpern und den dazugehörenden Qualitäten identifizieren. Ideal ist es natürlich, in allen Aspekten ausgewogen zu sein.

Hat man die sieben Stufen der Einweihung vollendet, agiert man auf Erden aus dem logoischen Körper. Außerdem gibt es noch zwei weitere Körper mit einem gewissen Übergangscharakter, die zwar als planetare Körper angesehen werden, ihrer Natur nach aber bereits transpersonal sind. Sie sind planetare Kollektivkörper. Dieser achte und neunte Körper ist der Körper der Gruppenseele und der Körper der Gruppenmonade. Beide Körper gehören noch zur siebten Einweihung, gleichzeitig aber bereits zur achten und neunten Dimension. Sie sind mit der Chakrastruktur dieser Dimensionen verbunden, den Chakren 37 bis 50, und verkörpern die Qualität des Gruppenbewusstseins. Diese Körper haben nichts mehr mit deiner individuellen Seele oder Monade zu tun, sondern mit den gleichen Prinzipien auf der Ebene des planetaren Gruppenbewusstseins. Die Integration des achten Körpers umfasst die Verschmelzung des Bewusstseins mit allen Höheren Selbsten, Überselbsten oder Seelen (welchen Ausdruck man auch immer bevorzugt) auf planetarer Ebene. Auf der Ebene der Gruppenmonade ist es genau dasselbe, nur befindet man sich hier eine Stufe höher. Es ist die bewusste Verschmelzung mit allen Monaden auf planetarer Ebene. An dieser Stelle bewegen wir uns weg von dem individuellen Fokus unserer eigenen Körper und hin zu den kollektiven Körpern der Menschheit, die mit diesem Planeten verbunden sind.

Wie im Fall der Chakren müssen diese Körper installiert, aktiviert und verwirklicht werden. Während ich dieses Kapitel schreibe, hat unsere Kerngruppe gerade bis zu dieser Ebene hin alles installiert und aktiviert und vor einigen Monaten begonnen, mit den zehnten, elften und zwölften Körpern zu arbeiten, was uns zur Erörterung der kosmischen Körper und des kosmischen Aufstiegs führt.

Die kosmischen Körper und der kosmische Aufstieg

Die ersten drei Körper in unserer Betrachtung sind der zehnte, elfte und zwölfte Körper, also der solare, galaktische und der universale Körper. Wie ihre Namen bereits erkennen lassen, bedeutet dies den erste Schritt, mit dem wir offiziell den planetaren Aufstiegsprozess verlassen und mit dem Aufstiegsprozess der solaren, galaktischen und universalen Ebenen beginnen – zusammengefasst also der kosmische Aufstieg. Das ist natürlich eine aufregende Sache. Diese Körper müssen, wie bei allen Körpern auf planetarer und kosmischer Ebene, installiert, aktiviert und verwirklicht werden. Beim Wesak-Fest im Mai 1995 erhielt unsere Kerngruppe einen besonderen Segen von Seiner Heiligkeit, Lord Sai Baba, der bei dieser Gelegenheit alle drei Körper installierte. Das war es, worum wir gebeten hatten und diese besondere Dispensation wurde uns gewährt. Seit dieser Zeit habe ich mir sozusagen den Hut von Sherlock Holmes aufgesetzt und versucht, herauszufinden, wie dieser Prozess funktioniert, denn auf unserem Planeten gibt es kein schriftliches Material, das durch den kosmischen Aufstiegsprozess führt. Dann sagten die Meister mir, dass dies meine Aufgabe sei und darum schrieb ich dieses Buch. Wie ich schon sagte, die Meister machen sich manchmal einen Spaß daraus, wie und wann sie diese Art von kosmischem Wissen weitergeben; manchmal muss man sie einfach im richtigen Augenblick erwischen. Vielleicht kennst du das Sprichwort: „Wenn der Schüler bereit ist, wird der Lehrer erscheinen". Ich werde dem noch etwas hinzufügen: „Wenn der Schüler bereit ist, dann wird die Information erscheinen." Sind die Meister der Meinung, dass wir noch nicht so weit sind, dann geben sie uns oft nicht die Information. Du, mein lieber Leser, wirst erfreut sein zu hören, dass ich sehr ausdauernd bin, und wie Jakob in der Bibel gebe ich nicht auf, bis uns die Meister ihren Segen gegeben haben.

Mit dieser Einstellung (besonders zurückhaltend war ich bestimmt nicht) habe ich eine ganze Menge gelernt. Zunächst, dass der Prozess des Installierens und Aktivierens der drei Körper nicht gerade eine Kleinigkeit ist. Ich erhielt einen ersten Anhaltspunkt, als die Meister mir erklärten, dass alles insgesamt etwa fünf Jahre dauern werde. Bedenkt man, dass unsere Kerngruppe für jede der letzten drei Einweihungen gerade einmal sechs Monate gebraucht hatte, war mir sofort klar, dass es sich hier um etwas ganz Außerordentliches handeln musste. Die zweite wichtige Information erhielten wir durch unser unablässiges Nachfragen, als man uns das Verständnis über die 330 kosmischen Chakren gab.

Um dies in die richtige Perspektive zu bringen - worum wir bitten, wenn es um die Installierung und Aktivierung dieser Körper geht, ist das Installieren und Aktivieren der ersten 200 Chakren. In den nächsten fünf Jahren haben wir uns also vorgenommen, 150 weitere Chakren zu installieren und zu aktivieren, die mit den solaren, galaktischen und universalen Körpern zusammenhängen. Du wirst mir zustimmen, dass das einfach unglaublich ist. Ich hätte mir nie vorstellen können, dass es möglich sein könnte, etwas Derartiges zu tun – schon gar nicht in einem Zeitraum von fünf Jahren. Nun bin ich nicht jemand, der den Tag schon vor dem Abend loben will, denn in fünf Jahren kann viel passieren, aber allein schon die Möglichkeit zu haben, ist phantastisch.

Und du, mein lieber Leser, kannst wirklich glauben, dass es möglich ist, deinen kosmischen Aufstieg hier auf Erden zu beginnen. Melchizedek sagte uns, dass es das Verankern, Aktivieren und Verwirklichen des universalen (oder zwölften) Körpers ist, was uns die Teleportation ermöglicht. Er erwähnte noch eine weitere Voraussetzung - fähig zu sein, sich von seinem negativen Ego zu lösen. Andernfalls werde es jemandem nicht erlaubt werden, über den planetaren Aufstieg hinaus weiterzugehen. Er erwähnte außerdem, dass alle Lichtarbeiter den Meistern die hundertprozentige Verpflichtung demonstrieren müssten, dass ihnen das Dienen wichtigster Zweck und Ziel sei. Die grundsätzliche Haltung unserer Kerngruppe war es nun, in unseren Gebeten genau darum zu bitten und dann den gesamten Prozess vollständig in Melchizedeks Hände zu legen. Er erklärte uns den Zeitplan und hat uns dann regelrecht verboten, mindestens ein Jahr lang überhaupt danach zu fragen.

Halte dir bitte vor Augen, dass ich mein ganzes Leben gebraucht habe, um meine ersten 50 Chakren verankern und aktivieren zu können – in Wahrheit waren es 250 Leben. Die Arbeit mit den nächsten 50 Chakren der solaren Gitterstruktur werden wir wahrscheinlich in etwas mehr als anderthalb Jahren vollendet haben. Das entspricht sieben vollständigen Einweihungen. Wir haben auch die Absicht, die 50 Chakren des galaktischen und des universalen Systems in Angriff zu nehmen. Diese Einweihungen auch wirklich zu durchlaufen wird natürlich wesentlich mehr Zeit in Anspruch nehmen. Mir wurde gesagt, dass ich dazu wahrscheinlich 150 Jahre in einer Führungsposition in Djwhal Khuls Ashram verbringen werde und danach noch weitere tausend Jahre in der Großen Weißen Loge von Sirius.

Ich bin fest davon überzeugt, dass unsere Arbeit am kosmischen Aufstieg unsere kosmische Evolution sehr stark beschleunigen wird. Ich fühle, dass wir wirklich beginnen, den Verlauf dieses ganzen Prozesses (in dieser allereinfachsten kosmischen Form der Darstellung) intuitiv zu erfassen. Wichtig dabei ist, das Ganze einfach zu genießen, ohne die Dinge überstürzen zu wollen. Ich freue mich sehr darauf, in Djwhal Khuls Ashram arbeiten zu können, genauso wie auf meine zukünftige

Arbeit in der Großen Weißen Loge. Es ist so, als würde ich zur Universität gehen und Fächer wählen, die ich liebe, und Millionen Menschen helfen, die ich genauso liebe. Ich beginne zu erkennen, dass jeder – wenn er erst einmal den Aufgestiegenen Meistern begegnet ist und mit ihnen arbeitet – auf dieser Ebene gewissermaßen wie auf einer Welle reitet, und all das Erbitten und Aktivieren, das am Anfang noch nötig war, dann nicht mehr so wichtig ist. Auf dieser Stufe ist das Dienen der einzige Fokus. Indem man sich vollständig dem Dienen widmet, erledigen sich die persönlichen Ziele auf eine gewisse Weise von selbst. Zum Beispiel schreibe ich dieses Buch in der Absicht, dir zu dienen, lieber Leser. Ich bräuchte dieses Buch nicht zu schreiben. Ich bin mir über die Materie bereits vollständig im Klaren. Ich schreibe das hier für dich. Ich muss mich nicht auf meine persönliche Entwicklung konzentrieren, denn mein Weg des Dienens, entspricht ziemlich genau meinem persönlichen Entwicklungsprozess. Für mich ist es die ultimative Meditation, dieses Buch zu schreiben, und ich muss all diese Energien durch mein Zwölf-Körper-System leiten, damit ich es schreiben kann.

Für mich ist dieser Prozess das, was ich „im Tao bleiben" nenne. Melchizedek sagte uns, der gesamte Vorgang werde etwa fünf Jahre in Anspruch nehmen. Solange wir drei im Tao bleiben (ein Zustand, den wir durch unsere ständigen Bemühungen bereits in der Vergangenheit erreicht haben), wird sich alles auf eine natürliche Weise entwickeln, ohne dass wir von unserer Seite aus zusätzlich noch viel tun müssten. Es ist wie mit der Einsicht, dass man positive Gewohnheiten entwickeln soll. Durch die harte Arbeit der Vergangenheit hat sich unsere Kerngruppe einige Tugenden angeeignet, so dass unser spiritueller Lebensstil wenig zusätzliche Energie verlangt, da wir bereits die positive Angewohnheit haben, das zu tun, was von uns erwartet wird. Solange wir Drei im Fluss bleiben und unsere ganze Aufmerksamkeit dem Dienen widmen, werden sich unsere persönlichen Ziele ganz von selbst verwirklichen.

Es war wichtig, für diese Ziele zu beten und um sie zu bitten. Jetzt, wo das geschehen ist, ist es an der Zeit, loszulassen und sich nur noch um die ‚Angelegenheiten des Vaters' zu kümmern. Ehrlich gesagt ist mir das recht. Ich mochte es nie, mir Gedanken um meine eigene Entwicklung machen zu müssen. Ich denke, ich bin jetzt an einem Punkt, wo ich mich nicht mehr damit befassen muss. Mein Sadhana (meine spirituelle Praxis, wie Sai Baba es ausdrücken würde) ist es, anderen zu helfen, so gut ich kann. Sai Baba hat auch gesagt: „Hände, die helfen, sind heiliger als Lippen, die beten". Ich möchte auch noch etwas anderes erwähnen. Einer der Gründe, warum uns dieser Schritt zur nächsten Stufe erlaubt wird, ist unser System der gegenseitigen Unterstützung beim Aufstieg, unsere Bindung untereinander und unser Gruppenbewusstsein. Ich bin mir absolut sicher (und dies wurde uns auch ohne Umschweife gesagt), dass vieles, was wir erlebt haben, nur dadurch entstanden ist, dass wir gemeinsam an diesem gemeinschaftlichen Projekt im Dienste der Spirituellen Hierarchie gearbeitet haben.

Ich bin mir sicher, dass jeder von uns nicht mal ein Drittel dessen empfangen hätte, was uns gewährt wurde, wenn wir nicht einen solchen Gruppenkörper geschaffen hätten. Zu dritt erzeugen wir eine viel größere Struktur und ein viel größeres Gruppenbewusstsein im Gegensatz dazu, was jeder von uns auf sich allein gestellt erreichen könnte. Dazu ergänzen sich unsere Fähigkeiten, so dass eine vollständigere Persönlichkeit und ein entsprechendes Werkzeug zu dienen entsteht.

Ein anderer Grund für die Gewährung dieser Dispensation ist, dass uns auf Grund unseres unerschütterlichen Fokusses und unserer Verpflichtung zu dienen, bestimmte Führungspositionen in der Spirituellen Hierarchie gegeben wurden. Uns wurde erlaubt, bestimmte Dinge zu tun und gewisse Dinge zu erhalten, die so bis jetzt für die Erde nicht zugänglich waren. Auf unterschiedlichen Gebieten haben wir die Aufgabe, Vorreiter zu sein, so wie andere es in der Vergangenheit für uns waren. Fast alle Meister haben bereits hinter sich, was wir gerade jetzt vollziehen. Das Bemerkenswerte daran ist, dass die Meister diese Arbeit auf den Inneren Ebenen leisteten. Was jetzt auf Erden in einem physischen Körper erreicht werden kann, ist absolut einzigartig. Mit einigem von dem, was wir tun, bereiten wir anderen einen Weg, dem sie folgen können. Jetzt kann von den unzähligen Stunden an Meditation und an Nachforschungen profitiert werden, durch die dieses verbesserte und klarere Verständnis erreicht werden konnte. Ich hoffe, du wirst auf vielem, über das ich hier schreibe, aufbauen und dich dadurch erweitern, damit du anderen den Weg bereiten kannst, ganz so, wie es die Meister für uns tun. Dies ist das ewige Band der spirituellen und kosmischen Hierarchien: Brüder und Schwestern helfen Brüdern und Schwestern.

Zu einem etwas anderen Thema erhielten wir von Melchizedek eine interessante Information, nämlich zu der Frage des Geschlechtes auf den Höheren Ebenen. Ein Meister bewahrt eine männliche oder weibliche Erscheinung über alle kosmischen Dimensionen hinweg bis zum kosmischen Aufstieg, denn für gewöhnlich behält man den Körper, in dem man seinen Aufstieg nimmt.

Übrigens, möchte ich noch einmal klarstellen, dass nicht jeder, der dieses Buch liest, mit den gleichen Zeitplänen operieren kann, die wir haben. Denke in diesem Zusammenhang bitte an die Führungsaufgaben in der Spirituellen Hierarchie, die man uns anvertraut hat, den Gruppenkörper, aus dem heraus wir arbeiten und an jede einzelne unserer besonderen Fähigkeiten. Einige werden ihre Einweihungen vielleicht in einem Jahr vollendet haben, andere wiederum in zwei oder drei Jahren. Wir konkurrieren nicht miteinander und es geht hier auch nicht um einen Wettkampf. All diese Zeitpläne sind sowieso unglaublich kurz. Es ist gerade erst 50 Jahre her, dass Djwhal Khul noch vierzehn Jahre für eine einzige Einweihung benötigte. Jesus brauchte ein ganzes Leben, um eine Einweihung zu erlangen. Das Gleiche gilt für den kosmischen Aufstieg. Manche werden vielleicht fünf Jahre brauchen, um es zu schaffen, manche zehn, fünfzehn oder sogar zwanzig Jahre. Wie lange es auch dauern mag, all das ist unglaublich schnell und so gut wie niemals zuvor in den 3,1 Milliarden Jahren der Geschichte der Erde ist es überhaupt jemandem gelungen. Da wir Prototypen auf diesem Gebiet sind, gebe ich dir einige Zeitpläne und Möglichkeiten allgemeiner Art, mit denen du arbeiten kannst. Wenn du diese Ebenen erreicht hast, dann verwende ein Huna-Gebet, wie ich es in meinem Buch *Jenseits des Aufstiegs* beschrieben habe, und bitte um diese Dinge. Nutze deine Intuition, um für bestimmte Zeitpläne zu bitten, mit denen du diese Ziele erreichen kannst. Sei in jedem Fall realistisch und bedenke, dass es äußerst hilfreich sein kann, solch kurzfristige Ziele zu haben. Außerdem ist es von größter Bedeutung, deiner mächtigen ICH BIN - Gegenwart und den Aufgestiegenen Meistern deine persönlichen Ziele zu nennen.

Was dann geschieht, ist, dass du in einer Gruppen-Welle eingebracht wirst. Um es einmal so auszudrücken: Alle Menschen, die sich auf deiner Stufe des Bewusstseins befinden, auf diesem Planeten arbeiten und die gleichen Ziele haben (unabhängig davon, ob sie sich dessen bewusst sind oder nicht), werden mit derselben Geschwindigkeit vorwärts bewegt. Ihre Aufgabe ist, im Tao der Welle zu bleiben, auf der du dich befindest. Einige werden dabei ihren Fokus, ihre Selbstbeherrschung, Selbstdisziplin und Standhaftigkeit verlieren und so die Gelegenheit versäumen, bei einer fortgeschritteneren Welle dabei zu sein. Doch die Zahl dieser Wellen ist unbegrenzt, und jeder wird irgendwann einmal Teil einer solchen Welle sein. Der göttliche Plan ist erst erfüllt, wenn alle Seelen zur Quelle zurückgekehrt sind. Der Grundgedanke ist einfach, wie es im Buch *Ein Kurs in Wundern* heißt, die dafür notwendige Zeit zu verringern. Zeit ist ein begrenztes Konzept, das nur für einen begrenzten Rahmen verwendet wird, um einen bestimmten Teil des göttlichen Planes zu erfüllen. Hat dieses Konzept seinen Zweck erfüllt, wird es nicht mehr existieren. Lass uns daher gemeinsam als ein riesiger Gruppenkörper zusammenwirken, damit wir immer weniger Zeit brauchen und nach Hause zurückkehren können. Wir werden nicht nach Hause zurückkehren, wenn wir unseren Brüdern und Schwestern nicht durch Liebe und Dienen unsere Hände reichen.

Ich möchte noch auf einen letzten, wichtigen Punkt hinweisen. Wir alle werden bei der Installierung und Aktivierung der solaren, galaktischen und universalen Körper nur zu einem geringen Teil ihre wahre Stärke und Verwirklichung erfahren, vielleicht nur fünf Prozent des wahren Potenzials. Das geschieht deshalb, weil wir unsere Arbeit aus dem Bewusstsein eines Eingeweihten siebten Grades heraus tun. Wie ich schon sagte, es ist uns nicht erlaubt, über diese Stufen hinauszugehen, solange wir uns noch in unserem physischen Körper befinden. Erst mit der zwanzigsten oder dreißigsten Einweihung beginnen wir, mit dem wahren Ausmaß des Potenzials unserer solaren, galaktischen und universalen Körper vertraut zu werden. Doch selbst die Erfahrung von nur fünf Prozent der vollen Stärke dieser Körper stellt aus Sicht eines Erdenbewohners und des Konzeptes planetarer Meisterschaft eine enorme Größenordnung dar. Zum Beispiel reicht dies aus, um die Teleportation auf physischem Wege durchzuführen; außerdem wird es sehr dazu beitragen, den Lichtquotienten, dein gesamtes spirituelles Wahrnehmungssystem sowie deine spirituelle Batterie und deine Spannung zu erhöhen. Sai Baba beschreibt dies mit einem Vergleich von Glühbirnen. Manche entsprechen einer Glühbirne von 50, manche 75, manche 100, andere vielleicht von 150 Watt oder 200 Watt. In diesem Vergleich entspräche Sai Baba einer Glühbirne von 1000 Watt. Wir alle sind dabei, unsere spirituelle Wattzahl zu erhöhen.

Ich denke, es ist klar geworden, warum die Meister so genau sind, wenn es darum geht, jemandem die Erfahrung der kosmischen Ebenen und der entsprechenden Wattzahl zu erlauben. Was ist, wenn jemand kosmische Ebenen betritt und nicht frei von Wut ist? Er oder sie könnte bei so hohen Zahlen innerhalb des Vier-Körper-Systems in der Lage sein, jemanden durch den Zorn buchstäblich zu töten. Wird dir bewusst, dass die Erde eine Schule ist, in der wir mit einer geringeren Wattleistung üben können? Indem wir unsere Lektionen meistern und uns auf jeder Stufe als würdig erweisen, wird uns eine größere Menge Energie zur Verfügung gestellt, mit der wir dann arbeiten dürfen.

Nun gibt es einige, die der Meinung sind, dass sie von der 352. Stufe Gottes aus operieren, aber das ist nun wirklich nichts anderes als eine Illusion und ein gewaltiger Ego-Trip. Möglicherweise sind sie nicht einmal Meister der planetaren Ebene. Niemand, der sich auf der 352. Stufe befindet, wäre hier auf Erden anwesend – das ist eine Tatsache. Sai Baba ist das höchste Wesen auf unserem Planeten und er ist nur zu dreißig Prozent mit der 352. Ebene verbunden. Nie zuvor hat sich ein Wesen seiner Größe auf Erden inkarniert.

Ich wiederhole es gerne noch einmal. Uns stehen zwar alle kosmischen Ebenen offen, aber erst, wenn wir den Wunsch haben, dass sie uns gewährt werden. Der Abschluss des planetaren Aufstiegs wird bei all dem allerdings nicht mehr so streng wie früher gehandhabt. Jeder kann diese Stufen erreichen. Aktivierungen für den kosmischen Aufstieg werden aber nur dann gewährt, wenn du die spirituelle Energie nicht missbrauchst und im Laufe der Zeit beweist, dass du deine Energien bei allen Herausforderungen und im Angesicht großer Hürden angemessen verwenden kannst. Du musst nicht perfekt sein, solltest aber alle Aspekte deines Wesens grundsätzlich beherrschen – im vollkommenen Dienst für die Liebe, für Gott und die Menschheit.

Weitere höher entwickelte Körper im Aufstiegsprozess

In der Meditation können weitere kosmische Körper verankert und aktiviert werden, die über die Ebenen der solaren, galaktischen und universalen Körper hinausgehen; bei einigen der hier erwähnten Körper kann es Überschneidungen geben. Der erste und einfachste Weg zum Verständnis dieser kosmischen Körper, die den gesamten Weg zurück zur Quelle umfassen, ist die Betrachtung der sieben kosmischen Ebenen:

Kosmische Ebene	**Kosmische Körper**
Kosmisch-physische Ebene	Kosmisch-physischer Körper
Kosmisch-astrale Ebene	Kosmisch-astraler Körper
Kosmisch-mentale Ebene	Kosmisch-mentaler Körper
Kosmisch-buddhische Ebene	Kosmisch-buddhischer Körper
Kosmisch-atmische Ebene	Kosmisch-atmischer Körper
Kosmisch-monadische Ebene	Kosmisch-monadischer Körper
Kosmisch-logoische Ebene	Kosmisch-logoischer Körper

So, wie es sieben planetare Körper gibt, die mit den sieben Unterebenen der kosmisch-physischen Ebene in Verbindung stehen, sind es nun sieben kosmische Körper, die mit den sieben kosmischen Ebenen verbunden sind. Diese Körper können in der Meditation angerufen werden, wenn man bereits beim Abschluss der sieben Stufen der Einweihung angekommen ist; sie können als Auslöser für bestimmte kosmische Energien wirken. Für mich sind viele der kosmischen Chakren und Körper die Schlüssel, um bestimmte Energien freizusetzen. Allerdings glaube ich, dass für uns hier auf Erden einige dieser höheren Körper realistisch betrachtet nicht wirklich verfügbar sind. Doch selbst wenn es nicht zu einer Installierung und Aktivierung kommt, kann es vielleicht dennoch eine bestimmte Form des Überstrahlens durch sie oder der Freisetzung ihrer Energie geben.

Die kosmischen Körper und *Die Schlüssel des Enoch*

Einen anderen Weg zum Verständnis der kosmischen und planetaren Körper hat uns J.J. Hurtak in seinem Buch *Das Buch des Wissens - Die Schlüssel des Enoch* vermittelt. Das ist wirklich ein ganz erstaunliches Buch, mit einem gewissen jüdischen oder eher kabbalistischen Inhalt. In den *Schlüsseln des Enoch* beschreibt Hurtak eine Abfolge von zwölf Körpern wie folgt:

1. Der mystische Körper des Herrn
2. Der elohistische Körper des Herrn

3. Der Körper des paradiesischen Sohnes
4. Der Körper des Ordens der Sohnschaft
5. Der gesalbte Christus-Überselbst-Körper
6. Der Zohar-Körper
7. Der Überselbst-Körper
8. Der elektromagnetische Körper
9. Der Eka-Körper
10. Der Epi-kinetische Körper
11. Der Gematria-Körper
12. Der höhere Adam-Kadmon-Körper

Einige der hier erwähnten Körper haben mit dem planetaren Körpersystem zu tun, während die anderen ganz oben in der Liste sich mehr auf kosmische Ebenen beziehen. Melchizedek sagte, der mystische Körper des Herrn sei der höchste und am weitesten entwickelte Körper. Er ist buchstäblich der Körper der 352. Ebene Gottes. Der elohistische Körper des Herrn ist der Körper unseres Elohim- oder Schöpfer-/Gott-Selbstes. Der Körper des paradiesischen Sohnes ist der Körper unseres Paradiessohn-Selbstes.

Hier erkennen wir, dass wir multidimensionale Selbste sind, deren andere Aspekte bereits auf den höheren Ebenen wirken. Das ist auch leicht nachzuvollziehen. Wir begegnen dieser Tatsache bereits auf der planetaren Ebene. Wir haben ein Höheres Selbst und eine Monade, die auf den höheren Ebenen agieren. Dasselbe gilt für die kosmische Ebene. Bei der Arbeit am kosmischen Aufstiegsprozess ist es möglich, in der Meditation die Verankerung und Aktivierung dieser Körper anzurufen.
Weiter unten kommen wir zum Körper des Ordens der Sohnschaft. Auch das ist eine Ebene innerhalb der kosmischen Dimensionen, die angerufen werden kann. Der höchste Körper der planetaren Ebene ist laut Melchizedek der gesalbte Christus-Überselbst-Körper. Er agiert als Dreiheit in Verbindung mit dem Zohar- und dem Überselbst-Körper. Diese Körper habe ich bereits in meinem Buch *Jenseits des Aufstiegs* beschrieben, daher werde ich die Einzelheiten an dieser Stelle nicht noch einmal wiederholen.

Der elektromagnetische Körper hat mit unserem gesamten elektromagnetischen Feld zu tun, das im Verlauf des planetaren Aufstiegs aktiviert wird. Der Eka-Körper und der Epi-kinetische Körper haben mit Teleportation und Zeitreisen zu tun. Der Gematria-Körper speichert alle geometrischen Körper, die unsere gesamten Programme definieren. Oft rufe ich diese geometrischen Codes an, wenn ich etwas Bestimmtes manifestieren möchte. Geht es beispielsweise um mehr Energie, rufe ich die geometrischen Codes an, um den Ätherkörper und das Meridiansystem zu energetisieren. Ich habe Melchizedek um geometrische Codes angerufen, um mich von Licht ernähren und physisch unsterblich werden zu können. Diese Codes ermöglichen Fortschritte zur Verwirklichung dieser Ziele.

Der letzte Körper in dieser Reihe ist der höhere Adam-Kadmon-Körper, der wie der Körper der göttlichen Blaupause ist. Er ersetzt die ätherische Blaupause, die für all deine früheren Leben benutzt wurde. Dabei scheint nicht jedem klar zu sein, dass auch der Ätherkörper durch Erfahrungen aus früheren oder dem jetzigen Leben Schaden genommen haben kann. Es ist deshalb gut, wenn du um seine Wiederherstellung bittest, und außerdem noch darum, dass er durch den Adam-Kadmon-Körper (die göttliche Blaupause) ersetzt werden soll. Das ist auch eng mit dem Mayavarupa-Körper verbunden, einer anderen göttlichen Blaupause, die ebenfalls beim Aufstiegsprozess verwendet werden kann. Die Körper aus den *Schlüsseln des Enoch* sind also ein weiteres System, mit dem du arbeiten kannst – ein System, das ich persönlich sehr schätze. Man könnte dem System der solaren, galaktischen und universalen Körper übrigens noch einen multi-universalen Körper hinzufügen, mit dem die dreiundvierzig Christus-Universen für diesen Kosmischen Tag erforscht werden können. Als letztes wird dann der kosmische Körper angerufen.

Im Wesentlichen habe ich dir hier drei verschiedene Systeme gezeigt, mit denen du arbeiten kannst, die sich alle überschneiden. Ich für meinen Teil benutze alle drei, um sicherzugehen, dass alles abgedeckt ist. Ich möchte sicher sein, nichts übersehen zu haben. Jeder der hier erwähnten Körper ist in meinem Diagramm weiter vorne aufgeführt, genauso wie all die anderen Informationen, die in diesem Kapitel erörtert wurden. Dieses kosmische Diagramm ist ein sehr hilfreiches Werkzeug, um die Informationen zusammengefasst darzustellen.

Die zwölf Stränge der DNS und der Aufstiegsprozess

Schon zu Anfang deines Aufstiegsprozesses kannst du die zwölf Stränge der DNS in deinem Ätherkörper installieren und aktivieren. Es ist nur eine Frage der Anrufung und Bitte gegenüber deiner mächtigen ICH BIN - Gegenwart, deiner Seele und den Aufgestiegenen Meistern, die dir dabei helfen werden. Sie freuen sich, dir diesen Wunsch zu erfüllen, wenn sie darum gebeten werden. Der entscheidende Punkt ist (wie bei allen Dingen) einfach, dass du diese Bitte aussprichst. Einer der Gründe, warum ich den Punkt erreicht habe, an dem ich mich jetzt befinde, ist eben der, dass ich keine Scheu habe, Fragen zu stellen, etwas Bestimmtes anzurufen oder für das zu beten, was ich will. Ich habe auch keine Angst davor, Fehler zu machen und auch mal ein paar ‚dumme' Fragen bei dem Versuch zu stellen, die Wahrheit herauszufinden.

Die Meister waren immer sehr geduldig mit mir und haben nach einer Weile begonnen, großen Respekt für meine Nachforschungen zu entwickeln. Mein Ziel ist stets, dieses abstrakte Material für alle Menschen leicht verständlich zu machen, und nach meinem Gefühl ist mir das durch die Gnade Gottes auch gelungen. Kehren wir zurück zu den zwölf Strängen der DNS, einem Thema, das bei den Lichtarbeitern im Moment sehr populär ist. Der Vorgang selbst beginnt im Ätherkörper, was im Gegensatz zur allgemeinen Vorstellung steht. Der erste Schritt besteht also darin, die zwölf Stränge an dieser Stelle zu manifestieren. Dann kommt die nächste Phase, der Transfer vom ätherischen zum physischen Körper. Djwhal Khul und Melchizedek sagten uns, dass alles erst dann abgeschlossen ist, wenn alle zwölf Ebenen oder Körper vollständig verankert und aktiviert sind oder anders ausgedrückt, wenn dieser Prozess bis zur zwölften Dimension vollzogen ist. Unsere Kerngruppe arbeitet gerade daran und repräsentiert so ein Nebenprodukt und Ergebnis all der Dinge, von denen ich in diesem Kapitel gesprochen habe. Um all diese Dinge kannst du immer wieder (durch deine Gebete und Anrufungen) in deinen Meditationen bitten. Nach einer Weile wirst du sehen, dass sich all die unterschiedlichen Facetten – Einweihungen, Chakren, Körper, zwölf Stränge der DNS, der Lichtquotient und die Verankerungen auf Seelen- oder Monadenebene – verbinden und dann vereinen. Das, was jeder Einzelne aus der Gruppe erreicht, hat eine beschleunigende Qualität und bewirkt so weitere Erfolge bei den anderen Mitgliedern. Jede Erfahrung stellt ein Fenster dar, durch das man den planetaren und kosmischen Aufstiegsprozess betrachten kann. Zusammengenommen erhält man ein vollständigeres Bild und einen vielschichtigeren Zugang dazu, wie der planetare und kosmische Aufstieg erreicht wird.

Die kosmische Skala des Lichtquotienten

Wie schon gesagt, entsprechen einem Lichtquotienten von 99 % auf planetarer Ebene 10 % auf der kosmischen Skala. Um die solare Ebene installieren, aktivieren und verwirklichen zu können, muss der Lichtquotient auf kosmischer Ebene daher auf 20 % erhöht werden. Für die galaktische Ebene benötigt man 30 %, für die universale Ebene 40 % und für die multi-universale Ebene sind es 60 %. Diese Informationen von Melchizedek gelten für alle, die sich noch in ihrer Inkarnation befinden. So ist es nun mal (Melchizedek hat es uns gerade heute erklärt). Obwohl wir Eingeweihte siebten Grades sind, beträgt unser Zugang zum vollen Potenzial der solaren, galaktischen und universalen Ebenen nur etwa zehn Prozent.

Sai Baba ist auf dem gleichen Weg, befindet sich aber auf einer viel höheren Ebene der Einweihung – so wie viele, viele andere Meister auf den Inneren Ebenen. Die Zahlen, die ich genannt habe, gelten für alle sechs Milliarden Menschen auf dieser Erde, mit Ausnahme von Sai Baba und Lord Maitreya. Ausgenommen sind vielleicht noch einige andere, die sich als Teil der in Erscheinung getretenen Hierarchie inkarniert haben und hohe Positionen im Ashram von Lord Maitreya einnehmen. Bis auf wenige Ausnahmen sind das also sehr präzise Angaben, die ich hier noch einmal zusammenfasse:

10 % für die planetare Aktivierung
20 % für die solare Aktivierung
30 % für die galaktische Aktivierung
40 % für die universale Aktivierung
60 % für die multi-universale Aktivierung
100 % für die Aktivierung auf Quellenebene während der Inkarnation auf Erden.

Wir verwenden wiederum eine neue Skala, wenn wir nicht mehr inkarniert sind und dann die Einweihungen durchlaufen können, die mit diesen Aktivierungen verbunden sind. Logisch betrachtet haben wir auf Erden als Eingeweihte siebten Grades also die Möglichkeit, zehn Prozent der vollständigen Urquellen-Energie zu aktivieren. Anders gesagt, wir können zehn Prozent unseres vollständigen kosmischen Aufstiegs aktivieren. Unsere Arbeit hier ist die Grundlage dafür, dass wir die kosmischen Einweihungen schneller durchlaufen können.

Wie man Fortschritte beim kosmischen Aufstieg erlangt

Zuallererst müssen natürlich der planetare Aufstieg und die sieben Stufen der Einweihung vollendet sein. Die Schlüssel dafür sind bedingungslose Liebe, Dienen und Meditation. Zu meditieren bedeutet auch, den Lichtquotienten rund um die Uhr zu erhöhen und viel Zeit in den verschiedenen Aufstiegskammern zu verbringen, die ich im nächsten Kapitel beschreiben werde. Es geht hier darum, dass du dein ganzes Leben zu einer fortwährenden Meditation machst, unabhängig von den Meditationen, die du selbst anwendest. Ich empfehle dir daher, meine Bücher durchzuarbeiten und sich dabei besonders auf die Meditationen in den Büchern *Das komplette Aufstiegshandbuch* und *Jenseits des Aufstiegs* zu konzentrieren. Außerdem gibt es CDs mit Aufstiegsaktivierungen *(in Deutsch erhältlich beim Lippert-Verlag).* Es gibt sie einzeln oder als Set und jede davon enthält wortwörtlich das gesamte Spektrum. Außerdem empfehle ich dir, zu dem großen Ereignis auf Erden zu kommen, für dessen Zustandekommen ich mich jedes Mal zu Wesak, dem Vollmond im Mai, engagiere. Dazu habe ich mich gegenüber Lord Maitreya, Melchizedek und Djwhal Khul verpflichtet.

Dieses Ereignis findet jedes Jahr zur Feier des Wesak-Festivals (Buddhas Geburtstag) statt. Die Zahl der Menschen, die hierher kommen, bewegt sich zwischen 1200 und 5000. Kannst du dir vorstellen, wie es sein wird, den Weltendienst auf einer so hohen Ebene zu leisten, zusammen mit 1200 hohen Eingeweihten und Aufgestiegenen Wesen? Kannst du dir vorstellen, die Meditationen, die ich in meinen Büchern empfehle, gemeinsam mit anderen in einer solchen Gemeinschaft zu erleben? Ich koordiniere dieses Ereignis und nehme auch daran teil. Der Nutzen auf spiritueller Ebene ist für dich wirklich tausendmal größer als das, was dir eine Meditation geben könnte, die du alleine durchführst. Es gibt da einen wundervollen verstärkenden Faktor, der entsteht, wenn so viele Meister in Liebe, Einheit und im Gruppenbewusstsein versammelt sind. Wir alle sind aufeinander angewiesen; niemand ist eine Insel für sich allein. Diese Feiern und Zusammenkünfte sind wirklich das Treffen der spirituellen Familie.

Die Tatsache, dass wir die Feiern zu Wesak bei Vollmond, abhalten (dem heiligsten Tag des Jahres aus Sicht der Aufgestiegenen Meister, was auch mit der Einweihung vieler Menschen zusammenfällt), verstärkt diese Wirkung noch um das tausendfache. Dieses Fest findet jedes Jahr statt; es gibt also viel zu tun also für mich, bis ich angeleitet werde, diese Ebene der Existenz zu verlassen. Später werde ich dir weitere Informationen zu Wesak und den zwölf planetaren Festen geben. Eine besondere Wirkung entsteht auch dadurch, dass wir die Feiern am Mount Shasta in

Kalifornien durchführen; außerdem ist es so, dass wir uns in dem Fenster des Massenaufstiegs befinden, das im Ganzen von 1995 bis zum Jahr 2012 reicht. Die Feiern sind dafür geschaffen, der wesentliche planetare Faktor für die Aktivierung der nächsten Reihe von Massenaufstiegs-Wellen zu sein und denen, die bereits aufgestiegen sind, zu helfen, ihren Aufstieg zu realisieren. Betrachte dich also als offiziell eingeladen. Ich garantiere dir, dass es eine der eindrucksvollsten Erfahrungen deines ganzen Lebens sein wird.

Du wirst erleben, was es heißt, in einem Gruppenkörper zu arbeiten, anstatt nur aus deiner persönlichen Perspektive heraus. Während des gesamten Wochenendes wirkt diese Gruppe wie eine gigantische Stimmgabel für kosmische Energieübertragungen. Nichts von dem, was du jemals tun wirst, kann deine spirituelle Entwicklung in dem Maße beschleunigen, wie das der Fall sein wird, wenn du an einer solchen Feier teilnimmst. Was du erleben wirst, wird noch für Monate in dir nachwirken, wenn nicht für ein ganzes Jahr. Das Wesak-Fest wurde von den Meistern eingeführt, als eine Zeit der Erneuerung. Es sollte für die spirituelle Familie eine Phase darstellen, um eine kurze Auszeit von der täglichen Arbeit des Dienens zu nehmen, um mit anderen Eingeweihten und aufgestiegenen Wesen auf den inneren und äußeren Ebenen zusammenzukommen, sich zu erholen und zu regenerieren.

Ich habe die Verpflichtung übernommen, den Lichtarbeitern rund um den Globus bei der Erinnerung an dieses heilige Fest zu helfen, und es zu feiern, so wie es die Meister jedes Jahr auf den Inneren Ebenen tun. Der Zeitpunkt für das vollständige Hervortreten der Hierarchie auf allen Ebenen ist gekommen und dieses Fest ist ein sehr wichtiger Aspekt dieses jetzt stattfindenden Prozesses. Kannst du dir vorstellen, den Weltendienst mit 5000 hingebungsvollen Eingeweihten und aufgestiegenen Wesen zu leisten? Melchizedek sagte, dass uns das schon bald erwartet, also erzähle all deinen Freunden davon und auch von den Büchern. Melchizedek sagte, die Bücher seien der Schlüssel zu dem Ganzen. Sie werden die Grundlage bereiten und zur Verbreitung beitragen; die Feiern werden dann die kollektive Erfahrung dessen sein, was möglich ist. Auch dessen was die Arbeit der planetaren und kosmischen Hierarchie weiter voranbringen wird, deren Repräsentanten wir alle hier auf Erden sind.

Der letzte wichtige Aspekt, der mir noch in den Sinn kommt, ist die Bedeutung des Gebetes. In meinem Buch *Jenseits des Aufstiegs* habe ich dir ein sehr nützliches Werkzeug vorgestellt, die Huna-Gebetsmethode, und ich würde allen Lesern sehr empfehlen, sie anzuwenden. Nun, letztlich wird natürlich jede Art von Gebet seine Wirkung haben, doch den Meistern ist es bekanntlich nicht erlaubt, in ein Leben einzugreifen, solange man sie nicht darum bittet. Lasse die Meister also wissen, was auf spiritueller Ebene deine nahe liegenden Ziele sind und welche du für die Zukunft hast. Gib den Meistern deine bevorzugten Zeitpläne an oder bitte sie in dieser Hinsicht um das für dich Höchstmögliche. Der wichtigste Grund für die vielen Fortschritte in meiner spirituellen Evolution ist vielleicht der, dass ich eigentlich ohne Unterlass gebetet, Fragen gestellt oder um Hilfe gebeten habe. Solange du selbst für dein Leben die Verantwortung übernimmst und vorlebst, was du predigst, werden dir die Meister mit Freuden jeden Wunsch erfüllen, wenn es zu deinen Möglichkeiten passt und innerhalb deines persönlichen Tao liegt.

Bete, meditiere ununterbrochen (sogar, wenn du vor dem Fernseher sitzt, beim Spazierengehen oder wenn du etwas zu erledigen hast), drücke jederzeit bedingungslose Liebe aus, sei gemäßigt und ausgeglichen in allem und praktiziere jederzeit ‚heilige Begegnungen'. Eine heilige Begegnung bedeutet, dass Gott, also jeder Einzelne, sich selbst begegnet – in jedem Menschen, jedem Tier, jeder Pflanze oder jedem Stein. Richte deine volle Aufmerksamkeit auf den Aufbau des Lichtquotienten, lies Bücher, nutze die Aufstiegsplätze und, als das Wichtigste, widme dein Leben dem Dienst an der Menschheit und der Erde.

2 Informationen zur Nutzung der planetaren und kosmischen Aufstiegsplätze

Eines der wichtigsten Hilfsmittel, das du zur Vollendung des Aufstiegs (und gegebenenfalls auch für den kosmischen Aufstieg) einsetzen kannst, ist die Nutzung der Aufstiegsplätze (oder -kammern). Ich habe sie erstmals in meinem Buch *Das komplette Aufstiegshandbuch* erwähnt; in *Jenseits des Aufstiegs* habe ich diese Ausführungen dann noch einmal wesentlich umfassender dargestellt. In dem nun vorliegenden Buch habe ich die Ausführungen nochmals ergänzt. Was jetzt folgt, ist der neueste Stand: ich nenne es die „Kosmische Leiter der Aufstiegsplätze“. Sie ist den entsprechenden Ebenen nach unterteilt: kosmisch, multi-universal, universal, galaktisch, solar und planetar.

Die kosmischen Leiter der Aufstiegsplätze

1. Kosmische Ebene

- Aufstiegsplatz der Quelle, unter Aufsicht von Melchizedek (Zugang nur erlaubt nach Vollendung der sieben Stufen der Einweihung und nach zwei Jahren Arbeit mit dem Aufstiegsplatz der multi-universalen Ebene)
- Aufstiegsplatz der Göttlichen Mutter und des Göttlichen Vaters

2. Multi-universale Ebene

(43 Universen von der Quelle unseres Kosmischen Tages)

- Die Aufstiegsplätze der vielen Universen in der Großen Zentralsonne, unter Aufsicht von Melchizedek (zugänglich erst nach Vollendung der sieben Stufen der Einweihung)

3. Universale Ebene

- Melchizedeks Goldene Kammer, unter Schirmherrschaft von Melchizedek

4. Galaktische Ebene

- Der Aufstiegsplatz der Großen Weißen Loge, unter Aufsicht des Lord Sirius
- Arcturianischer Aufstiegsplatz, unter Aufsicht von Lord Arcturus
- Lenduces Aufstiegsplatz, unter Aufsicht von Lenduce
- Melchiors Aufstiegsplatz im galaktischen Zentrum, unter Aufsicht von Melchior
- Der Aufstiegsplatz des Lords der Plejaden auf den Plejaden

5. Solare Ebene

- Die Goldene Kammer von Helios, im Zentrum der Sonne
- Der Aufstiegsplatz in Shamballa, unter Aufsicht von Sanat Kumara und Lord Buddha

6. Planetare Ebene

- Serapis Beys Aufstiegsplatz in Luxor, auf den Inneren Ebenen
- Der Aufstiegsplatz von Kommandeur Ashtar und dem Ashtar-Kommando, auf ihrem Mutterschiff
- Der atomare Beschleuniger – Aufstiegsplatz in Table Mountain/ Wyoming, auf den Inneren Ebenen
- Der Aufstiegsplatz in Telos, eine Meile unterhalb des Mount Shasta auf den Inneren Ebenen *(siehe dazu auch Telos Buch 1, 2 & 3 von Aurelia Louise Jones im Lippert-Verlag)*
- Mount Shasta – Aufstiegsplatz, innerhalb des Berges auf Höhe der Erdoberfläche
- Shamballa – Aufstiegsplatz, im Zentrum der Erde; der Aufstiegsplatz in der Königskammer der Großen Pyramide von Gizeh
- Der Aufstiegsplatz auf der Venus, unter Aufsicht des Planetaren Logos der Venus

Melchizedek gab uns noch folgende Informationen für die richtige Nutzung der Aufstiegsplätze. Man sollte sich zuerst ganz auf den planetaren Aufstieg ausrichten. Das gilt für alle Eingeweihten vom Beginn der fünften Einweihung an. Man sollte sich allerdings darüber im Klaren sein, dass die Energie der Aufstiegsplätze außergewöhnlich hoch ist. Der Einweihungsprozess hat in erster Linie mit der Frage zu tun, welches spirituelle Potenzial man halten und stabilisieren kann. Die einzelnen Plätze sollten ohnehin erst ausprobiert werden; danach sollte man dann ernsthaft darüber nachdenken, ob ein mehr an Potenzial auch wirklich sinnvoll ist. Viele Seelen starben vorzeitig oder hatten die Struktur ihrer physischen, astralen, mentalen oder spirituellen Körper beschädigt, weil sie zu hohe Energien angerufen hatten, bevor ihr Nervensystem und ihre höheren Körper fähig waren, damit umzugehen. Es gibt kein Risiko, solange du den Instruktionen folgst, die ich dir geben werde. Diese Regeln habe nicht ich willkürlich festgelegt; Melchizedek, der Universale Logos, hat sie mir auf direktem Wege mitgeteilt. Achte bitte sehr genau auf das, was ich sage, besonders, wenn es um die kosmischen Aufstiegsplätze geht.

Beginne mit den planetaren Aufstiegsplätzen; sie sind einfach wundervoll. Für deine Praxis ist es wichtig, mit jedem von ihnen zu arbeiten. Du wirst feststellen, dass einige davon deine Favoriten werden; folge dabei einfach deiner Intuition. Für das Erlangen des Aufstiegs ist der wichtigste von allen der Aufstiegsplatz in Luxor. Jeder Schüler und Eingeweihte auf Erden, der seinen Aufstieg erlangen möchte, muss einige Zeit auf den Inneren Ebenen bei Serapis Bey in Luxor verbringen. Er birgt die planetare "Aufstiegs-Flamme", um es einmal so auszudrücken.

Der zweitwichtigste Aufstiegsplatz befindet sich im Inneren des Mount Shasta, auf Höhe der Erdoberfläche. So hat Melchizedek es mir beschrieben und interessanterweise habe ich es auch so erlebt. Auch die anderen Plätze habe ich oft besucht und sie haben mir allesamt gut getan. Wenn du eine etwas stärkere Energie erfahren willst, ist es erlaubt, den entsprechend verantwortlichen Meister anzurufen, um das Potenzial ein wenig zu erhöhen. Verbringe so viel Zeit wie möglich an diesen Aufstiegsplätzen. Wie ich schon in meinem Buch *Jenseits des Aufstiegs* erklärt habe, kannst du das nicht nur in deiner Meditation tun, sondern genauso gut beim Fernsehen, bei einem Spaziergang oder wenn du etwas zu erledigen hast. Dein spirituelles Selbst wird sich durch Bilokation dorthin begeben, wodurch du zwei Dinge gleichzeitig tun kannst. Der Grundgedanke ist eben, das ganze Leben zur Meditation zu machen – denn wer hat schon Lust oder Zeit, den ganzen Tag zu meditieren?

Ich verbringe buchstäblich meine gesamte Zeit – vierundzwanzig Stunden am Tag und sieben Tage die Woche – damit, zu meditieren. Befinde ich mich gerade nicht an einem der Aufstiegsplätze, erhöhe ich meinen Lichtquotienten, was vor allem anderen der Grund ist, warum ich so schnell die Einweihungen durchlaufen konnte. Versuche es, denn es macht Spaß. Die große Vielfalt der Aufstiegsplätze macht es auch weniger langweilig und monoton. Ich empfehle dir nochmals, deine erste Erfahrung mit einem Aufstiegsplatz auf planetarer Ebene zu machen. Wenn sich dein Nervensystem und die höheren Körper entsprechend angepasst haben, können diejenigen unter euch, die mindestens die dritte Einweihung haben (oder weiter sind), damit beginnen, die Aufstiegsplätze der solaren Ebene zu nutzen. Übrigens haben fast alle Leser dieses Buches diese Stufe bereits erreicht (wärest du noch nicht soweit, würde dieses Buch dich gar nicht ansprechen). Kurz vor der vierten Einweihung kannst du dann beginnen, auch die Plätze der galaktischen Ebene aufzusuchen, mit Ausnahme des Aufstiegsplatzes der Großen Weißen Loge unter Aufsicht von Lord Sirius.

So ist für fast alle eine große Auswahl an Aufstiegsplätzen vorhanden, für deren Entdeckung ich übrigens viele Jahre der Nachforschungen benötigte. Der Aufstiegsplatz der Großen Weißen Loge kann genutzt werden, wenn man die fünfte Einweihung durchläuft. Wem der Grad seiner Einweihung nicht bekannt ist, der kann zunächst seine Intuition befragen; man kann auch einen Pendel nutzen, um das herauszufinden. Benötigt man dann immer noch Unterstützung, kann man mich anrufen; ich werde helfen, an diese Informationen heranzukommen. Gleiches gilt übrigens auch für das Thema außerirdischer Implantate und Elementale, falls sie noch nicht durch ein Clearing entfernt worden sind. Ich persönlich liebe die Aufstiegsplätze. Man kann sie sogar während eines Telefongesprächs mit Freunden benutzen oder wenn man unter Leuten ist. Sobald du dann merkst, dass der Fluss des spirituellen Stroms unterbrochen ist, reise in Gedanken wieder hin. Bei all dem geht es einfach um den effektiven Gebrauch von Zeit und Energie. Der Aufstiegsplatz der universalen Ebene, die Goldene Kammer von Melchizedek, steht ebenfalls allen offen, die ihre fünfte Einweihung hinter sich haben. Die meisten Leser dieses Buches sind übrigens sehr viel weiter in ihrem Aufstiegsprozess, als sie sich das vorstellen können. Ich bin über den Grad der Einweihung vieler Menschen informiert und es ist tatsächlich so, dass sich eigentlich fast jeder Mensch, dem ich begegne, in der vierten, fünften oder sechsten Einweihung befindet.

Die Vollendung von Einweihungen ist für die Lichtarbeiter heutzutage etwas Alltägliches geworden. Für wirklich ernsthaft engagierte Lichtarbeiter liegt der Zeitraum pro Einweihung bei zwei Jahren, wenn sie die Informationen und Meditationen aus meinen Büchern anwenden. Das ist wirklich unglaublich schnell. Für alle, die sich ernsthaft darauf konzentrieren und sich Mühe geben, kann es noch schneller gehen. Alles hängt nur von der entsprechenden Hingabe ab. In Wahrheit ist es so, dass die meisten Leser freien Zugang zu allen Aufstiegsplätzen haben. Ausgenommen sind nur die Plätze der multi-universalen und der kosmischen Ebene. Die multi-universale Ebene ist die Ebene der 43 Christus-Universen von der Quelle unseres Kosmischen Tages. Diesen Aufstiegsplatz darf nur derjenige betreten, der die sieben Stufen der Einweihung vollständig abgeschlossen hat. Dies sind die direkten Anweisungen von Melchizedek.

Er ließ uns wissen, dass es auf der Ebene darüber noch einen Platz gibt, der direkt auf der 352. Ebene Gottes existiert. Momentan ist allerdings weder mir noch der Gruppe erlaubt, ihn zu betreten, und das, obwohl wir die sieben Einweihungen komplett abgeschlossen, unsere 50 Chakren integriert und unseren Lichtquotienten bei 99 % stabilisiert haben, sowie an der Aktivierung unseres zehnten, also solaren, Körpers arbeiten. Melchizedek sagte dazu, dass das ätherische Gewebe und das Nervensystem dort wirklich augenblicklich verbrennen würden. Sollte uns seine Nutzung in Zukunft jemals erlaubt werden, könnte das nur durch einen Gruppenkörper geschehen, denn dieser besäße ein größeres Potenzial für eine derart hohe spirituelle Energie als unsere einzelnen 12-Körper-Systeme. Es ist äußerst wichtig, dass du diesen Instruktionen folgst. Die Meister können sich nicht damit anfreunden, dass Schüler ohne die nötige Reife Bewusstseinsebenen betreten, in die sie einfach noch nicht hineingehören. Zum spirituellen Wachstum gehört ein natürlicher Entwicklungsprozess. Wer hier versucht, Stufen zu überspringen, tut dies nur auf Grund seines negativen Egos und das wird karmisch gesehen nach hinten losgehen. Als Eingeweihter fünften Grades auf galaktischen und universalen Ebenen arbeiten zu können, stellt an sich schon einen enormen Entwicklungsschritt dar. Das Galaktische Zentrum hat sich erst vor kurzem geöffnet (während der Harmonischen Konvergenz im Jahre 1987).

Durch die Nutzung der Goldenen Kammer von Melchizedek erhält man die Erlaubnis für den direkten Zugang zum Universalen Zentrum. Ich spüre hier die Verantwortung, dir eine umfassende Perspektive zu vermitteln, was allerdings auch die Wirkung eines ‚kosmischen Köders' haben soll, auf den du dich freuen kannst. Nach deinem Aufstieg kannst du dann beginnen, zuerst die Energien der fünf, dann der zwölf und dann der dreiundvierzig Christus-Universen anzurufen. Den entsprechenden Aufstiegsplatz darfst du zwar noch nicht betreten, denn das ist erst nach Vollendung der siebten Einweihung erlaubt. Trotzdem kannst du damit beginnen, die Energien in deinen Meditationen anzurufen. Du siehst, ich bin auf deiner Seite.

Alle Informationen, die ich dir hier gebe (auch die aus dem nächsten Kapitel über die kosmischen Strahlen und aus meinem Buch *Jenseits des Aufstiegs*), werden viele Jahre brauchen, um von dir integriert werden zu können. Der Zugang zum Aufstiegsplatz der Quelle wird dir erst gewährt, wenn du volle zwei Jahre mit dem Platz der multi-universalen Ebene gearbeitet hast; erst dann ist dein Nervensystem darauf vorbereitet. Das ist zwei Jahre nach Vollendung der sieben Stufen der Einweihung, der Stabilisierung des Lichtquotienten bei 99 % und der

Verankerung und Aktivierung der neun Körper und 50 Chakren. Es gibt noch zwei weitere, sehr bedeutende Aufstiegsplätze; den der Göttlichen Mutter und den des Göttlichen Vaters, die beide gleichsam zur rechten und linken Hand Gottes stehen. Es wurde mir erlaubt, die Plätze in meinem Buch zu erwähnen. Sie heißen ‚Aufstiegsplatz der Göttlichen Mutter' und ‚Aufstiegsplatz des Göttlichen Vaters'. Die Erlaubnis zur Nutzung dieser Plätze erhält nur derjenige, der mindestens am Beginn seiner sechsten Einweihung steht. Doch selbst wenn du bereits die sechste Einweihung erreicht hast (oder noch weiter bist), musst du zusätzlich folgende Bitte aussprechen, da es sich hier um eine wirklich sehr hohe Energie handelt: *„Ich rufe nur solche Energien an, die ich auf der Stufe, auf der ich mich gerade befinde, leicht und problemlos aufnehmen kann, während ich mich im Aufstiegsplatz der Göttlichen Mutter / des Göttlichen Vaters befinde."*

Der Synthesis-Ashram von Djwhal Khul

Hier handelt es sich nicht um einen weiteren Aufstiegsplatz, sondern eher um eine Art „Heilungssitz". Djwhal Khul hat Kuthumis Ashram auf den Inneren Ebenen übernommen. Kuthumi bereitet sich darauf vor, in naher Zukunft die Position Lord Maitreyas (als Planetarer Christus) innerhalb der Spirituellen Regierung zu übernehmen. Der Zweite Strahl befasst sich mit der spirituellen Bildung des Planeten; er stellt daher die zentrale Säule der sieben Strahlen dar. So werden alle Seelen, egal welchem Strahl sie angehören, einige Zeit bei Djwhal Khul auf den Inneren Ebenen verbringen. Dazu muss man wissen, dass es auf den Inneren Ebenen eine große Bewegung der Schüler und Eingeweihten von Ashram zu Ashram gibt, die von ihren individuellen Anforderungen abhängt. Alle sieben großen Ashrams unter Führung der sieben Chohans sind in Wahrheit nur ein einziger Ashram - der Ashram von Lord Maitreya, dem Planetaren Christus. Wie dem auch sei, Djwhal Khul hat einen Heilungssitz in seinem Synthesis-Ashram und ich lege es jedem Lichtarbeiter sehr ans Herz, dort einige Zeit zu verbringen. Wenn du Djwhal Khul anrufst, wird er mit dir arbeiten. Dieser Platz wird dir den

Zugang zu allem ermöglichen, worüber ich in meinem Büchern geschrieben habe - zum Aufbau des Lichtquotienten, der Entfernung von Implantaten, der Technologie der Arcturianer und so weiter. Man könnte ihn wirklich als eine Art „Mädchen-für-Alles"– Heilungsplatz bezeichnen.

Der Liebes-Platz von Sai Baba

Dieser Platz wurde bereits in meinem Buch *Jenseits des Aufstiegs* erwähnt. Es ist ein weiterer Platz, den du anrufen kannst, gleich wo du dich in deinem Aufstiegsprozess gerade befindest. Dies ist ebenfalls kein Aufstiegsplatz, sondern einfach dafür gedacht, um in Verbindung mit Sai Baba zu kommen und seine Liebe, Unterstützung und Freundlichkeit zu erhalten. Es gibt nichts, was mit der Herrlichkeit Sai Babas vergleichbar wäre, daher empfehle ich dir sehr, diesen Platz anrufen.

Wie du die Aufstiegsplätze nutzen kannst

Als erstes rufst du den Aufgestiegenen Meister an, der für den ausgewählten Platz verantwortlich ist; zusätzlich kannst du natürlich auch deine eigenen spirituellen Lehrer anrufen, wenn du das möchtest. Sprich dann ein Gebet und bitte darum, in deinem spirituellen Körper an den entsprechenden Ort gebracht zu werden, um dich dort in den Aufstiegsplatz zu setzen. Du wirst sofort spüren, wie der Fluss des spirituellen Stroms von Kopf bis Fuß durch deinen ganzen Körper fließt. Es kann manchmal ein oder zwei Minuten dauern, bis die Verbindung hergestellt ist, manchmal aber auch nicht. Je höher die Ebene des Aufstiegsplatzes ist, desto mehr Zeit zur Einstimmung ist nötig, damit deine Schaltkreise nicht durchbrennen. Wenn du keine Wirkung spürst, bitte einfach ein zweites Mal und auch um die Erhöhung der Energie. Denke immer daran, dass es die Energie ist, die deine Entwicklung bewirkt. Du musst weder medial oder hellsichtig sein und auch keine Stimmen hören können. Solltest du etwas wahrnehmen, dann umso besser, aber es ist absolut nicht notwendig. Es ist der Fluss des spirituellen Stroms durch dein 12-Körper-System, der im Laufe der Zeit deinen Lichtquotienten aufbaut und die Transformation herbeiführt. Sei voller Geduld und Beharrlichkeit in deinen Bemühungen und die Ergebnisse werden bemerkenswert sein – das garantiere ich. Interessant ist die Tatsache, dass ich Aufstiegsplätze auch auf dem Mond, Mars, Merkur, Neptun, Pluto, Uranus, Jupiter und Saturn entdeckt habe. Melchizedek wies mich aber ganz entschieden darauf hin, diese Plätze nicht in meiner Liste zu erwähnen, ausgenommen den auf der Venus. Er erklärte, die anderen Plätze seien ihrer Natur nach eher außerirdisch und vierdimensional; meine Liste solle aber nur solche Plätze enthalten, die sich mindestens in der fünften Dimension (oder noch höher) befinden.

Es ist einer der wahren Schlüssel auf dem spirituellen Pfad, keine Zeit und Energie zu vergeuden und trotzdem Spaß zu haben. Für die Beschleunigung der spirituellen Evolution ist die Nutzung der Aufstiegsplätze vielleicht eines der wichtigsten Instrumente, von dem die Welt je erfahren hat. Nutze es und genieße die Erfahrung, ein Reisender im Kosmos zu sein. Gott hat dir alles gegeben, was du brauchst, um die Befreiung und den Aufstieg zu erreichen. Du musst deinen freien Willen einsetzen, um dir all das zunutze zu machen, was ER uns zur Verfügung gestellt hat.

Der atomare Beschleuniger

Der atomare Beschleuniger in Table Mountain / Wyoming, ist der einzige Platz meiner Liste, der in einem dreidimensionalen Sinne verankert wurde; ein Raumschiff aus der fünften Dimension brachte ihn in unsere dreidimensionale Dichte. Diese Apparatur wurde in der fünften Dimension entwickelt, muss aber nicht wie unsere dreidimensionalen Maschinen gewartet werden. Er schwingt auf einer höheren Frequenz. Der atomare Beschleuniger arbeitet wie ein ultimatives Bioresonanzgerät. Er wurde durch die vereinten Kräfte von Saint Germain und

Sananda zur Erde gebracht; auch die Arcturianer, das Ashtar-Kommando und die Plejadier sind hier mit beteiligt. Es wird ihn allerdings niemand auf der physischen Ebene finden können. Uns wurde gesagt, dass man über die siebte Einweihung hinausgegangen sein muss, um ihn nutzen zu dürfen. Er besitzt eine Sichtanzeige, die ähnlich funktioniert wie Djwhal Khuls Computer, die Lichtprofile von seinen Schülern und Eingeweihten erzeugen. Dieser Aufstiegsplatz kann auf Bitten hin von jedem auf spiritueller Ebene besucht werden. In einigen Channelings wurde uns erklärt, dass der atomare Beschleuniger auf eine gewisse Weise auch mit den Computern der Elohim verbunden ist, was ich persönlich sehr interessant finde. Sollte uns irgendwann erlaubt werden, diesen Platz auf der physischen Ebene aufzusuchen, wirst du, mein lieber Leser, als erster davon erfahren.

Verankerung von Aufstiegsplätzen

Ein weiteres Instrument, das ich dir sehr ans Herz legen möchte (egal, auf welcher Stufe du gerade arbeitest), ist die Anrufung zur dauerhaften Verankerung eines Aufstiegsplatzes, der deinem Grad der Einweihung entspricht, und zwar in dein Vier-Körper-System, dein Zuhause und deine Aufstiegssäule. Du rufst beispielsweise den Aufstiegsplatz in Luxor an, der auf diese Weise verankert werden soll. Dadurch kannst du Tag und Nacht in diesem Platz leben, ohne dass du überhaupt noch darum bitten musst, und alle Menschen, die dich besuchen, werden ihn ebenfalls betreten.

Wenn du dich weiter entwickelst, kannst du um Verankerungen dieser Art auf immer höherem Niveau bitten. Erst letzte Woche baten wir um die Verankerung des Platzes der multi-universalen Ebene und des Platzes der Quelle selbst. Aber auch hier ist es nicht erlaubt, einen Schritt auszulassen. In diesem Punkt war Melchizedek sehr streng mit uns. Er berichtete von Eingeweihten, die versucht hatten, einige Stufen zu überspringen und als Folge regelrecht süchtig nach kosmischer Energie wurden. Sie starben in der Folge an einem Herzinfarkt, wobei sie auch noch ihre Ätherkörper beschädigten. Vor der Verankerung solch hoher Ebenen müssen erst die planetaren, solaren, galaktischen und universalen Aufstiegsplätze in einer schrittweisen, systematischen Prozedur verankert werden, abhängig vom Grad der Einweihung, des Lichtquotienten und den jeweils verankerten und aktivierten Chakren und Körpern. Das Nervensystem und die Nadis des Ätherkörpers müssen auf jeder Stufe über längere Zeit hinweg darauf vorbereitet werden. Sei voller Geduld und mit der Zeit wird dir alles gegeben werden; ich würde es nicht schreiben, wenn es nicht so wäre.

3 Die kosmischen Strahlen

Einer der wichtigsten Aspekte meiner Nachforschungen in letzter Zeit sind die kosmischen Strahlen. Diese Informationen sind zusammen mit der Kosmologie der Aufstiegsplätze so aufregend, dass ich mich kaum zurückhalten kann. Zunächst möchte ich aber erst einmal die Grundlagen meiner Betrachtung darstellen. Bis 1960 hatte unser Planet, für die zurückliegenden 3,1 Milliarden Jahre, im Wesentlichen mit sieben grundlegenden Strahlen zu tun:

- Erster Strahl: Kraft, Wille und Aufgabe (Rot)
- Zweiter Strahl: Liebe, Weisheit (Blau)
- Dritter Strahl: aktive (oder kreative) Intelligenz (Gelb)
- Vierter Strahl: Harmonie (Smaragdgrün)
- Fünfter Strahl: konkrete Wissenschaft (Orange)
- Sechster Strahl: abstrakter Idealismus und Hingabe (Indigo)
- Siebter Strahl: zeremonielle Ordnung und Magie (Violett)

Dann, um das Jahr 1960 herum, ereignete sich etwas Außerordentliches auf unserem Planeten. Die Erde erhielt eine besondere Dispensation, bei der es um fünf neue Strahlen ging. Diese fünf Strahlen sind:

- Achter Strahl: Strahl der höheren Reinigung (Meergrün)
- Neunter Strahl: Freude, Anziehung des Lichtkörpers (Blaugrün)
- Zehnter Strahl: Verankerung des Lichtkörpers, Einladen der Seelenverschmelzung (Perlmuttfarben)
- Elfter Strahl: Brücke zum Neuen Zeitalter (Pink-Orange)
- Zwölfter Strahl: Verankerung des Neuen Zeitalters und des Christusbewusstseins (Goldfarben)

Die Verankerung dieser fünf höheren Strahlen war ein außerordentliches Ereignis. Das Wissen über esoterische Psychologie und die zwölf Strahlen habe ich ausführlich in meinem Buch *Das komplette Aufstiegshandbuch* beschrieben. Es handelt sich dabei wahrscheinlich um eine der wichtigsten spirituellen Wissenschaften, die der Menschheit überhaupt bekannt sind; sie ist älter und der eigentliche Ursprung der Astrologie. Für mich ist absolut unverständlich, dass dieses Wissen so unbekannt ist und wie viele unzutreffende Informationen darüber im Umlauf sind. Solltest du also diese Strahlen noch nicht angerufen und mit ihnen experimentiert haben, empfehle ich dir sehr, das zu tun; es ist für deine spirituelle Entwicklung von grundlegender Bedeutung. Die Anleitung dazu findest du im *Kompletten Aufstiegs-Handbuch (S. 157).*

Diese Strahlen ähneln in ihrer Wirkung den Aufstiegsplätzen. Es ist nur eine Frage der Anrufung und schon kann man in dieser Energie baden, denn sie steht allen Menschen zur Verfügung. Dies ist wieder eines der Beispiele dafür, dass Gott uns alles Notwendige gegeben hat – und dennoch wissen selbst viele Lichtarbeiter (wie die meisten anderen Menschen) nicht, dass ihnen die Strahlen zur Verfügung stehen und wie man sie nutzt. Dabei ist es ganz einfach. Benötigst du Energie für dich selbst, rufst du den roten Strahl an.

Geht es um Reinigung, nimmst du den achten Strahl. Arbeitest du wissenschaftlich, wählst du den fünften Strahl. Wenn du Hingabe möchtest, rufst du den sechsten Strahl an. Geht es um Transformation, nimmst du den siebten Strahl. Möchtest du das wahre Christusbewusstsein erleben, ist es der zwölfte Strahl. Möchtest du den Lichtkörper anziehen, wählst du den neunten Strahl.

Die Strahlen können durch ihre Nummer, Farbe oder Qualität angerufen werden; jede dieser Möglichkeiten funktioniert gleich gut. Die fünf höheren Strahlen, die aus unterschiedlichen Kombinationen der ersten sieben Strahlen und zusätzlich weißem Licht bestehen, sind dabei besonders kraftvoll. Da ich meinen eigenen Aufstieg bereits vollendet und schon längere Zeit mit den Strahlen gearbeitet hatte, war ich wohl bereit für den nächsten Schritt. Eines Tages kam mir der Gedanke, dass es vielleicht möglich wäre, über die wirklich außergewöhnlichen planetaren Strahlen hinaus auch die kosmischen Strahlen zu beschreiben. Ich weiß zwar nicht, warum ich nicht schon früher daran gedacht hatte, aber vielleicht war die Zeit dafür einfach noch nicht reif gewesen. Ich setzte mich also mit meiner Kerngruppe über Monate hinweg zusammen, bis wir diese Informationen dann tatsächlich zur Verfügung hatten.

Diese Informationen gehören, zusammen mit den Informationen über die Aufstiegsplätze und den Prozess des kosmischen Aufstiegs, zum Wichtigsten, was mir überhaupt bekannt ist. Dieses Buch zu schreiben war für mich deshalb noch spannender als das Schreiben irgendeines meiner anderen Bücher, was allerdings erstaunlich ist, denn schon beim Schreiben dieser Bücher war ich absolut Feuer und Flamme gewesen.

Für mich ist es besonders spannend, neue Informationen über die kosmischen Ebenen der Schöpfung vermitteln zu können, die noch nie zuvor der Menschheit zur Verfügung standen. Genauso spannend ist es, dass wir die kosmischen Strahlen in gleicher Weise wie die Aufstiegsplätze anrufen können, um so unseren planetaren und kosmischen Aufstieg zu beschleunigen. Auf diesem Weg bekommen wir noch auf eine andere Weise Zugang zum Kosmos. In dem folgenden Diagramm lüfte ich nun zum ersten Mal den Schleier über dem, was ich die *„Kosmologie der kosmischen Strahlen"* nenne.

Kosmologie der kosmischen Strahlen

Quellen-Ebene

Klares Licht, durchsichtig und unsichtbar

Die zwölf kosmischen Strahlen

Alle zwölf Strahlen mit klarem Licht, durchsichtig und unsichtbar

Multi-universale Ebene

Platinfarbener Strahl

Die zehn verlorenen kosmischen Strahlen des Yod-Spektrums

Alle Schattierungen von Platin

Universale Ebene - Die Goldene Kammer von Melchizedek

Reinstes und am stärksten verfeinertes Gold

Die Große Weiße Loge des Sirius

Goldfarben, von der Reinheit zweiten Grades

Melchior/Galaktisches Zentrum

Silber-golden

Helios/Zentrum der Sonne

Kupfer-golden

Shamballa/Sanat Kumara

Weißes Licht

Die zwölf planetaren Strahlen

1. Rot	5. Orange	9. Blaugrün
2. Blau	6. Indigo	10. Perlmuttfarben
3. Gelb	7. Violett	11. Pink-Orange
4. Smaragdgrün	8. Meergrün	12. Gold (Rein. 3. Gr.)

An oberster Stelle des Diagramms finden wir die Urquelle, die Ebene Gottes. Von hier dehnt sich die Schöpfung in alle Richtungen aus. Man könnte sie als den Ort bezeichnen, von dem das Verströmen des ersten Strahls ausgeht. Melchizedek erklärte uns, die „Farbe“ dieser ersten Ausstrahlung sei klares Licht. Dieses Licht ist so rein und verfeinert, dass es keine Farbe hat; es ist durchscheinend und unsichtbar. Dann folgt der zweite Schritt der Schöpfung - die Erschaffung der zwölf Strahlen. Damit sind natürlich die zwölf kosmischen Strahlen gemeint und nicht die zwölf Strahlen der planetaren Ebene, die ich bereits beschrieben habe. Diese zwölf kosmischen Strahlen stehen in Verbindung mit dem Kosmischen Rat der Zwölf auf der 352. Ebene Gottes. Dort halten diese zwölf kosmischen Wesenheiten das gesamte unendliche Universum buchstäblich in Bewegung. Sie sind Gottes Führungsstab, die Mitglieder seines Ashrams. Ihre Ausdehnung ist so unfassbar groß und gewaltig, dass sie eigentlich unvorstellbar sind. Jedes Mitglied des Kosmischen Rates der Zwölf ist mit einer kosmischen Monade verbunden (keine Monade im irdischen Sinne), und wir alle stammen von dort ab. Jedes Wesen in Gottes unendlichem Universum geht also auf eine dieser zwölf kosmischen Monaden zurück.

Der kosmische Aufstieg bedeutet also die Verschmelzung mit einer der zwölf kosmischen Monaden. Jedes Mitglied des Kosmischen Rates der Zwölf ist für einen dieser kosmischen Strahlen verantwortlich. Die planetaren Strahlen, mit denen wir uns auf unseren Ebenen befassen, sind in ihrem Potenzial mehrere hundert Mal verringert, damit uns diese Energie nicht verbrennen kann. Ich fragte Melchizedek nach den Farben der kosmischen Strahlen. Nach seinen Worten sind sie so rein und verfeinert, dass sie ebenfalls farblos sind. Auf dieser Stufe sind sie durchsichtig und unsichtbar. Das erinnert mich an den Baum des Lebens und den obersten Sephiroth Kether, die Krone des kosmischen Baumes der Kabbala. Noch fehlt der Schritt zu den nächsten beiden Sephiroth, zu Binah und Chokmah. Erst hier beginnt die Schöpfung in der Form zu existieren, wie wir sie kennen. Anders ausgedrückt, wir befinden uns immer noch im Zustand des Nichtmanifesten. Das Prisma Gottes hat noch nicht begonnen, das Licht in seine Farben zu brechen.

Kommen wir zur nächsten, der multi-universalen Ebene, der Quelle für die 43 Christus-Universen unseres Kosmischen Tages; hier beginnt die manifeste Wirklichkeit. Die erste Farbe, die durch Brechung im göttlichen Prisma entsteht, ist Platin. Dieser platinfarbene Strahl würde dem Aufstiegsplatz der multi-universalen Ebene entsprechen, den ich im Kapitel zuvor erwähnt habe. Hier beginnt ein anderer Weg, durch den man mit dieser Ebene in Kontakt kommt, anstatt sich zu dem entsprechenden Aufstiegsplatz zu begeben. Man ruft den platinfarbenen Strahl von Melchizedek oder Metatron an. Das ist auch weniger gefährlich, denn durch die Arbeit mit dem Aufstiegsplatz verbindet man sich in Wirklichkeit mit dem Ursprung dieses Strahls, statt lediglich den Strahl anzurufen und ihn zu erleben. Es ist ein wenig so, als würde man die Energien der 43 Christus-Universen anrufen. Auf jeden Fall haben wir es hier im Besonderen mit kosmischen Strahlen zu tun.

Kommen wir zur nächsten Ebene, auf der wir einen ganz außergewöhnlichen Einblick erhalten. Es geht um etwas, das Melchizedek mit dem Begriff der *‚zehn verlorenen Strahlen des Yod-Spektrums‘* beschreibt. Diese zehn Strahlen waren bisher für die Menschheit verloren gewesen. Sie stammen von der multi-universalen Ebene und können durch die Anrufung von Melchizedek, Metatron und Erzengel Michael hervorgebracht werden, um die zehn verlorenen kosmischen Strahlen und das Yod-Spektrum auf unsere Ebene fließen zu lassen. Melchizedek sagte allerdings, dass diese Art der Anrufung unterbleiben sollte, bevor die siebte Einweihung abgeschlossen ist. Wer den Wunsch hat, kann damit beginnen, sobald er die siebte Einweihung durchläuft. Dem Ausdruck ‚Yod-Spektrum‘ begegnete ich das erste Mal in den *Schlüsseln des Enoch*; er bezieht sich auf das kosmische, nicht auf das planetare Yod-Spektrum. Das Yod-Spektrum ist das Spektrum des Lichts; das planetare Yod-Spektrum umfasst das gesamte Spektrum der zwölf planetaren Strahlen.

Wir kommen hinab zur nächsten Ebene, der Goldenen Kammer von Melchizedek. Es ist schon amüsant, den Ausdruck „zur Goldenen Kammer von Melchizedek herunterkommen“ zu verwenden, denn sie stellt eine so unglaublich hohe Ebene des Bewusstseins dar. Laut Melchizedek strahlt dieses universale Zentrum eine in höchstem Maße verfeinerte, reine göttliche Energie aus. Alle Farben, mit denen man arbeiten kann, besitzen drei Grade der Reinheit, Verfeinerung und Klarheit. Das Gold des universalen Zentrums und von Melchizedek ist die reinste Farbe und der reinste Strahl überhaupt. Er ist der kosmische Strahl im innersten Sein unseres Universums. Diese Energie erlebt man, wenn man sich in der Goldenen Kammer von Melchizedek befindet. Nach seinen Worten kann dieser Strahl mit Beginn der sechsten Einweihung angerufen werden. Der kosmische goldene Strahl unterscheidet sich vom Gold des zwölften Strahls der planetaren Strahlen. Es ist die höchste Schwingungsform von Gold in unserem planetaren System, nicht aber auf solarer, galaktischer oder universaler Ebene.

Auf der nächsten Stufe finden wir die Große Weiße Loge des Sirius, die von Lord Sirius auf den Inneren Ebenen geleitet wird. Hier handelt es sich nicht um den physischen Sirius, sondern um die Inneren Ebenen. Dies ist die wahre Heimat der Spirituellen Hierarchie, von der Shamballa einen Außenposten darstellt. An diesen Ort wird sich der größte Teil der Menschheit begeben, wenn es um die sieben Pfade der höheren Evolution geht (mehr darüber in meinem Buch *Jenseits des Aufstiegs*). Der von hier ausgehende kosmische Strahl ist ebenfalls goldfarben, aber von der Reinheit zweiten Grades (direkt unterhalb der Reinheit der Goldenen Kammer von Melchizedek, aber immer noch von extrem hoher Schwingung).

Jetzt kommen wir zum Galaktischen Zentrum, Platz und Verantwortungsbereich von Melchior, dem Galaktischen Logos. Melchizedek sagte, dass der kosmische Strahl hier gold- und silberfarben ist. Dies ist die ausstrahlende Energie, wenn man sich in Melchiors Aufstiegsplatz befindet. Er kann angerufen werden, sobald man die vierte oder fünfte Einweihung erhalten hat. Weiter geht es, und wir kommen zu Helios, dem Solaren Logos, im Zentrum der Sonne. Dies ist der kosmische Strahl von kupfer-goldener Farbe; die Energie kann im Aufstiegsplatz von Helios in der Zentralsonne erfahren werden.

Weiter unten im Diagramm sehen wir Shamballa, zur Zeit der Platz von Sanat Kumara und Lord Buddha. Der von hier ausgehende kosmische Strahl ist der des reinen weißen Lichts. Diese Energie kann erfahren, wer sich zum Shamballa-Aufstiegsplatz von Sanat Kumara und Lord Buddha begibt – ein äußerst bedeutender und wirklich wundervoller Ort, lange Zeit einer meiner absoluten Lieblingsplätze. Jetzt kommen wir zu den zwölf planetaren Strahlen. Wenn ich die Liste so nach unten gehe, hört es sich an, als ob die zwölf planetaren Strahlen eher mindere, unbedeutende Strahlen wären, die nicht besonders kraftvoll sind. Nichts könnte weiter von der Wahrheit entfernt sein als das. Diese zwölf Strahlen sind beeindruckend – sogar die ersten sieben, ganz zu schweigen von den anderen fünf.

Man muss erkennen und in die richtige Perspektive bringen, dass ich hier das grenzenlose Universum Gottes darstellen möchte und wir planetare Meister sind. Wir sind eigentlich wie kleine Kinder, wie Babies, jedenfalls dann, wenn es um die kosmische Evolution geht. Im vorherigen Kapitel sprach ich von unserem Potenzial, hier auf Erden zehn Prozent unserer kosmischen Evolution aktivieren zu können. Dies stellt eine große Chance dar; allerdings hat es noch nie jemand geschafft und ich weiß auch nicht, ob es überhaupt je einem Menschen gelingen wird. Könnten wir nur etwa ein oder zwei Prozent unserer kosmischen Evolution verwirklichen, während wir noch hier sind, dann wäre das schon sehr, sehr viel.

Bitte bedenke, dass wir hier über das grenzenlose Universum Gottes sprechen, nicht nur über einen einzigen Planeten. Allein in unserem Universum existieren zehn Milliarden Planeten und es gibt unendlich viele Universen. Die Quelle unseres Kosmischen Tages ist nur eine in einer unendlichen Anzahl Quellen in Gottes grenzenlosem Universum. Hast du das in deine Betrachtung mit einbezogen? Selbst ein Prozent der gesamten kosmischen Energie Gottes stellt bereits ein gewaltiges Ausmaß an Energie dar. Wir sprechen hier über den Unterschied zwischen einer 50-Watt-Birne und einer 1.000.000-Watt-Birne! Beziehe das bitte in deine Betrachtungen mit ein, wenn ich dir die Einschränkungen gebe, die ich von Melchizedek bekommen habe.

Die vollständige Installierung, Aktivierung und Verwirklichung deiner solaren, galaktischen und universalen Körper (und/oder der 30 % auf der kosmischen Skala des Lichtquotienten) bedeuten nur 3 % auf der Skala mit der Sai Baba arbeitet. Es existieren drei Skalen des Lichtquotienten: Eine für die planetare Ebene, eine für die kosmische Ebene und eine dritte Skala für diejenigen Meister, die bereits über die sieben Stufen der Einweihung hinausgegangen sind und sich als Avatare hier auf Erden befinden. Diese dritte Skala ist auch die Skala der Aufgestiegenen Meister, die nicht oder nicht mehr inkarniert sind. Mein persönliches Ziel ist also, das Niveau von 30 % zu erreichen und diese Ebene nicht nur zu installieren und zu aktivieren, sondern auch zu verwirklichen.

Es ist dieser dritte Schritt, durch den wir die besonderen Fähigkeiten eines Aufgestiegenen Meisters erreichen, die wir alle mit dem Aufstiegsprozess verbinden. Dabei gehen wir in der Installierung und Aktivierung kosmischer Energien sehr viel weiter als die Aufgestiegenen Meister in der Vergangenheit; wir werden allerdings auch länger brauchen, um diese höheren Fähigkeiten zu entwickeln. Vieles hat dabei mit der Geschwindigkeit zu tun, mit der wir alle durch diesen Prozess gehen; außerdem befinden wir uns in einer Phase des Massenaufstiegs, was eine andere Dispensation, ein anderes Programm darstellt als das, was die Meister in der Vergangenheit durchlaufen haben.

Zusammenfassung und einige Abkürzungen

Rufe die Strahlen an, die deinem Grad der Einweihung entsprechen. Die Anrufung der planetaren und kosmischen Strahlen ist – zusammen mit den Aufstiegsplätzen, dem Aufbau des Lichtquotienten, der

Verankerung von Chakren und allen anderen Aufstiegstechniken und Hilfen, die ich in meinen Büchern erwähnt habe – ein weiteres, einzigartiges Instrument. Außerdem sorgt es für Abwechslung, was sehr gut ist, denn ich empfehle dir, vierundzwanzig Stunden am Tag und sieben Tage die Woche mit diesen zu Dingen arbeiten. Bitte sogar vor dem Zubettgehen, um die Energie, mit der du arbeiten möchtest. Ich sollte dabei allerdings noch erwähnen, dass du es auch übertreiben kannst – nicht so sehr, was den Aufbau des Lichtquotienten betrifft, sondern eher bei den intensiveren Meditationen aus einigen meiner anderen Bücher. Verwende deine Intuition und reduziere die Energie, sobald du dich unwohl fühlst. Am Anfang wirst du auch eine Menge Gift freisetzen. Trinke daher viel klares Wasser und ernähre dich so gesund wie möglich. Sobald deine physischen, astralen, mentalen, ätherischen und spirituellen Körper umfassend gereinigt sind, wirst du in der Lage sein, mehr und mehr Licht zu integrieren. Falls du gesundheitliche Probleme hast, rufe die Aufgestiegenen Meister, die Engel der Heilung sowie die Arcturianer an. Ich selbst hatte einige Lektionen durch chronische Krankheiten zu lernen. Aus diesem Grund rufe ich Lord Arcturus und die Arcturianer für den Aufbau des Lichtquotienten und die Heilung von allem an, womit ich gerade zu tun habe; sie arbeiten an beiden Dingen gleichzeitig.

Mir ist übrigens aufgefallen, dass ich bei meinen ‚Aufstiegs-Spaziergängen' eher die Aufstiegsplätze und Energien der galaktischen Ebene aufsuche, vielleicht weil sie nicht ganz so rein sind wie die auf universaler Ebene. Das ist aber nur meine persönliche Vorliebe. Frühmorgens rufe ich die Arcturianer an, um meine Energien in Fluss zu bringen und den Lichtquotienten zu erhöhen, was allgemein einen stärkenden Effekt auf meinen physischen Körper und mein Verdauungssystem hat. Außerdem scheine ich wesentlich länger am Computer sitzen zu können, wenn ich sie in dieser Weise um Hilfe bitte. Die kosmischen Strahlen rufe ich gerne während der Meditation an, wenn ich eine bestimmte Energie brauche oder beim Fernsehen. Es ist tatsächlich so, dass ich einige meiner besten Meditationen vor dem

Fernseher erlebe – das hört sich vielleicht seltsam an, aber es ist die Wahrheit. Auf diese Weise kann ich drei Stunden lang Energien aufnehmen, ohne unruhig zu werden, anders, als das manchmal bei den Meditationen der Fall ist. Sobald das spirituelle Potenzial aktiviert ist, kann man andere Dinge tun, während die Energie in angenehmer Weise weiterfließt. Ist das Potenzial zu stark oder zu schwach, kann man die Meister jederzeit um die entsprechende Anpassung bitten. Durch diese Arbeit wird sich dein Lichtquotient Tag für Tag, langsam aber stetig erhöhen. Mache es zu deiner täglichen Routine und schon bald wird es zu einer positiven Gewohnheit geworden sein; es wird dir außerdem das Gefühl geben, Fortschritte zu erlangen und etwas zu erreichen. Mit der Zeit hat es sich ergeben, dass ich immer weniger meditiere; stattdessen mache ich jetzt mein Leben mehr und mehr zu einer Meditation.

Es ist wirklich erstaunlich, wie viel spirituelle Arbeit man erledigen kann, während man in der Bank oder beim Einkaufen ansteht. Alles lässt sich in Gedanken tun; es braucht nur fünf Sekunden, um die Anrufung auszusprechen. Ich habe mit den Meistern ein System entwickelt, bei dem ich nur fünf Worte sagen muss, um alles in Gang setzen zu können. Einiges davon werde ich jetzt mit dir teilen:

- „Melchizedek, Goldene Kammer, Aufstiegsplatz."

Das ist alles, was ich sage und es wird augenblicklich aktiviert. Beim ersten Mal wirst du vielleicht einige Worte mehr brauchen, um sicher zu sein, dass du angeschlossen bist. Nach kurzer Zeit werden aber nur noch wenige Worte nötig sein.

- „Metatron, ich rufe den zwölften Strahl an."
- „Mächtige ICH BIN - Gegenwart, ich rufe die Flamme der Transformation."
- „Helios, kupfer-goldener Strahl."
- „Lord Sirius, Aufstiegsplatz der Großen Weißen Loge."
- „Sanat Kumara, Shamballa, Aufstiegsplatz."
- „Ich rufe Serapis Bey, Luxor, den Aufstiegsplatz."
- „Metatron, einhundertprozentige Erhöhung des Lichtquotienten."

- „Lord Arcturus, Arcturianer, einhundertprozentige Erhöhung des Lichtquotienten; heilt und stärkt mein Verdauungssystem."
- „Metatron, einhundertprozentige Erhöhung des Lichtquotienten; Stärkung."

Ich denke, diese Beispiele geben dir eine Vorstellung davon, wie das Ganze funktioniert. Mit diesen kurzen Invokationen kann ich alles im Kopf machen. Wenn ich sie laut aussprechen möchte, flüstere ich und halte dabei die Hand vor mein Gesicht, während ich auf dem Postamt anstehe und meinen Lichtquotienten erhöhe.

4 Kosmische Evolution und die Organisation des höheren Verstandes

In einem Channeling während der Meditation erhielten wir von Melchizedek faszinierende Informationen über die Eigenschaften des Verstandes. Nach seinen Worten ist der Wille der wichtigste Aspekt. Durch den Willen stehen Intuition und Intellekt miteinander in Verbindung. Die Intuition, so sagte er, könne auf den Inneren Ebenen visuell als Spirale wahrgenommen werden, der Intellekt würde einem Schachbrettmuster ähneln. In der dritten Dimension ist für die Wahrnehmung alles voneinander getrennt, so wie die einzelnen Elemente einer Perlenkette. In der vierten Dimension gibt es die innere und die äußere Welt, Übersinnliches und Metaphysisches. Es herrscht die Ansicht, dass es für alles eine Metapher gibt, dass multidimensionale Realitäten existieren und alles mit allem verbunden ist. Es gibt Ereignisse, die simultan geschehen, die synchronizitär und paradox sind.

Das bedeutet an sich schon einen großen Schritt, doch erst in der fünften Dimension eröffnet sich einem die Unendlichkeit. Erst in der fünften Dimension erkennt man, dass alles miteinander verbunden ist und man nicht einen Aspekt entnehmen kann, ohne alles zu entnehmen. Das Problem ist einfach, dass wir in der Regel unsere Aufmerksamkeit auf dreidimensionales Denken richten, und das ist auch der Grund, warum wir nicht so in der Schwingung von Melchizedek bleiben können, wie wir das gerne möchten. Wenn wir uns angewöhnen, alles zuzulassen, ohne uns verloren zu fühlen oder das Gefühl zu haben, etwas nicht zu verstehen oder keine Worte dafür finden zu können, werden wir beginnen, dauerhaft in einer voll verwirklichten, fünfdimensionalen Form von Kommunikation und Energie zu agieren. Wir werden dann fähig sein, dies aufrechtzuerhalten, während wir gleichzeitig innerhalb der dreidimensionalen Welt kommunizieren. Unser Wille wird uns diesen Quantensprung ermöglichen, wenn er zu seinem höchsten

Potenzial erhoben wird. Es ist dann nicht länger ein Wille, der seine Aufmerksamkeit auf Meinungen ausrichtet, sondern er ist wie ein System, das aus Schaltkreisen arbeitet, das sämtliche Aspekte der Wirklichkeit miteinander verbindet – der größeren Wirklichkeit, die alles enthält und die nicht selektiv ist.

Ob es uns möglich wäre, fragte Melchizedek, in einer nicht-selektiven Realität zu leben, in der wir alle Möglichkeiten erleben würden, ohne uns in diesem Überfluss zu verlieren und gleichzeitig fähig wären, den Rhythmus und die Beziehung untereinander wie in einem großen Hologramm wahrzunehmen, während wir weiter unseren alltäglichen Verpflichtungen nachgingen? Er fragte uns noch einmal, ob wir uns vorstellen könnten, in einer solchen Welt zu leben. Dies ist ein sehr viel umfassenderes Verständnis von Wahrnehmung. Melchizedek sprach dann davon, dass selbst die am weitesten entwickelten Lichtarbeiter dies im Moment noch nicht praktizieren würden. Unbegrenzt und unvoreingenommen, ist diese Wahrnehmung ohne persönliche Perspektive. Sie überwindet alle Schranken kultureller Prägungen und nimmt einzig aus einer kosmischen Perspektive wahr. Wo dritte und vierte Dimension Wahrnehmung durch die vier oder fünf Aspekte bedeutet, die ich zuvor erwähnt habe, erweitert das fünfdimensionale Bewusstsein die Wahrnehmung um die genetische Programmierung, die physische Erscheinung, die religiöse und moralische Erziehung und die kulturelle Orientierung.

Jeder einzelne dieser Aspekte stellt einen Filter dar, der unsere Meinungen beeinflusst, ohne dass wir Lichtarbeiter uns dessen immer bewusst sind. Diese Filter erzeugen eine intellektuelle Meinung, eine sinnliche Erfahrung oder intuitive Ahnung. Das Massenbewusstsein bestimmt dann, dass dies unsere Wirklichkeit sei; in gewissem Sinne ist es wie eine Art Massenhypnose. Melchizedek versucht nun, uns dabei zu helfen, diese zahllosen Filter loszulassen und die Welt aus seiner Perspektive zu betrachten – frei von persönlichen oder planetaren Einflüssen.

In diesem Prozess haben wir durch die Bildung eines Gruppenkörpers mit dem Experiment begonnen, als Viele zu sehen statt als Einzelne. Ich habe darüber in meinem Buch *Enthüllungen eines Eingeweihten von Melchizedek* berichtet. Durch einen solchen Körper der Vielen zu leben und zu sehen steht im Widerspruch zur Konditionierung des Einzelnen durch das Massenbewusstsein. Melchizedek nannte dies eine ziemlich große Herausforderung und beschrieb es als einen Wachstumsprozess in der Schulung der Wahrnehmung. Der Grundgedanke ist, alles uneingeschränkt und ohne Filter in sich aufzunehmen. Das Experiment des Gruppenkörpers beseitigt alle Begrenzungen der Polarität. Alles wird als angemessen erlebt und erfahren.

Melchizedek gab uns das Beispiel der Lektionen, mit denen wir alle durch unsere körperlichen Krankheiten konfrontiert sind. Diese Lektionen hätten mit dem physischen Körper zu tun, da dieser überarbeitet und neu strukturiert werden würde. Deshalb sollten wir alle Krankheiten niemals (was auch immer die Ursache ist) als ungewöhnlich, disharmonisch oder einschränkend ansehen, selbst wenn es chronische Krankheiten wären. Nichts wird länger durch den Filter von Schmerz, Einschränkung oder Disharmonie betrachtet. Hinter allem ist ein Sinn verborgen, und es gibt nichts, das man loswerden muss, alles wirkt zusammen für die Vollkommenheit und alle Werturteile werden beseitigt. Melchizedek ging sogar so weit, zu sagen, dass es ein Werturteil sei, wenn man entscheiden würde, dass etwas schmerzt. Aus einer dreidimensionalen Perspektive scheint das eine verrückte oder absurde Betrachtungsweise zu sein. Die allgemeine Ansicht wäre, dass wir keine Verbindung mehr zur Realität hätten, wenn wir das nicht anerkennen, was uns Schmerzen verursacht. Doch im Bewusstsein der fünften Dimension wirkt alles zusammen. Es gibt keine Trennung. Man kann nicht sagen: Dies ist gut und das ist schlecht, dies ist dunkel und dies hell, dies schmerzt und dies nicht, dies fühlt sich gut an und das nicht; oder man sagt, dies ist gut für mich und das nicht. Alle Synapsen, Hirnsekrete, Körperflüssigkeiten und Chakraimpulse müssen zusammenarbeiten. Wir können die Chakren nicht länger nur begrenzt aktivieren. Jedes Chakra besitzt achtundvierzig Segmente, und es ist nicht mehr angemessen, in jedem Chakra nur ein paar davon zu aktivieren. Es ist, als würde man darüber nachdenken, nur bestimmte Zellen des Körpers statt alle zu aktivieren.

Melchizedek sagte, es gäbe eine fernöstliche Lehre, die sich mit diesem Prinzip befassen würde, nämlich Tai Chi. Es sei jetzt allerdings nicht notwendig, Tai Chi zu lernen, sondern, bildlich gesprochen, sich so zu verhalten. Alle Menschen, die Tai Chi übten, würden sich auf physischer Ebene mit diesem Bewusstsein befassen, er aber meinte, sich mit sämtlichen Ebenen der Existenz zu befassen. Der erste Schritt bei der Arbeit mit diesem Verständnis, so Melchizedek, sei das „System des Segnens": Alles, was einem begegnet, als Geschenk zu betrachten. Wie Sai Baba sagt: „Willkommen Elend". Paul Solomon sagte einmal, man solle zu allem, was einem im Leben widerfährt, sagen: „Nicht mein Wille, sondern dein Wille geschehe." Dies ist der erste Schritt dessen, was Melchizedek meint. Er erklärte, wir müssten diese Lektion und das dazugehörige Verständnis annehmen, wollten wir tatsächlich eines Tages den Synthesis-Ashram von Djwhal Khul übernehmen – dann, wenn Djwhal sich auf seinen Pfad der kosmischen Evolution begibt. Man wird uns dabei allerdings Hilfe gewähren.

Melchizedek sprach außerdem davon, dass dieses Konzept auch den Channeling-Prozess sehr stark beeinflusst. Nach seinen Worten sind sogar die Lehren von so großartigen Channels wie Alice Bailey und Madame Blavatsky durch diese drei- und vierdimensionale Wahrnehmung gefärbt. Bei den meisten Channelings reinterpretiert das drei- und vierdimensionale Bewusstsein die getroffenen Aussagen in die Form des irdischen Massenbewusstseins. Das kann sich dann in Regeln und Vorschriften manifestieren, was in Wahrheit eine dreidimensionale Reinterpretation der ursprünglichen Botschaft darstellt. Das ist nicht wertend gemeint, sondern einfach ein kulturelles Phänomen unseres Planeten. Melchizedek sagte, Djwhal Khul habe die Fähigkeit zu dematerialisieren durch die Harmonisierung aller Aspekte seines Wesens mit Hilfe seines Verstandes gemeistert. Das ist ein Teil dessen, was es wirklich bedeutet, die sieben Stufen der Einweihung zu vollenden und von der achten und neunten Dimensionen aus zu arbeiten.

Ich fragte Melchizedek, wie das Konzept der spirituellen Unterscheidungskraft zu dem gerade Gesagten passen würde. Seine Antwort freute mich sehr. Er sagte, dieses Konzept passe sehr gut in all das hinein. Es gehe nicht darum, unsere spirituelle Unterscheidungskraft aufzugeben, sondern lediglich die unzähligen Werturteile, die wir unbewusst auf Grund all der Filter abgeben, die (metaphorisch gesprochen) unsere Köpfe, Gesichter und Gehirne mit einem Schleier bedecken. Im Gegensatz dazu lenkt die spirituelle Unterscheidungskraft unsere Handlungen, ohne zu werten. Es geht darum, uns so zu verhalten, als würden wir Tai Chi oder Aikido praktizieren. Bleibe nicht stehen und frage: „Was soll ich jetzt machen? Ist dieses richtig, oder jenes?“ Sondern bewege dich einfach vorwärts, und dieses Gehen (oder die Bewegung) wird zu deinem Erkennen. Das Gehen ist keine eingeschränkte Bewegung, sondern schließt alles mit ein. Dann können wir uns auf dem Marktplatz bewegen, und alle, die sich mit auf dem Markt befinden, werden sofort ein Teil dieser Bewegung. Ein Wort, das mir dazu einfällt, ist „Fluss“. Eine gewisse Fähigkeit, mit den Umständen auf eine sehr viel feinere und fließendere Weise umzugehen.

Um ganz ehrlich zu sein, ich will nicht behaupten, alles verstanden zu haben, was Melchizedek uns in diesem Channeling erklärt. Ich fühle nur, dass er alle Leser auf eine höhere Ebene hin ausdehnen will, und ich spüre die Wahrheit in dem, was er sagt. Die Vorstellung, all die Werturteile und unterschiedlichen planetaren Filter loszulassen, hört sich wirklich gut an für mich. Außerdem mochte ich immer schon dieses System des Segnens, dessen bewusste Anwendung man manchmal leicht vergessen kann. Mir gefällt auch die Vorstellung, fließender und unbegrenzter in meiner Perspektive zu werden, etwa so wie eine Satellitenschüssel.

Die Spirale verbindet alles mit der Quelle. Der Intellekt fügt das Universum Stück für Stück zusammen und ist in unterschiedliche Bereiche aufgeteilt. Etwas Ganzes ist auf die Quelle bezogen, einzelne Dinge beziehen sich auf die Struktur. Der Wille bringt nun Struktur und Intuition zusammen. Er zwingt einen dazu, die unbändigen, nichtlinearen Inspirationen des Universums in einem geordneten Raum innerhalb eines Individuums unterzubringen. Jedes Individuum besitzt in seinem Begriffsvermögen die vollständige Gedankenform der Schöpfung. Diese ist als Spirale angelegt und geht direkt von der Quelle aus. Dies ist die wahre Struktur des Verstandes. Die Quelle sendet einen Impuls aus, der sich spiralförmig durch die Chakren bewegt und das Gehirn stimuliert. Von einem Augenblick zum nächsten wird eine Einsicht durch diese von der Quelle stammende, mittels elektrischem Strom erzeugte, Erfahrung erschaffen. Gäbe es dabei keine intellektuelle Komponente, würde man die Existenz nur durch Einsichten erfahren, von Augenblick zu Augenblick. Und das ist es auch, wo man schließlich hinkommt - es ist zugleich Anfang und Ende. Zwischen beiden Polen erfährt man eine Struktur. In dieser Struktur stellt der Intellekt die Zerlegung des göttlichen Planes in seine Bestandteile dar, was in einen Strom intellektuell verbundener Fakten oder Gedanken in Bezug auf die Erfahrung übersetzt wird und den gerade gegebenen Impuls oder Strom erklärt. Wir operieren auf simultanen Ebenen.

Der Wille bringt all dies zusammen und vermittelt dann eine Information, welche die Erkenntnis aus dieser Erfahrung in eine Struktur fokussiert. Diese Struktur ist das Gehirn – nicht in einem physischen Sinne, sondern mehr wie ein Computer – die aus einem Netzwerk korrespondierender Komponenten besteht. Und nur auf Grund unserer Konditionierung wird dieses Netzwerk, diese Struktur, darauf reduziert, dass wir uns ausschließlich an äußeren Objekten orientieren. Es liegt nun an uns, zu bestimmen, ob wir uns aus dieser Konditionierung lösen wollen, die diese Impulse in der für uns bekannten Struktur gefangen hält. Sie hält uns davon ab, sich genauso wie ein Meister zu verhalten, der beispielsweise in der Lage ist, Gegenstände zu materialisieren oder zu dematerialisieren. Bis jetzt waren wir an eine Struktur oder ein Netzwerk von Informationen gefesselt oder gebunden, was alles in einen Zusammenhang einordnete. Solange wir an diese Struktur früherer Konditionierungen und Formate (mit all den dazugehörigen Impulsen und intuitiven Einsichten) gebunden sind, befinden wir uns in einem Rahmen, der die vollständige Transformation oder Transmutation verhindert. Die Intuition ihrerseits fügt nichts in einem Kontext zusammen und erfährt ausschließlich reine Energie. Nun hilft uns die Arbeit, welche die Meister an uns vorgenommen haben, dabei, wieder mit dieser reinen Energie in Verbindung zu kommen und eine Form der Kommunikation zu entwickeln, durch die wir nicht mehr an die Logik früherer Konditionierungen gebunden sind. Stattdessen sind wir jetzt in der Lage, neue Wege innerhalb der Chakren zu erschaffen, die dem Selbst unbegrenzte Möglichkeiten an Erfahrungen eröffnen.

Übersetzt heißt dies, alle Dinge nur noch mit den Augen des gesalbten Christus-Überselbst-Körpers zu betrachten - die Transzendierung aller Wahrnehmungen des negativen Egos. Es bedeutet, Gedanken nur noch mit dem Christusbewusstsein zu denken – frei von irgendwelchen Einschränkungen. Melchizedek meinte, es ginge hier nicht darum, alles in einen Kontext mit der Vergangenheit zu bringen, sondern sich von den Verkrustungen festgelegter Vorstellungen zu befreien. Dies ist etwas, was wir Lichtarbeiter schon seit langer Zeit getan haben. Allerdings, so scheint es, müssen wir noch einen weiteren Quantensprung vollziehen, um sämtliche Naturgesetze transzendieren zu können. „Kontextloses Leben" nennt Melchizedek dies. Die Entfernung aller gewohnten Begrenzungen aus unseren Vorstellungen. Er beschrieb diesen Prozess sowohl als eine kognitive Übung als auch als energetische Erfahrung.

Im Buch *Die Schlüssel des Enoch* ist von zweiundsiebzig Bereichen des Bewusstseins die Rede; das drei- und das vierdimensionale Bewusstsein befasst sich nur mit drei oder vier davon. In der dritten Dimension ist dies das Intellektuelle, das Intuitive, der Wille und die Sinnesfunktionen. In der vierten Dimension kommt noch eine Funktion hinzu: das

Übersinnliche. Die fünfdimensionale Sicht beginnt die unendliche Vielfalt an Möglichkeiten zu erfassen, die durch die Betrachtung des Ganzen, anstatt lediglich nur der einzelnen Aspekte, entsteht. In der vierten Dimension existiert alles innerhalb der Dualität. Auch in der dritten Dimension gibt es die Dualität, zusammen mit dem Physischen im Gegensatz zum Nichtphysischen, was auch das Emotionale und die Sinneseindrücke mit einschließt. Nur in der fünften Dimension erkennt man, dass es mehr und mehr Kanäle gibt, die empfangen werden können, so wie bei einer Satellitenschüssel.

Solare Aktivierung

Für die solare Aktivierung empfehle ich, mit Helios und Vesta zusammenzuarbeiten. Für diese Aktivierung bist du bereit, wenn die sieben Stufen der Einweihung abgeschlossen und die 50 Chakren und die ersten neun Körper installiert und aktiviert sind. Die solare Aktivierung beinhaltet sechs grundsätzliche Prinzipien: (1) Der solare Körper; (2) die solaren Chakren; (3) die solare Sonne; (4) das solare Gewebe; (5) die solare Schicht und (6) die solare Überbrückung.

Um diese Dinge zu bitten, bevor man seinen planetaren Aufstieg erreicht hat, wäre allerdings eine Vergeudung von Zeit und Energie. Du hast sowieso genug damit zu tun, deine 50 Chakren, den Lichtquotienten von 99 %, die sieben Stufen der Einweihung und die neun Körper zu verankern. Doch jeder Leser dieses Buches kann und wird all das erreichen, wenn er die Informationen und Aufstiegsmeditationen aus meinen Büchern anwendet. In Wahrheit ist alles viel einfacher, als du glaubst, das ist wirklich mein Ernst. Wenn du erst einmal die richtigen Informationen und Werkzeuge zur Hand hast, wird alles sehr schnell gehen. Und wenn du es erreicht hast (was sehr bald so sein wird, wenn du konzentriert und voller Hingabe an die Dinge herangehst), ist die solare Aktivierung der nächste Schritt.

Bitte darum, zum Zentrum der Sonne gebracht zu werden, um dich Helios und Vesta vorzustellen. Bitte beide zunächst darum, mit dem Aufbau einer Brücke aus elektrischen Verbindungen zu deinem solaren Körper und deinen solaren Chakren zu beginnen. Wer möchte, kann außerdem noch Vywamus, Lord Arcturus und die Arcturianer um Hilfe bitten. Der gesamte Vorgang des Verankerns und Aktivierens der sechs Prinzipien mag vielleicht zwei bis fünf Jahre dauern. Halte dir dabei aber vor Augen, dass du ein ganzes Leben gebraucht hast, um deine ersten 50 Chakren verankern und aktivieren zu können. Jetzt bittest du im Grunde um die Verankerung von weiteren 50 Chakren. Das ist nun wirklich keine Kleinigkeit. Als nächstes bittest du um die Verankerung des solaren Gewebes. Dabei wird das Charakteristische der solaren Lebensform in dein Vier-Körper-System integriert. Danach bittest du um die permanente Installierung und Aktivierung der solaren Schicht, die göttliche Blaupause der solaren Ebene. Jede Ebene der Schöpfung besitzt eine solche Blaupause – das ist sehr, sehr wichtig.

Erbitte dann von Helios und Vesta die permanente Installierung und Aktivierung der solaren Sonne in dein gesamtes Wesen. Die solare Sonne wird erst dann dauerhaft verankert bleiben können, wenn das elektrische System, der solare Körper und die solaren Chakren bereits stärker integriert sind. Es geht darum, bei jeder Meditation um diese Verankerung zu bitten, bis sie schließlich dauerhaft geworden ist. Dieser Ablauf geschieht in gleicher Weise auf allen anderen Ebenen der Schöpfung. Zum Schluss bittest du dann um die Installierung und Aktivierung der solaren Chakren, den Chakren 50 bis 100. Es ist vielleicht eine gute Idee, das etwas genauer zu formulieren: Beginne mit den Chakren 50 bis 57.

Der ganze Prozess besteht aus drei Schritten, wie es bei dieser Arbeit immer der Fall ist: Installierung, Aktivierung und Verwirklichung. Zuerst arbeitet man an der Installierung, was etwa ein Jahr oder auch etwas länger dauern kann. Gleichzeitig betet man kontinuierlich um Aktivierung. Die Verwirklichung ist bei allem das Schwierigste. Wie ich schon sagte, ich habe meine 50 Chakren bereits installiert und aktiviert, vollkommen verwirklicht habe ich sie allerdings noch nicht. Die vollständige Verwirklichung bedeutet die Entwicklung der höheren Fähigkeiten eines Aufgestiegenen Meisters, an denen uns allen so sehr gelegen ist. Wir befinden uns wirklich in einer außergewöhnlichen Zeit in der Geschichte der Erde, weshalb eine neue Dispensation gewährt wurde, die uns gestattet, Energien zu installieren und aktivieren, die allem um Lichtjahre voraus sind, was jemals zuvor erlaubt war. Die jetzt von uns geleistete Arbeit wird unseren weiteren Aufstiegsprozess auf kosmischer Ebene sehr viel leichter machen. Man könnte es auch als einen „Extrabonus" bezeichnen, an den sich alle, die durch die Erdenschule gegangen sind, sehr gut erinnern werden. Es ist die fünfte Einweihung, bei der die Mayavarupa-Schicht (oder göttliche Blaupause) ins Spiel kommt, was auch für das Seelengewebe gilt. (Ich spreche hier vom Seelengewebe, nicht vom solaren Seelengewebe.) Diese Schicht ist die Blaupause, welche die Grundlage für alle Schichten gleich welcher Ebene ist, die du gerade installieren möchtest. Solche Schichten oder göttliche Blaupausen gibt es auf allen Ebenen auf dem Weg zurück zu Gott.

Das siebte und letzte Element, das auf einer ständigen Basis verankert werden muss, ist der solare Lichtquotient – zehn bis zwanzig Prozent auf der Skala des kosmischen Lichtquotienten.

Galaktische Aktivierung

Die galaktische Aktivierung verläuft in genau der gleichen Weise, nur begibt man sich jetzt zur Großen Weißen Loge auf Sirius, um mit Lord und Lady Sirius zu arbeiten. Außerdem ist es erlaubt, in der Meditation das Galaktische Zentrum aufzusuchen, um dort mit Melchior, Vywamus und Lenduce zu arbeiten. Indem ich darüber spreche, bin ich mir selbst natürlich meilenweit voraus; meine Gruppe und ich befinden uns ja gerade erst am Anfang der solaren Ebene. Aber da dies nun mal ein Buch über den kosmischen Aufstieg ist, beschreibe ich den Weg und die Vorgehensweise für die weiteren Ebenen. Und dies sind die nächsten sechs Aspekte, an denen für den kosmischen Aufstieg gearbeitet werden muss: (1) Der galaktische Körper; (2) die galaktischen Chakren; (3) die galaktische Sonne; (4) das galaktische Seelengewebe; (5) die galaktische Schicht und (6) die galaktische Überbrückung.

Alles verläuft so wie auf der solaren Ebene, außer, dass du jetzt die nächst höhere Ebene betreten hast. Die Meister dieser Oktave werden dir helfen, die elektrischen Verbindungen zu erschaffen, die dir erlauben, mit dem Prozess der Installierung des galaktischen Körpers und der galaktischen Chakren (Chakra 100 bis 150) zu beginnen. Wie du siehst, ist die Anrufung dieser Energien wirklich vollkommen sinnlos, wenn du noch nicht einmal die Installierung und Aktivierung der ersten 50 Chakren beendet hast. Als nächstes würdest du dann die galaktische Sonne, das galaktische Seelengewebe, die galaktische Schicht und die galaktische Überbrückung anrufen. Auch dieser Prozess benötigt etwa zwei bis fünf Jahre, denn wir sprechen hier über weitere 50 Chakren. Dabei arbeiten die meisten Lichtarbeiter im Höchstfall an den Chakren 10 bis 22. Hat man das Ganze aber erst einmal verstanden, kann man diesen Prozess, egal auf welcher Ebene man sich gerade befindet, wortwörtlich um das zehntausendfache beschleunigen.

Das Problem war bis jetzt einfach nur, dass niemand diese Dinge wirklich verstanden hat. Ich habe wirklich vieles gelesen und erforscht, doch bis jetzt habe ich in keinem anderen Buch ein derartiges Verständnis in Bezug auf das Installieren, Aktivieren und Verwirklichen von Chakren gefunden, so wie ich es hier und in meinen anderen Büchern beschreibe. Dieses Verständnis ist ein goldener Schlüssel für die Beschleunigung der eigenen Entwicklung. Darum ist alles, über das ich hier spreche, für alle Lichtarbeiter im Bereich des Möglichen. Als letztes, siebtes Element muss noch der galaktische Lichtquotient verankert werden – zwanzig bis dreißig Prozent auf der kosmischen Skala des Lichtquotienten.

Universale Aktivierung

Der Ablauf bei der universalen Aktivierung ist wiederum derselbe. Jetzt wirst du eine weitere Stufe des Weges erklimmen. Ich empfehle dir dazu die Anrufung von Melchizedek, Metatron und vielleicht auch Sai Baba zur Unterstützung. Bitte darum, zur Goldenen Kammer von Melchizedek gebracht zu werden, wo auch seine hochrangigen Eingeweihten der universalen Ebene mit dir arbeiten werden. Wieder finden die gleichen sechs Prinzipien Anwendung: (1) Der universale Körper; (2) die universalen Chakren; (3) die universale Sonne; (4) das universale Seelengewebe; (5) die universale Schicht und (6) die universale Überbrückung.

Es beginnt mit der Bitte um die elektrische Überbrückung (oder Neuverkabelung), damit dein Zwölf-Körper-System auf die nächst höhere Stufe der Energie vorbereitet werden kann. Auch auf dieser Ebene werden wieder 50 Chakren installiert (Chakra 150 bis 200). Und auch hier kannst du wieder damit beginnen, dich auf die ersten 7 Chakren zu konzentrieren. Sobald die Überbrückung abgeschlossen ist, beginnst du mit der kontinuierlichen Anrufung des universalen (oder Zohar-) Körpers, sowie der universalen Sonne, den universalen Chakren, dem universalen Gewebe und der universalen Schicht (oder göttlichen Blaupause).

Diese Informationen mögen dir vielleicht vollkommen sinnlos erscheinen, weil du sie vielleicht niemals anwenden können wirst. Ich versichere dir aber, dass dies nicht der Fall ist. Ich sagte bereits, dass es möglich ist, innerhalb von zwei Jahren eine Einweihung zu durchlaufen, wenn du dich wirklich mit hundertprozentiger Hingabe darauf konzentrierst und das Material und die Informationen aus meinen Büchern anwendest. Bei dieser Geschwindigkeit werden alle die sieben Stufen der Einweihung in relativ kurzer Zeit vollenden können.

Die Integration der acht- und neundimensionalen Ebenen benötigt ungefähr die gleiche Zeitspanne, sagen wir zwei Jahre für jede. Rechne dir selbst aus, mit welcher Geschwindigkeit du dich entwickeln wirst, wenn du diese Zeitpläne verwendest. Selbst wenn es zehn oder fünfzehn Jahre dauern sollte – das ist wirklich gar nichts. Melchizedek erklärte uns, dass wir die Möglichkeit haben, in fünf Jahren von der neunten bis zur zwölften Ebene zu gelangen. Das ist schon ein unglaublich großes Entwicklungspotenzial, aber ein wesentlicher Grund dafür ist, dass wir quasi als Prototypen dienen, denn uns wurden ja führende Positionen in Djwhal Khuls Ashram übertragen; hinzukommt, dass wir als ein Gruppenkörper arbeiten.

Dieses Verständnis des Gruppenbewusstseins hat es uns ermöglicht, etwas zu beschleunigen, das sonst viel, viel länger dauern würde. Doch selbst wenn es zehn oder zwanzig Jahre dauern sollte, die solaren, galaktischen und universalen Ebenen zu verankern – das bedeutet gar nichts. Wir sprechen hier über die Verankerung und Aktivierung von 200 Chakren. Verstehst du, wie tief greifend das alles ist?

Melchizedek sagte, dass uns die Verankerung des zwölften (oder universalen) Körpers die Fähigkeit, zu teleportieren, ermöglichen wird. Nun, in Bezug auf diese drei Ebenen kann die Installierung sehr schnell geschehen: Die Aktivierung braucht vielleicht fünf bis zehn Jahre, und die Verwirklichung aller Chakren und Körper wird vielleicht weitere zwanzig Jahre benötigen – wenn nicht den Rest unseres gesamten Lebens. 1995 hat Melchizedek uns erklärt, dass wir im Jahre 2000 unsere 200 Chakren sowie die solaren, galaktischen und universalen Körper installiert und aktiviert haben könnten. Ich will den Tag aber nicht schon vor dem Abend loben, das steht jedenfalls fest.

Auf dem spirituellen Pfad habe ich gelernt, dass sich die Dinge in jedem Augenblick ändern können. Die kleinste Schwäche bei einem von uns könnte das Ganze auf unbestimmte Zeit hinaus verzögern. Alles, was ich dazu sagen kann, ist, dass es für uns im Bereich des Möglichen liegt.

Melchizedek meinte, dass fünf bis fünfzehn Jahre eine gute Schätzung für die Lichtarbeiter darstellt, die am weitesten fortgeschritten sind. Mit Hilfe der Informationen, die ich dir gegeben habe, wirst du diesen Prozess sehr stark beschleunigen können. Letzen Endes kommt es bei allem nur auf das Bitten an: *"Bittet, und es wird euch gegeben werden ... klopfet an, und es wird euch aufgetan werden" (Matthäus 7:7).* Dieses Verständnis und seine Werkzeuge waren der Menschheit immer zugänglich gewesen. Das Problem war eben nur, dass nie jemand darum gebeten hat.

Es gibt auf Erden keinen anderen Pfad, auf dem das spirituelle Wachstum schneller vonstatten gehen könnte als den, mit den Aufgestiegenen Meistern zu arbeiten. Davon bin ich zu hundert Prozent überzeugt, und ich kann durch meine eigenen Erfahrungen aus erster Hand davon berichten, nachdem ich so gut wie alle anderen Möglichkeiten untersucht habe. Ich schreibe diese Bücher mit einem offenen Herzen, weil ich die Einsichten und Werkzeuge, die ich entdeckt und als hilfreich empfunden habe, mit meinen Lesern teilen möchte.

Früher waren diese Dinge verborgen und wurden geheimgehalten. Ich habe mich dafür entschieden, alles – und ich meine wirklich *alles* – mit meinen Lesern zu teilen, was ich gelernt habe. Ich halte wirklich nichts zurück. All die Erkenntnisse und Mittel, die ich verwendet habe, um dahin zu kommen, wo ich jetzt bin, sind in meinen Büchern aufgeführt. Dabei bin ich wirklich nicht außergewöhnlich, genauso wenig wie meine Gruppe. Gott liebt alle seine Söhne und Töchter gleichermaßen. Was bei uns funktioniert hat, wird auch bei allen anderen Menschen in gleicher Weise funktionieren. Alles, was wir hier tun, entsteht in Wahrheit nur aus der Anwendung der universellen Gesetze, und diese sind jederzeit wirksam.

Mache dir dieses sprichwörtliche „spirituelle Gold" zunutze, das dir hier gegeben wird. Nie wieder wird es eine bessere Gelegenheit geben als jetzt. Einer der Gründe, warum ich und die Gruppe so stark beschleunigt wurden, hat einfach mit diesen besonderen Zeiten zu tun, in denen wir leben. Die Phase zwischen 1995 und dem Jahr 2000 ist das Fenster für den Massenaufstieg. Wir wählen den Zeitpunkt für die solare, galaktische und universale Aktivierung exakt so, dass er in das Fenster des Massenaufstiegs passt. Das eigentliche Fenster währt bis zum Jahr 2012, dem Ende des Maya-Kalenders. Eine gewaltige spirituelle Welle wogt über den Planeten und das Sonnensystem, die Galaxie und dieses Universum.

Dies ist mein Aufruf an das Höchste in dir, auf dass du dir diese planetare, solare, galaktische und universale Welle zunutze machst. Es wird vielleicht für Äonen keine vergleichbare Welle mehr geben. Meine Gruppe und ich befinden uns auf dieser Welle, und wir nutzen sie, um uns mit voller Kraft in Richtung auf Gott und den Dienst für die Menschheit zu bewegen. Wir alle reichen dir in vollkommener Liebe und Freundschaft die Hand. Wir bitten dich, schließe dich uns an, denn hier auf Erden ist für jeden Platz. Wie es im Buch *Ein Kurs in Wundern* heißt: „Alle sind erwählt."

Djwhal Khul und Melchizedek erklärten uns, das Ziel der Spirituellen Hierarchie sei es, mit dem Jahr 2012 die gesamte Menschheit ihre dritte Einweihung nehmen zu lassen. Diejenigen, die dieses Buch lesen, werden dann schon sehr viel weiter fortgeschritten sein, denn niemand, der nicht mindestens die dritte Einweihung erhalten hat, würde wohl ein Interesse daran haben, es zu lesen. Man muss schon von der Seelenebene dazu angeleitet worden sein, um sich für solche Dinge zu interessieren. Kannst du dir das vorstellen: Jeder Mensch auf Erden erhält seine dritte Einweihung! Das ist atemberaubend. Das Ziel für die weiter fortgeschrittenen Eingeweihten ist jedenfalls, den Aufstieg und die sieben Stufen der Einweihung zu vollenden, um danach spirituelle Führerschaft und den Weltendienst zu übernehmen und die Arbeit am kosmischen Aufstieg zu beginnen. Nutze diese Welle, denn es ist wahrscheinlich der wichtigste Grund, warum unserer Gruppe erlaubt wurde, sich mit dieser Geschwindigkeit zu entwickeln. Das gilt in gleicher Weise auch für dich. Meine geliebten Brüder und Schwestern, aus den verborgensten Winkeln der universalen, galaktischen, solaren und planetaren Zentren ist der Aufruf an die Söhne und Töchter Gottes ergangen, nach Hause zurückzukehren und so viele wie möglich von seinen Kindern mitzubringen. Lasst uns unsere Hände, unseren Geist und unsere Herzen in vollkommener Hingabe verbinden, einzig den Blick darauf gerichtet, den größtmöglichen Nutzen aus dieser wohl außergewöhnlichsten Zeit in der Geschichte der Erde zu ziehen. Die letzte, abschließende Verankerung auf einer dauerhaften Grundlage betrifft den universalen Lichtquotienten, 30 bis 40 % auf der kosmischen Skala des Lichtquotienten.

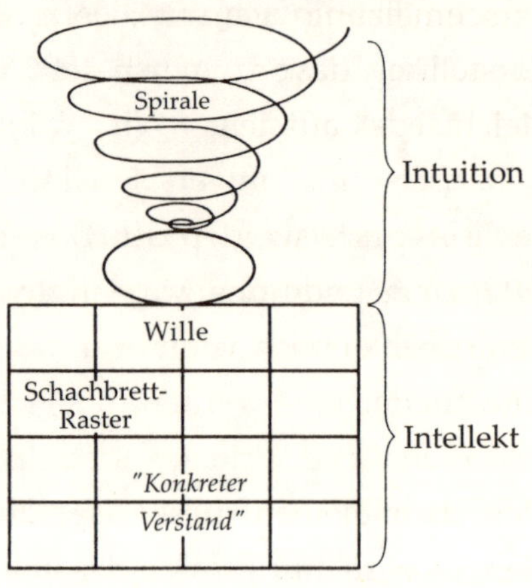

Eine Verstandeskarte des Bewusstseins

Wir erhielten faszinierende Informationen von Melchizedek, die er als „Verstandeskarte des Bewusstseins“ bezeichnete. Es handelt sich nicht um einen Atlas des menschlichen Gehirns, sondern um die Bewusstseins-Energiefelder, die das menschliche Gehirn, das Chakra-System und den physischen Körper umgeben (siehe Diagramm). Dieses Feld hat auch die Funktion, Mental- und Astralebene miteinander zu verbinden. An dieser Stelle begannen auch Lord Maitreya und Djwhal Khul, an unserem Gespräch teilzunehmen. Die Spirale versorgt das Gehirn mit spirituellen Energien. Dabei übermittelt sie Schwingungen und Wissen, um sich mit dem Willensaspekt und den einzelnen Feldern des Intellektes zu vereinen und sie zu überlagern. Bei einer integrierten Persönlichkeit wird sich die Spirale über dem Raster befinden. Im Einweihungsprozess wurde dies Seelenverschmelzung und monadische

Verschmelzung genannt; jetzt bekommen wir auch eine visuelle Vorstellung davon, wie dieser Vorgang aus der universalen Sicht von Melchizedek aussieht.

Beide Aspekte werden durch einen gesunden, funktionierenden Willen miteinander verbunden. Man könnte es auch so betrachten, dass beide Gehirnhälften sich vereinigen und integrieren. Oder dass Yin und Yang miteinander eins werden, oder das weibliche Prinzip (die Spirale) und das männliche Prinzip (der Intellekt). Bei einem nicht-integrierten Menschen bleiben diese Aspekte entweder inaktiv und liegen brach, oder es wird nur ein kleiner Teil der Spirale durchgelassen, der dabei von allem anderen getrennt bleibt; die Spirale ist noch nicht mit dem konkreten Verstand verbunden. Ein Beispiel wäre etwa ein Wissenschaftler, der vollständig von seinem Seelen- oder spirituellen Aspekt getrennt ist. Dieses Getrenntsein kann außerdem zu einem Zustand der Verwirrung führen, der in der Folge große Konfusion, Abgehobenheit, Wahnsinn, Wahnvorstellungen, Besessenheit usw. auslösen kann.

Ziel ist es also, die Bewusstseinszustände der dritten, vierten und fünften Dimension zu integrieren. Das vierdimensionale Bewusstsein dient dabei im Idealfall als eine Art Brücke. Der Aufstieg ist natürlich der Bewusstseinszustand der fünften Dimension. Während Schüler und Eingeweihte die Einweihungen durchlaufen und ihren Lichtquotienten erhöhen, wächst ihre Fähigkeit, reine, unverfälschte Informationen und Energien von der Spirale zu empfangen. Melchizedek meinte allerdings, dass dies nie zu hundert Prozent gelingen könne, denn immer gäbe es irgendeine Art von Filter. Trotzdem gilt, je höher die spirituelle Entwicklung ist, desto klarer wird man in diesem Prozess werden.

Jeder besitzt einen Filter, weil jeder ein Ego oder eine Persönlichkeit hat, durch das die Spirale erst dringen muss. Ich meine damit nicht das negative Ego, sondern einfach ein Ego, welches im Idealfall vergeistigt ist, anstatt sich in ein negatives Ego zu verwandeln und zu einem

Instrument des niederen Selbstes und der Dunklen Bruderschaft zu werden. Die Klärung des negativen Egos durch die zwölf Strahlen, die zwölf Archetypen, die Beherrschung und angemessene Integration der zwölf Tierkreiszeichen in ihrer höchsten Ausdrucksform und das Studium der Psychologie aus der Sicht der Seelenebene ermöglichen es dem Ego, ein klarer Kanal für das Licht zu sein.

Ist ein Mensch spirituell oder psychisch nur wenig entwickelt und/oder hat das negative Ego das Sagen, wird die Spirale sehr klein und eng sein. Bei höheren Eingeweihten ist es genau umgekehrt – sie ist sehr breit und sehr groß. Diese Spirale ist nun unsere zuvor erwähnte Karte, und sie verändert sich wie auf einer Skala nach oben oder unten. Sie wird größer in Bezug auf Umfang, Geschwindigkeit und Schwingungsrate, während sie sich in höhere Dimensionen bewegt. Ihr Aussehen gleicht dabei einem Wirbelwind. Die Antakarana (oder Brücke aus Licht) verbindet die Persönlichkeit mit der Seele und der Monade und ist ein Teil dieser Spirale. Die Spirale ist allerdings weit größer und ausgedehnter als die Antakarana. Nun ist von entscheidender Bedeutung, dass die Antakarana aufgebaut und so weit wie möglich ausgedehnt wird (was genauso für die Aufstiegssäule und die Chakrensäule gilt), damit sämtliche Energien der Spirale empfangen werden können. Ebenso wichtig ist es, die Antakarana, die Aufstiegssäule und die Chakrensäule von allen Verunreinigungen freizuhalten, wenn sie im fortgeschrittenen Stadium eins werden. Die Techniken meiner Bücher *Das komplette Aufstiegshandbuch* und *Jenseits des Aufstiegs* werden dazu beitragen, wenn sie regelmäßig angewendet werden.

Die Antakarana, die Aufstiegssäule und die Chakrensäule können dann wie eine Satellitenschüssel arbeiten, indem sie so weit wie möglich geöffnet und von allen Verzerrungen freigehalten werden, um die größtmögliche Einstimmung auf höher frequente Energien und Informationen zu erreichen. Das ist wirklich der ultimative TV-Sender, bei dem alle Kanäle offen sind. Je mehr jedoch das negative Ego die Kontrolle besitzt, desto weniger Kanäle werden offen sein, und entsprechend schmal und eingeschränkt ist dann das Frequenzband. Durch spirituelle Entwicklung und Meditation geschieht eine Erleuchtung des Gehirns. Dabei wird etwas verankert, das Djwhal Khul als Davidstern bezeichnet. In Wirklichkeit handelt es sich um einen Tetraeder, der in der Lage ist, Emanationen des Höheren Verstandes und spirituelle Energien der Spirale einfließen zu lassen. Geschieht dies, erweitert sich der niedere (oder konkrete) Verstand: Er beginnt, seine Begrenzungen aufzulösen, um mit dem höheren Verstand zu verschmelzen.

Dieser Davidstern ist wirklich wie eine unbegrenzte Satellitenschüssel. Der konkrete Verstand umfasst nur das Verstandes- und das Unterbewusstsein. Erst wenn sich der konkrete mit dem überbewussten Verstand vereint (siehe das Kapitel: "Die Ausbalancierung und Integration der vier Körper und der drei Verstandesebenen" in meinem Buch *Seelenpsychologie*), kann eine perfekte Ausrichtung der Satellitenschüssel erreicht werden. Alle Lichttechniken dienen letztlich dazu, diese unbegrenzte Fähigkeit zu ermöglichen; die Funktionen des niederen Verstandes sind dann in die Funktionen des höheren Verstandes transformiert worden. Der sechszackige Davidstern ist also ein Symbol des Erwachens: wie oben, so unten; wie innen, so außen. Die am Anfang stehende Verankerung des Davidsterns in den Zusammenhang von Gehirn und Verstand ist der Beginn des Aufstiegsbewusstseins. Sie steht daher offensichtlich in Verbindung mit der Verschmelzung von Seele und Monade. Der Aufstieg ist in Wirklichkeit also ein Abstieg. Die Spirale beginnt sich zu erweitern, sobald dieser erste Schritt erreicht ist. Eines ist dabei allerdings von entscheidender Bedeutung. Obwohl derartiges bei einigen hohen Eingeweihten bereits stattgefunden hat, heißt das nicht, dass solche Prozesse nicht wieder eingeschränkt oder sogar vollkommen rückgängig gemacht werden können. Dies kann geschehen, wenn es zu einer Verunreinigung kommt oder dem negativen Ego erlaubt wird, außer Kontrolle zu geraten.

Ich sage es noch einmal: Nur weil jemand den Aufstieg erreicht und die sieben Stufen der Einweihung vollendet hat, bedeutet das keinesfalls, dass er oder sie vollkommen sicher davor ist, dass das negative Ego wieder die Kontrolle übernimmt. In der Bibel lesen wir die Geschichte von Luzifer, einem sehr hohen Wesen, das wählt, seinen Weg zu verlassen, um dem Pfad der Dunklen Bruderschaft zu folgen. Solche Dinge können bewusst oder unbewusst geschehen. Es muss auch nicht immer die Dunkle Bruderschaft sein; es kann auch mit Selbstüberschätzung zu tun haben, mit Kritiksucht oder mit Depressionen als Folge einer Krankheit oder irgendeiner Art von Verlust. Ego-Trips, Gier, der schöne Schein oder Ruhm sind mögliche Ursachen solcher Verunreinigungen, die dieses Programm zunichte machen können. Und jeder einzelne (mich selbst nehme ich da nicht aus) muss jederzeit wachsam sein gegenüber den verborgenen Tricks des negativen Egos und seinen Verbündeten von Verblendung, Illusion und Maya. Niemand, wirklich niemand, ist vor dieser Gefahr vollkommen sicher. Ein absolut sicheres Zeichen der Gefahr ist, wenn man glaubt, selbst nicht gefährdet zu sein – wie heißt es doch in der Bibel: *„Hochmut kommt vor dem Fall."* Die Antakarana, die Aufstiegssäule und die Chakrensäule könnten sich dabei verengen, und auch die größere Spirale könnte dann in gleicher Weise davon betroffen sein. Die Spirale, die im Idealfall das Individuum überlagert, erhält ihre Energien von der Quelle. Melchizedek gab uns zum Vergleich das Bild eines Ballons, aus dem die Luft herausgelassen wird - mit dieser Geschwindigkeit kann sich solch ein Kollaps oder eine Verunreinigung ereignen. ‚Verunreinigung' kann man mit der mangelnden Fähigkeit gleichsetzen, eine Haltung von bedingungsloser Liebe aufrechtzuerhalten.

Die Fähigkeit, in andere Dimensionen zu wechseln, wurde auf dem Pfad des Yoga zu allen Zeiten bewahrt. In der westlichen Kultur wurde die Seele auf Grund des jüdisch-christlichen Dogmas außerhalb des Körpers angesiedelt. Nur der Weg des Aufstiegs legt hier Wert auf die Vereinigung von Seele, Monade und Persönlichkeit. Das ist, wie gesagt, der Grund, warum der Aufstieg in Wahrheit ein Abstieg von Seele und

Monade zur Persönlichkeit und dem Vier-Körper-System ist, und warum das alles inzwischen so viel Verbreitung gefunden hat. Aus dem genannten Grund führen die Yogapraktiken auch zu vielen der Fähigkeiten, die ein Aufgestiegener Meister besitzt – anders als im Westen, wo das, außer in dem seltenen Fall eines Meisters wie etwa Jesus, nicht gelang.

Die vierte Dimension ist die Brücke, die von den meisten Menschen auf Grund der psychologischen Herausforderungen der Polarität nicht überquert werden kann. Auf dieser Ebene hat die Dunkle Bruderschaft ihr wahres Schlachtfeld errichtet. Nach den Worten Djwhal Khuls haben die meisten Eingeweihten des sechsten und siebten Grades ihren Aufstieg in Wahrheit nur zum Teil verwirklicht. Zwar haben sie die Aufstiegseinweihungen beendet und das Rad der Wiedergeburt verlassen, sind aber noch nicht wirklich in der Lage, in jedem Augenblick das gesamte Bild zu erfassen. Ein Grund dafür sei, dass sie ihre Arbeit in der vierten Dimension noch nicht beendet hätten, wo sich die Überzeugungen der Astral- und Kausalebene befinden. Die grundlegende Arbeit der Reinigung (bezogen auf die zweite bis vierte Einweihung) ist also noch nicht vollbracht, auch wenn die Einweihungen aus Sicht von Sanat Kumara, Lord Maitreya und Lord Buddha bereits bestanden sind. Anders ausgedrückt, man erhebt durch die Einweihungen zwar den Anspruch auf die Vereinigung mit Seele und Monade, hat aber in Wirklichkeit noch keine Verantwortung für alle monadischen Aspekte und Seelenaspekte des Selbst übernommen. Das meint eine angemessene Reinigung und Integration in Bezug auf Archetypen und Strahlen sowie astrologische Zeichen, Häuser und Planeten. Die Eingeweihten sind in Wahrheit noch nicht mit allen Gedanken, Gefühlen und Eigenschaften ihrer Seele eins geworden.

Obwohl die Verschmelzung mit der Seele (dritte Einweihung) oder Monade (fünfte, sechste und siebte Einweihung) erreicht wurde, heißt das noch nicht, dass das Christusbewusstsein auf mentaler, emotionaler oder physischer Ebene bereits vollständig verwirklicht ist. Man kann die

Einweihungen auf der physischen Ebene bereits bestanden haben und dennoch mit Lektionen konfrontiert werden, welche die Gesundheit betreffen. Auf emotionaler Ebene hat man vielleicht noch negative Gefühle, und auf mentaler Ebene können immer noch negative Gedanken, mangelndes Verständnis oder unangemessene Vorstellungen vorhanden sein. Die Legende des Aufstiegs ist, zu glauben, diese Dinge seien mit dem Aufstieg automatisch erledigt, aber das ist so nicht der Fall. In Wahrheit haben Einweihungen, wie ich das schon so oft betont habe, in erster Linie mit dem Lichtquotienten zu tun. Jemand kann einen hohen Lichtquotienten haben und trotzdem auf psychischer Ebene noch ein Egomane oder ein emotionales Opfer sein. Für viele ist das vielleicht schwer zu akzeptieren, aber es ist die Wahrheit. Selbst wenn man die Einweihungen durchlaufen hat, muss man lernen, alle archetypischen Aspekte, Schattenpersönlichkeiten, Aspekte aus früheren Leben, vier Körper, drei Verstandesebenen, die inneren Eltern, das innere Kind und all die anderen Dinge zu beherrschen, die mit dazugehören, wenn man eine gesunde spirituelle Psychologie entwickeln will.

Lichtarbeiter neigen dazu, von vergänglichen oder himmlischen Reichen äußerst angetan zu sein, während sie andererseits, auf psychologischer Ebene, nicht so gut in der irdischen Realität verankert sind. In Wahrheit müssen wir auf dem spirituellen Pfad alle drei Ebenen gleichzeitig bearbeiten. Auf der physischen Ebene geht es um die richtige Ernährung, um körperliche Übungen, Kräuter, Homöopathie, genügend frische Luft und Sonne und ähnliches mehr. Dann muss man sich mit der psychologischen Ebene auseinandersetzen, in Bezug auf ein gründliches, eingehendes Studium der spirituellen Psychologie und Seelenpsychologie. Und drittens muss man auf spiritueller Ebene arbeiten.

Mir sind viele Lichtarbeiter begegnet, die sich ausschließlich mit der spirituellen Ebene (etwa dem Channeling und all den wunderbaren Wesen und Dimensionen) beschäftigen, selbst aber weder ausgeglichen noch integriert sind. Sie haben keine Kontrolle über ihren Emotionalkörper, oder ihre Wünsche und Sehnsüchte. Sie haben keine

Kontrolle über ihr negatives Ego. Sie haben ihre finanzielle Situation nicht im Griff. Sie haben keinen inneren Frieden. Ihre Beziehungen laufen nicht. Sie haben zu viele negative Gedanken. Sie haben noch Lektionen in Bezug auf ihre Gesundheit zu lernen. Sie sind immer müde. Sie sind voller negativer Gefühle. Ihre bewussten Lebenseinstellungen sind nicht immer ausgewogen und integriert. Sie sind nicht in der Lage, die ganze Zeit über in einem Bewusstsein des Einsseins, der bedingungslosen Liebe, des inneren Friedens und der Freude zu bleiben. Wenn du dich davon in irgendeiner Weise angesprochen fühlst, dann sieh das nicht als Wertung. Es ist nur ein Zeichen dafür, das deine physische und psychische Realität mehr Aufmerksamkeit benötigt. Das Ziel bei all dem ist eine ausgewogene Selbstverwirklichung.

Zu diesem ganzen Prozess bekam ich von Djwhal Khul eine wirklich faszinierende Information. Erst seit 1993 ist es den Lichtarbeitern erlaubt, über die fünfte Einweihung hinaus an ihrem Aufstieg weiterzuarbeiten, selbst wenn die Reinigung auf psychischer Ebene noch nicht beendet ist. Djwhal Khul sagte, die Meister hätten es im Grunde als eine Art Experiment betrachtet, aber vielleicht sei es doch keine so gute Idee gewesen. Sie taten es, weil wir historisch gesehen in einem so außergewöhnlichen Abschnitt der Menschheitsgeschichte leben. Außerdem nähern wir uns dem Beginn des neuen Jahrtausends, in dem so viele Lichtarbeiter wie möglich ihren Platz einnehmen sollen.

Djwhal Khul sagte auch, dass alle Lichtarbeiter ihre innere Reinigung vollziehen müssten, bevor sie die sieben Stufen der Einweihung vollständig abschließen können. Man darf bis zur siebten Unterebene der siebten Einweihung kommen, dann aber erhält man keine Erlaubnis zum Überschreiten der Schwelle und gilt so lange nicht als vollständig Aufgestiegener Meister und Eingeweihter siebten Grades, bis man nicht eine angemessene Klärung und Integration seiner psychischen und physischen Natur und seiner Seelenausdehnungen erreicht hat. Die vollständige Integration und Beherrschung aller drei Ebenen verlangt also eine große Reife. Daher wird man heutzutage viele Menschen sehen, die zwar ihre sechste und siebte Einweihung nehmen, auf gewisse Weise aber noch wie Kinder sind, denn das volle Bewusstsein dessen, was es bedeutet, ein Aufgestiegener Meister zu sein, ist noch nicht wirklich zur Entfaltung gekommen.

Also noch einmal, womit wir es hier zu tun haben, ist, dass sich der spirituelle Körper bei der sechsten und siebten Einweihung mit dem Bewusstsein der fünften Dimension vereinigt haben kann, Mental-, Emotional- und physischer Körper sich in Wahrheit aber noch nicht so oft auf dieser Ebene aufhalten. Erkennst du, worum es geht? Einweihungen werden gewährt, wenn der spirituelle Körper höhere Ebenen des Lichtquotienten berührt. Vielen wurde eine große Gnade gewährt, als man ihnen erlaubte, diese Einweihungen zu nehmen, bevor ihr Vier-Körper-System tatsächlich in der Lage war, dieses Bewusstsein ununterbrochen zu bewahren und aufrechtzuerhalten – gleich, was sich außerhalb des Selbstes abspielt. Es ist eine falsche Vorstellung, wenn die Lichtarbeiter glauben, sie hätten ihre Einweihung erhalten und seien jetzt Aufgestiegene Meister, deren Arbeit damit beendet sei. Nichts könnte weiter entfernt von der Wahrheit sein als das. Ihre Arbeit hat in Wahrheit erst begonnen.

Sie besteht in dem Versuch, das Vier-Körper-System kontinuierlich in diesem Bewusstseinszustand zu halten, ohne aus ihm herauszufallen. Das ist die wahre Reife eines Aufgestiegenen Meisters. Das ist auch der Grund, warum die höheren Fähigkeiten erst nach dem Aufstieg weitergegeben werden. Glaubst du, dass die Lichtarbeiter nach allem, was ich hier gesagt habe, für diese Verantwortung schon bereit sind? Möchtest du vielleicht, dass jemand, der psychisch noch extrem instabil ist, von seinem negativen Ego beherrscht wird, aus einem Opferbewusstsein heraus agiert und in seinem Vier-Körper-System noch kein vollständiges Bewusstsein der Einheit erreicht hat, solche Fähigkeiten besitzt?

In dieser so beschleunigten Phase der Evolution werden die höheren Fertigkeiten eines Aufgestiegenen Meisters erst dann erworben, wenn die solaren, galaktischen und universalen Ebenen vollständig installiert, aktiviert und verwirklicht sind. Ich denke, dieser Abschnitt klärt eine ganze Reihe falscher Vorstellungen, die uns in der Vergangenheit zum Thema des Aufstiegs begleitet haben.

Dimensionen des Bewusstseins

Ihre wahre Bewährungsprobe muss die Seele in der vierten Dimension bestehen. Auf diesem Schlachtfeld müssen die Lichtarbeiter sich beweisen, wenn sie das Bewusstsein der fünften Dimension erreichen wollen – das Reich der Unsterblichkeit und der Befreiung vom Rad der Wiedergeburt. Über viele Leben hinweg wird in der vierten Dimension gerungen; es ist wirklich der Ort der wahren Prüfung für die Seele. Die fünfte Dimension ist das Reich des Aufstiegs. Die dritte Dimension ist die Ebene des rein materialistischen Bewusstseins. In der vierten Dimension beginnt ein Prozess der Entwicklung vom materialistischen Bewusstsein hin zur vollen geistigen Reife.

Mit der siebten Einweihung betritt das Bewusstsein die sechste Dimension. In der Regel ist es allerdings nur der spirituelle Körper, der diese Ebene berührt. Es gibt nur wenige Lichtarbeiter, deren mentaler, emotionaler und physischer Körper sich dauerhaft auf dieser Bewusstseinsebene halten kann. Um vollständig in das Bewusstsein der siebten Dimension zu gelangen, müssen die sieben Stufen der Einweihung vollständig abgeschlossen werden. Außerdem braucht es die vollständige Reinigung auf physischer und psychischer Ebene sowie ein wirklich gereiftes Verständnis dessen, was es bedeutet, ein Aufgestiegener Meister auf allen Ebenen zu sein.

Für das Bewusstsein der achten Dimension ist es notwendig, auf der Seelenebene vollständig im Gruppenbewusstsein aufzugehen. Das geht über die individuelle Verschmelzung mit der Seele und Monade hinaus;

gemeint ist jetzt die Zusammenarbeit von Seelengruppen. In der neunten Dimension gilt das gleiche Prinzip auf der nächst höheren Stufe, auf der gruppenmonadischen Ebene. Hier geschieht die Verschmelzung mit der individuellen Monade.

In der zehnten Dimension verläuft die Verschmelzung von Monaden in einem noch größeren Rahmen, nämlich auf solarer Ebene. In der elften Dimension geschieht dies auf galaktischer Ebene und in der zwölften Dimension verschmelzen Monaden auf der universalen Ebene. Nun verlaufen die Vorgänge in den drei letztgenannten Dimensionen sehr viel langsamer, als man das von der fünften bis zur neunten Einweihung erleben wird. Die solaren, galaktischen und universalen Ebenen besitzen eine viel größere Ausdehnung und enthalten wie gesagt jeweils 50 Chakren, die alle integriert werden müssen, während es bei den ersten neun Dimensionen insgesamt ‚nur' 50 Chakren sind.

Dimensionales Bewusstseinsspektrum

12. Dimension: Verwirklichung der universalen Chakren 150 bis 200 sowie des gesalbten Christus-Überselbst-Körpers, des Zohar-Körpers und/oder universalen Lichtkörpers; die zwölf Stränge der DNS sind vollständig verwirklicht; auf der kosmischen Skala des Lichtquotienten sind 40 % erreicht

11. Dimension: Verwirklichung der galaktischen Chakren 100 bis 150 sowie des galaktischen Körpers

10. Dimension: Verwirklichung der solaren Chakren 50 bis 100 sowie des solaren Körpers

9. Dimension: Verwirklichung der Chakren 44 bis 50

8. Dimension:	Verwirklichung der Chakren 37 bis 44; der Gruppenseelen-Körper ist aktiviert und verwirklicht
7. Dimension:	Abschluss der sieben Stufen der Einweihung; vollständige Verwirklichung des siebten oder logoischen Körpers
6. Dimension:	Die siebte Einweihung
5. Dimension:	Beginn des Aufstiegs, sechste Einweihung
4. Dimension:	Brücke zum Aufstieg, Ort der Prüfungen
3. Dimension:	Materialistisches Bewusstsein

Die acht- und neundimensionalen Ebenen

Nach dem Abschluss der sieben Stufen der Einweihung beginnt ein Prozess, bei dem man nicht mehr daran arbeitet, weitere Einweihungen zu erhalten. Jetzt geht es um die Verankerung von Dimensionen. Das erreicht man, wie gesagt, durch die Verankerung, Aktivierung und Verwirklichung von Chakra-Gittern, höheren Körpern und dem kosmischen Lichtquotienten. Dazu gehört auch ein erweitertes Verständnis des Lichtquotienten. Bei einer Meditation unserer Gruppe begannen Djwhal Khul und Melchizedek, uns die Vorgänge auf den acht- und neundimensionalen Ebenen zu beschreiben.

In den ersten sieben Dimensionen arbeitet man für den monadischen Aufstieg, den Aufstieg aller zwölf Überseelen zur Monade, was ja ein längerer Prozess ist. Der Aufstieg ist allerdings erst dann vollendet, wenn er für alle zwölf Überseelen erlangt wurde, nicht nur für die eigene. Wie du siehst, hängt deine Evolution vollständig von den anderen elf hohen Eingeweihten ab, die diesen Prozess in gleicher Weise für ihre eigene Überseele vollziehen. Im Verlauf dieses ultimativen monadischen Aufstiegsprozesses wirst du (während du die sieben Stufen der Einweihung vollendest) zugleich damit beginnen, auch Gruppen von Seelen und Monaden zu formen, die dann im Bewusstsein der Einheit miteinander verschmelzen. Dies muss erreicht werden, um die acht- und neundimensionalen Ebenen, Chakren und Körper verwirklichen zu können.

Am Besten erkläre ich dir dies mit Hilfe dessen, was uns Djwhal Khul über unsere Gruppe sagte. Da er uns die Aufgabe übertragen hat, von 2012 an (wenn er sich zur Großen Weißen Loge des Sirius begibt) seinen Ashram auf den Inneren Ebenen zu übernehmen, besitzt er eine gruppenmonadische Verbindung zu uns. Nach seiner Aussage sind es sechs Monaden, die sich in einer solchen Gruppenmatrix miteinander verbinden. Es ist ungefähr so, als gingen sechs Moleküle eine Bindung ein, um ein noch größeres Molekül zu bilden. Zur Verwirklichung der achten und neunten Dimensionen (also des Gruppenseelen- und des gruppenmonadischen Bewusstseins) wird diese Struktur der sechs Monaden verwendet.

Jeder von uns besitzt innerhalb seiner eigenen Monade außerdem seine eigene kleine Struktur der Sechs, die eine Art gruppenmonadische Familie erzeugt. Das unterscheidet sich jetzt von dem, was ich in Bezug auf den planetaren Aufstieg über die Seelen- oder Monadenfamilie gesagt habe. Der Unterschied besteht darin, dass wir es hier mit einer Kombination unterschiedlicher Monaden zu tun haben, nicht mit den Seelenausdehnungen und Überseelen ein- und derselben Monade. Das folgende Diagramm beschreibt diese geometrische Gruppenmatrix.

Gruppenmonadisches Modul

Als Beispiel dafür, wie diese Struktur funktioniert, dienen einige Mitglieder, die im Moment zu unserem Ashram in Los Angeles gehören.

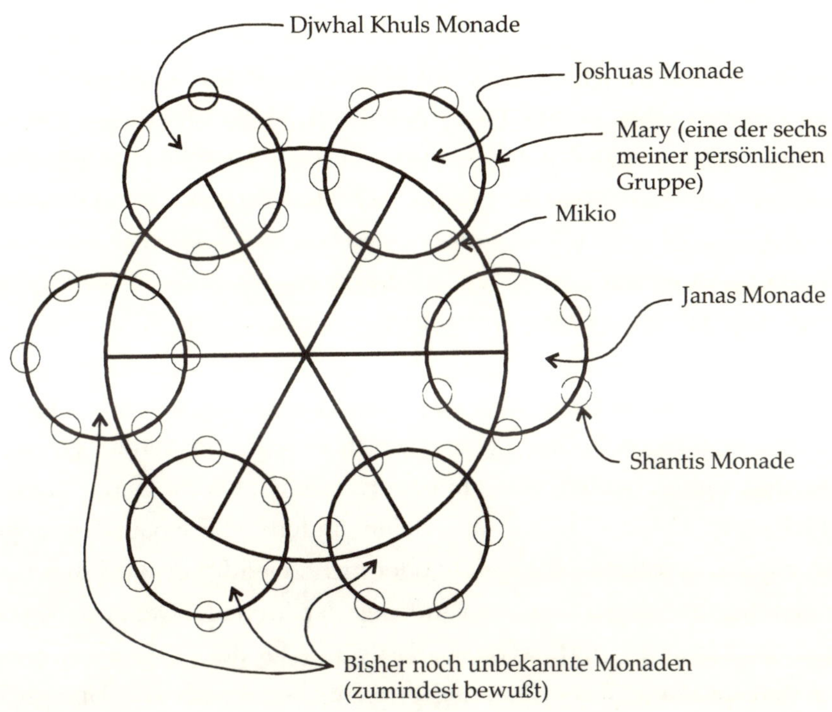

Djwhal Khul sagte mir, ich sei aus Sicht dieses größeren Gruppenmoduls eine seiner Seelenausdehnungen und er sei dies für mich. Wir stammen nicht von der gleichen Monade; wir sind Seelenausdehnungen aus diesem größeren Gruppenmodul. Eine Monade besteht aus 144 Seelenausdehnungen. Multipliziert man das mit 6, ergibt das die Zahl von 864 Seelenausdehnungen für das größere Gruppenmodul. Ist dir klar, wie das Ganze funktioniert?

Jeder von uns besitzt eine Überseelen-Gemeinschaft der 12. Unsere monadische Gemeinschaft besteht aus 144 Mitgliedern. Auf der nächsten Ebene ist es die gruppenmonadische Familie der 864. Für den planetaren Aufstieg bist du also darauf angewiesen, dass sämtliche 144 Seelenausdehnungen aller 12 Überseelen für den Aufstieg zusammenarbeiten; das gilt auch für den ultimativen monadischen Aufstieg. In diesem Prozess bist du also auf deine anderen Seelenausdehnungen angewiesen. Die tatsächliche Zahl ist dabei eigentlich gar nicht so wichtig. Was zählt, ist das Bewusstsein, wie sehr wir innerhalb der Seelenfamilie, Monadenfamilie, ultimativen Monadenfamilie und der monadischen Gemeinschaft des Gruppenmoduls miteinander verbunden sind. Nehmen wir als Beispiel wieder unsere Gruppe. Unsere Entwicklung ist von jedem einzelnen abhängig. Sollte einer von uns scheitern, scheitern wir alle. Deswegen ist das Konzept des Gruppenbewusstseins auch von so großer Bedeutung.

Das negative Ego sagt dir, dass du deine Entwicklung alleine vollziehst. Das ist eine Illusion. Sollten deine anderen 11 Seelenausdehnungen nicht eindeutig und vollständig integriert sein, wird dein Aufstieg aufgehalten. Du bist daher auf deine anderen Seelenausdehnungen angewiesen, ob dir das nun gefällt oder nicht. Deutlicher wird dies noch im Hinblick auf den ultimativen Aufstieg der Monade. Der Aufstieg der gesamten Monade hängt davon ab, dass aus jeder der 12 Überseelen eine Seelenausdehnung ihren Aufstieg erreicht, bevor sich die Überseelen wieder vollständig mit der Monade vereinen und so den ultimativen monadischen Aufstieg erreichen können. Du kannst diese Entwicklung zwar unterstützen, dein Schicksal ist allerdings von nun an vollkommen mit dem Schicksal aller anderen Mitglieder deiner Monadenfamilie verknüpft, die in gleicher Weise an ihrer Evolution arbeiten. In einem noch größeren Kontext hängt das gesamte evolutionäre Potenzial eines Gruppenmoduls nicht nur von der eigenen Monadenfamilie ab, sondern auch von den Monadenfamilien der anderen fünf Monaden. Niemand ist eine Insel für sich allein. Hältst du aber an solchen Vorstellungen fest, wirst du keine Fortschritte machen. Sicher ist dir klar geworden, warum es so wichtig ist, das Denken des negativen Egos zu überwinden. Wir alle müssen lernen, miteinander zu kooperieren, in Frieden miteinander zu leben und uns zu beschützen. Innere Verbundenheit und Gruppenbewusstsein sind die Schlüssel für das Neue Zeitalter und das nächste Jahrtausend.

Das gesamte Universum beruht auf diesen dreifältigen Strukturen – auf wabenförmigen Modulen, die sich in immer größere Matrizes einfügen, je höher man in seinem kosmischen Aufstieg gelangt. Alle sind miteinander durch das ultimative wabenförmige Modul verbunden – Gott. „Wabenförmig" ist eigentlich ein guter Ausdruck: Ist Gott nicht süß wie der beste Honig, den es gibt? Diese ultimativen Gruppenmodule, deren Umfang sich mehr und mehr erweitert, wenn man sich auf die solaren, galaktischen, universalen und multi-universalen Ebenen begibt, sind auf der höchsten Ebene der Schöpfung mit den zwölf kosmischen Strahlen und dem Kosmischen Rat der Zwölf verbunden. Das Gruppenmodul unserer Gruppe ist ein Modul des zweiten Strahls. Jetzt wird es etwas kompliziert, denn das ganze Sonnensystem ist ein System des zweiten Strahls. Und obwohl bei jedem von uns die Seele, die Monade oder Persönlichkeit auf verschiedene Strahlen zurückgehen können, stammen wir aus dieser ultimativen kosmischen Sicht vielleicht vom zweiten kosmischen Strahl ab. Ich muss Melchizedek fragen, zu welchem Strahl unsere Galaxie und unser Universum gehören – das wird sicher ein interessantes Gespräch.

Zurück zu unserer Darstellung. Die Gruppenmodule sind mit einem kosmischen Strahl und den Mitgliedern des Kosmischen Rates der Zwölf verbunden. Auf dieser kosmischen Ebene gibt es Schnittstellen zwischen den kosmischen Modulen, denn Melchizedek sagte, dass sich bestimmte kosmische Strahlen zu einer dreifältigen Struktur zusammenfinden, so wie wir das auch auf unseren Ebenen sehen können. Jedes dieser Gruppenmodule könnte man auch als Atome, Elektronen, Zellen, Moleküle und schließlich als Drüsen und Organe in Gottes unendlichem Körper betrachten. Selbst wenn jeder Einzelne von uns nur ein Elektron in diesem unendlichen Körper ist, wird er nicht vollkommen gesund sein, wenn wir nicht unsere Arbeit erledigen. Letztlich arbeiten wir nicht für unsere Überseele, unsere Monade oder unsere solaren, galaktischen, universalen und multi-universalen Gruppenmodule - in Wahrheit tun wir das für Gott und sein Gott-Modul. Alle Schritte sind nur Stufen auf dem Weg, die wir nehmen und verwirklichen müssen für das ultimative Ziel - die wahre Gottes-Verwirklichung.

Diese Betrachtung entfernt endgültig den Schleier der Ego-Identität. Sai Baba drückt es so wunderbar aus: „Gott ist verborgen hinter den hohen Gipfeln des Ego." Die Essenz der Philosophie des negativen Egos ist Trennung. Wenn man den Prozess der wahren Selbst- und Gottes-Verwirklichung vollzieht, beginnen sich die Schleier und Begrenzungen der Identität aufzulösen.

Djwhal Khul sagte, dass man die achte Dimension (die Ebene der Gruppenseele) erreicht, wenn man mit der Überseele der sechs Monaden des Gruppenmoduls eins wird. In Wahrheit vollzieht jeder Einzelne dies für die gesamte planetare Gruppenseelen-Ebene. Auf planetarer Ebene stellt dieses Sechser-Muster die Gesamtheit aller möglichen Kombinationen dar. Diese Verschmelzung mit den sechs Monaden ist der Weg, den Gott für die planetare Gruppenseelen-Ebene vorgesehen hat. Dies ist die heilige Geometrie des Universums.

5 Kosmischer Tag und Kosmische Nacht

Diejenigen, die meine Bücher gelesen haben, wissen, dass ein Kosmischer Tag 4,3 Milliarden Jahre umfasst. Und es gibt auch eine Kosmische Nacht, die ungefähr genauso lange dauert. Dies nennt man das Einatmen und Ausatmen Brahmas. Hier auf Erden dauert unser Kosmischer Tag jetzt etwa 3,1 Milliarden Jahre. Wir haben also noch ca. 1,2 Milliarden Jahre Zeit bis die Kosmische Nacht beginnt.Ich habe mich schon oft gefragt, was eigentlich während einer Kosmischen Na cht geschieht und so habe ich mit den Nachforschungen begonnen und versucht, aus den Meistern etwas zu diesem Thema herauszubekommen.

Während der Kosmischen Nacht gibt es eine Zeit der Planung und Vorbereitung, bevor Brahma (Gott) das nächste Mal ausatmet. Die Evolution der physischen Planeten ist unterbrochen, doch die Seelen, die jetzt nicht länger inkarnieren, entwickeln sich weiterhin. Nach Melchizedeks Worten gehen die Inkarnationen in einem gewissen Sinne weiter, finden aber nicht mehr auf der physischen, sondern auf der Astralebene statt. Ich war vollkommen überrascht, dies stellte eine völlig neue Sicht der Dinge dar, klang allerdings auch sehr einleuchtend.

Die physischen Planeten fallen quasi in den Winterschlaf. Wegen des fehlenden Widerstandes (es fehlt ja der Zwang, sich mit der materiellen Existenz auseinandersetzen zu müssen) scheint es eine Art von Beschleunigung auf den Inneren Ebenen zu geben. Die Seelen inkarnieren nun so lange auf der Astralebene, bis sie das Rad der Wiedergeburt verlassen und die physischen Gesetze überwinden können. Auch hier bedeutet es das Erreichen der siebten Einweihung.

Melchizedek sagte, dass die Seelen nun auf der Astralebene genau das Gegenteil dessen ausagieren müssten, was sie zuvor auf der physischen Ebene gelebt hatten, so wie beim Gegensatz von Tag und Nacht. Dies würde ihnen ein ausgeglichenes Wachstum und eine angemessene

Integration sämtlicher Archetypen ermöglichen. Jemand, der beispielsweise während seines Lebens sehr reich und geizig gewesen ist und dessen hauptsächliches Interesse darin bestand, möglichst viel Geld zu verdienen, würde in der Kosmischen Nacht nun auf der Astralebene in eine Situation großer materieller Armut inkarnieren. Dadurch wäre er gezwungen, zu lernen, sein spirituelles Wachstum ohne diese Anhaftungen zu bewerkstelligen. Die Kosmische Nacht erlaubt der Seele außerdem, lange Zeit nachzudenken, Einsichten zu gewinnen und ihre vielen hundert Inkarnationen auf der materiellen Ebene zu verarbeiten (auch die vielen tausend Inkarnationen ihrer Überseele, der Gesamtheit aller Existenzen der anderen 11 Seelenausdehnungen).

Jede Seelenausdehnung erlebt gewöhnlich etwa 200 bis 250 Inkarnationen. Dies entspricht ungefähr der Zeit, die jeder von uns zwischen den einzelnen Inkarnationen innerhalb eines Kosmischen Tages zur Verfügung hat. Die Kosmische Nacht stellt eigentlich die Ruhepause in der Inkarnation eines ganzen Universums, zwischen mehreren Inkarnationen, dar. Bitte erkenne, dass wir hier nur über einen einzigen Kosmischen Tag sprechen. Bedenke, wie lange ein Jahr Brahmas dauert oder einhundert Jahre Brahmas, die Lebensdauer eines ganzen Sonnensystems. Ich habe eine Darstellung dieser Zeiträume aus meinen Buch *Das komplette Aufstiegshandbuch* übernommen, die ursprünglich aus dem Material von Alice Bailey stammt. Gottes unendliche Universen bestehen aus einer unbegrenzten Zahl solcher okkulten oder kosmischen Jahrhunderte – ein Konzept, das der lineare Verstand unmöglich begreifen kann.

a) 100 Jahre Brahmas	Ein okkultes Jahrhundert. Der Zeitraum eines Solaren Systems.
b) 1 Jahr Brahmas	Die Zeitspanne von sieben Ketten, mit denen die sieben planetaren Programme zu tun haben.
c) 1 Woche Brahmas	Die Zeitspanne von sieben Runden innerhalb eines Programms.

d) 1 Tag Brahmas	Die okkulte Periode einer Runde.
e) 1 Stunde Brahmas	Hat mit Angelegenheiten innerhalb einer Verkettung zu tun.
f) 1 Minute Brahmas	Hat mit den planetaren Zentren und somit mit selbstbewußten Gruppen zu tun.
g) 1 Moment Brahmas	Hat mit selbstbewußten Gruppen und ihrem Bezug zum Ganzen zu tun.

Als Wesen, die eine Entwicklung durchlaufen, machen wir eine ausgewogene kosmische Erfahrung, indem wir uns alle 4,3 Milliarden Jahre in diese Komischen Tage und Nächte hinein- und wieder hinausbegeben. Auf einer mikrokosmischen Ebene erleben wir das mit jedem neuen Tag. Innerhalb von vierundzwanzig Stunden gibt es einen mikrokosmischen Tag, während wir wach sind, und eben eine Nacht, während wir schlafen. Wie Thoth/Hermes sagt: „Wie innen, so außen. Wie oben, so unten." Verstehe das Atom und du begreifst das unendliche Universum. Erkenne dich selbst, und du erkennst Gott.

Hast du dich erst einmal für die Inkarnation in einem bestimmten Universum entschieden (und es existiert eine unendliche Anzahl von Universen, von denen jedes einzelne sein eigenes kosmisches Thema hat), verlässt du dieses Universum erst wieder, nachdem du dort deinen Abschluss gemacht hast - als ein vollständig entwickelter Melchizedek; nicht in einem irdischen Sinne, sondern in der Ausdrucksform der höchsten universellen Ebenen, als ein Sai Baba, zum Beispiel. Er ist das einzige inkarnierte Wesen, das bereits recht nahe daran ist, auf diesem hohen Niveau zu wirken.

Man könnte daher von einem planetaren, solaren, galaktischen (Lord Maitreya) und universalen Melchizedek (Sai Baba) sprechen. Und es gibt noch eine weitere Stufe, nämlich den Melchizedek der multi-universalen Ebene; dies bedeutet dann den vollständigen Abschluss der Melchizedek-Schule. Als nächstes folgt dann die Vereinigung mit der Quelle, mit Gott. Auf dieses Ziel hin bewegt sich Melchizedek, unser Universaler Logos. Selbst er befindet sich also in einem Prozess der Entwicklung, so wie Sai Baba.

Nun besteht ein Teil der Aufgaben während der Kosmischen Nacht darin, sich vorzubereiten und alles Nötige für die nächste Evolution innerhalb eines Kosmischen Tages zu tun. Dasselbe Prinzip gilt auch für die Zeit zwischen den einzelnen Inkarnationen. Die meisten Seelen inkarnieren ja nicht sofort wieder, nachdem sie auf die Inneren Ebenen übergegangen sind; eine Zeit der Erholung ist ebenso notwendig wie Raum zur Selbstbetrachtung und für eine Rückschau. Das gleiche Prinzip gilt auch auf den universalen Ebenen. Auch hier gibt es eine Zeit der Aktivität und eine der Nichtaktivität (in einem materiellen Sinne). In einem psychischen oder spirituellen Sinne ist dieses Prinzip, so wie unsere Traumebenen, allerdings noch sehr aktiv. Viele wären überrascht, wenn sie wüssten, wie viel Arbeit sie im Schlaf leisten. Die meisten von uns erinnern sich jedoch nur an einen geringen Teil der spirituellen Arbeit, in die wir involviert sind. Auf der psychischen oder spirituellen Ebene stehen die Räder niemals still.

Melchizedek und Djwhal Khul erklärten, dass das ursprüngliche Konzept für diesen Kosmischen Tag vorsah, die Entwicklung von Seelen nur auf der physischen Ebene geschehen und sie nicht auf astraler Ebene inkarnieren zu lassen. Es stellte sich allerdings heraus, dass dies den Mentalkörper zu sehr beanspruchte. Aus diesem Grund wurde die Möglichkeit von Inkarnationen auf der Astralebene eingerichtet, um dem Mentalkörper zu ermöglichen, sich von der anspruchsvollen Aufgabe der Erschaffung physischer Formen zu erholen. Die Meister sprachen auch davon, dass der Ablauf der Ereignisse in einer Kosmischen Nacht auf eine geheimnisvolle Weise beschleunigt würde, da die Existenz dann einen nicht-materiellen Charakter besäße; in Wahrheit dauert sie also nicht ganz so lange wie ein Kosmischer Tag. Dieser Vorgang der astralen Inkarnation erinnerte mich an die Einweihungen in der Königskammer der Großen Pyramide von Gizeh, bei denen die Eingeweihten in einem Sarkophag lagen. Den Seelen wurde erlaubt, ihre Evolution zu beschleunigen, indem sie die Inkarnationen im Traumzustand ausleben konnten, um so den Status eines planetaren Melchizedek in kürzerer Zeit erreichen zu können (in meinem Buch *Verborgene Mysterien* geht das Kapitel über die ägyptischen Mysterien näher darauf ein). Während der Kosmischen Nacht existiert das physische Universum also weiter. Es befindet sich quasi im Winterschlaf, während es darauf wartet, dass der Inkarnationszyklus wieder von vorn beginnt. An dieser Stelle schalteten sich die Meister mit einer weiteren erstaunlichen Information ein, die, wie sie sagten, bei diesem Aspekt eine ergänzende Information am Rande sei. Nach ihren Worten liegt in diesem Verständnis vom Kosmischen Tag und der Kosmischen Nacht unser Schlüssel zum Erlernen von Materialisierung und Dematerialisierung.

Die nächste Information katapultierte uns dann in die „Twilight Zone" *(wörtlich: Grauzone, die Welt zwischen Diesseits und Jenseits. Hier ist die gleichnamige US-Fernsehserie aus den fünfziger und sechziger Jahren gemeint, in der es um übersinnliche und spirituelle Phänomene ging, Anm. des Übers.)*, und gleich wirst du sehen, was damit gemeint ist. Ehrlich gesagt, mir fällt es schwer, zu glauben, dass es tatsächlich so ist. Ich glaube, ich habe irgendwann wirklich eine Folge gesehen, bei der es um ein ähnliches Thema ging (vielleicht hat ja auch einer der LeserInnen sie gesehen). Wenn ich die Meister richtig verstanden habe, sagten sie, dass mit Beginn der Kosmischen Nacht nicht automatisch alle sechs Milliarden Menschen unseres Planeten sterben, ebenso wenig wie auf den anderen zehn Milliarden bewohnten Planeten unseres Universums, auf denen Leben existiert. Also, fragte ich, was geschieht dann mit ihnen? Die Meister antworteten, sie würden in einer Art Winterschlaf gehalten; die inkarnierte Essenz (anders gesagt, ihre Seelen) und der Rest des

Universums würden jedoch weiterexistieren. Exakt mit dem Beginn eines neuen Kosmischen Tages, also nach weiteren 4,3 Milliarden Jahren (das hat nichts mit einer realen Zeit auf den Inneren Ebenen zu tun; lineare Zeit ist ein Konzept der materiellen Existenz), beginnt alles wieder genau dort, wo es zuvor aufgehört hatte, und alle befinden sich genau mit dem gleichen Charakter wieder in ihrer Inkarnation, so wie sie vorher waren – bloß um 4,3 Milliarden Jahre klüger.

Ist das nicht einfach unglaublich? Vielleicht hat jemand ja diese Folge gesehen: Ein Mann gelangt irgendwie in den Besitz einer Taschenuhr, die für jeden Menschen die Zeit anhalten kann! Er selbst ist allerdings davon ausgenommen; alle Menschen sind wie in der Zeit festgefroren, er dagegen kann sich frei bewegen. Ich weiß allerdings nicht mehr genau, wie es ausging. Anfangs, glaube ich, gefällt ihm das alles noch sehr, doch schon bald beginnt er es zu hassen und am Schluss wirft er die Uhr weg, die zerbricht und kaputtgeht und er bleibt in der Kosmischen Nacht stecken! Mir fällt ein, dass ich einmal etwas in einem Buch über spirituelle Themen las und nie die Meister danach gefragt habe, ob es der Wahrheit entspricht oder nicht; aus irgendeinem Grund ist es mir jedenfalls nie aus dem Kopf gegangen. Es ging darum, ob jemand, der sich in seinem Inkarnationszyklus befindet, in seinem nächsten Leben als Schütze wiedergeboren wird, wenn er in dieser Zeit gestorben ist; so jedenfalls lautete das Kosmische Gesetz. Dieses Konzept der vorübergehenden Erstarrung und dann Fortsetzung genau an der Stelle, an der man 4,3 Milliarden Jahre zuvor aufgehört hat, erinnerte mich jedenfalls daran. Ich weiß nicht, ob diese Theorie stimmt, aber ich werde versuchen, bei der nächsten Meditation eine Antwort darauf zu bekommen. Die Sache ist jedenfalls interessant und ergibt viel Sinn. Edgar Cayce sagte im Zusammenhang mit den karmischen Gesetzen: „Auch das kleinste Jota dieses Gesetzes wird erfüllt.“ Was wir säen, ernten wir, und was uns verlässt, das kehrt zu uns zurück. Niemals wird jemandem etwas grundlos geschehen. Die Meister nennen das einen Rahmen, in dem die Handlung stillsteht, wie bei einem Filmstandbild.

Wenn man darüber nachdenkt, ist es genau das, was Nacht für Nacht geschieht, wenn wir schlafen gehen. Der physische Körper befindet sich in einem Zustand der Starre und alle nichtphysischen Körper begeben sich zu den ihnen entsprechenden Ebenen der Existenz. Am nächsten Morgen, wenn wir aufwachen, machen wir genau da weiter, wo wir am Abend zuvor aufgehört haben, nur sind wir jetzt eine Nacht klüger. In einem kosmischen Sinne ist es so, als gingen wir zu Bett, um eine Kosmische Nacht lang (statt einer normalen) zu schlafen. Du musst zugeben, dass das Sinn ergibt; jedes Mal, wenn es eine Beziehung zwischen Mikrokosmos und Makrokosmos gibt, ist auf jeden Fall etwas Wahres daran. Eigentlich wäre das auch ein gutes Drehbuch für einen Star Trek-Film, meinst du nicht? Die Meister fuhren mit ihrer Darstellung fort und erklärten uns, dass man dies auch mit Zeitreisen vergleichen könnte. Denke daran, wie es uns beim Träumen ergeht. Es fühlt sich so an, als seien Stunden oder Tage vergangen; in Wirklichkeit waren es aber nur wenige Sekunden. Bei diesem Prozess ist es genau umgekehrt; es vergehen Äonen, doch aus Sicht unseres physischen Körpers ist noch nicht einmal eine Sekunde vergangen. Das ist nur möglich, weil wir es hier mit der Wirklichkeit von Nichtraum und Nichtzeit zu tun haben. Zeit ist ein lineares Konzept des dreidimensionalen Bewusstseins. In der spirituellen Welt ist es multidimensional und simultan.

Und so fragte ich, wann erreicht dann ein Universum seinen Aufstieg? Das Universum erreicht diesen Punkt der Entwicklung, wenn sämtliche inkarnierten Seelen innerhalb eines Universums ihren kosmischen Aufstieg in der entsprechenden universalen Schule erreicht haben. Unsere universale Schule ist die Melchizedek-Schule. Andere Universen haben andere kosmische Themen (siehe dazu auch mein Buch *Jenseits des Aufstiegs*). Das Thema unseres Kosmischen Tages in der Melchizedek-Schule oder Universität ist *Mut*. Andere Universen haben einen eigenen Universalen Logos und daher auch eine andere Schule mit einem eigenen kosmischen Thema. Eine interessante Information am Rande. Vywamus spricht in einem Channeling von Janet McClure davon, dass die Außerirdischen, die auch die *Grauen* genannt werden und eine

Verbindung zu Zeta Reticuli besitzen, physisch betrachtet sehr krank sind, da sie mit ihren Raumschiffen aus einem anderen Universum hier herkommen sind. Nach seiner Aussage können sie ohne kosmisch-spirituelle Hilfe niemals gesund werden, denn sie wurden nicht dafür erschaffen, ihre Evolution in diesem Universum zu vollziehen. Ich persönlich finde das absolut faszinierend. Wenn alle Wesen ihren Abschluss an der Melchizedek-Schule gemacht haben, wird sich das Universum nach Melchizedeks Worten in Licht auflösen; danach wird dann wieder ein neues Universum erschaffen. Metatron bezieht sich in den *Schlüsseln des Enoch* darauf, wenn er von der Möglichkeit spricht, Informationen über das nächste Universum und seine Pyramidenstruktur zu erhalten. So wie Arcturus das zukünftige Selbst oder der Prototyp für die Erde ist (Arcturus ist ja die am weitesten entwickelte Zivilisation in unserer Galaxie), so befinden sich auch die Planeten, Sonnensysteme, Galaxien, Universen und Multi-Universen in einem ständigen Prozess der Evolution und des Aufstiegs – so wie jeder von uns.

In den Büchern von Alice Bailey spricht Djwhal Khul vom jüdischen Volk als dem am weitesten entwickelten Volk des vorhergehenden (oder dritten) Sonnensystems; zurzeit befinden wir uns im vierten Sonnensystem. Dies gehört zu dem Verständnis der Bücher von Alice Bailey und Madame Blavatsky - die okkulte Periode einer Runde; sieben Runden, die ein Programm ausmachen und ein okkultes Jahrhundert, das aus sieben Programmen besteht. Auf unserem Planeten, auf einem etwas mikrokosmischeren Niveau, bezieht es sich auf die sieben Wurzelrassen, was ich hier noch einmal aus meinem Buch *Das komplette Aufstiegshandbuch* wiedergeben werde. Jede Wurzelrasse ist in ihrer Evolution mit einem der planetaren Chakren verbunden. Die Evolution des Universums verläuft genauso geordnet und mathematisch präzise wie ein Schweizer Uhrwerk. Alles in Gottes Universum ist durch Gesetze festgelegt – Gott inbegriffen. Selbst wenn man nur einen winzigen Ausschnitt dieser Wirklichkeit erfährt, versetzt es einen in ehrfürchtiges Staunen. Hat ein Universum seinen Abschluss und den Aufstieg erreicht, wird ein neues Universum mit einem neuen und weiter entwickelten kosmischen Thema erschaffen, so wie sich auch die Lichtarbeiter unseres oder ähnlicher Planeten irgendwann in ihre neuen, höheren Positionen begeben. Galaktische Meister werden sich schließlich so weit entwickeln, dass sie ihre neuen Aufgaben auf universaler Ebene erfüllen können. Universale Meister wie Melchizedek werden sich letztlich auf die multiuniversale Ebene und darüber hinaus begeben – zurück zur Quelle, um ihre Posten auf den allerhöchsten Ebenen der kosmischen Regierung einzunehmen. Dies ist die Kosmische Hierarchie der Schöpfung, und es ist eine Vision unserer eigenen kosmischen Reise. Kannst du dir vorstellen, für ein ganzes Universum verantwortlich zu sein? Es ist meist schon schwer genug, seinen physischen, emotionalen und mentalen Körper beieinander zu halten. Und genau aus diesem Grund müssen wir jede einzelne Stufe unserer Ausbildung von der planetaren bis hin zur kosmischen Ebene meistern – Schritt für Schritt. Es ist eine lange Reise, aber gibt es einen Grund zur Eile? Es gibt keinen Tod; wir haben also alle Zeit der Welt. Außerdem wird es immer leichter werden und es macht auch viel mehr Spaß, je höher wir kommen. Das materielle Universum und unsere Schule, genannt Erde, sind mit Sicherheit von der härteren Sorte. In deinem kosmischen Lebenslauf wird es ein großes Plus sein, dass deine planetare Ausbildung hier auf der Erde stattgefunden hat.

Wenn ich von deinem kosmischen Lebenslauf spreche, dann ist das weder ein Scherz noch eine Metapher. Wenn du auf der Stufenleiter des Bewusstseins höher gelangst, bietet man dir vielleicht einen Job in anderen Sonnensystemen oder Galaxien, Universen oder Multi-Universen an. Ist ein Aufgestiegener Meister sehr talentiert in Bezug auf das, was er tut, dann verbreitet sich sein Ruf dementsprechend. Das Gleiche gilt ja auf mikrokosmischer Ebene auch für die Erde. Es gilt für alle Berufssparten, im Sport und/oder der spirituellen Bewegung. Und genauso gilt es auch für das Sonnensystem, die Galaxie, das Universum und das Multi-Universum. Andere solare, galaktische und universale Hierarchien werden dir vielleicht Aufgaben anbieten, die du nicht ausschlagen kannst – natürlich nicht wegen des Geldes, sondern auf Grund der Möglichkeit, zu dienen und zu wachsen. Es gibt dabei auch keine Konkurrenz unter beispielsweise den Galaxien, denn Gott ist bei allem die führende Kraft. Auf diesen Ebenen ist es immer eine Wahl, die dem Willen Gottes entspricht. Es gibt unendlich viele Möglichkeiten, was deine besonderen Fähigkeiten betrifft. Die evolutionären Zyklen sind, bezogen auf das Einatmen und Ausatmen Brahmas, unvorstellbar groß. Einhundert Jahre Brahmas entsprechen einem okkulten Jahrhundert. In den Büchern von Alice Bailey spricht Djwhal Khul davon, dass dieser Zeitraum die gesamte Dauer eines brahmischen Zeitalters ausmacht, esoterisch *Mahakalpa* genannt. Sicher bist du der Meinung, dass ein Komischer Tag lang ist – 4,3 Milliarden Jahre, und dann noch einmal der gleiche Zeitraum für die Kosmische Nacht. Ein Mahakalpa dauert unvorstellbare 311.040.000.000.000 (311 Billionen, 40 Milliarden) Jahre! Um das in die richtige Perspektive zu bringen - nach Edgar Cayce befindet sich die Menschheit seit 10,5 Millionen Jahren auf der Erde; Sanat Kumara ist seit 18,5 Millionen Jahren unser Planetarer Logos. Wir sprechen hier über Billionen und Milliarden von Jahren.

Da sich dieses Buch mit dem kosmischen Aufstieg befasst, wäre unsere Betrachtung unvollständig, wenn wir nicht den Standpunkt mit einbeziehen, den uns das *Urantia Buch* anbietet. Da viele meiner Leser dieses Buch vielleicht vor einigen anderen meiner Bücher lesen könnten, werde ich zwei Abschnitte aus meinem Buch *Verborgene Mysterien* zitieren. Das *Urantia Buch* ist eine Offenbarung Gottes. Es wurde von einer Kommission universeller Wesen geschrieben, die in der Hauptstadt des Superuniversums residieren und der Erde den Namen Urantia gegeben haben. Sie haben eine klare Beschreibung vom Aufbau des physischen Universums gegeben: „Eure Welt, *Urantia,* ist eine von vielen einander ähnlichen, ebenfalls bewohnten Planeten, aus denen das lokale Universum, *Nebadon,* besteht. Aus diesem Universum besteht, zusammen mit weiteren, ähnlichen Schöpfungen, das Superuniversum *Orvonton* – evolutionäre Superuniversen in Raum und Zeit, welche um die nie beginnende und niemals endende Schöpfung der göttlichen Vollkommenheit kreisen: das zentrale Universum *Havona*. Im Herzen dieses ewigen, zentralen Universums befindet sich die *ruhende Insel des*

Paradieses, das geographische Zentrum der Unendlichkeit, der Wohnsitz des Ewigen Gottes. Diese sieben sich entwickelnden Superuniversen nennen wir, in Verbindung mit dem zentralen und göttlichen Universum, gewöhnlich *das große Universum*. Sie sind die zurzeit organisierten und bewohnten Universen. Sie alle sind Teil des Meister-Universums, das auch die unbewohnten, aber trotzdem aktiven Universen des Weltalls umfasst". (Auszug aus *Verborgene Mysterien*; die Informationen stammen aus dem *Urantia Buch*).

Ich begann über diese Beschreibung zu meditieren und begriff, dass das gesamte, unendliche Universum einem einzigen, gigantischen Atom ähnelt. Die Insel des Paradieses ist der einzige ruhende Ort im gesamten Universum, so dass man sie mit einem Atomkern vergleichen könnte. Die Superuniversen, Universen, Galaxien und Sonnensysteme wären dann die Elektronen, Protonen und Neutronen. Djwhal Khul sagte einmal, auch die Monade besäße einen Kern. Das erschien mir sinnvoll – der Mikrokosmos ist ja wie der Makrokosmos. Die kleinsten physikalischen Teilchen im materiellen Universum zu betrachten heißt, einen Eindruck von Gott und der makrokosmischen Ebene zu erhalten. Das *Urantia Buch* spricht außerdem davon, dass sich das physische Universum unendlich weit ausdehnt. Die ruhende Insel des Paradieses ist dabei keine Schöpfung in der Raumzeit, sondern besitzt eine immer während Existenz. Sie ist das vollkommene, ewige Zentrum des Meister-Universums. Das Meister-Universum enthält all das, was ich gerade beschrieben habe; außerdem umfasst es noch die unbewohnten, aber aktiven Universen des Weltalls. Das *Urantia Buch* unterteilt das Weltall in vier Ebenen: erste, zweite, dritte und vierte Ebene.

Die fünfte Ebene heißt offener Weltraum. Es heißt, das große Universum enthalte ein evolutionäres Potenzial für insgesamt sieben Billionen bewohnte Planeten. Das große Universum enthält all das, ausgenommen die gerade erwähnten Ebenen des Weltraums. Es existiert demnach ein noch größeres Potenzial für bewohnte Planeten, wenn man diese Ebenen mit einbezieht. Unser eigenes Universum, *Nebadon*, ist eines der neueren

Universen in Gottes Schöpfung. Es liegt am äußeren Rand des großen Universums. Unser Universum liegt also aus geographischer oder physischer Sicht gesehen ziemlich weit vom Zentrum des Universums entfernt. Aus spiritueller Sicht hat das allerdings keine Bedeutung, denn die Nähe zu Gott hängt nicht von dem illusionären Konzept von Raum und Zeit ab.

Mehr über die universale Evolution

Nach und nach wird jedes einzelne Universum in Gottes Schöpfung wie auch jedes einzelne Individuum seinen Aufstieg vollenden. Im Traumzustand haben wir die Möglichkeit, andere Universen aufzusuchen. Ich erinnere mich, wie ich eines Nachts im Traum zur Govinda-Galaxie gebracht wurde. Man sagte mir, ich dürfe diese Erfahrung machen, um meinen Aufstieg zu beschleunigen und die Schwingung der Liebe dauerhaft zu verankern. Alle Universen und Galaxien haben ihre eigene Schwingung. Bitte die Meister darum, dich während der Meditation oder im Traumzustand in ein anderes Universum mitzunehmen, damit du erfährst, wie es sich dort anfühlt. Wir können andere Universen besuchen, so oft wir wollen, verlassen dürfen wir unser Universum aber erst nach unserem Abschluss. Ob nun die Kosmologie aus dem *Urantia Buch* in Bezug auf die Struktur des physischen Universums hundertprozentig der Wahrheit entspricht, kann ich nicht mit Sicherheit sagen. Auf jeden Fall ist es ein interessantes Gebiet zum Nachdenken. Mir gefällt die Vorstellung einer ruhenden Insel des Paradieses. Ich glaube, auch das würde einen wirklich guten Star Trek-Film abgeben.

Ich fragte Melchizedek, warum der Prozess der Inkarnation in die Materie überhaupt begonnen hätte. Melchizedek lächelte auf den Inneren Ebenen und sagte dann mit einem seiner schnellen Geistesblitze: „Nun, in diesem Augenblick schien es eine gute Idee zu sein.“ Gottes Plan sei es gewesen, sein Königreich bis in die dichte Materie hinein auszudehnen. Im Grunde war es ein Experiment, das ganz wesentlich durch unsere Wahl, unseren freien Willen, bestimmt wurde.Dann wollte ich wissen, was geschieht, wenn sämtliche Seelen nicht nur zu Melchizedek, sondern vollständig zu ihrem Ursprung, zu Gott, zurückgekehrt sind. Die direkte Antwort lautete, dass es dann ein neues Ein- und Ausatmen geben werde. Sobald Gott alle Seelen zurück in sein Herz geatmet hat, wird es, auf einem wesentlich höheren Niveau, einen neuen evolutionären Kreislauf mit einem neuen kosmischen Thema geben - der Beginn eines neuen, kreativen Experiments. Allerdings mit dem Unterschied, dass wir bewusst nach Hause zurückgekehrt sind. Vor dieser Entwicklung waren wir in unserer Schöpfung nicht in dem Maße bewusst, wie wir es jetzt sind oder sein werden, wenn wir die planetaren, solaren, galaktischen, universalen und multi-universalen Ebenen hinter uns lassen und nach Hause zurückkehren. Vielleicht werden wir ganze Universen in ähnlicher Weise integrieren und aufnehmen, so wie wir es jetzt mit unseren anderen Seelen- oder Monadenausdehnungen tun, die unseren Aufstieg ermöglichen.

Erkennst du, wie auch hier der Mikrokosmos dem Makrokosmos gleich ist? Melchizedek ist das archetypische Wesen, zu dem wir uns alle in diesem Universum entwickeln. Nach allem, was wir in dieser Meditation erfuhren, scheint er für die anderen dreiundvierzig Universen der Quelle unseres Kosmischen Tages verantwortlich zu sein. Die Zahl 43 ist vielleicht nicht hundertprozentig korrekt, aber das ist nicht so wichtig. Wer sich zum Aufstiegsplatz der multi-universalen Ebene begibt, kommt mit der Essenz dieser Universen in Kontakt, weshalb diese Erfahrung auch so eindrucksvoll ist. Bis gerade war ich noch der Ansicht, Melchizedek sei für alle dreiundvierzig Universen (oder was immer die genaue Zahl ist) verantwortlich. Tatsächlich ist er aber nur für unser Universum verantwortlich, ist aber als einer der Universalen Logoi Mitglied des multi-universalen Rates. Also, Melchizedek ist der höchste, vollständig integrierte, universale Archetyp – sozusagen unser oberster Führer und Präsident. Es existiert also eine Wesenheit, die wir die „Quelle für diesen Kosmischen Tag“ nennen werden; sie koordiniert die große Zahl an Universen, aus denen die multi-universale Ebene besteht. Die Anzahl dieser Quellen ist unbegrenzt, und sie alle unterstehen Gott, der ultimativen Quelle. Die Evolution eines Universums hängt nun von der Evolution einer ins Astronomische gehenden Zahl von Galaxien, Sonnensystemen, Planeten und inkarnierten Seelen ab, aus denen die planetaren Systeme bestehen. Jede individuelle Seele ist dabei wie eine Zelle im Universum, jedes Land wie ein Molekül, jeder Planet eine Gruppe von Zellen, jedes Sonnensystem Teil eines Organs, jede Galaxie wie ein Organ oder eine Drüse und das gesamte Universum der vollständige Körper Melchizedeks. Das Multi-Universum besitzt viele individuelle Körper. Auf der höchsten kosmischen Ebene befindet sich eine unbegrenzte Anzahl von Körpern, aus denen der allgegenwärtige, allmächtige und allwissende Körper Gottes besteht, der all diese Körper enthält und sich durch sie ausdrückt.

Wenn nun ein Universum aufsteigt, vereinigt es sich in gewissem Sinne mit der multi-universalen Quelle auf der aus seiner Sicht nächst höheren Stufe, bevor die Quelle unseres Kosmischen Tages ein neues Universum ausatmet. Jedes dieser unendlichen Zahl von Universen in Gottes Körper entwickelt sich mit seiner eigenen Geschwindigkeit. Wie ich schon in meinem Buch *Jenseits des Aufstiegs* erwähnte, kann es bei einzelnen Universen geschehen, dass ihre Existenz schon vor ihrem Abschluss beendet wird, nämlich dann, wenn das Thema des betreffenden Universums nicht richtig funktioniert. Sie werden dann in das kosmische Laboratorium gebracht und dort zu Ende geführt. Vywamus gebrauchte dafür einmal das Bild eines schlechten Buches, das man liest. Die Frage ist, warum sollte man solch ein Buch weiterlesen? Die Quelle schließt und vervollständigt dann das Universum im kosmischen Laboratorium; danach wird das daraus entstandene Wissen und die entsprechende Weisheit allen zur Verfügung gestellt. Vywamus sagte, 1988 sei die Existenz von zehn Universen durch die Quelle unseres Kosmischen Tages beendet worden (siehe auch das Kapitel „Die vierundzwanzig Dimensionen der Realität" in meinem Buch *Jenseits des Aufstiegs*).

Gegenwärtig befinden wir uns in einem kosmischen Zyklus der Einatmung, was bedeutet, dass wir alle zu unserer Quelle zurückkehren. Es gibt keinen Grund zur Eile, aber von Seiten der „Mächtigen" des Universums gibt es ein großes Bestreben, so viele Fortschritte wie möglich zu machen, da drei Viertel unseres kosmischen Tages bereits hinter uns liegen. Uns erscheint das letzte Viertel von 1,2 Milliarden Jahren natürlich wie eine Ewigkeit (die Menschheit ist ja erst seit 10,5 Millionen Jahren auf der Erde). Aus Sicht unserer Quelle geht es vielleicht um Millionen okkulter Jahrhunderte (also um einhundert Jahre Brahmas). Ein Tag mit 24 Stunden kommt uns vielleicht wie eine kleine Ewigkeit vor, doch für die Urquelle dauert ein Tag 8,6 Milliarden Jahre. Für uns mag ein Leben hundert Jahre dauern; die „Lebenszeit" der Quelle unseres Kosmischen Tages beträgt wie gesagt 311.040.000.000.000 (311 Billionen, 40 Milliarden) Jahre. Wie du siehst, alles ist relativ. Für Gott ist es wie ein halber Atemzug in einer unendlichen Zahl von Atemzügen. Obwohl du langsam eine Ahnung davon bekommst, wie klein wir alle in diesem großen Räderwerk sind, ist doch jeder Einzelne wichtig. Gottes Plan ist erst erfüllt, wenn alle Zellen richtig funktionieren.

Innerhalb des Universums steht alles miteinander in einem kosmischen Zeitverhältnis. Was passiert beispielsweise, wenn eines von Melchizedeks Organen nicht so gut funktioniert wie die anderen? Die Galaxien sind ja wie die Organe des kosmischen Körpers. Das blockiert gewissermaßen den Zeitplan für den Aufstieg des gesamten Universums. Melchizedek wird in diesem Fall eines seiner Notfallteams aus seinem Orden aussenden, um die Situation zu korrigieren. Das ist in etwa das, was gerade mit der Erde und unserem Sonnensystem geschieht. Nach 3,2 Milliarden eher langsamen Jahren des Fortschritts verstärken sich jetzt die Anstrengungen. Die Erde wird in dem 40-Jahres-Zyklus von 1988 bis 2028 mehr Fortschritte machen als in den ganzen 3,2 Milliarden Jahren zuvor. Das ist nun wirklich eine unglaubliche Vorstellung, und diese beschleunigte Entwicklung ist auch der Grund dafür, warum es solch ein Segen ist, jetzt in dieser Schule und in dieser

Zeit inkarniert zu sein. Jedes einzelne Universum muss sein kosmisches Thema abschließen – entweder durch eine unbegrenzte Anzahl Kosmischer Tage oder es wird ins kosmische Laboratorium gebracht, um dort zu vollendet zu werden. Gottes grenzenloses Universum ähnelt einem gigantischen Puzzle und wenn ein bestimmtes Universum seinen Abschluss noch nicht erreicht hat, ist das so, als ob ein Teil des Puzzles fehlen würde. Gleiches gilt auch auf einer anderen Ebene - es ist ebenso unmöglich, dass ein Universum ohne eine seiner Galaxien aufsteigt. Genauso kann eine Galaxie nur mit sämtlichen Sonnensystemen, ein Sonnensystem nur mit sämtlichen Planeten aufsteigen. Unser Planet schließlich wird nicht aufsteigen können, ohne dass all seine Seelen ihren Aufstieg erreicht haben.

Zu der Schule unseres Planeten gehören 60 Milliarden Monaden. Das bedeutet 60 Milliarden mal 144, wenn man die Zahl der Seelenausdehnungen (oder einzelnen Menschen) betrachtet, die sich im Prozess der Inkarnation befinden. In unserem Sonnensystem haben zwei Planeten bereits ihren Aufstieg erreicht - die Venus, die am weitesten entwickelt ist, und vor kurzem auch die Erde. So wie ein Universum sich in Mahakalpas bemisst und okkulte Jahrhunderte mit einhundert Jahren Brahmas zu tun haben, so geht es bei der Erde um kleinere Zyklen, die in Zusammenhang mit den sieben Wurzelrassen stehen. Jede Wurzelrasse steht in Verbindung mit der Entwicklung eines Chakras für die Menschheit, beginnend beim Wurzelchakra. Zurzeit befinden wir uns in der fünften Wurzelrasse, der Arischen Rasse. Es dauerte 18,5 Millionen Jahre, um uns allein durch fünf davon hindurchzuarbeiten. Nun steht der Zyklus der Meruvianischen Rasse an seinem Anfang. Jede Wurzelrasse (siehe nachfolgendes Diagramm) ist mit einer bestimmten Seelenqualität verbunden. Die Arische Rasse beinhaltet die Entwicklung des Mentalbewusstseins. In der Zeit von Atlantis ging es um emotionale Entwicklung. Jetzt beginnt im Massenbewusstsein die Entwicklung von Persönlichkeit und Intuition. Die höheren Eingeweihten unseres Planeten sind sehr viel weiter entwickelt als das Massenbewusstsein, was (logischerweise) gut ist.

Die sieben Wurzelrassen

Wurzelrasse	Kontinent	Ausrichtung	Chakra	Yoga
1. Polarier	Das unvergängliche Heilige Land	Physisch	1. Chakra	Hatha Yoga
2. Hyperboreaner	Hyperborea	Physisch	1. Chakra	Hatha Yoga
3. Lemurier	Lemurien	Physisch	2. Chakra	Hatha Yoga
4. Atlanter	Atlantis	Emotional	3. Chakra	Bhakti Yoga
5. Arier	Europa, Kleinasien	Mental	4. Chakra	Raja Yoga
6. Meruvianer	Nordamerika	Persönlich-keitsintegration	5. Chakra	Agni Yoga
7. Paradiesier	Tara	Seele	6. Chakra	Unbekannt

Helios, der Solare Logos, ist verantwortlich für den Aufstiegsprozess unseres Sonnensystems. Die Planetaren Logoi der neun Planeten unseres Sonnensystems arbeiten für Helios und sind wie die Chakren seines Körpers. Helios seinerseits arbeitet für Melchior, den Galaktischen Logos, der dafür verantwortlich ist, der Galaxie zu ihrem Aufstieg zu verhelfen. Die am weitesten entwickelte Zivilisation in unserer Galaxie ist Arcturus. Genau aus diesem Grund hat die Erde nun damit begonnen, eng mit den Arcturianern zusammenzuarbeiten.

Bei der Betrachtung unseres Sonnensystems spielt ein besonderer Begriff eine Rolle - der Status des „heiligen Planeten." In unserem Sonnensystem erreicht ein Planet diesen Status mit seiner dritten Einweihung, der Seelenverschmelzung. Wie du siehst, nehmen die Planeten in ähnlicher Weise Einweihungen wie wir Menschen. Dieser Prozess der Einweihung gilt entsprechend für Sonnensysteme, Galaxien und Universen, natürlich mit jeweils unterschiedlichen Standards für das Erreichen der entsprechenden Einweihungen. Melchizedek untersteht der Quelle unseres Kosmischen Tages und sitzt in einem der Kosmischen Räte der Zwölf, die ihrerseits das unendliche Universum leiten. Unser

Sonnensystem ist ein System des zweiten Strahls, unser Planet ist ein Planet des vierten Strahls, und auf makrokosmischer Ebene besteht unser Universum aus einem der kosmischen Strahlen. Der Älteste, dem Melchizedek untersteht, ist ein Mitglied des Kosmischen Rates der Zwölf, der für den kosmischen Strahl zuständig ist, zu dem unser Universum gehört. Erinnere Dich: jedes Mitglied des Kosmischen Rates der Zwölf ist für einen der kosmischen Strahlen verantwortlich. In diesem Sinne ist auch das unendliche Universum in zwölf Bereiche aufgeteilt. Wir sehen dies auch auf einer planetaren, mikrokosmischen Ebene beim Studium der Astrologie und den zwölf Tierkreiszeichen, bei den zwölf grundlegenden Archetypen, den zwölf planetaren Strahlen und den zwölf Planeten, von denen neun exoterisch und drei esoterisch sind. Obwohl nach Melchizedeks Worten unendliche viele Quellen für Kosmische Tage und Universen existieren, gehört doch jede Quelle zu einem der zwölf kosmischen Strahlen. Nun, vielleicht gibt es einen Weg, die Schöpfungen der anderen kosmischen Strahlen zu erforschen, wenn wir den kosmischen Aufstieg erreicht haben und zu unserer Quelle zurückgekehrt sind. Aber wir alle erreichen unseren Aufstieg auf einem kosmischen Strahl.

Vielleicht gibt es einen Aspekt des ultimativen kosmischen Plans, bei dem man zwölf verschiedene kosmische Aufstiege nehmen würde – auf jedem einzelnen der zwölf kosmischen Strahlen. Dies würde allen eine umfassende Erfahrung Gottes auf allen kosmischen Strahlen und Ebenen ermöglichen. Ich bin mir zwar nicht ganz sicher, aber wir haben definitiv Informationen über ein solches Konzept bekommen. Dies hätte dann mit zukünftigen Ein- und Ausatmungen Gottes zu tun. Ihrer Natur nach würden sich diese Erfahrungen allerdings vollkommen von unseren jetzigen Erfahrungen unterscheiden, denn wir würden uns im Zusammenhang mit diesem kosmischen Strahl in einem völlig anderen Thema befinden. Außerdem würde es uns ein erweitertes Verständnis mit einer entsprechenden Erfahrung ermöglichen, da wir dann bereits einen kosmischen Aufstieg erreicht hätten. Dazu erhielt ich die Information, dass ich und meine Gruppe an unserem dritten kosmischen Aufstieg arbeiten.

Um dies noch einmal in eine Perspektive zu bringen, vorausgesetzt, es entspricht alles der Wahrheit, das bedeutet, dass ich nur noch 345 Einweihungen vor mir habe (insgesamt sind es 352, sieben sind bereits bestanden), um auf diesem Strahl meinen kosmischen Aufstieg zu erreichen. Danach kämen nur noch weitere neun kosmische Aufstiege. 9 mal 352 macht zusammen 28.512. Zusammen mit den anderen 345 Einweihungen komme ich so auf 28.857 – für den vollständigen Abschluss. Das Ganze dauert also höchstens, na sagen wir mal, ungefähr 500 Billionen okkulte Jahrhunderte – ich bin also schon fast am Ziel! (Wenn das nicht die pure Bescheidenheit ist).

Womit wir es hier in Wirklichkeit zu tun haben, ist, kosmische (statt planetare) Astrologie. Man nimmt den kosmischen Aufstieg in einem der zwölf kosmischen Zeichen (oder zwölf kosmischen Strahlen). Dann hat man den ultimativen kosmischen Aufstieg erreicht und kann so mit seinem gesamten göttlichen Potenzial, den entsprechenden Fähigkeiten und der erworbenen Reife auf allen kosmischen Strahlen und in allen kosmischen Tierkreiszeichen wirken. Der göttliche Plan wird erst dann vollendet sein, wenn alle Seelen dies erreicht haben. Wenn es soweit ist, wird Gott wahrscheinlich einen neuen kosmischen Plan erschaffen. Das ist ein völlig neues Konzept, das ich von nun an den ultimativen kosmischen Aufstieg nennen werde.

Melchizedek erklärte weiter, dass auch Universen in der gleichen Art und Weise wie Monaden Verbindungen eingehen, die sich bei ihrer Arbeit auf dem Planeten zusammenschließen. Daher gibt es für uns benachbarte Universen. In diesem Sinne sind es die dreiundvierzig Christus-Universen von der Quelle unseres Kosmischen Tages, über die ich in meinem Buch *Jenseits des Aufstiegs* gesprochen habe. Melchizedek sagt, dass diese Zahl vielleicht nicht ganz zutrifft; das Konzept jedenfalls tut es. Außer der Tatsache, dass wir durch die Quelle unseres Kosmischen Tages mit allen anderen existierenden Universen verbunden sind, kommt jetzt noch hinzu, dass wir durch das Mitglied im Kosmischen Rat der Zwölf, das die Verantwortung für unser Universum und unseren kosmischen Strahl inne hat (Melchizedek), die gleiche Verbindung erhalten. Vielleicht gibt es sogar eine Anordnung von kosmischen Strahlen und Mitgliedern des Kosmischen Rates der Zwölf in bestimmten Quadranten des Universums, um es einmal so auszudrücken. Ich weiß jedenfalls, dass dieses Konzept auf einer mikrokosmischeren Ebene auf unsere Galaxie zutrifft. Unsere Galaxie (unter der Aufsicht von Melchior) ist in vier Quadranten eingeteilt. Und intuitiv glaube ich, dass dies auch für die kosmischen Ebenen gilt. Sollte es zutreffen, dass es gewissermaßen zwölf kosmische Aufstiege gibt, bevor man den ultimativen kosmischen Aufstieg erreicht, bin ich sicher, dass es zuerst eine bestimmte Verbindung von Aufgestiegenen Meistern und ihren kosmischen Strahlen gibt. Würde man eine Torte in vier gleich große Stücke aufteilen, befänden sich, metaphorisch gesprochen, jeweils drei kosmische Aufstiege in einem der vier Stücke. Somit wären wir in einem größeren Rahmen auch mit sämtlichen Universen in jedem der anderen drei kosmischen Quadranten verbunden. Es ist alles etwas kompliziert, weil wir es ja nicht nur mit einem materiellen Universum, sondern auch mit multidimensionalen Wirklichkeiten zu tun haben. Dennoch kann dies ein gutes Modell für unsere Betrachtung sein.

Die Besuche von Außerirdischen habe ich ja bereits erwähnt. Außerdem gibt es für uns auch noch die Möglichkeit einer Seelen- oder Bewusstseinsreise zu anderen Universen und umgekehrt. Du solltest dies allerdings weder ohne Melchizedeks Unterstützung noch ohne einen triftigen spirituellen Beweggrund tun. Wenn solch ein Besuch keinen Nutzen für deine spirituelle Entwicklung hat, warum solltest du dann so etwas unternehmen wollen? Überlasse Melchizedek die Entscheidung darüber, denn das hier geht ganz sicher über unser derzeitiges Begriffsvermögen hinaus. Die drei miteinander verbundenen kosmischen Strahlen und ihre Aufstiegspfade haben vielleicht ähnliche kosmische Themen, was den jeweiligen Ausdruck angeht. Das ist ähnlich der Astrologie, wo jeweils drei Sternzeichen einen bestimmten Zusammenhang ausdrücken. So wie ein Mensch, der seinen Aufstieg erreicht und vollständig verwirklicht hat, letzten Endes das Potenzial besitzt, die Schwingung seines Körpers so hoch anzuheben, dass er ihn mittels Dematerialisierung vollkommen in Licht auflösen kann, gilt das auch für die Erde, das Sonnensystem, die Galaxie und alle anderen Galaxien in Melchizedeks Universum. Alles existiert weiter, allerdings auf einer höheren Ebene der Realität, wobei es sich immer höher entwickelt. Dies gilt sowohl für einen physischen Planeten als auch für seine Bewohner. Die Zivilisation von Arcturus ist dafür ein gutes Beispiel. Einst ein Planet wie unsere Erde, existieren beide auf Grund ihrer Entwicklung jetzt auf einer viel höheren Ebene. Ich schlage vor, dazu das Buch von Norma Milanovich, *We, the Arcturians* zu lesen. (Siehe auch die Bücher von David K. Miller *Verbindung mit den Arcturianern, Die Lehren vom Heiligen Dreieck, Band 1, 2 & 3* im Lippert-Verlag). Auch in meinen Büchern beschäftigen sich einige Kapitel mit den Arcturianern (*Jenseits des Aufstiegs* und *Verborgene Mysterien*).

Melchizedek kommentierte die unglaublichen zeitlichen Dimensionen der kosmischen Zyklen auf seine humorvolle Art: „Hast du denn noch etwas anderes zu erledigen?" Dann meinte er: „Natürlich kannst du dich beeilen, mit allem fertig zu werden – und alles, was Gott tun wird, ist, dich wieder auszuatmen". Es geht hier eindeutig darum, die Sache nüchtern zu betrachten und einfach Spaß bei allem zu haben. Melchizedek wies uns noch auf einen anderen interessanten Punkt hin. Unser Einweihungsprozess (obwohl wir erst 7 von 352 Einweihungen bestanden haben) beinhaltet Aspekte von Simultaneität. Nach seinen Worten lässt unsere spirituelle Arbeit, die wir mit ihm zusammen auf den Inneren Ebenen, in der Meditation oder im Schlaf leisten, uns viele unterschiedliche Energien gleichzeitig erfahren. Außerdem verankern wir auf diese Weise höhere Chakren, Körper und Lichtquotienten, wie ich das ja bereits an anderer Stelle beschrieben habe. Dadurch sind es in Wahrheit mehr als sieben Einweihungen. Auf diese Weise legen wir auf nachhaltige Weise ein Fundament, um zukünftige Einweihungen sehr viel einfacher zu machen, auch wenn wir die Einweihungen noch nicht durchlaufen haben. Zu meiner Freude sagte Melchizedek, dass wir in unserem Fall mit dem Faktor Drei oder Vier multiplizieren können, um einen Eindruck von dem tatsächlichen Ausmaß der momentanen Intensität zu erhalten. Das machte uns Mut; trotzdem heißt dies, dass es erst 28 (von 352) Einweihungen sind. Während ich das sage, kommt mir der Gedanke, dass die ersten sieben Einweihungen wohl aus dem Grund am längsten dauern, weil sie an die materielle Existenz gebunden sind. Die Tatsache, dass alle übrigen Einweihungen davon nicht mehr betroffen sind, wird das Ganze enorm beschleunigen, und dann werden die Wirklichkeiten von nichtlinearem Raum und nichtlinearer Zeit unsere Grundlage sein. Und so gibt es gewissermaßen die Möglichkeit, simultan an einer Vielzahl von Einweihungen zu arbeiten, denn dieser Prozess ist nicht ganz so linear, wie wir uns das im Moment aus unserer irdischen Sicht und im Zusammenhang mit dieser außergewöhnlichen historischen Phase vorstellen.

Ich fragte Djwhal Khul nochmals, was es mit der Existenz vorangegangener Sonnensysteme auf sich hätte. Die Frage kam auf, weil es von ihm zu diesem Thema eine entsprechende Bemerkung in dem Buch *Die Strahlen und die Einweihungen* (von A. Bailey) gibt. Dort heißt es, das jüdische Volk sei die am weitesten entwickelte Wurzelrasse des vorangegangenen Sonnensystems gewesen. Ich hatte nie ganz verstanden, was er eigentlich damit meint. Er schien anzudeuten, dass der Zyklus eines neuen Sonnensystems beginnt, wenn der evolutionäre Prozess der sieben Wurzelrassen abgeschlossen ist. Tief in mir ist allerdings ein Gefühl, dass da noch mehr dahintersteckt. Das ganze Thema der Zyklen, Runden und Programme habe ich bis jetzt noch nicht wirklich entschlüsseln können. Manchmal muss ich solche Dinge erst klarer verstehen, bevor mir die Meister noch mehr von diesen schwerverdaulichen Informationen übermitteln können. Leider sind nicht mehr alle alten theosophischen Bücher erhältlich, die sich mit dieser Materie befassen.

Ich bin bei folgender Schlussfolgerung angekommen. Ein Tag Brahmas entspricht einer Runde. Eine Woche Brahmas entspricht sieben Runden, das ist ein Programm. Ein Jahr Brahmas entspricht sieben planetaren Programmen, was irgendwie mit den sieben Ketten zusammenhängt.

Einhundert Jahre Brahmas entsprechen einem okkulten Jahrhundert, der Zeitspanne eines Sonnensystems. Wenn ich das so betrachte, habe ich meine eigene Frage vielleicht schon selbst beantwortet. Jedes Sonnensystem läuft über eine Spanne von einhundert Jahren Brahmas. Daher kann es nicht stimmen, was ich zuerst über die sieben Wurzelrassen sagte, wie es mir meine Intuition vermittelt hat.

Ich glaube, den sieben Wurzelrassen entspricht eher der Zeitraum von einer Stunde Brahmas. Das scheint zwar nicht sehr lang zu sein, könnte in Wahrheit aber einen Zeitraum von 30 bis 40 Millionen Jahren unserer Zeitrechnung beschreiben. Hier haben wir es also mit Zyklen innerhalb von Zyklen innerhalb von Zyklen zu tun. Mein analytischer Verstand würde natürlich liebend gerne wissen, wie das alles funktioniert, aber im Moment komme ich nur mit meiner Intuition an diese Dinge heran. Meine linke Gehirnhälfte ist auf jeden Fall noch nicht völlig zufriedengestellt. In diesem Augenblick wird mir bewusst, dass sich Djwhal Khuls Informationen auf den Abschluss eines planetaren Zyklusses beziehen; er war der Meinung, ich hätte ihn danach gefragt. Der vollständige Zyklus eines Sonnensystems ist aber ein wesentlich längerer Zeitraum, der aus Millionen solcher planetaren Zyklen (oder vollständigen Zyklen der sieben Wurzelrassen) besteht. Um also sieben Sonnensysteme zu durchlaufen (ein weiterer langer Zeitraum), bräuchte es 700 Jahre Brahmas. Bitte erinnere dich: Nur ein einziger Tag Brahmas dauert schon 4,3 Milliarden Jahre.

Der abgeschlossene Zyklus eines Sonnensystems dauert also sieben okkulte Jahrhunderte, was wiederum ein kleinerer Zyklus innerhalb des größeren Zyklusses einer Galaxie ist. Während wir uns weiterentwickeln und Meister auf solaren, galaktischen und universalen Ebenen werden, sind dies die Inhalte, mit denen wir uns befassen werden. Als planetare Meister beschäftigen wir uns im Moment hauptsächlich mit planetaren Zyklen. Wenn wir dieses Wissen dann vollkommen beherrschen, sind wir für die Betrachtung des Sonnensystems, die solare Wissenschaft, und irgendwann, während wir immer weiter vorankommen, für das Verständnis der kosmischen Wissenschaft des gesamten unendlichen Universums bereit.

Die heiligen Planeten

Ich sagte bereits, dass ein Planet den Status eines heiligen Planeten erhält, sobald er die dritte Einweihung, die Seelenverschmelzung, erreicht hat. Nachfolgend ist der letzte Stand in Bezug auf die Planeten unseres Sonnensystems aufgeführt, die zumindest diesen Grad der Einweihung erreicht haben. Das gibt uns eine Vorstellung davon, welche Entwicklung unser Sonnensystem bereits erreicht hat. Das folgende Diagramm stammt aus dem Buch von A. Bailey, *Die Strahlen und die Einweihungen*:

Heilige Planeten und ihre Strahlen
Erde, IV. Strahl
Vulkan, I. Strahl
Merkur, IV. Strahl
Venus, V. Strahl
Jupiter, II. Strahl
Saturn, III. Strahl
Neptun, VI. Strahl
Uranus, VII. Strahl

Planeten, die nicht heilig sind, und ihre Strahlen
Mars, VI. Strahl
Pluto, I. Strahl
Mond (verschleiert einen verborgenen Planeten), IV. Strahl
Sonne (verschleiert einen verborgenen Planeten), II. Strahl.

Erde und Venus haben, wie gesagt, als einzige Planeten unseres Sonnensystems bereits ihren Aufstieg erreicht. Wie Djwhal Khul erklärte, ist Jupiter der nächste Planet, der kurz davor steht, seinen Aufstieg zu erreichen, was ich sehr interessant finde, denn Jupiter hat mit den Themen Ausdehnung und der Überwindung des negativen Egos zu tun.

Eine Anmerkung von Melchizedek

Ich hatte das Kapitel beendet und sprach mit Melchizedek noch über ein paar letzte Fragen, als er mich bat, den Informationen über den zwölffachen kosmischen Aufstieg, der zum ultimativen kosmischen Aufstieg führt, noch eine Fußnote oder Anmerkung hinzuzufügen. Er sagte, dieses Modell sei ganz eindeutig dasjenige, welches ich als der Repräsentant seiner Lehren vermitteln sollte; dennoch solle ich dem noch etwas hinzufügen - Gott ist in Wirklichkeit unbegrenzt. Er gab mir dazu das Beispiel der zwölf Archetypen, von denen jeder einzelne hunderte von Subarchetypen besitzt. Zur Kategorisierung und Klarstellung haben wir sie in zwölf Subarchetypen unterteilt. In gleicher Weise, so Melchizedek, könnte man die zwölf kosmischen Aufstiege unterteilten, da es zwölf kosmische Strahlen und zwölf Älteste im Kosmischen Rat der Zwölf gibt. Durch die Zahl Zwölf erhält man ein sehr präzises Modell des Kosmos. Gott, so fuhr Melchizedek fort, sei seiner Natur nach jedoch unbegrenzt und könne nicht durch irgendein Modell begrenzt werden. Melchizedek wollte auf jeden Fall, dass ich dieses Modell präsentiere, aber wer weiß, ob nicht vielleicht 144 Pfade des kosmischen Aufstiegs durch andere universale Aufstiege existieren oder sechs Millionen oder unendlich viele.

Ich sage „unendlich viele" in dem Sinne, dass es in Wirklichkeit kein Ende des evolutionären Prozesses gibt, obwohl definitiv ein kosmischer oder planetarer Aufstieg erreicht wird. Vielleicht sind die kosmischen Aufstiege der ultimative Abschluss des Aufstiegsprozesses; trotzdem endet das Wachstum auch nach diesem Punkt noch nicht. Es gibt immer noch höhere und höhere Ebenen der Reinheit und Klärung, mit denen wir uns befassen können. Wir müssen für die Möglichkeit offen sein, dass es noch mehr als zwölf Ein- und Ausatmungen Gottes geben könnte. Auf jeden Fall gibt es einen Punkt des Abschlusses zwischen der fünften und siebten kosmischen Ebene. Es wird auch definitiv einen Punkt des vollständigen, grundlegenden Abschlusses geben. Dennoch, das Wachstum (durch immer weitergehende Klärung) und Dienen werden niemals enden.

Ich fragte Melchizedek auch nach dem Stand der Entwicklung unserer Galaxie im Verhältnis zu allen anderen Galaxien des gesamten Melchizedek-Universums. Das Einzige, was ich dazu aus unserem großen Meister herausbekommen konnte, ist folgendes. Unsere Galaxie ist weder die am weitesten fortgeschrittene, noch ist sie die am geringsten entwickelte; wir befinden uns also irgendwo in der Mitte. Es freute mich, zu hören, dass wir zumindest nicht so rückständig sind, dass wir den Fortschritt beim Aufstieg des Universums behindern. Wenn sich die eigene Aufmerksamkeit auf das Bewusstsein als ‚kosmischer Bürger' ausrichtet, können einem solche Gedanken schon mal in den Sinn kommen.

Melchizedek und Djwhal Khul meinten außerdem, dass es in Bezug auf den ultimativen kosmischen Aufstieg (der auf jeden Fall eine Tatsache darstellt) vielleicht einen anderen Weg gibt, um weitere kosmische Ein- und Ausatmungen aufzunehmen, die mit den kosmischen Strahlen verbunden sind, als erneut in die materielle Wirklichkeit zu inkarnieren. Vielleicht existiert eine Möglichkeit, sie einfach nur von der Ebene der Quelle aus zu integrieren. Ist der kosmische Aufstieg erreicht, wird die Übernahme anderer kosmischer Aufstiegspfade höchstwahrscheinlich nicht über den Inkarnationsprozess ablaufen, den wir gerade erfahren haben.

Djwhal sagte, dass die Schule (oder das Universum), in der wir uns befinden, eine Schule der „harten Bandagen" sei. Das ist auch der Grund, warum das Thema dieses Kosmischen Tages der *Mut* ist. Nach seinen Worten ist sie eine der härtesten Schulen überhaupt. Das Wichtigste, was in diesem ganzen Zusammenhang verstanden werden sollte, ist, dass es einen Punkt gibt, der das Erreichen des kosmischen Aufstiegs bedeutet. Trotzdem gilt, dass es für Wachstum, Ausdehnung, Kreativität und das Dienen keine Grenzen gibt.

6 Ultimativer monadischer Aufstieg: Der nächste Schritt

Vereinigung mit deinen Seelenausdehnungen

Die folgende Seelenausdehnungs-Technik ist von größter Bedeutung und einer der Schlüssel, mit deren Hilfe du deinen Aufstieg erreichen und vollenden kannst. Wie bei vielen anderen Dingen auf dem spirituellen Pfad geht es auch hier einfach darum, zu bitten: *„Bittet, und es wird euch gegeben werden; ... klopfet an, und es wird euch aufgetan werden." (Matthäus 7:7).* Zuerst bittest du also darum, dich mit den anderen 11 Seelenausdehnungen deiner Überseele vereinigen zu können. Nach dem Aufstieg (sechste Einweihung) musst du dann darum bitten, mit den übrigen Seelenausdehnungen deiner Monadenfamilie vereint zu werden. Bitte außerdem darum, von allen niederen Energien befreit zu werden, die vierdimensional sind und dich durch die Schleier von Illusion und Verblendung von den höheren Ebenen trennen.

Dieser Aspekt ist äußerst wichtig. Während du vielleicht einem geraden Weg folgst, könnte eine der anderen 11 Seelenausdehnungen deiner Überseele (auf einem anderen Planeten oder in einer anderen Dimension) an einem Muster festhalten, das die Trennung verstärkt. Wenn du die Dinge klar und deutlich erkennst, musst du verstehen, dass du diese Arbeit nicht nur für dich selbst leistest. Du arbeitest gemeinsam mit den anderen 11 Seelenausdehnungen an der Evolution deiner Überseele. Bist du dann weiter fortgeschritten, wirst du dasselbe für deine Monade tun. Jede Seelenausdehnung der Überseele ist wie ein Finger an der Hand, nur mit dem Unterschied, dass wir es hier mit zwölf Fingern zu tun haben. Arbeiten deine Finger harmonisch mit deinem Körper zusammen? Der Körper ist eine Metapher für die Überseele. Unser kleines Ego sagt uns, dass wir der Mittelpunkt des Universums sind, aber das ist nicht wahr. Wir arbeiten zuerst mit den elf, und dann mit allen übrigen Seelenausdehnungen unserer Überseelen- und Monadenfamilie zusammen. Mit der Verantwortung für den Aufstieg übernimmst du auch die Verantwortung dafür, ein Lehrer und eine Unterstützung für die anderen elf Seelenausdehnungen deines „größeren Körpers“ zu sein, um es einmal so auszudrücken. Nachdem du dein Selbst zuerst auf psychischer Ebene (alle Unterpersönlichkeiten, Archetypen, Aspekte aus vergangenen Leben, Gedankenformen, Gefühle, Intuitionen, Instinkte usw.) integriert und geklärt hast, besteht der zweite Schritt darin, deine anderen elf Seelenausdehnungen zu integrieren und ihnen bei ihrer Klärung zu helfen. Du musst verstehen, dass du diese Aspekte auch wie eine Familie betrachten kannst. Sie sind deine unterbewusste, überbewusste und Vier-Körper-System-Familie. Diese innere Familie muss zuerst integriert und dann geklärt werden, bevor du wirklich in der Lage bist, den anderen Seelenausdehnungen zu helfen. Außerdem musst du darauf achten, dass die anderen Seelenausdehnungen ebenfalls einen freien Willen besitzen. Du kannst sie nicht einfach herumkommandieren, andernfalls erschaffst du dir neues Karma. Du würdest sicher auch nicht von einer anderen Seelenausdehnung, die etwa in einer anderen Galaxie lebt, auf diese Weise Befehle erhalten wollen. Denke also daran: Behandle andere so, wie du selber behandelt werden möchtest. Richte deine Bitten und Gebete an deine mächtige ICH BIN - Gegenwart, deine Überseele und die Aufgestiegenen Meister, und füge dem hinzu (oder beende es mit den Worten): „ ... so es Gottes Wille ist“. Falls du also deine anderen Seelenausdehnungen zu einem Treffen oder einem anderen Anlass zusammenrufen möchtest, dann *bitte* sie, zu kommen – befehle es ihnen nicht.

Befehle kannst du deinen Unterpersönlichkeiten, Archetypen, Gedanken, Gefühlen usw., geben. Du musst für deine Persönlichkeit gewissermaßen wie ein starker und liebevoller Präsident sein; andere Menschen (eben das, was andere Seelenausdehnungen sind) müssen gefragt werden. Auf einer höheren Ebene werden wir auch nicht von Sanat Kumara oder Lord Buddha (unserem Planetaren Logos) herumkommandiert, obwohl wir in ihrem Körper leben, denn sie respektieren unseren freien Willen. Würden sie sich bei uns einmischen, würden sie für sich selbst neues Karma erschaffen, was sie natürlich niemals tun würden. Sind die

Seelenausdehnungen also nicht geklärt und integriert, können sie am Ende mangelnde Klarheit und eine Trübung unseres Bewusstseins auslösen, so wie die Verletzung eines Fingers die volle Funktionstüchtigkeit unseres Körpers beeinträchtigen kann. Nach den Worten Djwhal Khuls wird niemand die volle Kraft und Energie seiner Monade erfahren können, bevor diese Arbeit nicht vollbracht ist. Auf höheren Stufen der Evolution werden die gleichen Prinzipien auf der Ebene der Gruppenseele, der Gruppenmonade sowie den solaren, galaktischen und universalen Ebenen angewendet. Auf jeder einzelnen Stufe übernimmt man also die Verantwortung für eine größere Ausdehnung, Klärung und Integration. Das ist es, woran unsere Gruppe im Moment arbeitet. Wir befinden uns im Anfangsstadium der solaren Ebene, wobei wir die Gruppenseelen-Ebenen und Gruppenmonaden-Ebenen, die mit den achten und neunten Ebenen korrespondieren installiert und aktiviert haben. Dies alles erwartet dich, wenn dein Aufstieg vollendet ist. Du kannst die kontinuierliche Arbeit der dimensionalen Installierung, Integration und Klärung leisten. Du musst verstehen, dass die Seelenausdehnungen deiner Überseelen- und Monadenfamilie deinen Aufstiegsprozess entweder unterstützen oder behindern werden. Wenn du wirklich Fortschritte bei der Integration der 12 Körper, 200 Chakren, beim Aufbau des planetaren und kosmischen Lichtquotienten sowie der Aktivierung und Verwirklichung der zwölf Stränge der DNS machen willst, musst du deine gesamte Überseelen- und Monadenfamilie dazu bringen, an einem Strang zu ziehen. Wie innen, so außen; wie oben, so unten.

Stelle dir vor, was geschehen würde, wenn die verschiedenen Aspekte deines Seins innerhalb deines Bewusstseins nicht miteinander kooperieren würden. Du würdest innere Konflikte entwickeln, verwirrt sein und grundsätzlich nicht gut mit deiner Umwelt zurechtkommen. Dasselbe gilt für deinen größeren Körper, der die planetaren, solaren, galaktischen und universalen Körper umfasst. Alle Seelenausdehnungen, mit denen du verbunden bist, müssen miteinander kooperieren und sozusagen auf gleicher Wellenlänge liegen. Du kannst jetzt allerdings diesen Prozess sehr unterstützen, indem du deine Überseele, deine Monade und die Aufgestiegenen Meister bittest, zuerst den 12 und dann allen 144 Seelenausdehnungen bei der Klärung, Integration und zuletzt der Vereinigung für die größeren Ziele der mächtigen ICH BIN - Gegenwart zu helfen. Dass jemand die sechste Einweihung genommen hat und somit ein „Kindergarten"-Aufgestiegener Meister geworden ist, heißt noch lange nicht, dass er diese Arbeit bereits erledigt hat.

Die anderen 132 Seelenausdehnungen deiner Monade haben im Übrigen nicht den gleichen negativen Einfluss auf dein Bewusstsein wie die 11 Seelenausdehnungen deiner eigenen Überseele. Wie ich bereits sagte, vollzieht eine Seelenausdehnung den Aufstieg für die gesamte Überseele. Auf einer höheren Stufe werden eine oder mehrere Seelenausdehnungen dies auf der monadischen Ebene tun. Immer dann, wenn man sich in dieser Weise auf die nächst höhere Ebene begibt, ist es in Wahrheit wie ein Aufstieg. So betrachtet gibt es eine Art höheren monadischen Aufstieg, Gruppenseelen-Aufstieg, gruppenmonadischen Aufstieg, solaren Aufstieg, galaktischen Aufstieg und universalen Aufstieg. Das ist vielleicht nicht die beste Art, es darzustellen, aber jede einzelne Integration bedeutet das Aufnehmen einer weiteren Bewusstseinsdimension - man steigt auf. Und all diese Miniaufstiege durch die achtundvierzig Dimensionen umfassen etwas, das man vielleicht als kosmischen Aufstieg bezeichnen könnte – wobei der planetare Aufstieg nur ein Zehntel des gesamten Prozesses ausmacht. Durch die Integrations- und Klärungsarbeit mit den Seelenausdehnungen wird auch die Klärung und Integration der Archetypen erreicht. Dazu solltest du wissen, dass du außerirdische Implantate, negative Elementale, Parasiten, negative Prägungen, astrale Wesenheiten u.ä. anziehen kannst, wenn du diese Arbeit auf psychologischer und auf der Ebene der Seelenausdehnungen nicht leistest. Aus diesem Grund funktionieren auch oft die traditionellen Formen der Beratung nicht, wie sie hier auf Erden praktiziert werden. Psychologen und Berater besitzen weder das Verständnis, die Wahrnehmung noch das Wissen über die zusätzlichen Faktoren, die das Bewusstsein negativ beeinflussen können. Daher findet oft nur eine begrenzte Heilung statt.Die hier vorliegenden Informationen stellen also eine neue Betrachtung des Aufstiegs dar. Nachdem du den Aufstieg für deine Überseele erreicht hast, musst du dich daran erinnern, dass deine Monade aus zwölf Überseelen besteht. Auf der nächsten Stufe des Aufstiegs ist es dann die gesamte Monade, die aufsteigt. Ich spreche hier nicht von der Verschmelzung mit der eigenen Monade. Für den ultimativen monadischen Aufstieg müssen alle zwölf Überseelen zusammen mit jeder einzelnen Seelenausdehnung dieser Überseelen den Aufstieg vollziehen. Ein/e Meister/in kann dabei die Verantwortung für den Aufstieg der gesamten Monade übernehmen.

Das ist zurzeit die Arbeit, die meine Gruppe und ich in unserem evolutionären Prozess zu bewältigen versuchen. Dies ist der erste Schritt, der nach dem Erreichen des planetaren Aufstiegs folgt. Dazu gehört auch der Prozess der Integration und Aktivierung der Ebenen Acht bis Zwölf. So wie ein Mensch für seine Überseele aufgestiegen ist, kann ein Mensch auch derjenige Meister sein, der dies für die gesamte Monade (für alle 144 Seelenausdehnungen) erreicht. Ähnliche Prozesse existieren auch auf dem weiteren Weg der Evolution. Sonnensysteme, Galaxien und Universen können erst dann aufsteigen, wenn jeder Einzelne den Aufstieg zuerst auf planetarer und dann auf monadischer Ebene erreicht hat. Jeder einzelne Aspekt ist eine Zelle in Gottes Körper. Gottes Plan des absoluten, ultimativen kosmischen Aufstiegs ist es, dass alle nach Hause zurückkehren. Das nun folgende Gebet kannst du verwenden, falls du der Meister sein möchtest, der diese Verantwortung übernimmt.

Gebet für die ultimative Monadenverschmelzung

Geliebte Göttliche Gegenwart, meine mächtige ICH BIN - Gegenwart, Melchizedek, Lord Buddha, Lord Maitreya, Vywamus und Djwhal Khul. Hiermit rufe ich den Karmischen Rat an. Ich bitte um eine göttliche Dispensation und darum, dass jetzt in den Seelenchroniken niedergeschrieben werde, dass ich die Seelenausdehnung und der Meister meiner Monade sein möchte, der nicht nur für meine anderen 11, sondern für alle 144 Seelenausdehnungen meiner Monade aufsteigt. Ich erbitte jetzt und hiermit, während Gott und die Meister meine Zeugen sind, dass ich nun die Aufgabe der Verantwortung im Dienst für meine größere Monadenfamilie übernehme – wenn dies Gottes Wille ist. So steht es geschrieben; so soll es geschehen. Amen.

Mein geliebtes Unterbewusstsein, hiermit erbitte und verfüge ich, dass du die Gedankenform dieses Gebetes mit allem Mana und aller Lebenskraft, die notwendig ist, um dieses Gebet zu manifestieren und zu verwirklichen, zu der Quelle unseres Seins – durch Djwhal Khul, Lord Maitreya und Melchizedek bringst. Amen.

Diagramm der Monade, Überseelen und Seelenausdehnungen

Planetarer Aufstieg: Verschmelzung einer Überseele und der Seelenausdehnungs-Familie. Ultimativer monadischer Aufstieg: Verschmelzung aller zwölf Überseelen und der Seelenausdehnungs-Familien mit ihrer Monade.

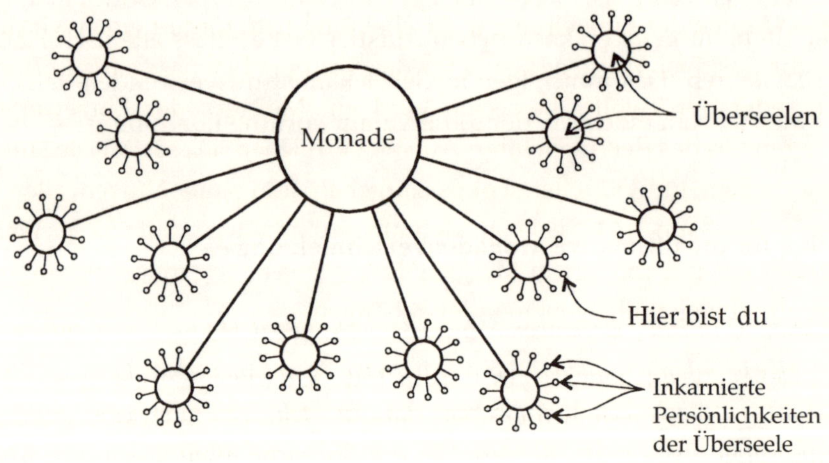

Walk-In Seelenausdehnungen

Ich erinnere nochmals daran, dass aus der Sicht Gottes (nicht aus der Sicht der Persönlichkeit auf Erden) das Hauptaugenmerk zuerst auf die Evolution der Überseele und dann auf die Entwicklung der gesamten Monade gerichtet ist. Nun kann es vorkommen, dass eine der Seelenausdehnungen der Überseele sozusagen das Programm behindert. Als Konsequenz daraus kann dann in der Folge eine der anderen Seelenausdehnungen aus derselben oder aus einer der anderen elf Überseelen der Monade einen „Walk-In" ausführen und den Platz der inkarnierten Persönlichkeit einnehmen. Das unterscheidet sich nicht von einer normalen Walk-In-Erfahrung (detailliertere Informationen zu diesem Thema gibt es in meinem Buch *Verborgene Mysterien*) – außer, dass in diesem Fall der Austausch von physischen Körpern innerhalb der eigenen Seelen- oder Monadenfamilie stattfindet. Dies kann mit Hilfe des Seelengewebes oder einer tatsächlichen Walk-in-Situation geschehen. Für die Monade ist es eine Option, mit der sie ihren Aufstiegsprozess beschleunigen kann.

Eine höhere Stufe des Aufstiegsprozesses

Dieses neue, erweiterte Verständnis des ultimativen monadischen Aufstiegsprozesses, das eigentlich erst lange nach dem Abschluss der sieben Stufen der Einweihung in Erscheinung tritt, fordert einen wirklich in sehr positiver Weise auf, sich für das Gruppenbewusstsein zu öffnen. Aus jeder der zwölf Überseelen wird ein Meister oder Eingeweihter höheren Grades den planetaren Aufstieg erreichen. Dieser Meister muss dann seinen individuellen Fokus aufgeben und zum Nutzen aller 12 Überseelen und 144 Seelenausdehnungen arbeiten. Auf diese Weise werden wir uns mit einem Mal bewusst, wie sehr wir innerhalb unserer monadischen Familie voneinander abhängen.

Du, lieber Leser, kannst nun darum bitten, derjenige zu sein, der bei diesem Prozess die Führung übernimmt. Sollten die übrigen Seelenausdehnungen andererseits nicht zu einer Zusammenarbeit bereit sein, wirst du allerdings nichts erreichen können, was ja unter vergleichbaren Umständen auch auf der Erde der Fall ist. In allen Gruppen oder Organisationen ist es so, dass die Arbeit nicht getan und das Ziel nicht erreicht werden kann, wenn nicht jeder seinen Teil dazu beiträgt. Wenn der Präsident sich um die Präsidentschaft bewirbt, ist es seine gesamte Wahlkampfmannschaft bis hin zu den kleinsten Basisgruppen vor Ort, die dafür sorgt, dass es gelingt. Und Tatsache ist, dass alle in seiner Organisation gewinnen, wenn er gewählt wird. Das Gleiche gilt für den ultimativen monadischen Aufstieg. Alle 12 Überseelen mit ihren 144 Seelenausdehnungen steigen auf, wenn die Monade als Ganzes aufsteigt. Ist dir klar, warum es so wichtig ist, dass du dein negatives Ego loslässt? Du arbeitest jetzt nicht mehr für dich allein, sondern für etwas viel Größeres als nur eine einzelne, unbedeutende Persönlichkeit. Zunächst arbeitest du an der Evolution deines Überseelen-Bewusstseins und dann für das Bewusstsein deiner gesamten Monade. In weiter fortgeschrittenen Stadien wirst du für den solaren, galaktischen und universalen Aufstieg von Monadengruppen arbeiten, nicht nur für den Aufstieg deiner eigenen Monade, und letztlich für die Evolution aller Monaden Gottes. Jede dieser Stufen entspricht deinem wahren Selbst. Dein wahres Selbst ist nicht deine Persönlichkeit, sondern zuerst deine Überseele, dann deine Monade und dann Gruppen von Monaden auf den solaren, galaktischen, universalen, Paradiessöhne- und Elohim-Bewusstseinsebenen – bis hin zur Ebene des kosmischen Aufstiegs.

Das kann allerdings nur schrittweise verwirklicht werden. Die Vorstellung, nicht nur für die eigene, sondern für die Evolution der Überseele und Monade zu arbeiten, bedeutet einen revolutionären Wandel im Bewusstsein. Dieser Bewusstseinswandel ist die Voraussetzung dafür, das Wesen des gesalbten Christus-Überselbst-Körpers (oder des universalen Seins) vollständig zu erfassen, wobei man alle zwölf Dimensionen und Körper integriert. Mir kommt dabei der Begriff der „Transpersonalen Psychologie“ in den Sinn. Die Transpersonale Psychologie ist eine spirituelle Psychologie, die über das Persönliche hinausgeht. Sie ist *transpersonal*. Sie betrachtet das Leben aus der Sicht des Geistes statt aus der Sicht der Persönlichkeit.

7 Die Bedeutung der Integration der 144 Seelenausdehnungen

Eine der neueren Erkenntnisse aus meinen Gesprächen mit Djwhal Khul und Melchizedek betrifft die außerordentlich große Bedeutung der Integration und Klärung der Seelenausdehnungen. Im vorherigen Kapitel habe ich schon begonnen, darüber zu sprechen. Während dieses Buch nun Schritt für Schritt vorankommt, erkenne ich, dass diese Arbeit genauso wichtig ist, wie die Verankerung von Chakren, Körpern, DNS-Strängen, Lichtquotienten und Einweihungen.

In meinen Büchern habe ich wirklich hunderte von Aufstiegsaktivierungen zur Verfügung gestellt, die dir bei der Beschleunigung deines spirituellen Wachstums helfen können. Nach meiner Auffassung sind die o.g. Prinzipien (zusammen mit der Integration und Klärung der Seelenausdehnungen) gewissermaßen die „Schlüssel zum Königreich". Der Aspekt der Integration und Klärung ist hierbei allerdings neu. Ich war diesem Thema bisher aus dem Weg gegangen, denn ich besaß keine klare Anleitung, was eigentlich genau zu tun ist. Jetzt habe ich sie und die Auswirkungen sind einfach unglaublich. Wie im vorherigen Kapitel und in meinem ersten Buch *Das komplette Aufstiegshandbuch* erwähnt, besteht jede Monade aus zwölf Überseelen (bei A. Bailey heißt es auch „höhere Seelen" oder „Seelen"). Die Überseele ihrerseits besitzt zwölf Seelenausdehnungen (oder Persönlichkeiten), die in der materiellen Wirklichkeit inkarniert sind, aber nicht notwendigerweise nur auf unserem Planeten. Vor kurzem habe ich übrigens entschieden, den Ausdruck „Überseele" zu verwenden, weil er mir eine passendere Beschreibung dafür zu sein scheint, wie der Prozess verläuft.

Mit der Verwendung des Wortes "Überseele" kann man jetzt auch den Begriff „Seele" verwenden, anstatt Seelenausdehnung oder Persönlichkeit. In diesem Kontext lässt sich also sagen, dass jede

Überseele zwölf Seelen in die materielle Existenz inkarniert. Diese zwölf Seelen arbeiten dann für die Entwicklung der Monade. Nach Djwhal Khul ist für das Erreichen des Aufstiegs die Integration und Klärung dieser zwölf Seelen notwendig. Dies bedeutet entsprechend, die sechste Einweihung zu nehmen, was den Beginn des Aufstiegsprozesses darstellt. Was aber bedeutet „Integrieren und Klären" einer Seelenausdehnung? Jede einzelne Seelenausdehnung ist eine Person (so wie du selbst), die entweder auf einem anderen Planeten in unserer Galaxie oder irgendwo anders im Universum inkarniert ist oder auf den Inneren Ebenen arbeitet; aus diesen zwölf Seelen besteht deine Seelenfamilie. Auf der nächst höheren Ebene besitzt jede Überseele zwölf Seelenausdehnungen, so dass es insgesamt 144 Seelenausdehnungen innerhalb der Monadenfamilie sind.

Seelenausdehnungen zu integrieren bedeutet nun, auf spiritueller Ebene mit ihrem Energiekörper zu verschmelzen oder sich mit ihm zu vereinen. Das erzeugt stärkere elektrische Verbindungen in deinem Aura-Feld und deinem Energiekörper, was dir hilft, deinen Lichtquotienten zu erhöhen. In Bezug auf deine Aura macht dich das in einem gewissen Sinne auch zu einem umfangreicheren, ausgedehnteren Wesen. Es erlaubt dir außerdem, das Wissen, die Weisheit und die Fähigkeiten der anderen Mitglieder deiner Seelenfamilie in dich aufzunehmen. Umgekehrt hat es auch positive Auswirkungen auf die anderen Seelenausdehnungen – denke dabei nur an deine eigene spirituelle Entwicklung, die ich einfach als gegeben voraussetze, da du nun bereits dieses Buch liest.

Nun sind nicht alle Seelenausdehnungen notwendigerweise sehr weit entwickelt und können weniger bewusst und entwickelt sein. Dein angestrebtes Ziel ist es jetzt, zuerst der Überseelen-Lehrer für deine Seelen- und dann für deine Monadenfamilie zu werden. Eine der wichtigsten und am meisten faszinierenden Auswirkungen dieser Integration und Klärung ist dabei der Ausgleich von Karma. In meinem Buch *Das komplette Aufstiegshandbuch* sprach ich von der Voraussetzung,

51 % seines Karmas ausgleichen zu müssen, um den Aufstieg zu erreichen. Die Integration und Klärung der Seelenausdehnungen sind zwei der Schlüssel dafür. Dabei gelten diese 51 % nicht etwa für deine eigene Seelenausdehnung, sondern für die gesamte Überseele. Du musst 51 % des Karmas deiner Seelenfamilie ausgleichen, um den Aufstieg erreichen zu können. Das ist der Grund, warum von dir verlangt wird, alle zwölf Seelen deiner Überseele zu klären und zu integrieren, um die sechste Einweihung zu durchlaufen. Djwhal Khul und Melchizedek sagten übereinstimmend, dass alle 144 Seelenausdehnungen der Monadenfamilie integriert und geklärt werden müssen, um die siebte Einweihung vollständig abschließen zu können. Das ist wirklich ein vollkommen neues, revolutionäres Konzept, das ich erst vor kurzem erfahren habe.

Sofort fragte ich Djwhal Khul, wie sich unsere Gruppe in diesem Zusammenhang machen würde. Das hatte ich noch nie vorher getan; ich wusste ja nicht, dass es eine Voraussetzung ist. Nach meiner Ansicht gibt es auf der Erde nur eine Handvoll Menschen, die davon wissen, denn es ist wirklich ein revolutionäres, neues Verständnis dessen, wie sich spirituelle Evolution tatsächlich vollzieht. Ich sagte bereits, dass es den Eingeweihten erst seit den neunziger Jahren wirklich erlaubt ist, solch hohe Ebenen zu erreichen.

Nun, nach Djwhals Worten haben wir bereits zwei Drittel von 144 (etwa hundert) Seelenausdehnungen integriert und geklärt. Das ist faszinierend und führt uns direkt zur nächsten Erkenntnis. Es ist also möglich, diesen Prozess zu vollziehen, ohne bewusst etwas davon zu bemerken. Ich hatte wirklich nur eine vage Vorstellung davon, wie dieser ganze Vorgang abläuft. Djwhal sagte, häufig geschehe dies durch eine psychologische Klärung seiner selbst und seiner Unterpersönlichkeiten. Es findet auf spiritueller Ebene statt und durchdringt dann, wie in einem Filtrationsvorgang, das Unterbewusstsein. Wir hatten bereits viel mit unseren Seelenaus-dehnungen gearbeitet, aber ich hatte die Arbeit nie direkt bewusst auf diesen Aspekt ausgerichtet. Sicher half uns hier das enorme Ausmaß unserer Arbeit in diesem Bereich, auch ohne dass wir uns auf diese Inhalte konzentriert hatten.

Dann fragte ich Melchizedek nach möglichen negativen Auswirkungen, denn, wie ich bereits sagte, man gleicht auf diese Weise Karma aus. Dazu gab er uns das Beispiel eines Menschen, der sich bei guter Gesundheit befindet und plötzlich, wie aus heiterem Himmel, am Epstein-Barr-Virus erkrankt. Dies, so sagte er, könnte als Folge einer Integration geschehen. Die Integration einer Seelenausdehnung ist also keine Nebensächlichkeit und hat enorme Auswirkungen auf das Vier-Körper-System. Das gerade genannte Beispiel stellt natürlich einen extremen Fall dar. Durch die Vereinigung mit einer Seelenausdehnung übernimmt man in einem gewissen Sinne ihr Karma und klärt es. Ihr Karma wird zu deinem Karma, denn ihr stammt aus der gleichen Überseele und Monade. Denke daran, du musst aufhören, dich als eine einzelne Seelenausdehnung zu sehen und stattdessen erkennen, dass ihr eine Überseele und eine Monade seid, die aus vielen Aspekten besteht. Diese Vorstellung einer allein für sich existierenden Seelenausdehnung ist, wie du weißt, eine Illusion des negativen Egos. Du leistest diese Arbeit nicht für dich selbst, sondern für deine Überseele und Monade, so wie deine Finger für deinen ganzen Körper arbeiten. Hier ist wirklich eine Veränderung der Perspektive notwendig.

Dann fragte ich Melchizedek, wie viel Karma man von dem Zeitpunkt an ausgleicht, nachdem man die sechste Einweihung genommen hat, bis schließlich alle 144 Seelenausdehnungen integriert und geklärt sind. Er sagte, dies käme auf den Einzelfall an. Grundsätzlich ließe sich aber sagen, dass jemand, der sich bei der sechsten Einweihung auf einem Niveau von 51 % befindet, nach der vollständigen Integration aller 144 Seelenausdehnungen zwischen 65 bis 75 % steht. Ist das nicht einfach unglaublich?! Der Schritt von der Integration der 12 Seelenausdehnungen der Überseele hin zu der Integration und Klärung der 144 Seelenausdehnungen der Monade gleicht ungefähr 20 % des gesamten Karmas deiner Monade aus. Ich fragte Melchizedek, wie lange es für unsere Gruppe dauern würde, auch die restlichen vierundvierzig bis 50 Seelenausdehnungen zu integrieren. Er und Djwhal Khul meinten, es werde ungefähr ein Jahr dauern, wenn wir um eine göttliche Dispensation bitten würden. Das bedeutet dann allerdings Fortschritte mit Lichtgeschwindigkeit, was aber wohl mit unserer gesamten Entwicklung und den Führungsaufgaben, die uns übertragen wurden, zusammenhängt. Ich habe ausgerechnet, dass dies die Integration einer Seelenausdehnung etwa alle ein bis zwei Wochen bedeutet.

Bevor du jetzt aber in grenzenlose Begeisterung über diesen Prozess ausbrichst, solltest du an Melchizedeks Beispiel mit dem Epstein-Barr-Virus denken. Wenn du die Sache zu schnell angehst, könntest du dir karmische Lektionen aufbürden, die dein Vier-Körper-System über das Maß hinaus schwächen, mit dem du die Dinge wirkungsvoll bearbeiten kannst. Die gute Nachricht ist, dass du immer darum bitten kannst, dass der Prozess beschleunigt oder verlangsamt werden soll. Je stärker du in all deinen Körpern und je klarer du auf psychologischer Ebene bist, umso geringer werden die karmischen Auswirkungen in deinem Vier-Körper-System sein. Der Gruppenkörper, den wir als Instrument zu dienen geschaffen haben, hat auf jeden von uns einen enorm stärkenden Effekt, was uns eine größere Beschleunigung erlaubt.

Nach meinem Empfinden sollte deine Bitte um eine sichere Geschwindigkeit für die Integration und Klärung der Seelenausdehnungen, die dir dennoch eine schnelle Entwicklung erlaubt, einen Zeitraum von zwei Wochen pro Seelenausdehnung umfassen. Das ist außerordentlich wenig Zeit und war bis jetzt wohl niemals so schnell zu schaffen. Ich schlage vor, dass du ein Gebet mit der Bitte um eine göttliche Dispensation an Melchizedek, Lord Maitreya, Djwhal Khul und den Karmischen Rat richtest, damit das alles unter Aufsicht deiner mächtigen ICH BIN - Gegenwart in dieser Form geschehen möge, wenn dies Gottes Wille für dich ist. Bitte grundsätzlich darum, dass dieser Prozess so schnell wie möglich fortschreiten soll, ohne dass dein Vier-Körper-System dabei zu sehr geschwächt wird. Melchizedek meinte, es gäbe auch die Möglichkeit, um ein Energiefeld zu bitten, das um einen herum installiert wird und dir hilft, mögliche karmische Auswirkungen zu mindern.

Der andere, äußerst wichtige Schlüssel für diesen Prozess ist die Bitte nicht nur um Integration, sondern auch um Klärung der 12 (oder 144) Seelenausdehnungen. Durch diese Bitte um Klärung können viele karmische Verwicklungen abgekürzt werden. Ich möchte hier allerdings nicht den Eindruck erwecken, als ob man durch diesen Prozess in jedem Fall krank oder geschwächt würde. Dies wird für jeden eine individuelle Erfahrung sein, abhängig von der gesamten karmischen Situation. Ich gehe sogar so weit, zu sagen, dass die meisten Eingeweihten, wenn sie sich sicher auf ihrem Pfad bewegen und ganz allgemein ein stabiles Vier-Körper-System besitzen, keinerlei besondere oder auffällige Auswirkungen dieser Integration bemerken werden.

Diese Arbeit, so Melchizedek, geschieht gewöhnlich während des Schlafs, oder im Rahmen einer Gruppenarbeit, bei der eine Menge Energie zur Verfügung steht, die zu dem Prozess der Integration beitragen kann. Bei der Integration von Seelenausdehnungen wird eine elektrische Spannung verankert, und zusätzlich wird in der Aura eine größere elektrische Verkabelung installiert. Es braucht gute zwei Wochen oder länger, um alle Energien integrieren und absorbieren zu können. Tatsache ist, dass manche Seelenausdehnungen leichter zu assimilieren sind als andere. Aus diesem Grunde sollte die Geschwindigkeit dieses Prozesses auch dem göttlichen Geist und den Meistern überlassen bleiben. Zwei Wochen sind wirklich nur eine sehr allgemeine Angabe, um dir einen Eindruck davon zu geben, wie das Ganze abläuft. Übergib deiner mächtigen ICH BIN - Gegenwart dafür die Verantwortung. Sämtliche 144 Seelenausdehnungen integriert zu haben wird dir – zusammen mit den anderen wichtigen Faktoren wie Einweihungen, Chakren, Körper, Lichtquotient usw. – die Auswirkungen und Konsequenzen der Vereinigung mit deiner Monade vor Augen führen.

Ein weiterer interessanter Aspekt ist, in welchem Zusammenhang diese Arbeit mit den Einweihungen und dem Niveau der Verankerung von Dimensionen steht. Djwhal Khul und Melchizedek sagten, unsere 50 Chakren und neun Körper seien nun installiert und aktiviert, die sieben Stufen der Einweihung abgeschlossen und unser Lichtquotient bis zur Stufe von 99 % aufgebaut, so dass wir jetzt auf die Skala des kosmischen Lichtquotienten umstellen würden.

Interessant ist hier die Erkenntnis, dass wir dennoch die siebte Stufe der Einweihung noch nicht vollendet hatten, obwohl wir durch die entsprechend installierten und aktivierten Chakren und Körper von der neunten Dimension aus operierten und die Integration aller Seelenausdehnungen abgeschlossen war. Diese Diskrepanz fand ich sehr interessant. Ich denke, dass es zum einen wohl damit zusammenhing, dass ich mir zwar der Notwendigkeit bewusst war, die Chakren, Körper, Lichtquotienten und Einweihungen verankern zu müssen, gleichzeitig aber nichts über die Notwendigkeit der Klärung und Integration der Seelenausdehnungen wusste.

Doch wenn ich erst einmal den Fokus für mein Wachstum bewusst kenne, gibt es für mich kein Nachlassen, bis ich mein Ziel erreicht habe. Das beweist nur, wie wichtig es ist, die verschiedenen Aspekte bewusst zu kennen. Dadurch, dass man sich dieser Aspekte bewusst ist und mit ihnen arbeitet, kann man göttliche Dispensationen erhalten, welche die Entwicklung beschleunigen. Aus diesem Grund haben wir die zusätzlichen Faktoren auch so schnell erledigen können. Es ist eben so, dass nur sehr wenige Menschen von der Existenz der Einweihungen, der Notwendigkeit zum Aufbau des Lichtquotienten und der Verankerung der 50 Chakren und zwölf Körper wissen, ganz zu schweigen von den Seelenausdehnungen.

Das ist das Revolutionäre an diesem ganzen Prozess. Er stand immer schon zur Verfügung, aber es wusste niemand davon, dass er diese Dinge tun muss. Letzten Endes läuft alles nur auf eines hinaus. Bitte, und dir wird gegeben werden; klopfe an, und dir wird aufgetan werden. Unsere Gruppe hat alles so schnell bewältigen können, weil wir die göttlichen Prinzipien entdeckt haben, um die man bitten muss, damit das spirituelle Wachstum beschleunigt werden kann. Und was wir konnten, das kannst du genauso, denn Gott liebt alle seine Söhne und Töchter gleichermaßen. Gott und sein unendliches Universum werden durch Gesetze bestimmt. Mein ganzes Leben war und ist der Entdeckung dieser Gesetze gewidmet, und ich habe, wie ein Sherlock Holmes der spirituellen Welt, unablässig nach ihnen geforscht. Mein unaufhörliches Bestreben war es, diese Gesetze zu entdecken und sie dann leicht verständlich und ebenso leicht anwendbar zu machen. Durch die Gnade Gottes glaube ich sagen zu dürfen, dass ich es geschafft habe, dieses Ziel zu erreichen, und deshalb sind diese Bücher auch so wichtig.

Kommen wir nun zur Vollendung unseres Themas. Sind alle 144 Seelenausdehnungen geklärt und integriert, geht es weiter. Im nächsten Schritt werden die Seelenausdehnungen der achten Ebene integriert und geklärt. Wie ich bereits sagte, bedeutet das die Arbeit mit den sechs Monaden des gruppenmonadischen Moduls. Dies erfordert die Integration der Anführer der zwölf Überseelen einer Monade innerhalb eines gruppenmonadischen Moduls. Auf der neunten Stufe betrifft es die gesamte Anordnung der sechs Monaden, was bedeutet, dass jetzt 864 Seelenausdehnungen geklärt und integriert werden müssen. Auf der zehnten Stufe ist es die Klärung und Integration der monadische Struktur der solaren Ebene, auf der elften Stufe auf galaktischer Ebene, und die zwölfte Stufe ist die Ebene der universalen monadischen Struktur. Wie du siehst, wir haben alle Hände voll zu tun. Melchizedek erklärte, es gäbe nur sehr wenige Menschen, die so wie wir bereits annähernd einhundert Seelenausdehnungen integriert hätten, weshalb wir ja auch als Prototypen dienen.

Dass ich die Bedeutung dieser ganzen Dinge entdecken konnte, ermöglicht uns nun eine noch größere Beschleunigung des Prozesses. Zum ersten Mal habe ich nun das Gefühl, dass das gesamte Puzzle von planetarer und kosmischer Evolution anfängt, sich zusammenzufügen und einen Sinn zu ergeben. Es muss wirklich nicht immer so kompliziert sein. Es sind immer dieselben wesentlichen Grundprinzipien, die sich auf immer höher werdenden Oktaven der spirituellen Evolution wiederholen. Hat man erst einmal die Mechanismen und Gesetze des spirituellen Wachstums verstanden, ist es erstaunlich, wie schnell man sich durch diese Ebenen hindurcharbeiten kann. Was ich beim planetaren Aufstieg gelernt habe, kann ich exakt so auf meine kosmische Evolution übertragen, denn diese Strukturen sind genau gleich, nur sind sie sehr viel größer und umfangreicher.

Es ist, wie es ist: Wie innen, so außen; wie oben, so unten. Die Einweihungen, Chakrenverankerung, die Verankerung von Körpern, der Aufbau des Lichtquotienten und die Integration von Seelenausdehnungen setzen sich von Dimension zu Dimension und Oktave zu Oktave fort, bis man schließlich wieder zu Gott zurückgekehrt ist. Die Integration einer einzelnen Seelenausdehnung scheint dabei keine besonderen Auswirkungen zu haben. Trotzdem werden Tag um Tag, Woche um Woche, Monat um Monat und Jahr um Jahr die Erhöhung der elektrischen Spannung und des Lichtquotienten, die Verankerung von Dimensionen und die Auflösung von Karma weitergehen. Manchmal wird es so aussehen, als ob es nur langsam vorangeht, aber in Wahrheit ist es nicht so. Das Wichtigste ist, immer wieder zu bitten, denn Gott und die Meister werden keine ernst gemeinte Bitte um spirituelles Wachstum und Beschleunigung abschlagen können. Sie können eine ernstgemeinte Bitte nicht nur nicht zurückweisen, sie wollen es auch gar nicht. Bedenke, ihr Wachstum hängt von deinem Wachstum ab. Sie können nicht auf die nächst höhere Stufe ihrer Entwicklung gelangen, solange wir ihre Stufe noch nicht erreicht haben.

Der andere wichtige Aspekt bei der Integration der Seelenausdehnungen hält in gewissem Sinne den Prozess der vollständigen Verwirklichung auf solarer Ebene zurück - unsere Entwicklung in Bezug auf Chakren, Körper, Lichtquotient und Einweihungen ist schon weiter vorangekommen als die Integration unserer Seelenausdehnungen. Es ist dann schon ein wenig seltsam, wenn Melchizedek sagt, dass wir Prototypen auf diesem Gebiet sind. Nun ja, aus meiner Sicht kann ich immerhin die Auswirkungen erkennen, wenn ein Teil des Puzzles nicht ausreichend verstanden wurde. So verlangsamt es gewissermaßen diesen Aspekt, weil er nicht verstanden oder bewusst erbeten wurde. Grundsätzlich wurde uns gesagt, dass wir bis zum Wesak-Fest 1996 alle 144 Seelenausdehnungen unserer Monade integriert haben werden. Melchizedek zog uns damit auf, dass wir versuchen würden, uns zu beeilen, um diese Ebene abzuschließen, damit wir mit der Anrufung der achten Ebene beginnen können; denn dann seien es nur noch vierzig Dimensionen auf dem Weg zurück zu Gott!

Der Schlüssel ist einfach, den „Wegweiser" und das Verständnis für diesen Prozess zu besitzen. Auf jeder Ebene werden die gleichen Prinzipien angewendet. Immer werden rasch exakt dieselben Dinge angerufen, und dann ist der einzige Punkt nur noch, der Welt zu dienen. Ist diese Dispensation erst einmal erbeten und wird sie dann durch die Meister und den Karmischen Rat gewährt, reitest du bildlich gesprochen wie auf einer Welle, die einen bestimmten Zeitplan besitzt, und das einzige, an das du noch denken musst, ist das Dienen. Während man in seiner kosmischen Entwicklung höher und höher gelangt, gibt es auf jeder Ebene ein Modul (oder eine Anordnung) von Monaden. Was genaue Zahlen angeht, kann ich über die neunte Ebene hinaus nichts Eindeutiges sagen, denn von da an wird es astronomisch. Für die Eingliederung verwendet man auf jeden Fall das gruppenmonadische Modul – dieses Verständnis ist von großer Wichtigkeit. Beispielsweise muss man auf solarer Ebene selbstverständlich nicht sämtliche Seelenausdehnungen eines Sonnensystems integrieren, sondern nur eine bestimmte Anzahl, die mit dem gruppenmonadischen Modul zusammenhängt, mit dem man verbunden ist.

Auf diese Weise integriert man ein Sonnensystem genau so, wie man es auf den achten und neunten Ebenen getan hat - durch die Integration von lediglich sechs Monaden. Auf der solaren Ebene ist die Anzahl der Monaden wesentlich größer. Begibt man sich auf die galaktische Ebene, ist es dasselbe Prinzip, und dies ist der Weg, durch den ganze Sonnensysteme in das eigene Wesen integriert werden; auf universaler Ebene ist es der Weg, um eine ganze Galaxie in sein Wesen zu integrieren. Der gleiche Vorgang findet auch auf der multi-universalen Ebene statt. Kannst du dir vorstellen, ganze Universen zu integrieren?

Die Prinzipien und Konzepte sind stets dieselben. Es ist, als würde man einen Scheck ausstellen und man fügt bei jedem Mal einfach nur eine weitere Null hinzu. Auf der wirklichen Ebene der Quelle integriert man Multi-Quellenebenen in sein Wesen – durch das immer gleiche, mächtige Prinzip des gruppenmonadischen Moduls. Der zentrale Aspekt, der dabei immer und immer wieder betont werden muss, ist der, dass wir in Wahrheit kein eigenständiges Bewusstsein sind. Diese Trennung ist eine Illusion. Wir alle besitzen gleichzeitig ein Gruppenbewusstsein und ein individuelles Bewusstsein. Auf der Quellenebene integrieren wir im Wesentlichen alle Seelenausdehnungen in Gottes unendlichem Universum – durch das Gruppenmodul, durch das wir miteinander verbunden sind. Dieser durchgängige Effekt von Modulen, die durch das allumfassende Gitternetz miteinander in Verbindung stehen, wird bei jedem Schritt größer und größer, je höher man sich auf der evolutionären Leiter bewegt.

8 Selbstverwirklichung und das Thema Verantwortung

Dieses Kapitel ist meiner Meinung nach eines der wichtigsten Kapitel überhaupt und liegt mir besonders am Herzen, vielleicht noch mehr als alle anderen. Auf Grund meiner eigenen Erfahrungen habe ich verstanden, dass es einen Bewusstseinszustand und ein spirituelles Ziel gibt, die in Wirklichkeit über den Aufstieg und die sieben Stufen der Einweihung hinaus-, dem kosmischen Aufstieg aber vorangehen und eine Grundvoraussetzung für ihn sind.

Dieser Bewusstseinszustand, dieses spirituelle Ziel heißt Selbstverwirklichung. Man könnte es auch „vollständige monadische Verwirklichung“, „spirituelle Verwirklichung“ oder „ICH BIN-Verwirklichung“ nennen. Der Grund für die große Bedeutung dieses Themas ist die Tatsache, dass viele Lichtarbeiter jetzt ihre Aufstiegseinweihung (sechste Einweihung) oder sogar die siebte Einweihung nehmen, gleichzeitig aber auf ihren emotionalen, mentalen, psychologischen und physischen Ebenen immer noch sehr unklar sind. Diese Erkenntnis traf mich wie ein Schock, als ich anfangs einigen sehr hohen Eingeweihten begegnete, die bereits alle sieben Stufen der Einweihung vollendet hatten und dennoch absolute Egomanen waren: extreme emotionale Opfer, denen jede Selbstliebe oder jedes Selbstwertgefühl fehlte, die unklare Ansichten besaßen oder an chronischen Krankheiten litten – kurz gesagt, sie waren auf psychischer Ebene absolut unausgeglichen.

Das soll von meiner Seite keine Wertung sein; es war einfach nur etwas, das mir auffiel. Es betraf sogar eine ganze Reihe der „Führungsfiguren“ der spirituellen Szene. Ich empfand dies als sehr beunruhigend. Wir hatten in der Gruppe eine Menge Diskussionen zu diesem Thema, denn die anderen machten genau die gleichen Erfahrungen. Und so setzten wir uns eines Tages hin und begaben uns in tiefe Meditation, um Antworten auf unsere Fragen zu bekommen. Interessanterweise meldete sich Sanat Kumara und erklärte uns, wo das Problem lag. (Bei weiteren Meditationen beteiligten sich auch Djwhal Khul, Lord Maitreya und Melchizedek an dieser Diskussion.) Nach den Worten der Meister hat das eigentliche Bestehen der siebten Einweihung und das Erreichen des Aufstiegs mehr mit der spirituellen Entwicklung und der Verankerung von spirituellen Energien als mit einer vollständigen Beherrschung des emotionalen, mentalen und physischen Körpers zu tun. Mehr als alles andere geht es dabei um den Aufbau des Lichtquotienten und die Anrufung zur Vereinigung mit Seele und Monade.

Als ich das erste Mal die Bücher von Alice Bailey las und darin den drei Einweihungen begegnete (*Erste Einweihung* – Meisterschaft über das Physische; *Zweite Einweihung* – Meisterschaft über das Emotionale; *Dritte Einweihung* – Meisterschaft über das Mentale), dachte ich, es sei nahe liegend, dass diese Körper und Funktionen beherrscht werden müssten, um die Einweihungen zu bestehen. Es stellte sich aber heraus, dass dies so nicht stimmt. Ich werde es ein wenig verdeutlichen, indem ich sage, dass es in dem Sinne stimmt, dass 51 % des betreffenden Körpers beherrscht werden müssen.

Auf Grund der außergewöhnlichen Zeiten, in denen wir uns jetzt befinden, ist das Potenzial für spirituelles Wachstum außerordentlich groß. Die Lichtarbeiter können jetzt Einweihungen innerhalb von zwei oder drei Jahren vollenden, für die unsere am höchsten entwickelten Meister früher ein ganzes Leben brauchten – für eine einzige Einweihung, wohlgemerkt. Sanat Kumara sagte, dies sei eine der großen Gefahren unserer Zeit. Die Lichtarbeiter kämen auf spiritueller Ebene unglaublich schnell voran, aber ihre emotionalen, mentalen und physischen Körper könnten mit dieser Geschwindigkeit nicht Schritt halten.

Damit meine ich, dass der Mentalkörper in seinen Ansichten noch immer unklar oder nicht richtig integriert sein kann. Der Emotionalkörper mag die Schüler oder Eingeweihten immer noch in einem großen Maß zum

Opfer machen. Oder die Betroffenen kümmern sich nicht angemessen um ihren physischen Körper (über die richtige Ernährung, körperliche Übungen, das Erhöhen der Schwingung etc.), um mit all dem Schritt halten zu können. So besteht die Gefahr, dass hohe Eingeweihte noch sehr stark von ihrem negativen Ego kontrolliert werden können.

Ich fragte die Meister, ob es einen bestimmten Zeitpunkt gäbe, ab dem die volle Verantwortung eingefordert werden würde. Nach ihren Worten war es in der Vergangenheit die fünfte Einweihung gewesen, bis zu der man ohne Klärung gelangen konnte. Interessanterweise ist dies vor kurzem, nämlich 1990, geändert worden. Der Menschheit wurde eine besondere Dispensation erteilt. Jetzt ist es erlaubt, die siebte Einweihung zu nehmen und sie fast vollständig abzuschließen – bis zu dem Augenblick, ab dem Verantwortung eingefordert wird.

In diesem Punkt waren die Meister sehr streng. Keinem Lichtarbeiter wird es erlaubt sein, die siebte Einweihung abschließen, ohne die Klärung auf psychologischer Ebene vollbracht zu haben. Mit der Klärung der psychologischen Ebene meine ich die Beherrschung des mentalen, emotionalen und physischen Körpers, die Kontrolle des negativen Egos, den Ausgleich der vier Körper, die angemessene Integration der drei Verstandesebenen und die angemessene Erziehung des inneren Kindes.

Bei den Lichtarbeitern ist es üblicherweise so, dass sie mehr an spirituellen und esoterischen Dingen interessiert sind; das Interesse an der wirklichen Arbeit ist dafür umso geringer ausgeprägt. Als Analogie kann uns hier das Bild eines dreistöckigen Hauses dienen. Das Erdgeschoss stellt die physische Ebene dar, im ersten Stock befindet sich die psychische, im zweiten die spirituelle Ebene. Alle drei Ebenen müssen gemeistert und richtig integriert werden. Jede Ebene unterscheidet sich von der anderen und enthält eine einzigartige Anzahl von Lektionen, die gelernt und gemeistert werden müssen. Meiner Meinung nach ist die psychische Ebene die wichtigste von allen. Wenn du diesen Bereich nicht meisterst, wird es einen „Krebs“ in deinem Programm geben. Denke darüber nach. Was wird sein, wenn du deinen Aufstieg erreichst und die Einweihungen bestanden hast und keinen inneren Frieden besitzt, ständig an irgendwelchen Krankheiten leidest, in Armut lebst, dich mit deinem Partner streitest, ängstlich, voller Sorgen und von negativen Gedanken erfüllt bist, deinen Weg zu dienen noch nicht gefunden hast, mangelnde Selbstachtung und Selbstliebe besitzt oder dich auf einem Ego-Trip befindest, nachdem du die Einweihungen bestanden und den Aufstieg erreicht hast?

Das alles ist möglich und geschieht öfter, als du denkst. Du wirst mich verstehen, wenn du führenden Figuren aus der spirituellen Szene begegnest. Du wirst erleben, dass sie in einigen Bereichen Brillantes leisten, auf der Ebene ihrer Persönlichkeit allerdings noch äußerst unklar sind. Ich denke, ihr alle wisst ganz genau, wovon ich spreche. Aus diesem Grund habe ich gesagt, dass es einen Schritt nach dem Aufstieg gibt, der zwischen dem planetaren und dem kosmischen Aufstieg liegt und den ich Selbstverwirklichung nenne. Es wird keine Selbstverwirklichung und/oder eine wirkliche Vollendung deines Aufstiegsprozesses geben, solange du nicht umkehrst und dich darum kümmerst, deine psychologische Ebene zu klären, zu meistern und angemessen zu integrieren. Wie die Meister sagten, werden die Lichtarbeiter so lange bei der siebten Unterstufe der siebten Einweihung aufgehalten, bis dies erledigt ist.

Ich betone es noch einmal. Niemandem wird die Verankerung der kosmischen Ebenen erlaubt werden, solange das negative Ego noch nicht gemeistert ist. Bei den Lichtarbeitern heißt es dazu gewöhnlich: „Oh, das negative Ego. Dieses Thema habe ich schon vor langer Zeit erledigt.“ Nach meiner Erfahrung trifft das allerdings in 99 % der Fälle nicht zu. Das negative Ego ist äußerst hinterhältig, und es gibt so wenig Übung darin, es zu beherrschen, dass die meisten Lichtarbeiter gar nicht bemerken, wie sehr sie von ihm beherrscht werden.

Ich werde dir einige Anzeichen dafür geben, dass sich dein negatives Ego gerade bemerkbar macht: Irgendwelche negativen Gefühle, Mangel an dauerhaftem inneren Frieden und Ruhe, Mangel an dauerhafter Freude und Glücklichsein, körperliche Krankheiten, negatives Denken, außerirdische Implantate, negative Elementale, Parasiten, negative Prägungen, Furcht oder Sorgen, astrale Wesenheiten, negative Archetypen, ätherischer Schleim, unausgewogene Ansichten, Überlegenheits- und/oder Unterlegenheitsgefühle, Wettbewerbsverhalten, Selbstsucht, Getrenntsein, Schuldgefühle, Verurteilung anderer, Groll, aggressives Denken, Selbstgerechtigkeit, Unsicherheit, Selbstzweifel, Ärger, Traurigkeit, Depression, Faulheit, Zögern, Eifersucht, Launenhaftigkeit, Unnachgiebigkeit oder zu große Nachgiebigkeit, mangelnde Ausgeglichenheit – um nur einige zu nennen!

Wenn du diese Liste durchgehst und hundertprozentig ehrlich zu dir sagen kannst, dass nichts davon auf dich zutrifft, sage ich: „Herzlichen Glückwunsch. Du hast deine Hausaufgaben erledigt." Ich bin allerdings noch niemandem begegnet, der das von sich behaupten könnte, mich selbst eingeschlossen. Du wärest somit der/die erste! Worauf ich hinaus will ist, dass selbst Meister wie Sanat Kumara und Vywamus zugeben, dass sie noch kleine Überreste ihres negativen Egos transformieren müssen. Falls du daher der Meinung bist, auf dieser Ebene nichts mehr tun zu müssen, machst du dir etwas vor – eine weitere Eigenschaft des negativen Egos. Es ist immer leichter, statt seiner eigenen die Fehler und Schwächen anderer zu erkennen. Das Spiel des negativen Egos ist es, dir immer wieder zu sagen, dass du allen anderen entweder überlegen oder unterlegen bist. In Wahrheit trifft weder das eine noch das andere wirklich zu – und das ist einer der Schlüssel, um das Bewusstsein des negativen Egos zu überwinden. In *The Discourses of Sai Baba* sagt er, die wahre Definition Gottes laute: „Gott ist Mensch minus Ego."

Es ist Jesus, der in *Ein Kurs in Wundern* (Textbuch) sagt: „Vollkommene Liebe vertreibt alle Angst." Jesus sagt weiter, dass es in dieser Welt ein Problem gibt, welches der Kern aller anderen Probleme sei: Die

Trennung – die Trennung von Gott und/oder vom Selbst – oder von anderen, was in Wahrheit ein und dasselbe ist. Befreie dich von allem Trennenden – dem, was das Wesen des Egos ausmacht, und alle deine Probleme und Herausforderungen werden gelöst sein. Es geht nicht darum, dass du in deinem Klärungsprozess absolut perfekt sein musst. Du solltest allerdings so klar wie möglich werden. In der heutigen Welt mit all ihrer umweltbedingten und psychischen Negativität gibt es einen ständigen Bedarf an Möglichkeiten, um sich kontinuierlich zu klären, denn wir alle müssen lernen, die ganze Zeit über mit den Auswirkungen des Massenbewusstseins umzugehen. Die Schlüsselfrage lautet daher: Wo und wie bekomme ich die richtigen Mittel, die richtige Anleitung und die richtige Ausbildung, die ich benötige, um das zu tun?

Die Meister haben mich angeleitet, neben meinen drei großen Büchern über den Aufstieg (*Das komplette Aufstiegshandbuch*, *Jenseits des Aufstiegs* und *Kosmischer Aufstieg*) weitere Bücher zu schreiben, um den Lichtarbeitern zu helfen, ihre psychischen und physischen Ebenen zu klären. *Seelenpsychologie* ist eines dieser Bücher, das einige Vorschläge zu den Fragen enthält, die ich in diesem Kapitel angesprochen habe. *Seelenpsychologie* bietet dem Leser die nötigen Mittel und Informationen, um die Klärung und Integration zur Selbstbeherrschung aller drei Ebenen, nicht nur der spirituellen, zu erreichen. Wir fuhren mit unserem Gespräch fort, und Djwhal Khul erklärte, die gerade erwähnte Grenze werde in Wirklichkeit von der Überseele festgelegt. Ein Mensch mag sich auf spiritueller Ebene mit allen möglichen Formen spiritueller Arbeit, dem Aufbau des Lichtquotienten oder den Aufstiegstechniken befassen. Tatsache ist aber, dass er nichts davon angemessen aufnehmen und integrieren kann, wenn er noch keine Kontrolle über sein negatives Ego erreicht hat und die psychische Ebene noch ungeklärt ist. Es ist daher auch wahrscheinlich, dass nicht nur die Meister ihre Unterstützung zurückziehen, wenn sie sehen, dass das negative Ego und der Emotionalkörper nicht unter Kontrolle gebracht sind. Auch die eigene Monade wird diese Person zurückhalten, bis die Reinigung auf psychologischer Ebene erfolgt ist. Djwhal Khul erwähnte außerdem, dass man nach seinem Aufstieg auch wieder zurückfallen und seinen Status verlieren könne, sollte das negative Ego noch einmal die Kontrolle übernehmen.

Dies ist bereits vorgekommen und ist keinesfalls außerhalb jeder Möglichkeit. In solchen Fällen beginnt es gewöhnlich damit, dass die betroffenen Eingeweihten wegen ihres extrem unangemessenen Verhaltens eine Zeit der Bewährung von den Inneren Ebenen erhalten. Ändert sich das Verhalten nicht, kann der Strom der erhaltenen Energie reduziert oder auch völlig unterbunden werden. Ich weiß von einem Fall, in dem das gerade geschehen ist. Gewöhnlich tritt etwas Derartiges auf, wenn das Thema Macht noch nicht geklärt ist und/oder das Verständnis in Bezug auf das negative Ego noch fehlt, was eine spezifische Form des Trainings und der Erziehung erfordert.

Das wirkliche Problem stellt dabei die Tatsache dar, dass auch die so genannten Experten keinerlei Erfahrung in diesen Dingen besitzen. Gewöhnliche Psychiater, Therapeuten, Sozialarbeiter, Ehe- und Kindertherapeuten, Priester oder auch spirituelle Lehrer, Channel und Esoteriker besitzen kein gesichertes Verständnis über den Unterschied des Denkens von negativem Ego oder Christusbewusstsein. Wenn schon die Experten (außer in seltenen Fällen) keine Ahnung haben, wie sollen dann die Menschheit und die zukünftigen Schüler lernen können? In meinen Augen sind qualifizierte spirituelle Berater das Wichtigste, was diese Welt jetzt mehr als alles andere braucht, damit sie mit den Menschen in Bezug auf ihr Selbst, ihre Beziehungen, Kinder und Lebensthemen arbeiten können. Die meisten Berater besitzen eine traditionelle Orientierung und können daher nicht die vollständige Perspektive der Seelen- und monadischen Verwirklichung, Orientierung und Anschauung in ihre Arbeit integrieren. Die persönlichen Einstellungen und Vorstellungen ändern sich von Grund auf, wenn man sich von der Identifikation mit der Persönlichkeit hin zur Identifikation mit der Seele und Monade bewegt. Ich begegne vielen Beratern, die immer noch Inhalte vermitteln, die für die Persönlichkeit von Bedeutung sind. Sie haben zwar auf spiritueller Ebene eine Verbindung geschaffen, dabei aber noch nicht verstanden, wie sie diese Verbindung vollständig auf die psychologische Ebene übertragen können (in meinem Buch *Seelenpsychologie* gibt es dazu noch vertiefende Informationen).

Wird der hohe Eingeweihte von seinem negativen Ego beherrscht, verhindert das die richtige Aufnahme von Licht. Mit anderen Worten, der Lichtquotient wird nicht einfach nur aufgebaut, er muss integriert werden. Was nun die zuvor erwähnte Grenze angeht, so beschrieb Djwhal Khul sie als eine Art „Dornröschenschlaf", in dem der Lichtarbeiter gehalten wird, bis das negative Ego und der Emotionalkörper unter Kontrolle gebracht sind. Das Vier-Körper-System muss sich in einem stabilen Gleichgewicht befinden und es muss eine angemessene Beziehung zum inneren Kind entwickelt sein, was in gleicher Weise für die Beziehung zum Bewusstsein und zu Über- und Unterbewusstsein gilt. Djwhal sagte auch, dass viel zu viel Aufmerksamkeit auf das Bestehen der Einweihungen gelegt würde, anstatt sich mit der vollständigen Selbstverwirklichung auf allen Ebenen zu befassen. Zusammengefasst sagte er, dass in früheren Zeiten die fünfte Einweihung die Grenze gewesen sei, bis zu der dieses Verständnis entwickelt werden musste. Diese Grenze wird nun durch die Seele und Monade bei der siebten Einweihung gezogen. Dies ist die Schwelle, an der alle in ihrem Dornröschenschlaf gehalten werden, bis sie diese Lektionen angegangen und gemeistert haben. Djwhal sagte, Grund für diese Änderung sei die Absicht gewesen, dem Planeten mehr Lichtträger zuzuführen, um so das Licht des ganzen Planeten zu erhöhen. Er sagte auch: „Bei der Evolution des Selbst oder der Selbstverwirklichung kann es so lange keine Fortschritte geben, bis eine Balance erreicht ist."

Dies sei das wahre Verständnis des Aufstiegsprozesses, sagte er. Alles andere sei nur ein Ausdruck von Verblendung. Ohne dieses Verständnis, so Djwhal Khul, könne man bei vielen Eingeweihten auch beobachten, dass sie die Widersprüche und Unstimmigkeiten bei so genannten ‚hohen' Eingeweihten wahrnähmen, um dann Ablehnung oder

Misstrauen gegenüber dem gesamten Prozess zu entwickeln. Zu Anfang, sagte er, gäbe es eine Faszination durch all die Aufgestiegenen Meister, höheren Dimensionen, Erzengel, Außerirdische, Elohim, Ashrams auf den Inneren Ebenen und so weiter. Irgendwann jedoch käme der Zeitpunkt, an dem sich der Reifungsprozess in einem selbst und in der irdischen Realität verankern müsse. Es sei gefährlich, sich in Faszination und Verblendung gegenüber den himmlischen Welten zu verlieren, anstatt den Himmel auf allen Ebenen (physisch, mental, emotional) auf die Erde zu bringen.

Es braucht ein geerdetes Verständnis dessen, was es bedeutet, ein wahrhaft gottverwirklichtes Wesen zu sein. Djwhal Khul fügte hinzu: „Es ist leicht, von der Schönheit des Bewusstseins begeistert zu sein, aber genauso leicht ist es, die durch dieses Bewusstsein entstehende Verantwortung abzulehnen, indem man das Vergängliche sucht und dabei unbewusst den Versuch macht, der Arbeit aus dem Weg zu gehen." Er fuhr fort und sagte (ziemlich eloquent, wie ich hinzufügen möchte), dass diese „vorübergehende Faszination" vollkommen wertlos sei, wenn sie nicht dazu genutzt würde, um die Mauern der Trennung zwischen sich und anderen niederzureißen. Wenn sich das Selbst in Projektionen (der Interpretation des Lebens durch das negative Ego) und Selbstgefälligkeit verliert, werden diese Mauern weiter wachsen. Djwhal Khul beschrieb dies als die „Entwicklung des Charakters", was bei mir wirklich ein Gefühl von Zustimmung auslöste. Das ist es auch, was die Lehren von Sai Baba, dem Kosmischen Christus, so sehr betonen. Sai Baba kümmert sich in seinen Lehren noch nicht einmal um das Thema Einweihungen. Vielmehr legt er Wert auf die Entwicklung eines reinen und geklärten Charakters, als dem höchsten Ausdruck und Ziel des Selbst. Der Charakter erreicht seine höchste Form der Klarheit, wenn alle Spuren des negativen Egos beseitigt sind und einzig und allein die Seele und Monade den Ausdruck und die Interaktionen sich selbst und anderen gegenüber bestimmen.

Dies ist die wahre Arbeit auf dem spirituellen Pfad. Alle mentalen, emotionalen, intuitiven und instinktiven Funktionen sich selbst und anderen Menschen gegenüber so zu harmonisieren, dass in einem jeden Augenblick und unter allen Umständen nur noch Göttlichkeit ausgedrückt wird.

Melchizedek schaltete sich am Ende unserer Diskussion mit ein und sagte, die siebte Einweihung bedeute das Akzeptieren dieser Verantwortung, weil wir durch diesen Schritt die Verantwortung für unsere Selbstbeherrschung anerkennen würden. Er fuhr fort, dass Verantwortung für die Selbstbeherrschung bedeute, immer und zu jeder Zeit im Einklang mit sich selbst auf allen Ebenen zu sein, und, wie schon gesagt, sein Gleichgewicht zu bewahren. Dieses Gleichgewicht ist äußerst wichtig. Dann sagte er: „Wir, die wir bereits Meister sind, würden quasi unseren Teil der Abmachung nicht einhalten, würden wir nicht auch unsere menschlichen Aspekte beachten. Das bedeutet, dass wir makellos sein müssen, besonders als die Repräsentanten der Spirituellen Hierarchie. Makellosigkeit, Verantwortlichkeit und Integrität gehören in diesem Fall zusammen."

9 Spirituelle Führerschaft und Weltendienst: Der nächste Schritt

Was ich jetzt sagen werde, stellt möglicherweise eine vollkommen neue und wirklich umwälzende Sicht der Dinge dar. Führerschaft und Weltendienst beginnen erst nach dem Aufstieg. Unsere Vorstellungen über den Aufstieg sehen gewöhnlich so aus, dass es genau andersherum ist. Da wir uns aber in einer neuen Dispensation für den Aufstiegsprozess befinden, durch den die Lichtarbeiter jetzt höhere Einweihungen in einem Ausmaß nehmen können, wie es dieser Planet noch nie zuvor erlebt hat, ist ein solches Konzept notwendig geworden.

Die meisten Lichtarbeiter sind, obwohl sie die fünfte, sechste und siebte Einweihung bereits genommen haben, noch nicht in einer Position, in der sie wirklich Führerschaft und ihren Dienst für die Welt übernommen haben. Genau das ist es aber, worauf die Aufgestiegenen Meister sie in Wahrheit vorbereiten. Die Meister richten ihre Aufmerksamkeit sogar vielleicht noch mehr auf diesen Aspekt als auf die Einweihungen selbst. Nun, im Idealfall verlaufen beide Entwicklungen natürlich parallel.

Der Sinn des Lebens besteht also nicht einfach nur darin, aufzusteigen und das Rad der Wiedergeburt zu verlassen. Es geht ebenso darum, anderen zu helfen und ihnen zu dienen. Hat man erst einmal die siebte Einweihung genommen, gibt es eigentlich keinen Grund mehr, um noch länger auf der Erde zu bleiben. Ich empfehle allen Lichtarbeitern, einige Zeit in El Moryas Ashram zu verbringen; er ist für den ersten Strahl zuständig, dessen Thema unter anderem damit zu tun hat, dass man vollständig in seine persönliche Macht und seine Führungsaufgabe in der Welt hineinwächst. Ich kenne viele Eingeweihte siebten Grades, die ihren Weg zu dienen noch immer nicht gefunden haben. Viele Lichtarbeiter verbringen soviel Zeit damit, sich auf die Einweihungen zu konzentrieren, dass sie überhaupt nicht mehr dienen. Das ist nicht das

Ideal. Sobald man die sechste und siebte Einweihung nimmt, ist es eigentlich Zeit, die ganze Angelegenheit in Bezug auf die eigene spirituelle Entwicklung zu vergessen und sich nur noch auf die höchstmögliche Form des Dienens zu konzentrieren, die man zu leisten imstande ist. Es ist an der Zeit, hinauszugehen und alle Ängste und Ausreden hinter sich zu lassen. In Wahrheit ist es an der Zeit, spirituelle Führerschaft zu übernehmen und alles Talent und Licht zu verwenden, das einem gegeben wurde, um es im Dienst für die Menschheit zu verwenden.

In welcher Form das geschieht, spielt dabei keine Rolle, solange man nur etwas tut. Nicht jeder muss berühmt sein, Bücher schreiben, ein großer Channel oder ein großes Medium werden. Das ist nicht für jeden die Bestimmung. Tue nur das, wozu Gott dich ausersehen hat – deinen Teil des Puzzles. Bitte El Morya, dich wirklich auf diesen Weg zu bringen. Und von diesem Moment an ist der schnellste Weg zur Entwicklung der, sich in die Arbeit des Dienens zu stürzen. Die Meister befassen sich nicht mit persönlicher Entwicklung; sie sind so sehr mit dem Dienen beschäftigt, dass sie für nichts anderes Zeit haben.

Lasst uns allen das eine Lehre sein. Die Zeit ist gekommen, um das Zepter der Macht in die Hand zu nehmen, hervorzutreten und sich von keinen Ausreden des inneren Kindes, des Unterbewusstseins und des negativen Egos mehr abhalten zu lassen. Warte nicht so lange, bis du dich wohl und sicher fühlst. Wenn du wartest, bis du dich sicher fühlst oder in der Lage bist, zu dematerialisieren oder Tote zu erwecken, wirst du vielleicht niemals etwas geben können. Die Meister sind jedenfalls nicht sonderlich daran interessiert, dich in deiner Entwicklung zu unterstützen, wenn du nicht das Risiko eingehst, durch dein Dienen ins Rampenlicht zu treten. Das kann zum Beispiel in der Form einer freiwilligen, ehrenamtlichen Tätigkeit geschehen, oder in Form einer Arbeit, von der niemand anders auf der ganzen Welt etwas weiß – außer Gott. Warte außerdem auch nicht darauf, dass Gott dir sagt, was du tun sollst. Komme selbst auf Ideen und Gott wird dich unterstützen, sobald du dich in Bewegung setzt. Das negative Ego kennt Myriaden von Ausreden, warum es noch nicht an der Zeit ist, die Zügel von spiritueller Führerschaft und Weltendienst in die Hände zu nehmen. Diese Ausflüchte sind alle illusorisch. Jeder besitzt genug Wissen, Weisheit und Liebe, um nach vorne zu treten.

Jesus lebte mitten unter den Menschen, nicht in einer Höhle. Es ist einfach an der Zeit, deine persönliche Macht in Anspruch zu nehmen und dann, wie es im Werbespot von Nike heißt: „Just do it." Tue einfach so, bis du es wirklich kannst. Ich sehe tausende von Lichtarbeitern, die darauf warten, dass irgendein Wunder geschieht, das ihnen erlaubt, ihre Macht, Führungsqualitäten und das Risiko des Dienens anzunehmen. Und ich sage, dass es dieses Wunder nicht geben wird. Es ist unsere Aufgabe, unsere Macht in Anspruch zu nehmen und unsere schöpferischen Fähigkeiten zu verwenden, um herauszufinden, auf welche Weise wir für andere von Nutzen sein können. Viele Lichtarbeiter sind durch das Verlangen des negativen Egos gefesselt, in dieser Arbeit gut dazustehen, berühmt und der oder die Beste zu sein oder etwas noch nie Dagewesenes zu tun. Wie Sai Baba zu sagen pflegt: „Hände, die helfen, sind heiliger als Lippen, die beten."

Zwei Anforderungen müssen erfüllt sein, damit du den Pfad des kosmischen Aufstiegs betreten kannst. Erstens, die Klärung deines negativen Egos, die Entwicklung psychologischer Klarheit und Ausgeglichenheit, und zweitens, die Bereitschaft, zu dienen. Es spielt keine Rolle, in welcher Form du das tust; es ist die bewusste Absicht, auf die es ankommt. Nicht jeder ist dafür vorgesehen, bekannt zu werden; für Gott ist das wirklich bedeutungslos. Er achtet auf die Absicht und ein reines Herz. Wo auch immer du arbeitest - nutze es, um die Göttlichkeit und den Dienst an deinen Mitmenschen in den Mittelpunkt zu stellen. Wenn du etwas anderes machen möchtest und eine Tätigkeit im heilerischen Bereich anstrebst, dann mache dich daran, es zu tun. Tue etwas. Ein großer Teil unseres Dienstes hat nichts mit dem Beruf zu tun, in dem wir arbeiten, sondern damit, wie wir uns im Alltag verhalten, wie wir Fremde behandeln, für Menschen beten, anderen Menschen Licht senden oder Weltendienst in unseren Meditationen leisten. Entscheide dich einfach, in jedem Moment deines Lebens durch deine Gedanken, Worte und Taten zu dienen. Du bist nicht mehr hier, um deine eigenen, selbstsüchtigen Bedürfnisse zu befriedigen, sondern um anderen zu helfen. Manchmal kann es sein, dass du dadurch dienst, indem du für jemanden ein Lächeln oder ein liebes Wort übrig hast, oder du schenkst einem Obdachlosen etwas Geld. Die meiste Zeit wird es jedoch einfach nur darum gehen, Liebe auszustrahlen, und zwar gegenüber jeder Person, die dir begegnet, ob du diese Person nun kennst oder nicht.

Bete zu Gott, dass ER dir helfen möge, den für dich besten Weg des Dienens herauszufinden. Vielleicht geschieht es dadurch, dass du anderen Leuten hilfst, Lesen zu lernen. Oder du spendest Geld für einen guten Zweck. Wenn du dich einfach nur entscheidest, das Dienen für den Rest deines Lebens zu deinem wichtigsten Lebensinhalt zu machen, wirst du überrascht sein, wie viele kreative Ideen dir kommen werden. Bitte die Meister darum, dir bei der Entwicklung von Ideen behilflich zu sein, durch die du anderen dienen kannst. Manchmal wird das Dienen durch dein Beispiel geschehen, durch dein Schweigen oder einfach nur durch deine Energie in einem Raum.

Solange dir nur das Ego nicht in die Quere kommt, ist alles bestens. Mehr als alles andere ist es die Absicht, auf die die Meister achten. Jeder kann Liebe geben, daher kann auch jeder von Nutzen sein. Manche Leute werden dadurch dienen, dass sie Anwälte sind, Ärzte, Komiker, Angestellte, Politiker und Unternehmer. Was du tust, ist nicht so wichtig, sondern, dass du die Arbeit leistest, um zu dienen, und nicht, um Geld zu verdienen. Die Ironie (oder das Paradox) dabei ist, dass diejenigen, die diese Einstellung haben, wirklich finanziell erfolgreich und, was noch wichtiger ist, reich in ihrer Seele sein werden. Gott und die schöpferische Macht deines Unterbewusstseins werden dir zeigen, wie du dienen kannst, wenn du ununterbrochen betest und Affirmationen verwendest, die deine ernsthafte Absicht, zu dienen, ausdrücken. Es sind die kleinen, nebensächlichen Dinge, auf die Gott achtet, nicht auf die großen. Ich bin sicher, ihr alle wisst, was ich meine.

Also, der wahre Zweck des Aufstiegs ist es, dich auf deine Rolle als spiritueller Führer und auf den Weltendienst vorzubereiten. Während wir uns über immer ausgedehntere Ebenen der Einweihung weiterentwickeln, bedeutet es in Wahrheit, dass wir auf immer höheren Ebenen dienen. Wenn wir die Erde verlassen, werden wir unsere Arbeit des Dienens auf den Inneren Ebenen leisten. Wenn wir unsere Prüfungen bestehen, begeben wir uns vielleicht zur Großen Weißen Loge des Sirius und setzen dort unseren Dienst fort. Danach werden wir auf universalen Ebenen dienen. Sogar dann, wenn wir unseren kosmischen Aufstieg vollendet haben, wird unser Dienst nicht beendet sein. Gottes Schöpfung ist eine einzige, ewig dauernde Mission des Dienens. Aus diesem Grund sagt Jesus in *Ein Kurs in Wundern* (Textbuch): „Wahre Freude ist es, Gott zu dienen."

Wenn wir in jedem Augenblick die Absicht haben, zu dienen, wissen wir, alles ist gut und im Einklang mit Gott. Der Aufstieg bestätigt im Idealfall das Erreichen der Selbstbeherrschung, was einen Bewusstseinszustand meint, durch den wir in der Lage sind, zu geben anstatt zu nehmen. Wir sind im höchsten Sinne des Wortes ganz geworden und können jetzt unser ganzes Leben der Absicht widmen, das Erreichte an alle anderen Menschen weiterzugeben, die diese Ganzheit noch nicht erreicht haben. Das Dienen oder Geben ermöglicht es uns, unser eigenes göttliches Bewusstsein richtig im Fluss zu halten. Du brauchst diesen Segen genauso wie all deine Brüder und Schwestern. Oftmals empfinde ich mehr Dankbarkeit als die Menschen, denen ich diene. Welch ein Segen ist es doch, einen Weg zu finden, um Gott und der Menschheit zu dienen (was ein und dasselbe ist). Vergiss niemals, dass jeder Mensch, der dir begegnet, Gott ist, der dir in physischer Gestalt entgegentritt.

10 Kosmische goldene Erkenntnisse

Dieses Kapitel enthält eine Zusammenstellung von äußerst wichtigen, kosmischen goldenen Erkenntnissen, für die es nicht unbedingt ein eigenes Kapitel braucht. Trotz allem ist diese Zusammenfassung eines der wichtigsten Kapitel meines ganzen Buches. Die erste wertvolle Erkenntnis enthält die Auflistung der Kosmologie der kosmischen und planetaren Aufgestiegenen Meister, die am bekanntesten sind und die uns für eine Zusammenarbeit zur Verfügung stehen.

Kosmologie der aufgestiegenen Lehrer

<u>Quellen-Ebene</u>
Die Räte der Elohim
Hyos Ha Kodeish
Die Paradiessöhne

<u>Multi-universale Ebene</u>
Melchizedek

<u>Universale Ebene</u>
Melchizedek
Metatron
Erzengel Michael
Sämtliche Erzengel
Adonis
Atlanto
Sathya Sai Baba
Der Lord des Sternensystems Großer Bär

Galaktische Ebene

Lenduce
Vywamus
Sanat Kumara
Lord Buddha
Lord Maitreya
Averan
Melchior
Lord Arcturus
Lord der Plejaden
Lord Sirius
Allah Gobi
Saint Germain
Kuthumi

Solare und planetare Meister (beginnende galaktische Meister)

El Morya
Serapis Bey
Paul, der Venezianer
Djwhal Khul
Hilarion
Lord Sananda
Isis
Jungfrau Maria
Lord Ashtar
Kwan Yin
Lady Nada
Babaji
Yogananda

Diese Liste spricht natürlich für sich selbst. Trotzdem würde ich gerne einige Anmerkungen zu manchen Meistern oder Gruppen von Meistern machen. Auf der Ebene der Quelle erwähnte ich die Elohim, unsere Schöpfergötter. Kürzlich fragte ich Melchizedek, ob auch wir in unserer

Gruppe irgendwann zu Elohim werden würden und er bejahte dies. So wie wir alle Melchizedeks sind, so werden wir irgendwann auch Elohim sein. Eine Stufe darunter, auf der Stufenleiter der Evolution, befinden sich die von mir so genannten Paradiessöhne. Nach Melchizedeks Worten werden wir einst auch Paradiessöhne sein. Eine Stufe höher, nur ein wenig über der Stufe der Elohim, befinden sich die höchsten Diener Gottes (oder YHWH), die Hyos Ha Koidesh. Diese Wesen scheinen kosmische Stufen der Evolution darzustellen. Ich finde das unglaublich interessant. Das Wort „Elohim" ist übrigens immer schon mein Lieblings-Mantra gewesen. Weiter unten auf der Liste, auf der universalen Ebene, finde ich es bemerkenswert, dass die Erzengel, laut Melchizedek, von dieser Ebene aus arbeiten.

Kommunizieren mit den Meistern

Unter allen Lichtarbeitern auf der Erde gibt es wahrscheinlich nur sehr wenige, die auf eine direkte, hellhörige Weise mit den Meistern kommunizieren können. Einige sind jedenfalls auf hellsichtige Weise dazu in der Lage. Die große Mehrheit verwendet dafür allenfalls ihre Intuition. Bei diesen Lichtarbeitern ist allgemein der Wunsch verbreitet, hellhöriger und hellsichtiger zu werden und direkt mit den Meistern zu kommunizieren. Einige können dies auch erreichen; für die große Mehrheit wird es aber vermutlich nicht ihre Bestimmung sein. Ich schreibe diesen kleinen Abschnitt in der Absicht, um allen, die keine solchen übersinnlichen Fähigkeiten besitzen, zu versichern, dass sie nicht auf derartige Dinge angewiesen sind, um zu erreichen, wovon ich in meinen Büchern spreche. Hat jemand solche Fähigkeiten, wunderbar – aber sie sind keinesfalls notwendig. Es gibt viele Medien, die eine großartige mystische Wahrnehmung besitzen, deren okkulte Vision dagegen nur sehr schwach ausgeprägt ist. Gewöhnlich haben diejenigen, die eher intuitiv sind, eine bessere okkulte Wahrnehmung. Das bedeutet, dass sie auf mentaler, emotionaler, intuitiver und psychologischer Ebene sehr viel klarer sind. Die okkulte Vision ist auf jeden Fall eine Form, die von den meisten Lichtarbeitern an und für sich nicht als Möglichkeit der inneren Wahrnehmung erkannt wird. Für diejenigen, die nicht hellhörig oder hellsichtig sind, gibt es daher einen anderen Weg, um mit den Meistern zu kommunizieren, der für alle Lichtarbeiter gleichermaßen verfügbar ist. Es geht dabei um die Kommunikation mit Hilfe von Energie. Wer beispielsweise die Arcturianer anruft, um seinen Lichtquotienten aufzubauen, wird in jedem Fall – und ich meine wirklich in *jedem* Fall – den sanften Fluss der Energie durch das Kronenchakra und den ganzen Körper spüren können. Man braucht nicht hellfühlig zu sein, um dies wahrzunehmen. Wer darum bittet, sich in einen Aufstiegsplatz setzen zu dürfen, erlebt ein Gefühl, das physisch sehr gut wahrnehmbar ist. Wer einen der zwölf Strahlen anruft, wird definitiv diese Erfahrung machen können. Ruft man Metatron an, wird man mit Sicherheit seine Energie spüren. Energie ist der Schlüssel zum Aufstiegsprozess. Es ist die Verwendung dieser Art von spiritueller Energie, die den Prozess der Einweihung beschleunigen wird. Selbst wenn die Meister mit dir nicht direkt über deine Fähigkeit des Hellhörens sprechen, hast du stets die Möglichkeit, sie durch das Erleben ihrer Energie zu dir sprechen zu hören. Gehst du in dieser Weise vor, wirst du erleben, dass die Meister dir sofort durch ihre unverwechselbaren Energien antworten, und diese konstante, unerschütterliche Verbindung wird dir das nötige Vertrauen geben. Es gibt kein besseres Gefühl auf dieser Welt als das, diese Verbindung zu errichten und anzuerkennen, dass du ein Teil von ihnen bist, und sie ein Teil von dir.

Gespräche mit den Meistern

Ganz allgemein besteht die Möglichkeit, um ein Gespräch mit einem der Aufgestiegenen Meister zu bitten. Im Gegensatz zu Channelings oder telepathischen Verbindungen, die relativ häufig und auf recht freundschaftlicher Grundlage vorkommen können, ist eine Unterredung mit einem Mitglied der Spirituellen Hierarchie eine sehr viel ernstere Angelegenheit. Das wichtigste Gespräch oder Treffen wäre in diesem

Zusammenhang das mit Lord Maitreya und Lord Buddha, um ihnen deine Gelübde und deine speziellen Absichten in Bezug auf deinen Weg, zu dienen, mitzuteilen. Bitte sie dabei auch um ihre Unterstützung und ihren Segen. Melchizedek sprach in diesem Zusammenhang den Lichtarbeitern gegenüber die strenge Warnung aus, nicht die Zeit der Meister zu vergeuden. So wie man auch kein Gespräch mit dem Präsidenten der Vereinigten Staaten verabreden würde, ohne einen triftigen Grund zu haben, solltest du in gleicher Weise nicht ohne ein entsprechendes Anliegen um ein Gespräch mit, beispielsweise, dem Präsidenten der Spirituellen Hierarchie, Lord Maitreya, bitten. Es ist angemessen, darum zu bitten, wenn es sich um etwas außerordentlich Wichtiges handelt, besonders, wenn es darum geht, wie du dienen kannst.

Möchtest du also um ein Treffen bitten, rufst du einfach den Meister an, den du zu sprechen wünschst. Selbst wenn du keine übersinnlichen Fähigkeiten besitzt, kannst du es dennoch tun. Bitte um ein Treffen und beginne dann einfach, zu sprechen. So habe ich es oft getan, besonders mit Sanat Kumara, Lord Maitreya, Djwhal Khul und Melchizedek; allerdings habe ich mit größter Sorgfalt darauf geachtet, mich gut vorzubereiten und in jedem Fall nur wichtige Angelegenheiten zur Sprache zu bringen. Du musst verstehen, dass du durch deine Bitte die Aufmerksamkeit der Meister von anderen wichtigen Aufgaben ablenkst, mit denen sie befasst sind. In gleicher Weise kannst du übrigens auch um ein Gespräch mit Sai Baba nachsuchen und ihn um Hilfe bei deiner Mission bitten. Du solltest allerdings stets damit rechnen, dass ein Meister zu beschäftigt ist, so dass er sich (in seltenen Fällen) nicht zu einem Gespräch bereit erklärt. Solche Gespräche sind eine äußerst heilige Angelegenheit, aber nach meiner Erfahrung stehen die Meister im Allgemeinen eher für ein Gespräch zur Verfügung als der Präsident.

Eines möchte ich dazu aber noch sagen. Für den Fall, dass ein Meister nicht mit dir sprechen kann, wird er dir ein Gespräch mit einem seiner höheren Eingeweihten auf den Inneren Ebenen gewähren. Er wird dich jedenfalls nie vollständig abweisen. Wichtig ist auch, angemessen in Bezug auf den Meister zu sein, mit dem du sprechen möchtest. Als Eingeweihter vierten Grades beispielsweise hast du keinen Grund, Melchizedek um ein Gespräch zu bitten. Wenn du dich noch in der Unterstufe des Gymnasiums befindest, wirst du sicherlich kein Gespräch mit einem Professor in seinem Doktoranden-Seminar führen wollen. Viele Lichtarbeiter versuchen, Stufen zu überspringen, was aus Sicht der Meister ein Zeichen großer Unreife ist; außerdem riskieren sie, die Meister zu verärgern. Der Grundgedanke ist einfach, zuerst mit den planetaren Meistern zu arbeiten. Wenn du soweit bist, sind es als nächstes die solaren Meister. Hast du dann dort deinen Vollendung durchgeführt, folgen die galaktischen Meister und danach die Meister der universalen Ebene. Dein Grad der Einweihung und kosmischen Aktivierung wird dir sagen, mit welchen Meistern du sprechen kannst.

Der Aufbau des kosmischen Lichtquotienten

In meinem Buch *Jenseits des Aufstiegs* habe ich ein äußerst wichtiges Kapitel darüber geschrieben, wie man seinen Lichtquotienten erhöhen kann. Jetzt würde ich dir gerne zwanzig der effektivsten Methoden vorstellen, mit denen du deinen Lichtquotienten erhöhen kannst. Alle sind sehr einfach; ich lasse die Liste einfach für sich selbst sprechen.

Kosmischer und planetarer Aufbau des Lichtquotienten

1. Metatron: Direkt, oder über seinen Aufstiegsplatz
2. Mahatma: Aufbau des Lichtquotienten
3. Melchizedek: Direkt, oder in der Goldenen Kammer von Melchizedek
4. Lord Arcturus und die Arcturianer: Direkt, oder über den Aufstiegsplatz
5. Melchizedek Yod-Spektrum: Direkt, oder im Aufstiegsplatz der zehn verlorenen Strahlen des Yod-Spektrums
6. Lord Sirius: Aufbau des Lichtquotienten durch die Große Weiße Loge, oder durch ihren Aufstiegsplatz

7. Elohim: Aktivierung durch Lichtpäckchen mit Informationen nur für den Aufbau des Lichtquotienten
8. Verwendung eines und/oder aller Aufstiegsplätze
9. Bitte an Vywamus zur elektrischen Neuverkabelung als Vorbereitung für das Halten einer stärkeren Spannung
10. Bitte an Hyos Ha Koidesh um Aufbau des Lichtquotienten
11. Bitte an die Paradiessöhne um Aufbau des Lichtquotienten
12. Bitte an Melchior um Aufbau des Lichtquotienten, oder in seinem Aufstiegsplatz sitzen zu dürfen
13. Bitte an Helios um Aufbau des Lichtquotienten, oder in seinem Aufstiegsplatz sitzen zu dürfen
14. Bitte an Erzengel Michael um Aufbau des Lichtquotienten, oder in seinem Aufstiegsplatz sitzen zu dürfen
15. Der Aufenthalt in Djwhal Khuls Synthesis-Light-Ashram, mit der Bitte um Aktivierung des Lichtinfusions-Lichtquotient-Aufbauprogramms
16. Kosmische Schatzkammer des Lichts, Verankerung der Lichtpäckchen mit Informationen von den Tafeln der Schöpfung, der Zehn Kosmischen Gebote, des Kosmischen Buch des Lebens, den Schriften von Melchizedek, den Schriften von Metatron und der Thora Or
17. Verankerung von Metatrons Lichtkörper
18. Verankerung des Mikrotrons, durch Metatron
19. Verankerung und Aktivierung der Feuerzeichen, Schlüsselcodes und heiligen Geometrie aus den zwölf Dimensionen der Realität
20. Anrufung der Deca-Delta-Lichtkodierungen für die zehn Thesen des göttlichen Bewusstseins

Die Kosmologie der Großen Zentralsonne

Die folgende kosmische Erkenntnis befasst sich mit dem Verständnis dessen, was esoterisch als Große Zentralsonne bezeichnet wird. Bei meinen Untersuchungen war ich mir nie ganz sicher, was eigentlich damit gemeint ist. War das die Ebene der Quelle oder etwa die solare, galaktische, universale oder multi-universale Ebene? Nach den Worten von Melchizedek gibt es eine ganze Reihe so genannter Großer Zentralsonnen, von denen sich die erste im galaktischen Zentrum befindet, dann kommt die Große Zentralsonne des universalen Zentrums, dann die des multi-universalen Zentrums und als letzte, vierte, die eigentliche Quelle selbst. Die folgende Auflistung führt sie unter Verwendung dieser Terminologie auf.

- Die Große, Große, Große Zentralsonne = Die Ebene der Quelle
- Die Große, Große Zentralsonne = Melchizedeks multi-universale Ebene, die Ebene der Quelle unseres Kosmischen Tages für unsere 43 Christus-Universen
- Die Große Zentralsonne = Das universale Zentrum und die Zentralsonne für unser eigenes Universum
- Die Zentralsonne = Das Galaktische Zentrum, das Zuhause von Melchior, dem Galaktischen Logos

Kosmologie des Kosmischen Rates der Zwölf

Die Führungsebene in Gottes unendlichem Universum verteilt sich auf fünf Unterebenen. An der Spitze befindet sich Gott und zwölf kosmische Wesenheiten leiten sein unendliches Universum. Auf der multi-universalen Ebene gibt es weitere zwölf Wesen, aus denen unser Kosmischer Tag besteht. Hier soll verständlich werden, dass es eine unbegrenzte Anzahl von Quellen und Kosmischen Tagen gibt; deshalb gibt es wohl auch eine unbegrenzte Anzahl von Kosmischen Räten der Zwölf für jede einzelne Quelle.

Auf der universalen Ebene gibt es einen weiteren Kosmischen Rat der Zwölf für jedes einzelne Universum und wiederum gibt es eine unbegrenzte Anzahl von Universen. Auch für die galaktische Ebene gibt es einen Kosmischen Rat der Zwölf für jede einzelne Galaxie, die es in einem dieser unendlich vielen Universen gibt. Und dann gibt es noch einen Rat der Zwölf für jedes Sonnensystem innerhalb einer jeden Galaxie in Gottes unendlichem Universum. Dies ist also die grundlegende Regierungsform des Universums. Es existieren noch eine unbegrenzte Anzahl weiterer Räte und alle empfangen ihre Anweisungen von den Kosmischen Räten der Zwölf. Man kann dies mit einer Regierungsform vergleichen, die aus einem Bundesstaat, aus Landesregierungen und aus Städten besteht – Räte innerhalb von Räten innerhalb von Räten. In dieser Struktur sind die Kosmischen Räte also die Bundesregierung.

Aktivierung der solaren, galaktischen und universalen Sonne

Bei der folgenden Aufstiegstechnik geht es darum, Helios und Vesta, Melchior und Melchizedek um die dauerhafte Verankerung und Aktivierung der solaren, galaktischen und universalen Sonne anzurufen. Nach der ersten Bitte muss man damit in einem fortlaufenden Prozess weiterarbeiten. Zu diesem Vorgang gehört auch die Verankerung und Aktivierung des solaren Körpers und der solaren Chakren. Mit dieser speziellen Technik arbeitest du am Besten nach Abschluss der sieben Stufen der Einweihung. Solltest du allerdings schon vorher darum bitten wollen, wird dir dennoch nichts geschehen. Die tatsächliche Arbeit des Aufbaus dieser Brücke beginnt, wenn du die sieben Einweihungen vollständig abgeschlossen hast und deine 50 Chakren verankert und aktiviert sind. Diese Arbeit stellt den wahren Beginn des kosmischen Aufstiegs dar. Bis zu diesem Punkt hast du dich in Wahrheit nur mit dem planetaren Aufstieg befasst. Abgekürzt könnte man dies auch den „Solaren Aufstiegsprozess“ nennen.

Von der Bedeutung, Licht auszusenden

Eine der wahren Prüfungen auf dem spirituellen Pfad für höhere Eingeweihte, die von den Meistern beobachtet werden, ist ihre

Bereitschaft, Licht auszusenden. Es geht darum, dass ein Lichtarbeiter, wann und wo immer eine Situation auftritt, in der es Not oder Leid gibt, sofort seine mächtige ICH BIN - Gegenwart oder die Meister anruft, um die Situation so zu heilen, wie es Gottes Wille ist. Die zweite Möglichkeit in solch einem Fall ist das Affirmieren oder Visualisieren von Heilung. Die dritte Alternative ist einfach, Licht durch dein Herz oder dein Drittes Auge zu senden. Falls es dir lieber ist, bittest du einfach deine mächtige ICH BIN - Gegenwart oder die Meister darum, das Licht auszusenden. Es spielt keine Rolle, wie du das machst – Hauptsache, du tust irgendetwas. Indem du so handelst, hältst du dein Bewusstsein in einem Zustand der Vollkommenheit. Dies geschieht also nicht nur für andere, sondern in Wahrheit auch für dich selbst. Es ist die angemessene Reaktion auf alle, die leiden oder in ihrem negativen Ego gefangen sind. Es geht nicht darum, über sie zu richten, sondern für sie zu beten, Affirmationen zu sprechen oder ihnen Licht zu senden – oder alles zusammen, wenn du das möchtest.

Die Idee ist, sich wie eine segnende, betende und Licht spendende „Maschine" durch das Leben zu bewegen. „Maschine" meine ich dabei natürlich nicht in einem mechanischen, sondern in einem stetigen, hingebungsvollen, konzentrierten, mitfühlenden und aufrichtigen Sinne. Schon aus diesem Grund allein hat deine Anwesenheit in einer beliebigen Situation automatisch eine heilende Kraft von höchster Bedeutung. Das Licht, das du gibst, wird so auch für dich zu einem unermesslichen Segen. Was wir säen, das ernten wir, und was wir aussenden, das kehrt zu uns zurück. Vielen anderen wird dabei weit mehr geholfen, als wir das jemals durch die Auswirkungen erfahren werden. Wie es in der *Bhagavad Gita* heißt: Das Ergebnis unseres Dienens ist nicht wichtig. Wichtig ist, dass wir diesen Dienst bei jeder Gelegenheit leisten – oder so viel, wie wir leisten können. In Wahrheit geht es einfach nur darum, sich immer wieder daran zu erinnern, es zu tun.

Werde ein mystisch Reisender

Eine interessante Folge der Arbeit mit all den Aufstiegsplätzen, unterschiedlichen Ashrams und den planetaren und kosmischen Meistern ist, dass dabei das Gefühl entsteht, wirklich ein Teil des Kosmos zu sein. In einem einzigen Augenblick kann man durch die Macht des gesprochenen Wortes in diesem unendlichen Universum Gottes umherreisen. In der Vergangenheit war dies nur denjenigen möglich, die bewusst eine Seelenreise unternehmen konnten. Doch auch diejenigen, die diese Fähigkeit besaßen, hatten nicht dieses bewusste Wissen über den Kosmos und die kosmischen Aufgestiegenen Meister, das uns jetzt in diesen außergewöhnlichen Zeiten, in denen wir leben, mehr und mehr zur Verfügung steht. Um ein mystisch Reisender zu sein, braucht es auch nicht die Fähigkeit des Hellhörens oder Hellsehens. Dieses Gefühl, ein mystisch Reisender und Bürger des Kosmos zu sein, ist absolut wunderbar, und ich empfehle, dass du dies kultivierst und genießt.

Lichtarbeiter und ihre Lektionen durch physische Krankheiten

Hier auf Erden in einem physischen Körper zu leben ist beinahe eine Garantie dafür (unabhängig davon, wie weit man in seiner spirituellen Entwicklung bereits gekommen ist), dass man ab und zu Lektionen durch körperliche Krankheiten lernen muss. Diese Lektionen werden bei jedem natürlich entsprechend anders aussehen. Manche sind ihrem Ursprung nach karmischer Natur, andere haben dagegen mit der enormen Geschwindigkeit der persönlichen und planetaren Evolution in dieser besonderen Zeit der Evolution der Erde zu tun.

Jede Änderung der Frequenz kann eine völlig neue Reihe an Lektionen und innerer und äußerer Reinigung mit sich bringen. Niemand kann dem völlig aus dem Weg gehen. Es ist Teil der Wirklichkeit, in einem physischen Körper zu leben. Außerdem ist es völlig normal, dass ein

Lichtarbeiter in irgendeinem Bereich seines Körpers eine Schwachstelle hat. Das ist auch innerhalb des Vier-Körper-Systems möglich. Im letzteren Fall ist es gewöhnlich der emotionale oder psychologische Aspekt, wobei dies natürlich wiederum bei jedem unterschiedlich ist. Je weiter man in seiner spirituellen Entwicklung kommt, umso größer ist die Notwendigkeit für Selbstdisziplin und die Beherrschung des eigenen Selbst; umso schneller entsteht dann allerdings auch Karma, wenn man dem Ganzen nicht die entsprechende Aufmerksamkeit gibt.

Wenn du also mit einer solchen Lektion konfrontiert bist – eine Erkältung, eine Grippe, ein Virus, eine bakterielle Infektion, Kopfschmerzen, Verdauungsprobleme, Probleme mit Organen oder Drüsen usw. – würde ich dir folgenden Rat geben. Es ist von allergrößter Wichtigkeit, deinen Körper so gesund wie möglich zu erhalten. Meiner Meinung nach solltest du dich im Falle einer Erkrankung auch nicht so intensiv (oder überhaupt nicht) mit den Aufstiegsplätzen oder Aufstiegsaktivierungen beschäftigen. Verwende stattdessen lieber Meditationen, die sich auf die Heilung deines physischen Körpers konzentrieren. Ich rate dir daher, in deinen Meditationen im Wesentlichen folgende Energien anzurufen: Erstens, die Aufgestiegenen Meister und Engel der Heilung, zweitens, die Arcturianer und drittens, den Synthesis-Ashram von Djwhal Khul.

Die Aufgestiegenen Meister und Engel der Heilung sind eine Gruppe von Heilern. Rufe sie an und sage ihnen, wo dich der Schuh drückt. Dann entspannst du dich eine Stunde lang, damit sie an dir arbeiten können. Das kann in einer Meditation, beim Fernsehen oder einfach geschehen, indem du dich auf irgendeine Weise entspannst. Jeder Mensch hat sein persönliches Heilungsteam, das ihm jederzeit zur Verfügung steht. Du kannst dir gar nicht vorstellen, wie viel Geld ich durch diese Art der Heilung schon gespart habe. Rufe diese Wesen an, sooft du sie benötigst – sie freuen sich, wenn sie dir dienen können. Mein zweiter Vorschlag zur Lösung deiner gesundheitliche Probleme ist gleichermaßen wertvoll. Arbeite mit Lord Arcturus und den

Arcturianern. Sie waren für mein Leben wirklich ein absolutes Gottesgeschenk. Wenn es um deine Gesundheit geht, empfehle ich dir, auf dreierlei Weise mit ihnen zusammenzuarbeiten. Als erstes bittest du sie um das, was du von ihnen benötigst. Bitte sie dann um die 100 %-ige Erhöhung deines Lichtquotienten, und darum, in welchen konkreten Bereich du das verstärkte Licht gechannelt haben möchtest. Als letztes bittest du dann darum, dich in die Mechanismus-Kammer auf dem arcturianischen Mutterschiff zu bringen, damit du dort an ihre Computer angeschlossen und dann behandelt werden kannst.

Das Einzigartige an den Arcturianern ist ihre hoch entwickelte außerirdische Technologie, die sie verwenden, um in solchen Fällen helfen zu können. Es gibt im gesamten Universum nicht ein einziges Problem, für das sie keine Behandlungsmethode finden könnten. Sie werden deinen physischen und Ätherkörper mit ihren hoch entwickelten Computern scannen, um Blockaden des Energieflusses auf ihren Bildschirmen erkennen zu können. Du wirst augenblicklich einen verstärkten Lichtfluss empfinden und eine Veränderung in diesem Bereich wahrnehmen können.

Diese Arbeit hat sofort eine Stärkung zur Folge, die deutlicher spürbar ist als bei irgendeiner anderen Gruppe von Wesenheiten, mit denen ich bisher auf einer regelmäßigen Grundlage gearbeitet habe. Sie sind die absolut wunderbarsten, auf das Dienen ausgerichteten Wesen, die ich kenne. Ihre Technologie erlaubt ihnen (anders als bei ähnlich metaphysischen Wesen), einige Dinge über einen längeren Zeitraum hinweg zu tun.

Drittens schlage ich vor, dass du darum bittest, den interdimensionalen Synthesis-Ashram von Djwhal Khul aufsuchen zu dürfen. Rufe Djwhal Khul und das Matrix-Entfernungs-Programm an. Bitte in diesem Fall sehr spezifisch um die vollständige Entfernung aller Implantate, negativen Elementale, Parasiten und unausgeglichenen Energien – sowohl allgemein als auch speziell in dem Bereich, in dem du Probleme hast. Im Falle einer chronischen Erkrankung ist es eine gute Idee, dies zwei Mal pro Woche zu tun. Gerade an unseren physischen Schwachstellen scheinen sich Implantate und Elementale oftmals zu konzentrieren. Djwhal Khul und Vywamus werden deine Felder reinigen und alle Formen negativer Energien oder ätherischen Schleims entfernen, die an dieser Stelle Probleme verursachen.

Dazu möchte ich dir noch etwas anderes empfehlen. Tue dies nicht immer während einer Meditation, sondern einfach in entspanntem Zustand. Lasse dabei den Fluss der Energien auf natürliche Weise zu. Wenn du eine Weile mit dieser Art der Aufstiegsaktivierung gearbeitet hast, wirst du feststellen, dass Energien zu dir kommen und mit dir arbeiten, um die du gar nicht bewusst gebeten hattest. In der Vergangenheit hast du bereits so oft darum gebeten, dass dir dies nun gewährt wird. Manchmal geht es einfach auch nur darum, dass der natürliche Energiefluss deines eigenen Körpers alles ist, was du brauchst.

Mir ist aufgefallen, dass die Aufstiegsplätze einen heilenden Einfluss auf meinen Körper haben, wenn es mir gut geht. Habe ich aber irgendwelche Probleme, besuche ich sie nicht, sondern meditiere mit den eben beschriebenen Formen der Heilung. Ich fühle mich gut dabei, denn so meditiere ich weiterhin und empfange viel Licht; der eigentliche Zweck bleibt aber in jedem Fall die Heilung. Einige Aufstiegsplätze haben die Eigenschaft, dich sehr weit von deinem physischen Körper zu entfernen. Daher ist es notwendig, dass du dich gut erdest, wenn du öfter mit diesen Techniken arbeitest.

Es gibt noch eine weitere, hilfreiche arcturianische Methode zur Heilung von Krankheiten. Es ist das Prana-Wind-Reinigungsgerät (ich habe es bereits in meinem Buch *Jenseits des Aufstiegs* erwähnt). Es wird in den Körper hinabgesenkt und entfernt sämtlichen ätherischen Schleim aus den Chakren und dem Meridiansystem oder bläst dies weg wie ein Ventilator. Es ist wichtig, dass sich der Energiefluss frei durch Venen, Arterien, Nervensystem und die Nadis bewegen kann. Dieses Mittel ist bei allen Problemen eine Hilfe und am Besten einmal pro Woche anwendbar, entweder als Vorbeugung oder dann, wenn du dich durch eine der Lektionen des Lebens anstecken ließt, was in diesen Zeiten wohl kein großes Problem ist.

Diese simplen Techniken werden einen enormen positiven Effekt haben, außerdem sparst du viel Geld, das du nicht für irgendwelche Heiler ausgeben musst. Damit will ich nicht sagen, dass du auf andere Heiler verzichten solltest. Dennoch stehen dir diese Heilungsteams jederzeit zur Verfügung, wenn du sie brauchst, und das vierundzwanzig Stunden täglich. Iss, um zu leben, lebe nicht, um zu essen. Trinke viel frisches Wasser, mache irgendwelche körperliche Übungen und habe jeden Tag soviel frische Luft und Sonne, wie du nur kannst. Alles zusammen sollte einen enorm stärkenden Einfluss auf deinen physischen und Ätherkörper haben. Bitte das ätherische Heilungsteam darum, Schäden an deinem Ätherkörper wieder in Ordnung zu bringen. Bitte auch das Auraheilungsteam, Löcher oder undichte Stellen in deiner Aura zu reparieren. Das sollte den gewünschten Erfolg bringen.

Manchmal wird es Tage, eine Woche oder mehrere Wochen dauern, wenn du dich mit diesen Dingen befasst. Viele Lichtarbeiter haben chronische Krankheiten unterschiedlichster Art. In extremen Fällen kann es sogar angebracht sein, ein ganzes Jahr auf diese Weise zu arbeiten. Trotzdem erhöhst du gleichzeitig auch deinen Lichtquotienten, wenn du mit den Meistern und Engeln der Heilung, den Arcturianern und dem Synthesis-Ashram arbeitest.

Der Kern dieser ganzen Angelegenheit ist, seine spirituelle Arbeit nicht auf Kosten des physischen Körpers zu leisten. In dieser Beziehung muss jeder sein eigenes Gleichgewicht finden. Dazu möchte ich noch anmerken, dass Krankheiten deinen Aufstieg nicht wirklich aufhalten werden. Von niemandem wird eine perfekte Gesundheit für den Aufstieg erwartet. Außerdem wirst du auf jeden Fall mit Lektionen durch Krankheiten konfrontiert werden, sogar nach dem Aufstieg und dem Abschluss der sieben Stufen der Einweihung. Du wirst weder zu Superman oder Superwoman noch wirst du unempfänglich für körperliche Probleme. Wenn du Schwächen auf physischer, emotionaler, mentaler oder spiritueller Ebene besitzt, werden diese auch nach deinem Aufstieg noch vorhanden sein. Eine letzte goldene Erkenntnis, die vielleicht eine der wichtigsten überhaupt ist, hat mit den Arcturianern zu tun. Bei meiner Arbeit mit ihnen habe ich eine großartige Entdeckung gemacht, nämlich, wie hilfreich sie bei der Bearbeitung solcher Lektionen sein können. Meiner Meinung nach ist ihre Energie die überzeugendste und effektivste, die ich bis jetzt im Zusammenhang mit Krankheiten kennen gelernt habe. Am Besten erkläre ich dir das im Zusammenhang mit meinen eigenen Erfahrungen.

Vor langer Zeit hatte ich mit einer Hepatitis zu tun. Mein Verdauungssystem ist deshalb schwächer und empfindlicher, als es das eigentlich sein sollte. Momentan bin ich gerade dabei, meinen Mayavarupa-Körper zu verwirklichen. Bis dieser Prozess abgeschlossen ist, muss ich wegen dieses Problems sehr vorsichtig mit dem sein, was ich esse; außerdem versuche ich so gut es geht, Stress zu vermeiden und mich nicht zu überarbeiten. Ich habe entdeckt, dass die arcturianische Energie wie eine Art „elektrischer Verband" genutzt werden kann, um diesen Bereich meines Körpers zu unterstützen. Zum Beispiel bitte ich jeden Morgen, bevor ich mit meiner Arbeit am Schreibtisch beginne, um die Erhöhung meines Lichtquotienten und die Stärkung von Leber und Bauchspeicheldrüse. Automatisch bin ich mit ihrem Mutterschiff und den Hauptcomputern verbunden. Auf elektrischem Wege stärken sie dann mein gesamtes Energiefeld, meine Leber und meine Bauchspeicheldrüse, so wie ich es erbeten hatte. Ich habe es ausprobiert; wenn ich dies nicht tue, macht mein System wesentlich früher schlapp. Ich benutze ihre Energien auch als allererste Gegenmaßnahme, sobald meine Organe energetisch (elektrisch) nicht mehr im Gleichgewicht sind. Die Arcturianer stellen die Ordnung augenblicklich wieder her. Es ist wirklich beeindruckend!

Jedenfalls ist es eine Tatsache, dass alle Lichtarbeiter irgendwo in ihrem Vier-Körper-System und/oder ihrem physischen Körper eine Schwachstelle besitzen – sozusagen ihre Achillesferse, das schwache Glied in der Kette. Ich schlage hiermit vor, dass du als Teil deines täglichen Programms Lord Arcturus und die Arcturianer anrufst und sie bittest, diese Schwachstelle zu stärken. Ich mache dies oft, bevor ich ins Bett gehe. Ich tue es auch vor allen größeren Veranstaltungen, um meine physische Stabilität zu gewährleisten.

Wenn jemand eine Schwäche im Kniebereich hat, schlage ich vor, eine Anrufung zur 100 %-igen Erhöhung des Lichtquotienten und zur Stärkung der Knie durchzuführen (vor dem Gehen oder Laufen). Wer Probleme mit seinem Immunsystem hat, kann gleichzeitig die 100 %-ige Erhöhung des Lichtquotienten und eine besondere Stärkung der Thymusdrüse erbitten. Bei einer Blasenentzündung lässt man diesen Bereich reinigen und stärken. Es wird die Wirkung eines elektrischen Verbandes haben, vergleichbar mit einem Gipsverband oder einer Zahnspange. Wenn der Emotionalkörper deine Schwachstelle ist, dann lasse die Arcturianer morgens nach dem Aufstehen als erstes diesen Bereich stärken, und auch weiterhin während des ganzen Tages. Handelt es sich um eine Seelenqualität (etwa Freude), lässt du dich den ganzen Tag über mit Freude bestrahlen. Es gibt kein Problem, bei dem dir die Arcturianer nicht helfen können. Diese Energien verwende ich die meiste Zeit, um mich körperlich bei Kräften zu halten. Ich habe in diesem Zusammenhang tausende unterschiedliche Formen von Energie ausprobiert, und keine hat meiner Erfahrung nach eine bessere Wirkung. Vielleicht liegt es ja daran, dass sie Außerirdische sind und eine hoch entwickelte Technologie benutzen.

Wunderbar ist bei all dem, dass diese Methode dazu beiträgt, den Lichtquotienten aufzubauen, während man gleichzeitig den physischen und Ätherkörper an den Stellen stärkt, die Unterstützung brauchen. So schlägst du quasi zwei Fliegen mit einer Klappe. Die Arcturianer können dir auch bei vielen anderen spirituellen Fragen helfen; wenn es aber um Fragen der Gesundheit geht, sind sie wirklich ein Gottesgeschenk.

Nach deinem Aufstieg wirst du aus dem perfekten Körper der monadischen Blaupause, dem Mayavarupa-Körper, heraus wirken und dabei sehr viel mehr Licht und spirituelles Potenzial in dir tragen. Dieser Prozess der Verwirklichung der monadischen Blaupause geschieht allerdings schrittweise. Es ist ein Missverständnis unter den Lichtarbeitern, dass dies in einem einzigen Augenblick geschieht. Das ist nicht der Fall. Deine Gesundheit wird sich nach deinem Aufstieg sehr verbessern, unverwundbar wirst du allerdings nicht sein. Solltest du deinem niederen Selbst nachgeben, wird geschehen, was schon die Bibel verkündet: „Hochmut kommt vor dem Fall." Dieselbe Arbeit des Klärens, der Selbstbeherrschung und der Selbstdisziplin, die dich den Aufstieg erreichen ließ, wirst du auch danach noch in gleicher Weise benötigen.

Warum besitzen wir nach dem Aufstieg keine übermenschlichen Fähigkeiten?

Dieses Missverständnis galt wohl für die meisten Lichtarbeiter, mich selbst eingeschlossen, aber wir leben jetzt in einer vollkommen neuen Ära, mit einer völlig neuen Ordnung. Früher benötigten Meister vierzehn Jahre oder ein ganzes Leben, um eine Einweihung zu bestehen, und waren dann die am weitesten fortgeschrittenen Eingeweihten auf Erden. Heutzutage vollzieht ein durchschnittlicher, engagierter Lichtarbeiter eine Einweihung innerhalb von zwei bis drei Jahren. Alles ist sehr viel leichter geworden. Das hat mit der gegenwärtigen Phase in der Geschichte unseres Planeten und mit der Tatsache zu tun, dass wir am Beginn des Wassermann-Zeitalters und in einer Periode des Massenaufstiegs leben. Wir haben großes Glück, in diesen Zeiten inkarniert zu sein. Früher hatten die Meister sehr viel mehr Zeit, um sich zwischen den Einweihungen in ihrem neu erworbenen Bewusstsein zu üben, und sie lebten in der Regel im Himalaja, nicht in den großen Städten.

Nun gibt es eine neue Dispensation für den Aufstiegsprozess, seit uns das Beispiel durch Jesus, Saint Germain, Djwhal Khul, Kuthumi und El Morya gegeben wurde. Der neue Erlass sieht vor, den Lichtarbeitern zu erlauben, ihre Entwicklung auf spiritueller Ebene weit über den Punkt hinaus zu beschleunigen, den sie mental, emotional oder sogar physisch erreicht haben. Es ist ein wenig so, als ob der spirituelle Körper den anderen Körpern vorausgeht. Die höheren Fähigkeiten eines Aufgestiegenen Meisters stellen sich allerdings erst ein, wenn alle sieben Stufen der Einweihung vollständig bestanden, alle 50 Chakren verankert und aktiviert und alle 12 Körper installiert und aktiviert sind. Erinnere dich bitte daran, was ich zuvor darüber sagte. Es geht um drei Schritte: Verankerung, Aktivierung und Verwirklichung. Sobald alle Einweihungen, Chakren und Körper installiert und aktiviert sind, folgt der letzte Schritt, die Verwirklichung, durch den die höheren Fertigkeiten entwickelt werden (Teleportation, Materialisieren, Dematerialisieren, usw.). Durch diesen neuen göttlichen Erlass ist es den Menschen jetzt erlaubt, zuerst ihren Aufstieg und die sieben Stufen der Einweihung zu vollenden und erst danach an der Entwicklung dieser Fähigkeiten zu arbeiten. Ich wiederhole mich hier, wenn ich noch einmal auf das Missverständnis hinweise, dass diese Fähigkeiten direkt in dem Augenblick vorhanden sind, wenn man aufsteigt; das entspricht absolut nicht der Wahrheit. Sie müssen erst entwickelt werden. Ich selbst habe bereits alle Anforderungen erfüllt, besitze aber immer noch keine dieser Fähigkeiten. Melchizedek erklärte uns, dass sich diese Fähigkeiten mit der Installierung, Aktivierung und Verwirklichung des zwölften (oder universalen) Körpers einstellen. Das bedeutet für unsere Gruppe noch weitere fünf Jahre Arbeit, bevor wir sie wirklich anwenden können. Dein wichtigstes Ziel sollte, meiner Meinung nach, das Erreichen der siebten Einweihung sein, was die wahre Befreiung vom Rad der Wiedergeburt bedeutet. Es gibt viele Fähigkeiten in hellsichtiger und spiritueller Hinsicht, die zuvor entwickelt werden können. Ich spreche hier jedenfalls von den höheren Fähigkeiten, die mit dem Überwinden der physischen Gesetze zu tun haben, wie etwa Teleportation oder das Materialisieren von physischen Gegenständen.

In dieser Zeit einer neuen Dispensation scheint es so, als ob das Bestehen der Einweihungen und das Erreichen des Aufstiegs sehr viel leichter sei als früher, das Erwerben der höheren Fähigkeiten eines Aufgestiegenen Meisters dagegen etwas schwerer. Wenn man sieht, wie viele Eingeweihte jetzt ihre höheren Einweihungen nehmen, ist das vielleicht gut so. Einweihungen haben, wie gesagt, mehr mit der Entwicklung auf spiritueller Ebene und dem Aufbau des Lichtquotienten zu tun, als mit der Entwicklung der mentalen, emotionalen oder physischen Ebene. Das mag vielleicht überraschend klingen, aber es ist die Wahrheit.

Einsamkeit und der spirituelle Pfad

Oft hört man von Lichtarbeitern, dass sie sich alleine fühlen oder nicht genügend spirituelle Gesellschaft oder Gemeinschaft auf ihrem Pfad erfahren. Es stimmt, rein zahlenmäßig werden es immer weniger, mit denen du wirklich etwas anfangen kannst, wenn du auf deinem Pfad weitergekommen bist. Als erste Lösung möchte ich dir empfehlen, jedes Jahr zu unserem Wesak-Fest zu kommen, wo dir wortwörtlich tausende aus deiner größeren spirituellen Familie begegnen werden. Ein anderes Mittel gegen die Einsamkeit sind die verschiedenen Aufstiegstechniken in meinen Büchern. In jedem Augenblick kannst du in Gottes grenzenlosem Universum tausende unterschiedlicher Meister sprechen und spirituelle Plätze besuchen, dort hinreisen oder dich energetisch mit ihnen verbinden. Wie gesagt, selbst wenn du nicht hellsichtig oder hellhörig bist, ist allein schon die Verbindung mit diesen Energien äußerst wohltuend. Es ist gewissermaßen wie eine energetische Verschmelzung mit den verschiedenen Meistern, deiner eigenen Monade und deinem Höheren Selbst. Auf diese Weise erfährst du noch deutlicher, wie dünn der Schleier zwischen dir und der Geistigen Welt ist, und wie bereitwillig alle Meister dir auf deine Bitte hin zur Verfügung stehen. Du beginnst, zu erkennen, dass du wortwörtlich tausend unterschiedliche Meister über das Telefon der Inneren Ebenen spirituell ‚anrufen' und dich mit ihnen verbinden kannst.

Meine Bücher enthalten eine enorm große, bunte, umfassende und vielseitige Mischung von Methoden und Techniken zur Anwendung. Somit wird dir niemals langweilig werden. Du kannst jederzeit nicht nur über Gott lesen, sondern ihn sprichwörtlich in allen seinen unbegrenzten Manifestationen erfahren. Ich ermutige Dich, zu experimentieren und dich nicht zu begrenzen. Reise zu Sai Babas Ashram und erlebe seine Unterstützung und seine Liebenswürdigkeit an seinem ‚Liebes-Platz'. Reise zur Goldenen Kammer von Melchizedek und erlebe die allumfassende Liebe des Großmeisters selbst. Rufe Metatron an und erlebe seine eindrucksvollen Lichtfrequenzen. Reise zu den verschiedenen Ashrams der Meister, um dort zu meditieren, dich mit ihren Energien verbunden zu fühlen und sie um ihren Segen für deinen Aufstieg zu bitten.

Indem du damit experimentierst und übst, wirst du schon bald erleben, dass du nie alleine bist, es nie warst und niemals sein wirst. All das ist nur durch die Illusion eines Schleiers entstanden, und das Erkennen und Praktizieren dessen, wovon ich hier spreche, wird dir wahrhaftig den „Frieden bringen, der alles Verstehen übersteigt."

Die Ganesha-Zeremonie

Im Hinduismus bezieht sich der Name Ganesha auf den Gott, der als „der Beseitiger von Hindernissen" gilt. In der hinduistischen Literatur wird er als Elefanten-Gott dargestellt. Obwohl aus westlicher Sicht die Tendenz vorherrscht, Ganesha eher als Phantasiegebilde oder einfach nur als mythologische Gestalt zu sehen, ist das absolut nicht der Fall. Er ist uns in einigen Fällen während der Meditation erschienen, und er ist ein wichtiger Verbündeter bei der Absicht, Hindernisse jedweder Art zu beseitigen. Um diese Zeremonie durchführen zu können, musst du dir als erstes eine Kokosnuss besorgen. Stehe dann vor deinem Altar (die Kokosnuss befindet sich in einer großen Schüssel) und halte dabei einen Hammer in der Hand. Begib dich in einen meditativen Zustand,

empfinde dabei Achtung und Ehrerbietung und rufe Ganesha an. Dann zerschlägst du die Kokosnuss mit dem Hammer und lässt ihre Milch in die Schüssel fließen. Breche dann die Kokosnuss in Stücke und lege sie auf deinen Altar, um sie Ganesha anzubieten. Sprich dann dreimal nacheinander folgendes Mantra:
„Jai Ganesha, Jai Ganesha, Pariman. Sri Ganesha, Sri Ganesha, Rokshaman."

Rufe Ganesha an und bitte ihn darum, dass er das unerwünschte Hindernis entfernen möge. Unterschätze keinesfalls die Mächtigkeit dieser kurzen Zeremonie. Vielleicht magst du auch in einen esoterischen Buchladen gehen und dir für deinen Altar eine Karte mit seinem Bild aussuchen. Mit dieser Zeremonie hast du neben den Huna-Gebeten eine absolut ‚treffsichere' spirituelle Methode in der Hand, um die Erfolge zu erreichen, die du dir für dein Leben im Dienste Gottes wünschst.

Unser neuer Planetarer Logos

1995 erhielten wir wenige Tage vor dem Wesak-Fest eine Information von einem Freund aus Seattle, der mit einem anderen der großen planetaren Ashrams in Verbindung steht. Dieser Freund, namens Peter, sagte zu meinem Freund, dass ihre Organisation außerordentliche Informationen zu dem Status von Sanat Kumara und Lord Buddha erhalten habe. Von ihrer inneren Führung erhielten sie die Information, dass Sanat Kumara sich in seinem kosmischen Aufstieg nun auf eine höhere Position begeben werde; Gautama Buddha werde nun die Funktion des Planetaren Logos übernehmen. Wir meditierten in der Gruppe darüber und erfuhren, dass es tatsächlich stimmte; es hieß, Sanat Kumara werde jetzt die Verantwortung für zwei weitere Planeten übernehmen und zugleich den Buddha in seiner neuen Aufgabe als Planetarer Logos überschatten. Sanat Kumara trägt nun also die Verantwortung für drei Planeten (die Erde und zwei weitere Planeten); Buddha hält jetzt die Position des Planetaren Logos inne und wird dabei sehr eng mit Sanat Kumara zusammenarbeiten.

Genau zu dem Zeitpunkt, als die Menschheit mit der ersten Aufstiegswelle begann, vollzog Sanat Kumara den nächsten Schritt in seinem kosmischen Aufstiegsprozess. Buddha kehrte von der Großen Weißen Loge des Sirius zurück, um sich mit wieder seinem Bruder, Lord Maitreya, zu vereinen, was beide bereits so oft in der Vergangenheit getan hatten, um dabei mitzuhelfen, die Menschheit zu erleuchten. Ein ziemlich mächtiges Team: Sanat Kumara, Lord Maitreya und Buddha! Aus diesem Grund wächst auch die Bedeutung des Wesak-Festes, das wir feiern, von Jahr zu Jahr. Obwohl es zu Wesak 1995 noch einige Verwirrung im Zusammenhang mit diesem Thema gab, da diese Informationen noch recht neu waren, haben wir uns seither in der Gruppe intensiv darum bemüht, der Sache auf den Grund zu gehen, und es ist wirklich die Wahrheit. Sanat Kumara ist immer noch sehr eng mit der Evolution der Erde befasst, so wie er es immer schon war. Auf jeden Fall ist Buddha, durch die Gnade Gottes, wieder bei uns. Offiziell hat er seine Aufgabe als Planetarer Logos mit dem Wesak-Fest 1995 übernommen – eine große Sache, wie ich finde.

Die Klärung der sieben Schleier und der zwölf Schleier

Rufe in der Meditation die Klärung der sieben Schleier an, welche mit dem niederen Ausdruck der sieben Strahlen verbunden sind. Danach bittest du um die Klärung der zwölf Schleier, die in Verbindung mit den zwölf Archetypen stehen. Und zuletzt rufst du die Klärung der zwölf Schleier an, die mit dem niederen Ausdruck der zwölf Tierkreiszeichen verbunden sind – von Metatron, Melchizedek und Erzengel Michael.

Aktivierung zur Entfernung von Krebs

Rufe Lord Arcturus und die Arcturianer an, um alle Formen von Krebs in deinem Gehirn sowie in der gesamten Matrix deines ätherischen, astralen, mentalen und physischen Körpers entfernen zu lassen. Dann erbittest du dies für alle Seelenausdehnungen deiner Überseele und alle 144 Seelenausdehnungen deiner Monadenfamilie. Zum Abschluss bittest du um die genetische Klärung aller Krankheiten jeglicher Art deiner gesamten genetischen Abstammungslinie.

Das ätherische Gewebe

Die folgende Information der Aufgestiegenen Meister dürfte für die meisten Lichtarbeiter von größter Wichtigkeit sein. Jeder Mensch besitzt einen Ätherkörper oder ein ätherisches Gewebe, welches die perfekte Form oder Blaupause für den physischen Körper enthält. In vielen Fällen ist dieses Gewebe aber entweder zu offen und locker oder zu eingeschränkt und zu fest.

Ein Mensch, der zu offen und auf übersinnliche Weise empfänglich ist und zu viele Energien anderer Menschen oder des Lebens aufnimmt, ist darauf angewiesen, dass sein ätherisches Gewebe gestrafft wird. Auf der anderen Seite kann jemand, der zu kontrolliert und auf übersinnlichen Ebenen nicht offen genug ist, darauf angewiesen sein, dass sein ätherisches Gewebe gelockert wird. Rufe daher die Aufgestiegenen Meister an, besonders Vywamus und Djwhal Khul, und lasse sie in Verbindung mit deiner mächtigen ICH BIN - Gegenwart die für dich angemessene Festigkeit deines ätherischen Gewebes herausfinden.

Atombombentests

Eines Tages fragte ich Melchizedek nach den Auswirkungen der Atombombentests, die zu dieser Zeit in China und Frankreich geschahen und in der Vergangenheit in den USA und einigen europäischen Ländern durchgeführt worden waren. Nach seinen Worten verursachen Atombomben große Löcher im Aurakörper (mental, astral, ätherisch) der Erde. Dies hat große Ähnlichkeit mit den Löchern, die in der Aura von

Menschen entstehen, die in ihrer Kindheit in ihrem Umfeld missbraucht und/oder misshandelt wurden. Die Löcher in der menschlichen Aura verursachen zum einen Energieverluste und ein Ausbluten auf psychischer Ebene, andererseits ermöglichen sie eine Öffnung für negative Außerirdische und astrale Wesenheiten. Dasselbe geschieht in gleicher Weise auf der planetaren Ebene. Wir erfuhren, dass in fast allen Fällen wenige Tage nach einem solchen Test irgendwo auf der Erde ein größeres Erdbeben stattfindet. Der militärisch-industrielle Komplex dieses Planeten begreift nicht, dass und wie in der Natur alles mit allem verbunden ist. Es gibt keinen „isolierten" Atomtest unabhängig von allem anderen. Hinzu kommt die Tatsache, dass Uran vor allen anderen Substanzen dieses grenzenlosen Universums den stärksten nachteiligen Effekt auf das menschliche Leben hat. Es existiert kein wirklich sicherer Weg, um diese Substanz zu deponieren.

Dazu kommen die Auswirkungen der Bombardierung von Hiroshima und Nagasaki. Kannst du dir die Auswirkung auf die Ätherkörper der Menschen vorstellen, die sich zur Zeit der Abwürfe in diesen Städten aufhielten? Bedenke, dass ätherische Körper mit Sicherheit durch ein Trauma aus einem früheren Leben beschädigt werden können. In diesem Fall haben wir tatsächlich die Situation, dass der ätherische Körper regelrecht zusammenbrach. Damit will ich nicht sagen, dass dies nicht mehr zu korrigieren ist, aber der Schaden ist enorm. Es ist die schlimmste Form des Sterbens. Das ist auf jeden Fall keine Energie, auf die wir uns einlassen sollten. Es ist eine Energieform, welche die Menschheit nicht versteht und die sie in Wirklichkeit nicht braucht. Auch sind Kernkraftwerke, wie wir alle wissen, nicht wirklich sicher, und außerdem wird es in Zukunft möglich sein, Energien anzuziehen, die eine zerstörerische Wirkung haben können. Aber das ist immer noch dreidimensionales Denken. Irgendwann wird auch das Verbrennen von Öl und Kohle und sogar Elektrizität, wie wir sie jetzt noch kennen, überholt sein. Wir werden in der Lage sein, freie Energie anzuzapfen, so wie es Nikola Tesla beschrieben hat.

Ich war allerdings erstaunt, zu hören, dass es einen scheinbar positiven Effekt der Atomtests gibt. Die Meister sagten, dies hätte mit dem Riss zu tun, der zwischen der dritten und der vierten Dimension geschaffen wurde. Dieser Riss hatte definitiv negative Auswirkungen, erlaubte andererseits aber eine stärkere Kommunikation zwischen beiden Dimensionen.

Aktivierung für sämtliche Christus-Universen

Rufe Melchizedek, Metatron und Erzengel Michael um die Verankerung und Aktivierung aller Christus-Universen von der Quelle unseres Kosmischen Tages an.

Ein seltsamer Summton in New Mexico

Kürzlich sah ich eine Sendung im Fernsehen, die „Sightings" (Sichtungen) heißt. In dem Bericht hieß es, tausende von Menschen in New Mexico und überall auf der ganzen Welt hätten einen ungewöhnlichen Summton wahrgenommen, der scheinbar aus der Erde kam. Der zentrale Ausgangspunkt schien jedenfalls New Mexico zu sein. Es war kein Geräusch, das von allen wahrgenommen werden konnte, sondern nur von einigen wenigen, die entsprechend feinfühlig waren. Ich fragte die Meister danach. Nach ihren Worten ist es ein vierdimensionaler Klang. Sie sagten, dieser Summton ginge von einer außerirdischen Untergrundbasis aus, die von den ‚Grauen' und der amerikanischen Regierung genutzt wird.

Das Bermuda-Dreieck

Vor kurzem habe ich auch eine wunderbare Dokumentation über das Bermuda-Dreieck gesehen; zusammen mit einigen Channelings der

Aufgestiegenen Meister erhielt ich auf diese Weise ein viel besseres Verständnis davon, was sich eigentlich dort genau abspielt. In meinen früheren Büchern sprach ich von dem auf den Meeresgrund gesunkenen großen Kristall von Atlantis, der ein Teil des Phänomens ist. Ich wusste zwar, dass dies der Wahrheit entspricht, aber ich hatte trotzdem nie ganz verstanden, was mit den Leuten und ihren Schiffen geschieht. Jetzt weiß ich es besser. Grundsätzlich ist es so, dass es sich beim Bermuda-Dreieck um einen vierdimensionalen Energiewirbel handelt, der abhängig von mehreren Faktoren in Erscheinung treten kann; einer davon ist der gerade erwähnte große Kristall auf dem Meeresgrund. Befindet sich ein Schiff oder Flugzeug in diesem Wirbel, löst es sich wortwörtlich auf und verschwindet in der vierten Dimension. Dabei kommt niemand ums Leben, sondern man befindet sich lediglich in einer anderen Dimension, so wie ein Mensch, der stirbt. Hier hingegen ist es so, dass die physischen Körper, Schiffe oder Flugzeuge mitkommen. In gewisser Weise ähnelt es dem Vorgang, durch den ein Aufgestiegener Meister mit Hilfe von Teleportation auf die Inneren Ebenen gelangt. Nun, die Betroffenen befinden sich hier allerdings in der vierten Dimension, nicht in der fünften. In dieser Dokumentation gab es eine ganze Menge an unglaublichen Informationen, die erklärten, wie es funktioniert. Die erstaunlichste Geschichte war die über ein Schiff, das einen Lastkahn hinter sich herzog, der an einem Seil hing. Dieses Schiff geriet in das Bermuda-Dreieck, und urplötzlich verschwand der Kahn direkt vor den Augen der Besatzung, beinahe so wie beim Philadelphia-Experiment.

In einem weiteren Fall ging es um ein Schiff, das ein hoch entwickeltes Radarsystem besaß. Auf dem Radarschirm erschien mitten im Ozean plötzlich eine riesige Landmasse, an einer Stelle, an der sonst keine so große Landmasse zu finden ist. Sie fuhren bis an den Rand, aber es war nichts zu sehen. Als sie nun in das Gebiet hineinfuhren, begannen das Radar und weitere Instrumente, außer Kontrolle zu geraten; daher beschlossen sie, umzukehren. Sie hatten tatsächlich das Bermuda-Dreieck auf ihren Radarschirmen gesehen!

Eine weitere unglaubliche Geschichte: Ein Flugzeug flog Kreise über einer Insel im Bermuda-Dreieck. Die Frau, die das Flugzeug flog, sprach mit dem Tower und berichtete, dass die Instrumente ausgefallen seien, außerdem sähe sie unter sich nur eine verlassene Insel, auf der kein Mensch oder Gebäude zu sehen sei. In der dritten Dimension flog sie über einer Ferieninsel, auf der sich eine Menge Menschen und Gebäude befanden. Die Menschen auf der Insel konnten das Flugzeug beobachten, das da oben seine seltsamen Runden drehte, und wussten nicht, was sie tat. Die Meister meinten, dass diese Frau sich quasi im Korridor des Bermuda-Dreiecks befand. Sie war halb in der dritten und halb in der vierten Dimension. Es war fast so, als hätte sie die Gegend wahrgenommen, wie sie zweihundert Jahre zuvor ausgesehen hatte, während die Menschen am Boden sie in der Gegenwart wahrnahmen. Später verschwand sie und wurde nie wieder gesehen. Genau dasselbe geschah auch mit sechs Kampfflugzeugen. Der Tower meldete, dass sie sich jetzt über bewohntem Gebiet befänden, die Piloten dagegen sahen nur verlassene, unwirtliche Inseln. Sie befanden sich ebenfalls in einem Korridor zwischen zwei Dimensionen. Später verschwanden die Flugzeuge von den Radarschirmen, und niemand hat jemals wieder etwas von ihnen gehört und gesehen. Auf meine Fragen antworteten die Meister, dass die Betroffenen jetzt in der vierten Dimension lebten und in den meisten Fällen ihr Leben dort fortsetzen würden. Dabei sollte bedacht werden, dass die vierte Dimension genauso aussieht wie die dritte. Die Schiffe und Flugzeuge befanden sich einfach im Himmel, Ozean und der Erde der vierten Dimension, statt der dritten. Das ist auch der Grund, warum einige von ihnen in seltenen Fällen wieder in die dritte Dimension zurückkehren konnten.

Einmal geschah es einem Kreuzfahrtschiff, dass es etwa zehn Minuten lang von den Radarschirmen verschwand und dann wieder auftauchte. Das Schiff befand sich in der vierten Dimension; auf der Brücke war man sich dessen wahrscheinlich nicht bewusst, außer, dass in dieser Zeit alle Instrumente verrückt spielten. Die Fähigkeit, zu dematerialisieren, ist natürlich eine der Möglichkeiten eines Aufgestiegenen Meisters. Im Fall des Bermuda-Dreiecks handelt es sich nun um einen Energiewirbel, der diese Transformation ermöglicht. Wie vielen sicher bekannt sein dürfte, besaß und verwendete die amerikanische Regierung für das Philadelphia-Experiment eine Technologie, um Kriegsschiffe auf Knopfdruck unsichtbar zu machen (siehe auch in meinem Buch *Verborgene Mysterien*), wobei sie die überlegene Technologie von Außerirdischen einsetzte. In dieser Situation tauchte allerdings ein Problem auf. Man war zwar in der Lage, diese Technologie zu nutzen, konnte aber den Ablauf nicht so kontrollieren, dass er für die Besatzung sicher war. Einige Besatzungsmitglieder dematerialisierten, die Schiffe kehrten zwar wieder zurück, viele rematerialisierten jedoch in der Hülle des Schiffes.

Ein letzter Aspekt der Ereignisse um das Bermuda-Dreieck ist das Verschwinden lediglich der Schiffsbesatzungen, wenn die Schiffe in diese Zone hineinfuhren. Es konnte geschehen, dass die Besatzung in die vierte Dimension geriet, das Schiff aber wieder zurück in die dritte Dimension gelangte. Eine andere Möglichkeit war auch, dass der Energiewirbel nur die Mannschaft dematerialisierte, nicht aber das gesamte Schiff. Ich fragte die Meister, ob es weitere Energiewirbel dieser Art auf der Erde gibt. Sie antworteten, dass es ganz sicher noch einige andere geben würde. Es gibt auch Menschen, die mit ihren Flugzeugen in der vierten Dimension abstürzten oder starben; andere haben ihr Leben dort weitergelebt, ohne eine Möglichkeit zu haben, wieder Kontakt mit ihrem alten Leben in der dritten Dimension aufzunehmen.

Kannst du dir vorstellen, dich auf einer Kreuzfahrt oder in einem Flugzeug zu befinden und plötzlich in der vierten Dimension zu landen? Vielleicht würdest du dabei in eine Situation aus der Vergangenheit oder Zukunft geraten. Es wäre wie ein Tod, aber du bist nicht tot. Das erinnert mich an einen sehr guten Science-Fiction-Film, der vielleicht gar nicht so fiktiv ist *(gemeint ist hier der Film „Der letzte Countdown", mit Kirk Douglas in der Hauptrolle, Anm. des Übers.)*. Ein Flugzeugträger gerät im Sturm in einen Energiewirbel und wird in das Jahr 1945 zurückversetzt, in die Zeit kurz vor dem Angriff der Japaner auf Pearl Harbor. Dadurch gerät die

Besatzung in ein ethisches Dilemma. Soll sie ihre überlegene Feuerkraft einsetzen, um die japanische Flotte zu zerstören und so die Geschichte verändern? Das ist vielleicht etwas weit hergeholt, aber wer weiß?!

Einweihungsprozess für fundamentalistische Christen

Eines Tages fragten wir Djwhal Khul während der Meditation nach dem Einweihungsprozess für fundamentalistische Christen. Ich stellte ihm diese Frage nicht aus einem verurteilenden, wertenden Grund, sondern vielmehr aus Neugier darüber, wie deren spirituelle Entwicklung durch ihr oft dogmatisches, verwirrtes und selbstgerechtes Wertesystem beeinflusst wird. Nach Djwhal Khuls Worten hat ihr Wertesystem tatsächlich einen enormen Einfluss. Generell lässt sich sagen, dass ihre religiösen Glaubenssätze und Inhalte die dritte Einweihung, die Seelenverschmelzung, ermöglichen. Von da an existiert für alle Betroffenen lediglich ein absoluter Stillstand. Allerdings gibt es nach Djwhal Khuls Worten auch Ausnahmen. Im Allgemeinen verläuft die Entwicklung aber nach dem gerade beschriebenen Muster.

Aktivierung des Gitters der 64 heiligen Zeichen von DNS und RNS

Rufe Metatron und Melchizedek zur Verankerung und Aktivierung des Gitters der 64 heiligen Zeichen von DNS und RNS an. Dies hängt mit den zwölf Strängen der DNS zusammen, ist dabei aber das eigentliche Gitter, das diesem Vorgang zugrunde liegt. Auch hier geht es wieder um die drei Schritte des Installierens, Aktivierens und Verwirklichens. Die vollständige Verwirklichung dieses Prozesses erfolgt erst, wenn alle 12 Körper und die 200 Chakren installiert und aktiviert sind. All diese Vorgänge arbeiten synergetisch zusammen. Bitte um diese Installierung und Aktivierung, denn das wird den Prozess noch stärker in Bewegung setzen. Nach Djwhal Khuls Worten ist diese Gitterstruktur der Code, der die grundlegenden Prinzipien der DNS freigibt. Mit jedem Strang werden gleichzeitig vier dieser heiligen Zeichen aktiviert.

Der Bann der Nichteinmischung

Die nächste goldene Erkenntnis ist vielleicht eine der wichtigsten dieses Buches. Alle Lichtarbeiter werden bei ihrer Arbeit des Dienens mit dem negativen Ego anderer Menschen konfrontiert. Das gilt besonders, wenn sich der Grad der Verantwortung durch entsprechende Führungsaufgaben erhöht hat. Im Gegensatz zur göttlichen entspricht es der menschlichen Natur, dass sich das negative Ego in Machtkämpfe verwickelt oder andere Lichtarbeiter kritisiert, schlecht über sie redet oder versucht, sie zu sabotieren, um dadurch ein höheres Selbstwertgefühl zu erreichen. Viele Lichtarbeiter haben ihr negatives Ego nicht unter Kontrolle; einige muss man sogar der Kategorie der Schattenmeister zurechnen, was ich ja bereits beschrieben habe. Diese Schattenmeister stehen sowohl unter dem Einfluss der Dunklen Bruderschaft als auch dem der Aufgestiegenen Meister. Mir und der Gruppe sind bereits öfter Menschen begegnet, die auf Grund ihres Neides und Konkurrenzdenkens, ihrer grundsätzlichen Verunsicherung oder ihrem Mangel an Klarheit eine Menge Chaos auf den Inneren Ebenen anrichten können. Grundsätzlich können auf diese Weise falsche Gerüchte und Ärger verbreitet werden. Ich bin sicher, viele von euch wissen, wovon ich hier spreche. Von all dem wird wohl kein Lichtarbeiter verschont bleiben können, denn das negative Ego ist nur sehr schwer zu zügeln.

Die Frage ist also, wie man aus spiritueller Sicht angemessen auf solch ein Verhalten reagieren kann. Zuallererst kann man üben, nicht darauf einzugehen und sich nicht auf die gleiche Ebene zu begeben. Man sollte stattdessen neutral und unbeteiligt bleiben, eine verzeihende, liebevolle Haltung einnehmen und göttlichen Gleichmut bewahren. In manchen Fällen ist vielleicht ein Gespräch angebracht. In vielen Fällen wird jedoch auf diese Weise das Problem nur verstärkt, gleich welche Art von Kommunikation man nutzt. Was soll ein Lichtarbeiter in einem solchen Fall tun? Die Meister schlagen dazu drei Möglichkeiten vor:

1. Melde die betreffende Person auf den Inneren Ebenen Lord Maitreya und Lord Buddha in einer liebevollen und nichtwertenden Weise. Sanat Kumara sagte, es gäbe für solche Fälle es eine bestimmte Vorgehensweise. Als erstes wird die betreffende Person verwarnt und erhält dann eine Zeit der Bewährung. In extremen Fällen wird ihr ein großer Teil ihrer Energie entzogen.

2. Das Allerwichtigste ist, dass du Lord Maitreya, Lord Buddha und die Herren des Karma um den Bann der Nichteinmischung bitten musst. Die Anrufung des Banns der Nichteinmischung wird auf spiritueller Ebene die Mächte beschwören, die diesen Planeten regieren, damit sie einschreiten und die Dunkle Bruderschaft daran hindern, deine Lichtarbeit zu sabotieren. Jedes Mal, wenn ein Lichtarbeiter unter die Herrschaft seines negativen Egos gerät und versucht, deine Arbeit zu stören, solltest du diesen Bann erbitten.

3. Bitte um einen Schutzbann für dich selbst, deine Arbeit, deine Bücher, Kassetten und dein gesamtes Programm. Um all diese Dinge solltest du in einer Haltung des umfassenden Vergebens und der bedingungslosen Liebe bitten. Man könnte es auch „eine strengere Form der Liebe" nennen. Diese Bitte sollte in jedem einzelnen Fall ausgesprochen werden, wenn etwas Derartiges geschieht.

Außerdem würde ich dir empfehlen, das bei Gelegenheit auf der gesamten planetare Ebene zu tun – gegenüber allen Menschen und Lichtarbeitern der Erde. Dies ist eine Form der Vorbeugung. Mache dir bitte klar, dass bei vielen Lichtarbeitern (obwohl sie die besten Absichten haben mögen) das negative Ego und die Dunkle Bruderschaft oft die Herrschaft übernehmen. Auf diese Weise versucht die Dunkle Bruderschaft, den göttlichen Plan zu sabotieren und aufzuhalten. Diese drei Werkzeuge werden auf individueller wie auf kollektiver Ebene einen sehr kraftvollen Schutz erzeugen.

Eine erweiterte Sicht zum Thema der Projektion

Wir alle kennen den Begriff Projektion. Wird jemand gänzlich von seinem negativen Ego beherrscht, können sich die Projektionen auch auf die hellsichtige und innere Wahrnehmung auswirken. Vor kurzem begegnete mir der Fall einer hellsichtigen Frau, die an einer Person und ihrer Arbeit astrale Energien wahrnahm; allerdings befand sie sich mit ihr in einem Konkurrenzkampf.

Ich überprüfte die Umstände zusammen mit Djwhal Khul, und es stellte sich heraus, dass sie selber das astrale Wesen war. In ihrer hellsichtigen Wahrnehmung sah sie eindeutig die eigenen unverarbeiteten, unterbewussten Energien ihres negativen Egos und projizierte sie auf die Person, mit der sie wetteiferte. Diese Frau war sich in keiner Weise des Ausmaßes bewusst, mit dem sich ihr negatives Ego und ihr Emotionalkörper der Persönlichkeit bemächtigt hatten. Sie war sich nicht bewusst, wie sehr das negative Ego bereits ihre Hellsichtigkeit beeinflusste. Ich erwähne dies, weil viele Lichtarbeiter häufig ihre Macht an Medien oder Channels abgeben und dabei das Ausmaß übersehen, mit dem das negative Ego deren Aussagen beeinträchtigen kann.

In einem anderen Fall, während eines kleineren Seminars, channelte dieselbe Frau einen der großen Meister. Sie fuhr fort, das Channeling mit ihren eigenen Inhalten zu versehen, und ich weiß ganz sicher, dass diese nicht mit den Vorstellungen der Meister übereinstimmten. Ehrlich gesagt glaube ich, dass sie sich in keinster Weise bewusst war, dass sie quasi ihr negatives Ego channelte, das sich, nebenbei gesagt, wie ein großer Meister aufführte. Ihr Channeling klang sehr nach den Aufgestiegenen Meistern, und ich bin sicher, alle Anwesenden im Publikum glaubten das ebenso.

Die Lichtarbeiter sollten sich allgemein die Persönlichkeit eines Mediums oder Channels sehr genau anschauen. Sollte dir jemand etwas anderes sagen, dann spricht sein negatives Ego. Selbst die Aussagen in den

Büchern von Alice Bailey oder Edgar Cayce wurden durch ihre Persönlichkeit gefärbt. Dies ist keine Wertung, sondern liegt in der Natur des Channelns selbst. Es gibt auf Erden keinen Channel, der davon ausgenommen ist. Nun, einige sind dabei natürlich klarer als andere, was dem Ideal nahe kommt. Doch denke bitte daran, nur weil jemand etwas von den Meistern channelt oder auf hellsichtige Weise wahrnehmen kann, heißt das nicht, dass es auch wirklich wahr ist oder existiert.

Missverständnisse zu den Einweihungen und dem Aufstieg

Unter Lichtarbeitern gibt es ein weit verbreitetes Missverständnis, dass nach dem Aufstieg und/oder der Vollendung der siebten Einweihung alle über die gleichen Fähigkeiten verfügen werden. Tatsache ist, dass nichts von der Wahrheit weiter entfernt sein kann als das. Nehmen wir ein extremes Beispiel, um diesen Punkt zu verdeutlichen, zwei Menschen, die gerade die siebte Unterstufe der siebten Einweihung abgeschlossen haben. Die erste Person ist, sagen wir, ein Weltenlehrer und eine Führungsfigur in der spirituellen Bewegung; sie ist ein hellsichtiger und hellhöriger Channel, reist um die ganze Welt und gibt Seminare. Die zweite Person ist eine Hausfrau mit drei Kindern, die keinerlei übersinnliche Fähigkeiten besitzt und deren Leben sich um ihren Mann und ihre Kinder dreht. Sie besitzt keine spirituelle Führungsrolle und leistet auch keinen Weltendienst. Doch keiner von beiden ist besser, denn jeder folgt seinem eigenen Weg und hat seinen eigenen Anteil im großen Plan seiner eigenen Mission zu erfüllen. Damit möchte ich sagen, dass einfach viel zu viel Wert auf die Einweihungen gelegt wird. Menschen können den gleichen Grad der Einweihung besitzen und dennoch große Unterschiede in ihren Fähigkeiten oder in der Form aufweisen, in der sie diese Fähigkeiten umsetzen. Einige sind dafür vorgesehen, eine Führungsrolle zu übernehmen, andere haben mehr die Aufgabe, unterstützend zu wirken. Alle haben ihre Aufgabe zu dienen, aber jeder auf seine Weise. Einige werden berühmt werden, andere dagegen sollen der Menschheit hinter den Kulissen dienen, ohne dass jemand, außer Gott, davon weiß. Der Grad der Einweihung ist nur ein Maßstab für das Maß an Licht, das man aufnehmen und bewahren kann. Im vorherigen Beispiel ist der Lichtquotient gleich hoch. Der Grad der Einweihung sagt aber nichts über die Fähigkeiten, spirituellen Talente, die Klarheit auf psychologischer Ebene, die Entwicklung des Charakters, spirituelle Führerschaft, Fähigkeiten für den Weltendienst oder die Reinheit des Herzens aus. Sehr oft kann es in Bezug auf die genannten Fähigkeiten so sein, dass Eingeweihte des vierten oder fünften Grades weiter entwickelt sind als jene, welche die sieben Einweihungen vollständig abgeschlossen haben. Aus diesem Grund ist es nicht angebracht, eine Person nach ihrem Grad der Einweihung zu beurteilen.

Nehmen wir zum Beispiel jemanden wie Gandhi, der meines Wissens nach keinen sehr hohen Grad der Einweihung besaß. Du siehst jedoch, was er in seinem Leben erreichen konnte. Es wird viel zu viel Aufmerksamkeit auf die Einweihungen gerichtet, anstatt sich mehr um eine umfassendere Selbstverwirklichung zu kümmern. Ich kenne viele Eingeweihte vierten oder fünften Grades, die meiner Meinung nach tausendmal klarer sind als einige Eingeweihte siebten Grades, die ich kenne. Das führt uns wieder zu dem Wissen, dass der Grad der Einweihung nicht wirklich etwas über das Ausmaß an psychologischer Klarheit und die Entwicklung des Charakters aussagt. Egal, wo du dich in deinem Leben befindest und welche Rolle du dabei spielst - gib das Beste, was du kannst, diene unter den gegebenen Umständen auf die bestmöglichste Weise und überlasse Gott den Rest.

Djwhal Khul sprach noch über ein weiteres Missverständnis in Bezug auf die Einweihungen. Die Lichtarbeiter können diesen Prozess in der Weise betrachten, dass es ihnen dabei um die Ehre geht, sich selbst zu dienen anstatt der Ehre, dienen zu können. Je höher du dich entwickelst, desto mehr wird von dir auf allen Ebenen erwartet, denn du giltst nun als Meister. Die Last der Arbeit wird nicht etwa geringer, sondern noch erhöht, denn für diejenigen, die zu einem Aufgestiegenen Meister geworden sind, gilt die unausgesprochene Erwartung, Verantwortung im Sinne des Dienens zu übernehmen. Diese neue Ebene mit allen Aufgaben des Dienens zu erreichen und ein Repräsentant für die Spirituelle Hierarchie auf Erden zu sein, verlangt von dir die gleiche Bereitschaft und dasselbe Engagement, das erforderlich war, um diese Ebene zu erreichen. Es ist nicht so, dass du den Himmel erreicht hast, um dort süßen Nektar zu trinken und auf einer rosa Wolke zu schlafen.Alle vorherigen Schritte dienten nur dazu, dich auf die wahre Arbeit vorzubereiten, die jetzt beginnt. Wenn du deine Aufmerksamkeit und deine Bereitschaft verlierst, kannst du genauso leicht wieder zurückfallen, wie du das tatest, bevor du diesen Grad der Einweihung erreicht hast. Was ich versuche, dir zu sagen, ist, dass sich nichts wirklich ändert, wenn man die höheren Einweihungen nimmt, außer, dass nun noch mehr von dir erwartet wird, da du jetzt als Meister betrachtet wirst. Du musst auch weiterhin auf deine Gedanken, Gefühle und deinen Körper achten, so wie du das auch zuvor schon stets getan hast.

Viele Menschen haben die Vorstellung, dass irgendetwas Magisches geschieht, wenn sie aufsteigen, so dass sie zu einer Art Superman oder Superwoman werden und nicht mehr so hart arbeiten müssen, um sich selbst im Gleichgewicht zu bewahren. Es tut mir leid, das sagen zu müssen, aber das ist nicht die Wahrheit. Ich selbst fühle in vielerlei Hinsicht kaum einen Unterschied zu der Zeit, als ich noch die vierte Einweihung besaß. Der einzige Unterschied ist, dass ich jetzt mehr Licht halten kann, einen viel größeren Sinn für Reinheit besitze und einen Zugang zu sehr viel höheren spirituellen Ebenen besitze. Neben den gerade genannten Faktoren verwende ich eigentlich ziemlich genau die gleichen spirituellen Praktiken, die gleiche Ernährung, die gleichen körperlichen Übungen, dieselbe Art der Tagebuchaufzeichnungen, der Meditationen und des Dienens wie früher.

Der einzige Unterschied, der mir auffällt, ist die viel größere und umfangreichere Verantwortung in Bezug auf das Dienen. Man muss daran arbeiten, die fortgeschritteneren Fähigkeiten eines Aufgestiegenen Meisters zu entwickeln. Sie stellen sich ja nicht automatisch ein, was sich anders anhört als das, was man uns allen früher auf Grund der damals vorhandenen Lektüre zu diesem Thema glauben machte. In diesem Zusammenhang befinden wir uns in einer völlig neuen Dispensation unserer Geschichte. Nach den Aussagen der Meister muss man bei der Installierung und Aktivierung bis zur zwölften (oder universellen) Ebene gelangt sein, bevor man eine realistische Chance hat, diese Fähigkeiten zu trainieren. Das hat einerseits natürlich mit den zwölf Körpern, zweihundert Chakren und dem Lichtquotienten von 40 % auf der kosmischen Skala zu tun. Aus diesem Grund ist dieses Buch aber keineswegs so esoterisch oder weitreichend, wie man vielleicht denken könnte. Um die große Anzahl der Fähigkeiten eines Aufgestiegenen Meisters (Teleportation, Dematerialisieren, Wasser in Wein verwandeln, Tote erwecken, auf dem Wasser gehen können usw.) entwickeln zu können, müssen die fortgeschrittenen Lichtarbeiter die Dinge integrieren, von denen hier die Rede ist. Der schnellste Weg, auf dem diese Fähigkeiten erworben werden, ist der Weg der vollkommenen Balance und Gottgleichheit im Alltäglichen, ohne dass es zu irgendeiner Form der Unterwanderung durch das negative Ego kommt.

Durch die Verwirklichung von Gottes Gegenwart in deinem Alltag werden sich diese höheren Fähigkeiten mit der Zeit als ein natürliches Ergebnis und Nebenprodukt einstellen. Wenn jemand in diesem Bewusstseinszustand zentriert ist, wird er sich keine Gedanken um solche Fähigkeiten machen. Es steht einfach nicht im Mittelpunkt. Was ist wichtiger: Göttlichkeit oder die Macht, welche die Siddhis verleihen? Wer seine Göttlichkeit voll zur Entfaltung gebracht hat, beherrscht damit die Kunst des Lebens und ist somit in Wahrheit nicht mehr auf diese Dinge angewiesen. Die Ironie und das Paradox des Lebens ist, dass sich die höheren Fähigkeiten einstellen, wenn dieser Bewusstseinszustand erreicht ist.

Djwhal Khul beschrieb es als die Notwendigkeit, sich von den „Verblendungen des Aufstiegs“ zu lösen. Es mag wohl einige Lichtarbeiter geben, die sich vom Weg des Aufstiegs und der Einweihung trennen, weil sie ohne die Siddhis und die verschiedenen Verblendungen das Interesse verlieren. Solche Seelen sind noch jung; sie werden noch durch die Feuer des Lebens und den Weg der Reinkarnation geformt werden müssen. Der wahre Aufstieg ist nur für diejenigen bestimmt, die im allerhöchsten Sinne dieses Ausdrucks wirklich reinen Herzens sind und keinen anderen Wunsch verspüren als den, ihr Leben ganz dem Dienst für die Menschheit zu widmen.

Die sechs Arten der Seelen-Inkarnation

In meinem Buch *Das komplette Aufstiegshandbuch* habe ich bereits darüber gesprochen, doch jetzt stehen mir überarbeitete Informationen zur Verfügung, die noch weiter gehen. Sechs verschiedene Arten von Seelen befinden sich im Inkarnationsprozess:

1. Lemurianische Seelen
2. Seelen aus Atlantis
3. Seelen, die über die Inkarnationskette des Mondes hierher kamen
4. Seelen von anderen Planeten
5. Seelen, die sich durch die Arische Rasse inkarniert haben
6. Seelen, die sehr selten und hoch entwickelt sind und auf ihre Inkarnation warten

Diese Liste beschreibt, an welcher Stelle eine Seele zum ersten Mal die Erdenschule betreten hat. Einige Seelen inkarnierten beispielsweise das erste Mal in der Phase der lemurianischen Wurzelrasse. Zu dieser Zeit ging es hauptsächlich um den Kontakt mit der Erde und um ihre Gefühle. Andere kamen das erste Mal in der Zeit von Atlantis mit einem erweiterten Fokus, bei dem es nun um die Erde, die Gefühle, das Denken und das Psychologische ging. Die nächste Gruppe inkarnierte sich in der Zeit der arischen Wurzelrasse. Ihr Fokus lag stärker auf der mentalen und kausalen Ebene sowie auf der Ebene des höheren Verstandes. Hier gab es einen Unterschied zum mentalen Aspekt der atlantischen Wurzelrasse, der nicht dem höheren Verstand entsprach oder die Grundlage ihrer Realität war, anders als bei den arischen Seelen.

Um das hier allerdings klarzustellen - keine ist besser als die andere. Es ist einfach nur so, dass, je weiter man in der Zeit zurückgeht, die Menschheit als Ganzes weniger entwickelt war. Die Seelen, die in der Zeit von Lemuria und Atlantis inkarnierten, werden nun all diese höheren Fähigkeiten verinnerlichen, während sich ihr Reinkarnationsprozess in den späteren Wurzelrassen fortsetzt. Dann gibt es noch die Gruppe der Seelen, die vor dem Eintritt in die Erdenschule erst einen Zwischenstopp auf dem Mond in vierdimensionaler, astraler Form, eingelegt haben, um sich mit einem astralen Aspekt der Schöpfung zu befassen, und außerdem noch mit der Unterscheidung von Dunkelheit und Licht. Eine weitere Gruppe stammt von anderen Planeten oder vielleicht nicht einmal aus unserem Sonnensystem, bevor sie zur Erde kamen. In der letzten Gruppe der Seelen befinden sich Avatare und Weltenlehrer, die nur zu ganz bestimmten, besonderen Zeiten oder Zyklen hier erscheinen.

Aktivierung der spirituellen Aderverbindung

Rufe Melchizedek und die Meister deiner Wahl an, um deine spirituellen Adern mit allen Ashrams und Meistern der Inneren Ebenen verbinden zu lassen. Ich selbst besitze durch Djwhal Khuls Ashram eine Verbindung zum Ashram von Kuthumi, dann zu Lord Maitreyas Ashram bis hinauf nach Shamballa zu Sanat Kumara und Lord Buddha. Von hier aus geht die Verbindung zum Ashtar-Kommando, dann zur Großen Weißen Loge des Sirius und Lord Sirius, dann zu Lord Arcturus und den Arcturianern. Außerdem bin ich mit der Goldenen Kammer von Melchizedek verbunden, dann mit der multi-universalen Kammer von Melchizedek, und dann kommt die Urquelle oder Gott. Das ist sozusagen meine Aufstiegs-Abstammungslinie und meine spirituellen

Adern, was auch für meine Gruppe gilt. Betrachte die Diagramme in meinen Büchern *Das komplette Aufstiegshandbuch* und in *Jenseits des Aufstiegs*, um deine eigene Linie herauszufinden. Bitte darum, dass deine spirituellen Adern mit Hilfe der Meister offiziell eingerichtet und aktiviert werden. So wie du den Wunsch hast, dass die Venen und Arterien ihre Aufgaben in deinem physischen oder mikrokosmischen Körper erfüllen, möchtest du das Gleiche sicher auch für deinen makrokosmischen oder Gotteskörper, der genauso real ist. Dein makrokosmischer oder Gotteskörper wird von hier aus deinen spirituellen Körper und das Vier-Körper-System nähren, so wie dein mikrokosmischer Körper durch die Venen und Arterien versorgt wird. Wie innen, so außen. Wie oben, so unten.

Aktivierung der Seelen-Verflechtung

Die Seelen-Verflechtung ist eine äußerst positive Angelegenheit, um deren Installierung und Aktivierung alle Lichtarbeiter bitten sollten. Es geht darum, die anderen 11 Seelenausdehnungen deiner Überseele (oder Seele, oder Höheres Selbst) in deinem Bewusstsein miteinander zu verbinden. Dies ist ein wesentlicher Schritt in deinem Aufstiegsprozess.

Die monadische Seelen-Verflechtung

Nachdem du die Aufstiegseinweihung genommen hast, bittest du um den nächsten Schritt - die Installierung und Aktivierung des monadischen Seelen-Verflechtungs-Prozesses. Dies bedeutet die Klärung und Integration aller 144 Seelenausdehnungen deiner Monade. Jede Einweihung bedeutet eine weitere Ausdehnung des Bewusstseins und erschafft eine größere und umfangreichere Vereinigung, Integration und Klärung.

Das Thema der falschen Frömmigkeit

Im Idealfall sollte das Leben so aussehen, dass jeder Einzelne von uns ein gottesfürchtiges Leben führt – anders ausgedrückt, dass man die

Gegenwart Gottes im Alltag praktiziert. Eine der Verblendungen oder Fallen des negativen Egos ist die Vermittlung eines Gottesglaubens, der durch das negative Ego kontaminiert ist. Das könnte beispielsweise eine Haltung der Überlegenheit sein. Es könnte ein Therapeut sein, der voller Gnade und Liebe ist, solange er dafür bezahlt wird. Ist die Stunde dann vorbei, kehrt das negative Ego zurück. Es könnte jemand sein, der jeden Sonntag zur Kirche geht und trotzdem ein Leben führt, welches das genaue Gegenteil dessen ist, was er in der Kirche gelernt hat. Andere Beispiele: Jemand geht zur Beichte, um danach immer wieder die gleichen Sünden zu wiederholen; oder jemand, der sich der New-Age-Bewegung angeschlossen hat und sich dabei mit einem falschen Heiligenschein umgibt, der ganz offensichtlich nicht von seinem Herzen und seiner Seele geführt wird; jemand, der die sieben Stufen der Einweihung abgeschlossen hat und nun der Meinung ist, das Geschenk Gottes an die Menschheit zu sein – also jemand, der seine Demut aus den Augen verloren hat.

Falsche Göttlichkeit meint also, dass jemand zwar wie ein Heiliger handelt, hinter seiner Fassade aber keinerlei Substanz vorhanden ist. Das könnte auf einen spirituellen Lehrer zutreffen, der einen wundervollen Workshop oder ein Channeling leitet, um danach nach Hause zu kommen und seinen Partner oder sein Kind zu missbrauchen, nachdem er den ganzen Tag „heilig" war. Oder ein Priester, der Tod und Verdammnis predigt und dann bei einer außerehelichen Affäre erwischt wird. Es gibt niemanden, der gegen solche Verblendungen vollkommen gefeit wäre. Dies kann auch auf einen spirituellen Lehrer zutreffen, der ein wunderbarer Kanal oder Lehrer sein kann und dann herumgeht und alle anderen Lehrer kritisiert oder bewertet. Vielleicht ist es ein Medium, ein Channel oder ein spiritueller Berater, der nach einer Sitzung plötzlich wieder in Depressionen, Ängste, Wut oder andere negative Gefühle zurückfällt. Wenn dieses Muster auftaucht, ist es wie eine Maske, die sich der spirituelle Berater aufsetzt, und wenn die Vorstellung vorbei ist, kehrt er wieder zu seinem wahren Selbst zurück, was in Wahrheit sein falsches Selbst ist. Vielen Menschen ist dabei gar nicht bewusst, dass sie derartiges tun. Ein anderes Beispiel ist jemand, der wunderbare Workshops abhält und hohes Ansehen in der New-Age-Bewegung genießt, sich aber in der Bank oder an der Tankstelle unhöflich gegenüber den Angestellten benimmt. Schlimmer ist noch, wenn man sich diesen Menschen gegenüber gleichgültig verhält, als wären sie wie Tagelöhner oder einfach nur Fremde; das ist ein falsch praktizierter Glaube. Im Idealfall ist die Haltung immer dieselbe, egal, ob man gerade einen Workshop abhält, eine Beratung gibt, mit seinem Partner spricht, Geschirr spült, mit dem Mitarbeiter eines Supermarktes oder einem Unbekannten auf der Straße redet oder gerade ins Bad geht. Die wahre Prüfung der eigenen spirituellen Entwicklung findet statt, wenn man nicht auf der Bühne steht und sich einfach in den Niederungen des Massenbewusstseins aufhält. Wenn du wirklich wissen willst, wo du in deiner Entwicklung stehst, dann sieh dir an, wie du auf der Straße einem Fremden oder einem streunenden Hund begegnest, oder wie du mit deinen Nachbarn umgehst. Der wahre Ausdruck von Göttlichkeit wird jederzeit mit der gleichen Intensität praktiziert, in jedem Augenblick des Lebens, denn alle sind und alles ist Gott.

Du bestehst die wahre Prüfung in Bezug auf deinen Glauben in der Art und Weise, wie du mit den Menschen umgehst, die dich attackieren und kritisieren. Liebst du deine Feinde, wie Christus sagte? Antwortest du mit Liebe, Vergebung und einer unschuldigen Haltung, oder reagierst du mit Opferbewusstsein und gehst auf die Barrikaden, indem du zum Gegenangriff übergehst? Hier geht es um einen 24-Stunden-Job. Deine Verantwortung wird noch größer, wenn du höhere Einweihungen nimmst, denn nun bist du ein Repräsentant der Spirituellen Hierarchie, der für das gesamte Kollektiv arbeitet und es beeinflusst. Auf diesen höheren Ebenen der Einweihung beeinflusst man das Massenbewusstsein mit jedem einzelnen Gedanken, den man denkt, mit jedem Wort, das man spricht, und mit jeder Handlung, die man vollzieht. Viele Menschen wurden, als sie Kinder waren, in gewissem Sinne zu Opfern des kollektiven Bewusstseins. Als Meister haben viele diesen Prozess nun umgekehrt – hoffentlich mit einem aufrichtigen Glauben. In jedem war diese Macht stets vorhanden, aber das Erreichen der höheren Einweihungen hat den Menschen wahrhaftig ermöglicht, diese Macht und Energie zu erfahren. Unsere Aufgabe ist es jetzt, angesichts dieses enormen Geschenkes so klar, liebevoll und rein zu sein, wie wir nur können. Den meisten Lichtarbeitern sind die enormen Auswirkungen nicht klar, wenn sie ein derart hohes Niveau des Lichtquotienten halten wollen, von dem in diesem Buch hier die Rede ist. Um diesen positiven Effekt auf die Welt haben zu können, müssen wir vollkommene Meisterschaft und ein absolutes inneres Gleichgewicht in uns aufrechterhalten können.

Gut und Böse

In meinen Büchern, die ich zusammengefasst *Die leicht zu lesende Enzyklopädie des spirituellen Pfades* nenne, habe ich mich nie mit der Dualität oder Polarität von Gut und Böse befasst. Ehrlich gesagt, war ich mir nicht sicher, ob diese Terminologie ein spirituelles Konzept darstellt oder aus dem Denken des negativen Egos stammt. Dann sprach Melchizedek in einem Channeling über die Notwendigkeit, diese Art des Denkens in Begriffen wie Gut und Böse, Licht und Dunkelheit loszulassen. Die Entwicklung einer spirituellen Unterscheidungskraft ist mit entscheidend, um erfolgreich und spirituell auf diesem Planeten leben zu können. Eine spirituelle Unterscheidung ist allerdings in keinem Fall eine Bewertung. Es ist eine Unterscheidung oder Beobachtung in Liebe. Ein Werturteil ist eine Unterscheidung oder Wahrnehmung ohne Liebe. Es ist natürlich besser, in seinen Ansichten und seiner Lebensführung eine spirituelle, statt einer egoistische Haltung einzunehmen. Das heißt aber nicht, dass es ‚gut' ist, die eine und ‚schlecht' ist, die andere Haltung einzunehmen. Es auf diese Weise zu beschreiben ist wieder eine Interpretation durch das negative Ego, nicht durch das höhere Bewusstsein. Auf diese Weise definieren es etwa fundamentalistische Christen. Man ist "böse", "sündig" und man wird in der Hölle landen, wenn man nicht den Lehren Christi folgt. Das ist natürlich nicht wahr. Es ist weder schlecht noch sündhaft und man landet auch nicht in der Hölle. Wenn ein Mensch wählt, dem Pfad des negativen Egos zu folgen, ist er einfach noch unbewusst und in der Verblendung, Illusion und Maya gefangen, und er ist dabei, eine Lektion zu lernen. In Wahrheit ist diese Person immer noch der Christus, nur in ihrem eigenen Denken ist sie es nicht. Dies, ist aus ihrem freien Willen heraus, ihr Recht. Die Dinge mit den Begriffen Gut oder Böse zu belegen, ist wertend, klar und einfach. Das gilt auch für ‚Licht' und ‚Dunkel'. Doch alles, was in unserem Leben passiert, geschieht aus einem Grund, und in diesem Sinne ist alles, was geschieht, perfekt. Erscheint jemand in unserer Bewusstseinssphäre, der unbewusst oder aus dem negativen Ego heraus handelt, dann tut er das, um uns etwas zu lehren. Diese Person ist nicht schlecht, sondern wird für uns ein sehr wichtiger Lehrer sein. Vielleicht lehrt sie uns, wie wir uns nicht verhalten sollten, oder sie lehrt uns Vergebung, bedingungslose Liebe, Geduld, Demut, Mitgefühl, Verständnis, die Dinge des Lebens als Lektionen zu betrachten und vieles ähnliche mehr.

Jesus sagte am Kreuz: „Vergib' ihnen, Vater, denn sie wissen nicht, was sie tun." Worte, Einstellungen und Bedeutungen wie diese sind sehr wichtig, denn unsere Gedanken erschaffen unsere Wirklichkeit. In *Ein Kurs in Wundern* heißt es: „Es gibt keine neutralen Gedanken." Jeder Gedanke besitzt entweder eine egoistische oder eine spirituelle Energie.
Diese Einsicht, die Realität nicht in Begriffen wie ‚Gut' und ‚Böse', ‚Licht' und ‚Dunkel' einzuteilen, steht auch in Zusammenhang mit dem, was Melchizedek das ‚System des Segnens' nennt. Dieses Werkzeug und diese Sicht bezüglich dem Leben hilft uns, das Leben so wahrzunehmen, wie es der gesalbte Christus-Überselbst-Körper tut. Es geht darum, alles zu segnen, was einem im Leben widerfährt. Sai Baba vermittelt das auf ähnliche Weise, wenn er sagt, dass man Missgeschicke willkommen heißen soll. Der Gedanke ist, zu sagen: „... nicht mein Wille geschehe, sondern deiner, und ich danke dir für diese Lektion ..." – zu allem, was einem widerfährt. Alle Ereignisse stellen einen spirituellen Test dar, sozusagen ein Sprungbrett für das Wachstum der Seele. Jede Erfahrung,

jeder Kontakt mit einem anderen menschlichen Wesen, egal in welcher Form er geschieht, ist eine Chance, nach den Grundsätzen des Christusbewusstseins zu leben, und nicht nach dem Bewusstsein des negativen Egos. Alle Umstände und jedes Wort, das man zu dir sagt, lehrt dich etwas und ist eine Übung, Herausforderung oder eine Gelegenheit für dein spirituelles Wachstum.

Wie ich schon sagte, deine Lektion ist vielleicht, ein Meister zu sein anstatt ein Opfer, eine Ursache zu sein und nicht die Wirkung, oder zu antworten anstatt zu reagieren. Eigentlich bekommst du auf diese Weise die Möglichkeit, zu üben, unter allen Umständen Gott zu sein. Tut jemand etwas Negatives oder läuft etwas nicht nach deinen Vorstellungen, ist das eine Gelegenheit, um innere Ausgeglichenheit, das Freisein von Anhaftungen, inneren Frieden und Gelassenheit inmitten der alltäglichen Probleme zu üben. Eine der wichtigsten Eigenschaften des göttlichen Bewusstseins ist, in der Lage zu sein, inneren Frieden, innere Ruhe und Freude zu bewahren, selbst wenn die Welt um einen herum in Aufruhr ist.

Das negative Ego wird dir sagen, dass du deine Brüder und Schwestern oder eine bestimmte Situation verdammen sollst, wenn sie nicht deinen Vorstellungen entspricht. Das höhere Bewusstsein wird dir sagen, dass du diese Person oder Situation segnest, das Unglück willkommen heißt und der Person oder Situation für die Möglichkeit danken solltest, spirituell wachsen und die Gegenwart Gottes verwirklichen zu können. Möglicherweise hat dein Höheres Selbst sogar absichtlich diese Person oder Situation in dein Leben geführt, um dich einer spirituellen Prüfung zu unterziehen und zu sehen, ob du diese Einweihung bestanden hast. Jede Person und Situation ist ein idealer Lehrer, selbst wenn beide deinem Empfinden nach einen negativen Charakter besitzen. Die wahre Natur persönlicher Vorlieben ist es, so oder so einverstanden zu sein. Ist dir jetzt klar geworden, warum das Beschreiben einer Person mit Begriffen wie ‚Schlecht‘ oder ‚Dunkel‘ einer falschen Vorstellung entspringt?I n Wahrheit ist es Gott, der dir eine Lektion erteilt, die du noch zu lernen hast. Wenn du diese Lektion nicht bräuchtest, würde dir das gar nicht passieren, denn nichts geschieht zufällig. Die Lektion mag mit deinem persönlichen Karma zu tun haben, kann aber ebenso gut das Produkt des Massenkarmas sein, das wir alle auf uns nehmen, wenn wir in diese Schule inkarnieren. In beiden Fällen geschieht also etwas, das uns etwas lehren soll. Das Ideal ist, diese Gelegenheit zu segnen, um all die Qualitäten des Christusbewusstseins anwenden zu können, die diese Situation erfordert. Es ist ein sicheres Zeichen, dass du nicht auf diese Weise reagierst, wenn du die Situation verwünschst und wütend wirst. Das bedeutet, dass du gegen das ganze Universum kämpfst, anstatt mit ihm zusammenzuarbeiten und aus dieser Lektion zu lernen.

Nach den Worten von Melchizedek geht es darum, mit dem Fluss des Lebens zu fließen. Es gibt einfach nichts, das schlecht ist. Es gibt nur Gelegenheiten für spirituelles Wachstum, die daher gut sind, wenn man sie auf diese Weise betrachten will. Du kannst nichts an dem ändern, was in deinem Leben auftaucht, aber du kannst deine Einstellung den Dingen gegenüber ändern. Deine Einstellung bestimmt dein Empfinden und deine emotionalen Reaktionen, also besitzt du in diesem Sinne eine große Kontrolle.

Wenn du das Leben aus dieser positiven Perspektive betrachtest, wirst du mehr und mehr positive Dinge in dein Leben ziehen. Es ist in Ordnung, wenn du eine Vorliebe dafür hast, dass die Dinge nach deinen Vorstellungen laufen und du nichts mit negativen Menschen zu tun haben willst. Der Schlüssel ist trotzdem, mit beiden Möglichkeiten einverstanden zu sein und das Leben, das Gott dir anbietet, als Gelegenheit wahrzunehmen, um dein göttliches Bewusstsein und das Christusbewusstsein zu praktizieren. Das bedeutet einen großen Wandel in der Wahrnehmung, die im Gegensatz zu der Art und Weise steht, wie die Welt, die Massenmedien und das Massenbewusstsein die Wirklichkeit interpretieren. Die Frage lautet: Was möchtest du? Möchtest du vollständig mit deinem gesalbten Christus-Überselbst-Körper verschmelzen? In *Ein Kurs in Wundern* heißt es: „Wähle noch einmal." In jedem Moment unseres Lebens werden wir mit dieser Wahl konfrontiert. Wählen wir Gott oder unser Ego in einer beliebigen Situation? Letzten Endes kommt es nur darauf an, was du willst und wie konzentriert und engagiert du bist, um dein Ziel zu erreichen. Willst du Gott zu 50 %? Zu 75 %? Oder willst du Gott zu 100 %?

Das wahre Maß in Bezug auf diese Frage wird nicht dadurch bestimmt, was du in diesem Moment antwortest, sondern durch das Ausmaß an Aufmerksamkeit und Konzentration, das du für diese Aufgabe in deinem Alltag demonstrierst. Es braucht nur einundzwanzig Tage, um eine neue Gewohnheit im Unterbewusstsein zu verankern. Dein Unterbewusstsein ist gleichermaßen damit einverstanden, das Leben aus der Sicht des höheren Bewusstseins zu interpretieren, wie es das aus der Perspektive des negativen Egos tut – denke daran, dass es kein logisches Denkvermögen besitzt. Zu Anfang verlangt dieser Bewusstseinswandel vielleicht großen Einsatz. Vielleicht wird es sogar einige Kämpfe mit dem negativen Ego geben, aber nach einundzwanzig Tagen wird es zu einer positiven Gewohnheit geworden sein, auf diese neue Art und Weise zu denken. Allerdings wirst du deine Bemühungen auch weiterhin aufrechterhalten müssen, denn das Massenbewusstsein wird ständig großen Druck auf dich ausüben.

Die meisten Menschen leben, als würden sie von einem Autopiloten gesteuert. Ein wirklicher Aufgestiegener Meister ist in jedem Augenblick aufmerksam, wachsam, bewusst und konzentriert. Willst du Gott, so wie ein Ertrinkender Luft will? Wenn du es ohne Unterlass willst, wirst du IHN finden. Namasté. Bei der Betrachtung des Konzeptes von „Licht und Dunkel" gibt es eine kleine Ausnahme am Rande. Das Konzept von „Gut und Böse" besitzt keinen positiven Aspekt. Das gilt allerdings nicht für das Konzept von „Licht und Dunkel", das recht wertvoll sein kann, wenn es nicht zur Interpretation von Lektionen herangezogen wird, die mit Beziehungen zu tun haben. Wird es so angewendet, klingt es wertend und aus dreidimensionaler Sicht mag es für einige sogar rassistische Züge haben. Wenn es dagegen auf andere Bereiche angewendet wird, beispielsweise auf die Unterscheidung der Großen Weißen Bruderschaft und der Dunklen Bruderschaft, ist es ein sehr nützliches Konzept.

Wendet man das Wort „Dunkel“ auf einen Menschen an, hat es einen äußerst negativen Beigeschmack. Es ist unangemessen, wenn es sich um einen Sohn oder eine Tochter Gottes handelt – gleich, wie bewusst oder unbewusst jemand ist. Melchizedek meinte, es gehe in Wirklichkeit darum, sich vom dreidimensionalen Bewusstsein hin zu einem vierdimensionalen Bewusstsein zu bewegen, und dann zu dem Bewusstsein eines Aufgestiegenen Meisters der fünften Dimension und darüber hinaus. Man könnte fast sagen, dass es auf jeder Ebene eine etwas andere Sprache gibt, die abhängig vom Stand der persönlichen Entwicklung ist.

Spiritueller und egoistischer Ehrgeiz

Kürzlich hatte ich eine Erkenntnis in Bezug auf das Thema Ehrgeiz. Ehrgeiz wird normalerweise als ein Begriff angesehen, der mit dem negativen Ego verbunden ist. Ein ehrgeiziger Mensch ist normalerweise jemand, der auf Macht, Ruhm und Geld in einem materialistischen oder egoistischen Sinne aus ist. Die Meister haben mir jedoch vermittelt, dass es eine spirituelle Variante des Ehrgeizes gibt, eine Eigenschaft, deren Entwicklung von großer Bedeutung ist. Ehrgeiz scheint sehr eng mit Wünschen zu tun zu haben. Es gibt die Wünsche und Begierden des niederen Selbstes, und es gibt die des Höheren Selbstes. Spiritueller Ehrgeiz hat mit deiner persönlichen Macht zu tun, mit Motivation, deinen spirituellen Zielen und deinem Enthusiasmus. Ist die spirituelle Form des Ehrgeizes hoch entwickelt, hat man eine hohe Motivation, den Aufstieg zu erreichen, die sieben Stufen der Einweihung abzuschließen und den Meistern und der Menschheit zu dienen. Es ist wie eine Verpflichtung zu Vorzüglichkeit, Perfektion und Gottes-Verwirklichung. Es ist in Ordnung, spirituellen Ehrgeiz zu haben, solange nicht das negative Ego die Reinheit einer solchen göttlichen Eigenschaft befleckt. Mir sind viele Lichtarbeiter begegnet, denen diese Eigenschaft fehlt; sie alle sind unglaublich talentiert, machen aber keinen Gebrauch von ihren Fähigkeiten, weil ihnen dieser Ehrgeiz fehlt. Vielleicht ist der wichtigste Grund für das Erreichen des Aufstiegs, diesen Wunsch und Ehrgeiz zu haben.

Ist der Aufstieg erreicht, richtet sich der Ehrgeiz auf das Manifestieren einer größeren Führungsaufgabe und auf das Dienen. Auf einer evolutionären Ebene verwandelt es sich in den Ehrgeiz, den kosmischen Aufstieg zu erreichen. Erinnerst du dich noch daran, wie aufgeregt du warst, als du das erste Mal mit Spiritualität, dem neueren Verständnis der Geistigen Welt und den Aufgestiegenen Meistern in Berührung kamst? Es geht darum, genau diese Motivation, diese spirituelle Begeisterung oder diesen Enthusiasmus beizubehalten, so wie er am Anfang war. Bei vielen Lichtarbeitern läuft es ähnlich ab wie beim Hasen und dem Igel. Am Anfang rasen sie los, und irgendwann geht ihnen dann der spirituelle Ehrgeiz verloren. Ihre spirituelle Begeisterung, ihr Feuer-und-Flamme-sein reduziert sich auf die Größe einer Streichholzflamme, anstatt der eines lodernden Freudenfeuers. Diese Art des spirituellen Ehrgeizes bedeutet auch eine Vereinigung und angemessene Integration der Archetypen des spirituellen Kriegers und der Weisheit. Diejenigen, die Führungspositionen in der Spirituellen Regierung übernehmen werden, haben dann die Qualitäten des spirituellen Ehrgeizes, spiritueller Motivation, spiritueller Wünsche und eines spirituellen Enthusiasmus entwickelt, die niemals nachlassen. In Wahrheit werden sie mit jedem Tag größer werden. Du solltest dein spirituelles Feuer und deinen göttlichen Ehrgeiz täglich fördern und wortwörtlich einhundert Prozent geben, ohne jemals einen einzigen Augenblick an Zeit und Energie zu vergeuden. Diese Form der Motivation wird dir außerdem dabei helfen, Versuchungen durch das niedere Selbst zu überwinden. Sei voller spirituellem Ehrgeiz, um Gott und den Meistern zu dienen. Werde zu einem spirituellen Führer in deiner Gemeinschaft und bereite den Boden für das Neue Zeitalter. Das bedeutet nicht, dass du auf diese Weise in Konkurrenz mit anderen Lichtarbeitern geraten musst. Der spirituelle Ehrgeiz muss in einem Bewusstsein gelebt werden, das auf absoluter Uneigennützigkeit beruht, um die Reinheit des Christusbewusstseins zu bewahren.

Integrität und das Einhalten von Versprechen

Eine andere kleine goldene Weisheit, die ich hier erwähnen möchte, ist „dein Wort." Das sind Versprechungen, die du anderen Leuten gegenüber gibst. Eines der größten Ärgernisse auf dem spirituellen Pfad ist, dass Aussagen von Menschen keine Bedeutung haben. Bedenke, dass aus der Sicht der Meister dein Wort Gesetz ist, und dein Wort ist Gott. Es muss eine Verbindung zwischen deinen Worten und Handlungen geben. Lichtarbeiter sagen beispielsweise, dass sie anrufen werden, aber sie rufen nicht an. Sie sagen, dass sie etwas tun werden, tun es aber nicht. Sie versprechen, zu einer bestimmten Zeit da zu sein, sind aber unpünktlich. Sie sagen, dass sie irgendwo hinkommen werden, und kommen dann nicht. Wenn sich jemand nicht auf dein Wort verlassen kann, worauf soll er sich dann verlassen können? Im Prinzip solltest du niemals, und ich meine niemals, etwas versprechen, dass du nicht halten kannst. Das ist eine Frage der Integrität. Die Angelegenheit, um die es sich hier handelt, ist die: Wenn du etwas nicht zu Ende führen kannst, dann sage einfach nichts. Dabei geht es nicht darum, dass du etwas nicht tun willst, sondern darum, etwas zu versprechen und es dann nicht zu tun. Was wäre, wenn Gott seine Versprechungen nicht einhielte? Wenn dir nicht danach ist, etwas Bestimmtes zu tun, dann schweige und gebe keine Versprechungen. Hier geht es auch darum, dass Menschen von ihrem Emotionalkörper beherrscht werden. In einem Moment versprechen sie, etwas zu tun, das sich für sie richtig anfühlt, und im nächsten Moment ist alles schon wieder ganz anders. Also, ich werde dir jetzt mal was sagen: Gefühle spielen hier keine Rolle. Falls du etwas versprichst, dann halte es, denn dein Wort ist Gesetz, und dein Wort ist Gott. Nun kann es natürlich auch außergewöhnliche Umstände geben. In diesem Fall rufst du die betreffende Person an und sagst, dass du das gegebene Versprechen nicht einhalten kannst – wenn es überhaupt spirituell angemessen ist, das zu tun. Jesus sagte: „Behandelt andere so, wie ihr selbst behandelt werden wollt." Jeder Mensch, dem du etwas versprichst, ist in Wahrheit Gott – ob das diesem Menschen nun bewusst ist oder nicht. Wenn ich jemandem verspreche, ihn anzurufen oder irgendwo hinzukommen, ist es für mich gleich, ob das erst in neunzig Jahren ist - ich werde genau zu der Zeit da sein, die wir ausgemacht haben, selbst wenn ich in der Zwischenzeit keinen Kontakt mehr zu diesem Menschen haben sollte. Jedes Wort, das du sprichst, und jeder Gedanke, den du denkst, bedeutet, dass Gott mit Gott kommuniziert.

Eine weitere große Schwachstelle bei vielen Lichtarbeitern ist das Thema Zeit, wenn es um Verabredungen geht. Leute, die ihre Verabredungen nicht einhalten, haben normalerweise eine unendliche Anzahl an Ausreden und Erklärungen. Letzten Endes reduziert sich alles aber nur auf Selbstsüchtigkeit, Unsensibilität und Rücksichtslosigkeit. Wenn du Probleme damit hast, eine verabredete Zeit einzuhalten, dann verabrede dich nicht oder räume dir einfach einen größeren Spielraum ein. Wenn du zu spät kommst, dann denke beispielsweise daran, anzurufen. Der Schlüssel ist, jederzeit Integrität und Beständigkeit zwischen deinen Gedanken, Worten und Handlungen aufrechtzuerhalten. Das ist das Verhalten eines wahren Aufgestiegenen Meisters.

Schattenmeister

Der Begriff "Schattenmeister" ist ein Begriff, der jedem Lichtarbeiter bekannt sein sollte. Ein Schattenmeister ist ein Lichtarbeiter, der sowohl für die lichte als auch für die dunkle Seite des Lebens arbeitet. Jeder kennt den Spruch, dass man einen Pakt mit dem Teufel eingehen kann. Nun, hier geht es um einen Pakt mit der Dunklen Bruderschaft. Das Ganze geschieht viel häufiger, als sich Lichtarbeiter das vorstellen können, obwohl es, wie gesagt, meist unbewusst geschieht. Die wichtigste Ursache ist in diesem Fall das negative Ego. Der betreffende Lichtarbeiter ist vielleicht in einem Aspekt von Heilung oder Unterweisung sehr begabt und verfügt meist über große Macht. Wenn dieser Lichtarbeiter aber noch keine Klärung auf seiner Persönlichkeits- oder psychologischen Ebene und in Bezug auf sein negatives Ego erreicht hat, kann er ein Mitglied der Dunklen Bruderschaft anziehen, das ihn auf die gleiche Weise überschattet, wie es auch die Aufgestiegenen Meister tun. Dies kann auf einer hellsichtigen Ebene sehr klar erkannt werden, und du wärest sicher überrascht, wie oft uns derartiges begegnet. Nach meiner Ansicht geht es ausschließlich darum, zu lernen, die Kontrolle über das negative Ego zu erreichen – ausnahmslos das Wichtigste auf dem gesamten spirituellen Weg. Unglücklicherweise ist gerade dies die größte Schwachstelle bei den Lichtarbeitern. Sei deshalb sehr genau in deinem Unterscheidungsvermögen, was dieses Phänomen angeht, denn normalerweise betrifft es Heiler und Lehrer, welche die meiste Dynamik besitzen, denen ihre Macht aber zu Kopfe gestiegen ist. Ich bin sicher, dass alle, die dieses Buch lesen, wissen, wovon ich hier spreche.

Evolution über die sieben Stufen der Einweihung hinaus

Durch Melchizedeks Ausführungen habe ich verstanden, dass man sich durch die Verankerung der ersten 50 Chakren (und potenziell 200 Chakren sowie der Verankerung und Aktivierung der 12 Körper), dem Potenzial zum Aufbau des kosmischen Lichtquotienten über den planetaren Quotienten von 99 % hinaus, und die Anwendung der anderen Aufstiegstechniken sowie Techniken zum Seelenreisen und geistigen Reisen weit über diese Stufen hinaus weiterentwickeln kann. Ein Vergleich würde etwa so aussehen, dass man sich noch in der Oberstufe des Gymnasiums befindet, aber bereits zu Vorlesungen an der Universität geht oder gar solche für das Magister- oder Doktoranden-Diplom besuchen würde. Man bleibt zwar in der Oberstufe, kann aber trotzdem enorme Fortschritte machen. Während einer Meditation unserer Gruppe machten wir Witze darüber und rechneten uns vor, dass wir nur noch neun kosmische Aufstiege (und 345 Einweihungen in diesem Universum) bräuchten, um wirklich zu unserer Quelle zurückzukehren. Es ist klar, dass wir eigentlich nur einen Hauch davon erfasst haben, was wahre Gottes-Verwirklichung bedeutet.

Dann sagte Melchizedek etwas Überraschendes zu uns. Obwohl wir eigentlich nur die siebte Einweihung besäßen, sei unser Entwicklungsniveau etwa drei bis vier Mal höher – durch unsere Arbeit des Verankerns und Aktivierens, unsere spirituelle Entdeckungsreise, und unsere Arbeit mit ihm, den Arcturianern, Metatron, Lord Maitreya und Djwhal Khul. Genauer gesagt, befänden wir uns etwa auf dem Niveau der einundzwanzigsten bis achtundzwanzigsten Einweihung. Das war natürlich sehr ermutigend für uns, aber ich erzähle das nicht etwa aus egoistischen Motiven, sondern um den vielen, vielen Lichtarbeitern, die jetzt oder in nächster Zeit diese höheren Einweihungen nehmen, zu zeigen, dass es wirklich unglaublich viele Möglichkeiten für spirituelles Wachstum gibt. Es hört nicht einfach auf, nur weil es nicht erlaubt ist, die achte Einweihung zu nehmen, bevor man in die Geistige Welt zurückgekehrt ist. In diesem Sinne habe ich das Gefühl, dass die Arbeit an den Einweihungen eine multidimensionale Form angenommen hat und weniger eine Qualität besitzt, bei der die einzelnen Schritte nacheinander stattfinden. Beim Aufstieg gibt es noch einen weiteren interessanten Aspekt. Ich war immer der Meinung, dass nur Sanat Kumara (jetzt Buddha) und Lord Maitreya darüber befinden, wer für das Bestehen einer Einweihung bereit ist. Das ist grundsätzlich auch so, denn sie haben das letzte Wort. In den Gesprächen mit Djwhal Khul erfuhr ich allerdings, dass die Chohans der sieben Strahlen und Djwhal Khul (als Verantwortlicher für den Synthesis-Ashram, der die volle Autorität durch Kuthumi erhalten hat), viel mehr Einfluss besitzen, was das Bestehen der Einweihungen angeht, als ich dachte. Alle Chohans - El Morya, Kuthumi, Serapis Bey, Paul, der Venezianer, Hilarion, Sananda und Saint Germain wie auch Djwhal Khul besitzen detaillierte Profile und Aufzeichnungen über die Schüler, die sich unter ihrer Aufsicht befinden. Sie verfügen über phantastische, quasi holographische

Computer, die detaillierte Analysen aller Aspekte in Bezug auf das Wachstum des betreffenden Schülers oder Eingeweihten vermitteln. So können sie beispielsweise Gehirnwellen registrieren – wirklich nahezu alles. Es sind die Meister der Strahlen, die eine Meldung an Lord Maitreya und Sanat Kumara (Buddha) weitergeben, wann ihrer Meinung nach ein Schüler bereit ist, eine weitere Einweihung zu erhalten.

Ich fragte Djwhal Khul, ob Lord Maitreya, Sanat Kumara oder Buddha jemals eine seiner Empfehlungen zurückgewiesen hätten. Er antwortete, dass in fast allen Fällen dem entsprochen würde, wenn der Meister eines Strahls eine Empfehlung ausspricht und der Einzuweihende dann das Zepter der Einweihung erhält (das ist die offizielle Zeremonie, wenn jemand die nächst höhere Stufe betritt). Alle Schüler und Eingeweihten auf Erden befinden sich in einem der sieben Ashrams des Christus. Die Meister der Strahlen haben aber viel mehr Einfluss und Kontrolle auf das Ganze, als ich bisher annahm. (Diese Dinge wollte ich mit euch teilen, weil ich glaube, dass es die Lichtarbeiter interessieren wird, diese Informationen zu erhalten). Wenn du eine Einweihung nehmen möchtest, dann sprich mit dem Meister, zu dessen Ashram du gehörst. Das hängt mit dem Strahl deiner Seele und Monade zusammen. Wir alle arbeiten natürlich ungebunden für sämtliche sieben Ashrams. Die Ashrams sind nicht wirklich voneinander getrennt, sondern ein gemeinsamer Ashram – der Ashram von Lord Maitreya. Solltest du nicht wissen, zu welchem Ashram du gehörst, melde dich bei mir; dann können wir ein Reading durchführen, um diese Informationen zu erhalten.

Die Smaragd-Tafeln

Bei meinen Nachforschungen stieß ich auf die genaue Übersetzung der berühmten Smaragd-Tafeln von Hermes-Thoth, dem großen ägyptischen Meister, einer früheren Inkarnation des Buddha. Nach der Legende wurden die Smaragd-Tafeln von Hermes-Thoth ursprünglich in Tafeln aus Smaragd geritzt und dann in der Königskammer der Cheops-

Pyramide untergebracht. Durch alle Zeitalter hindurch galten sie als die Schlüssel zu den tiefsten Mysterien Gottes und der Natur:

„Wahrhaftig und ohne Täuschung, gewiss und absolut: Das, was unten ist, entspricht dem, was oben ist, und das, was oben ist, gleicht dem, was unten ist. Durch die Vollendung des Wunders des einen Dinges, und so wie alle Dinge von dem Einen kommen, durch die Vermittlung des Einen, so folgen alle Dinge aus diesem Einen, in gleicher Weise. Sein Vater ist die Sonne, seine Mutter ist der Mond. Der Wind hat es in seinem Leib getragen. Seine Nahrung ist die Erde. Es ist der Vater aller vollständigen Dinge auf der ganzen Welt. Die Stärke bleibt gewahrt, wenn sie zur Erde gerichtet wird. Trenne die Erde durch Feuer - das Feine vom Groben, sanft und mit großer Geschicklichkeit. Es erhebt sich von der Erde gen Himmel, dann kehrt es wieder zur Erde zurück und erhält Macht von oben und von unten. Hier hast du den Ruhm der ganzen Welt. Alles Unverständliche wird für dich klar sein. Dies ist die mächtige Macht aller Mächte, denn sie überwindet alles Feine und durchdringt alles, was fest ist. Auf diese Weise wurde die Welt erschaffen. Von hier ausgehend wird es erstaunliche Anwendungen geben, denn das ist das Muster. Darum werde ich der dreifach größte Hermes genannt, weil ich die drei Arten der Weisheit dieser Welt besitze. Auf diese Weise habe ich die Wirkungen der Sonne vollständig erklärt."

Es ist wahrhaftig die Anwendung dieses großen Gesetzes "Wie oben, so unten", durch das der kosmische Aufstieg verstanden werden möge.

11 Frühere Leben einiger bekannter Aufgestiegener Meister

Djwhal Khul

* Konfuzius
* einer der Drei Weisen aus dem Morgenland (Kaspar)
* Kleineas (Assistent von Pythagoras)

Jesus

* Amilius
* Adam
* Melchizedek (nicht der Universale Logos, sondern ein anderer)
* Enoch
* Zend
* Ur
* Asapha
* Jeshua
* Joseph
* Josua
* Apollonius von Tyanna
* Inkarnation in einen Körper in Syrien in diesem Jahrhundert

Godfre Ray King (Verfasser der ICH-BIN-Reden)

* George Washington

John F. Kennedy

* Abraham Lincoln

Sai Baba

* Shirdi Sai Baba
* Kabir

El Morya

* Abraham, der Stammvater des Jüdischen Volkes
* einer der Drei Weisen aus dem Morgenland (Balthasar)

Kuthumi

* Pythagoras
* der Hl. Franz von Assisi
* der Architekt des Taj Mahal
* der Apostel Johannes, einer der Jünger Jesu
* Johannes von Penial (Wiedergeburt des Apostel Johannes, zurzeit inkarniert)
* einer der Drei Weisen aus dem Morgenland (Melchior)

Buddha

* Orpheus (Gründer von griechischen Mysterienschulen)
* Arjuna (Schüler Krishnas in der *Bhagavad Gita*)
* Hermes-Thoth (gründete Mysterienschulen in Ägypten)
* Vyassa (Chronist der *Bhagavad Gita*)
* Zarathustra (persischer Avatar)

Lord Maitreya

* Bhagavan Krishna

Saint Germain

* Joseph (Pflegevater von Jesus)
* Christoph Kolumbus
* der Prophet Samuel
* Francis Bacon (der wahre Autor der Werke Shakespeares)
* Merlin
* Prinz Rakoczsi

Mohammed

* Bartholomäus (einer der Jünger Jesu)
* Patrick Henry

12 Die zwölf planetaren Feste

Die Aufgestiegenen Meister und die Spirituelle Hierarchie, unter der Führung von Sanat Kumara, Lord Buddha, Lord Maitreya und den Chohans der sieben Strahlen, begehen jedes Jahr zwölf Feste, die jeweils bei Vollmond stattfinden. Der Vollmond wirkt wie ein Fenster oder Vergrößerungsglas für das Intensivieren und Herabkommen von planetaren und kosmischen Energien auf Schüler, Eingeweihte und die Erde. Unter diesen zwölf Festen gibt es neun kleinere und drei große. Die großen Feste stellen die Höhepunkte im Jahresverlauf dar.

Die folgenden Informationen basieren auf den Schriften von Alice Bailey, insbesondere auf den beiden Büchern *Denke darüber nach* und *Serving Humanity*. Die drei großen Feste sind: 1. Das Christus-Fest (Vollmond im Widder); 2. das Wesak-Fest (Stiervollmond, in der Regel im Mai); 3. das Fest der Menschheit oder des Guten Willens (Vollmond in Zwillinge). Die kleineren Feste haben die Aufgabe, die göttlichen Attribute im menschlichen Bewusstsein zu entwickeln. Die größeren Feste dienen dazu, die göttlichen Aspekte zu verankern. Die göttlichen Aspekte beziehen sich auf die Qualitäten der ersten drei Strahlen: Kraft, Liebe/Weisheit und aktive Intelligenz. Die göttlichen Attribute sind die Qualitäten der Strahlen Vier bis Sieben: Harmonie, konkrete Wissenschaft, Hingabe, zeremonielle Ordnung und Magie.

Im Idealfall werden die zwölf Feste so zelebriert, dass sie als ein Weg des Dienens durch Meditation genutzt werden, um die höheren Energieübertragungen zu empfangen, die ich zuvor erwähnt habe. Wenn in nächster Zeit der Prozess des Hervortretens der Spirituellen Hierarchie abgeschlossen ist, wird die gesamte Menschheit diese universellen Feste abhalten, unabhängig von ihrer Religion oder spirituellen Ausrichtung.

Das Christus-Fest (Ostern)

Es ist das Fest des lebendigen und wieder auferstandenen Christus. Damit ist aber nicht Jesus gemeint, sondern Lord Maitreya, der Jesus in dessen letzten drei Lebensjahren überstrahlte und seinen Körper mit ihm teilte. Lord Maitreya ist der Planetare Christus. Er ist Oberhaupt der Spirituellen Hierarchie und der Lehrer aller Aufgestiegenen Meister. Er ist ein galaktischer Avatar und ist gegenwärtig auf der Erde inkarniert; er lebt in London. Dieses Fest feiert das Leben Jesu und das Beispiel für die Wiederauferstehung, das beide der Welt damals gaben, um in den folgenden zweitausend Jahren darauf aufzubauen. Lord Maitreya ist die vollendete Verkörperung des Liebes-Aspektes Gottes. Diese Feier ist das große Fest der westlichen Kultur und des Christentums. Es ehrt die Tatsache, dass sich Lord Maitreya im Verlauf des Hervortretens der Spirituellen Hierarchie, als ihr Oberhaupt, inkarniert hat.

Besonders in der Zeit dieses Festes sind die Kräfte des Wiederherstellens der Ordnung aktiv. Diese Energie geht vom Geist Gottes aus und steht mit dem Prinzip der aktiven Intelligenz in Verbindung. Sie stimuliert die Geburt der Form und die Intelligenz der Massen. Sie bringt die Menschen dazu, ihre Gedanken, Pläne und Handlungen an spirituellen Grundsätzen zu orientieren. Auf der planetaren Ebene wird diese Energie letztlich zu einer Reorganisation allen Lebens führen. Die Auswirkungen sind dabei primär physischer Natur, mit dem Ziel, den Himmel auf Erden zu schaffen. Das Hauptthema dieses Festes ist die Liebe – im höchsten Sinne der Bedeutung dieses Wortes. Der zweite Aspekt des Festes ist die Wiederauferstehung, der dritte Aspekt ist das Thema Kontakt. Dies bedeutet zum einen, eine engere Beziehung zwischen Lord Maitreya und den Eingeweihten und Schülern und zum anderen, zwischen der Spirituellen Hierarchie und der Menschheit. Das ganze Fest dauert drei Tage und bereitet den Boden für das Wesak-Fest. Während dieser Tage stimmt Lord Maitreya die Große Invokation an – zuerst alleine, dann gemeinsam mit der gesamten Spirituellen Hierarchie.

Das Wesak-Fest

Das Wesak-Fest ist das wichtigste der drei großen Feste. In dieser Zeit des Jahres erhält die Menschheit die höchste Stufe der Lichtübertragung. Diese Feier ist das Fest des Buddha. Er ist der perfekte Ausdruck des Weisheitsaspektes Gottes, die Verkörperung von Licht und göttlichem Zweck. Das Wesak-Fest ist die fundamentale Zeremonie der fernöstlichen Sphäre. Sie dient dazu, die Verbundenheit und Solidarität zwischen Ost und West zu demonstrieren. Der Ausdruck „Wesak“ bezieht sich übrigens auf das Wesak-Tal im Himalaja, wo sich die Aufgestiegenen Meister jedes Jahr sowohl auf den inneren wie auch den äußeren Ebenen versammeln, um an dieser besonders heiligen Zeremonie teilzunehmen. Genau zu dem Zeitpunkt, wenn der Maivollmond aufgeht, stehen der Manu (Allah Gobi), Lord Maitreya und Saint Germain in Form eines Dreiecks um eine gefüllte Wasserschale, die auf einem Kristall ruht. Dann erscheint der Buddha und schwebt über der Schale, um kosmische Energien auf sie und durch Lord Maitreya zu übertragen, die dann an die Spirituelle Hierarchie, alle Schüler und Eingeweihten sowie die neue Gruppe derer, die den Weltendienst leisten, weitergegeben wird. Am Ende der Zeremonie wird das Wasser an alle Anwesenden verteilt.

Wesak ist auch die Zeit, zu der Schüler und Eingeweihte durch Lord Maitreya, Lord Buddha und neuerdings auch Melchizedek ihre Einweihungen erhalten. Wesak ist eine Zeit der großen Erneuerung und des Feierns. Die jetzt vorherrschende Energiequalität ist die Kraft der Erleuchtung. Diese Energiequalität kommt aus dem Herzen Gottes. Sie steht in Verbindung mit der göttlichen Erkenntnis und dem Liebe/Weisheitsaspekt Gottes. Die Wirkung dieser Kraft bereitet auf planetarer Ebene den Boden für die neue Bildung der Welt. Sie beeinflusst Bewegungen, die sich mit dem Thema Bildung beschäftigen, gesellschaftliche Werte, die Literatur, Verlage, Radio und Fernsehen, Zeitungen, Zeitschriften, Autoren, Channels, Redner und ähnliches mehr. Diese Kraft der Erleuchtung ist der Grund dafür, warum das

Zusammentreffen einer so großen Anzahl von Menschen eine wirklich beeindruckende Erfahrung sein kann. Wesak stellt jedes Jahr den Höhepunkt dar, an dem auf Erden die größte Öffnung für die Erleuchtung der Massen geschehen kann. Während der Zeremonie stimmt der Buddha ein bedeutendes Mantra an und wird zum Empfänger der Kräfte des ersten Strahls. Dann verwendet er die magnetische Kraft des zweiten Strahls, um diese Kräfte zu sich heranzuziehen und bei sich zu behalten, bevor er sie an Lord Maitreya weiterleitet, der dann zum Empfänger der Energie wird. Dann wird die Energie an die sieben Chohans und ihre Ashrams für den siebenfältigen Ausdruck und zur Weitergabe an die Welt weitergeleitet.

Alle Schüler und Eingeweihte der Erde sind eingeladen, das Wesak-Tal aufzusuchen, um an dieser heiligen Zeremonie und den Feiern teilzunehmen. Es ist auch die Gelegenheit, um vor Lord Maitreya, Lord Buddha und Sanat Kumara zu treten und seine Gelübde für die Bereitschaft zu dienen auszusprechen, und auf besondere Weise gesegnet zu werden.

Sollte es dir nicht möglich sein, an der erwähnten Wesak-Zeremonie in Mount Shasta teilzunehmen, empfehle ich dir, dich mit deinen Lichtarbeiter-Freunden zu treffen und in einer der Gruppen-Merkabahs der Aufgestiegenen Meister zum Wesak-Tal zu reisen – genau zum Zeitpunkt des Vollmondes im Mai. Trete vor die Meister, wie ich es gerade vorgeschlagen habe; danach kannst du das Tal erforschen und/oder einfach die Energien genießen. (Siehe auch das Büchlein *Das Wesak-Fest* - Lippert-Verlag - mit einer genauen Anleitung, wie man das Fest allein oder in der Gruppe zelebrieren kann). Außerdem würde ich dir empfehlen, dass ihr nach eurer Rückkehr als Gruppe gemeinsam die Meditation aus dem letzten Kapitel meines Buches *Das komplette Aufstiegshandbuch* durchführt. (Die *CD Aufstieg* mit der großen Aufstiegsmeditation ist im Lippert-Verlag auf Deutsch erhältlich). Dies wird die Energien richtig verankern.

Es ist wichtig, im Auge zu behalten, dass es sich hier tatsächlich um ein reales, physisches Ereignis handelt. In der Stunde des Vollmonds senkt sich Stille über die versammelte Menschenmenge und alle wenden ihren Blick nach Nordosten. Dann, unter Anleitung der verschiedenen Meister und ihrer Ashrams, werden bestimmte rituelle Bewegungen ausgeführt. Außerdem werden besondere gechantete Worte oder esoterische Begriffe angestimmt. Eine große, gespannte Erwartung beginnt sich auf den inneren und äußeren Ebenen aufzubauen, bevor der Buddha erscheint. Wenige Augenblicke vor dem genauen Zeitpunkt des Vollmonds erscheint in großer Entfernung ein kleiner Fleck am Himmel. Dieser Fleck wird langsam größer, und die Gestalt des Buddha, sitzend mit gekreuzten Beinen, wird sichtbar. Er ist in eine safranfarbene Robe gehüllt, von Licht und Farbe umgeben, und hat seine Hände zu einer Geste des Segens ausgestreckt.

Während er über dem Felsen schwebt, auf dem sich der Kristall und die mit Wasser gefüllte Schale befindet, wird ein bedeutendes Mantra angestimmt, das nur ein einziges Mal im Jahr an Wesak verwendet wird. Dies geschieht durch Lord Maitreya. Alle Anwesenden im Tal werfen sich zu Boden. Die Invokation erzeugt eine enorm hohe Schwingung mit spirituellem Potenzial. Sie markiert den Höhepunkt eines ganzen Jahres voll intensiver spiritueller Bemühungen. Dadurch wird ein massives Einströmen kosmischer Energien durch die Kosmische Hierarchie ausgelöst.

Danach beginnt der Buddha langsam, sich wieder dorthin zurückzuziehen, woher er gekommen ist. Die ganze Zeremonie dauert nur acht Minuten, aber ihre Auswirkungen werden für ein ganzes Jahr spürbar sein. Das ist das jährliche Opfer des Buddha für die Menschheit. In letzter Zeit hat sich daran allerdings etwas geändert. Der Buddha engagiert sich nun sehr viel stärker, was die Evolution der Erde betrifft, nachdem er lange Zeit in der Loge der Großen Weißen Bruderschaft auf Sirius verbracht hatte.

Die Wissenden dieser Erde haben Wesak stets die allerhöchste Bedeutung in den Angelegenheiten der Welt beigemessen. Durch die beiden Repräsentanten Gottes auf Erden werden die spirituelle Wirklichkeit und die menschlichen Angelegenheiten einander immer näher gebracht. Nebenbei möchte ich noch darauf hinweisen, dass das Wesak-Fest zwar gewöhnlich zum Vollmond im Mai stattfindet, dies aber in seltenen Fällen auch im April sein kann; es ist also wichtig, jedes Jahr das genaue Datum herauszufinden. Das ist möglich, weil das entscheidende Datum der Vollmond im Stier ist. Wesak ist ein lebendiges Ereignis, das auf astrologischen Zyklen beruht und nicht etwa auf Ereignissen der Vergangenheit, die schon vor Jahrhunderten stattfanden, so wie das bei den meisten Religionen der Fall ist.

Viele haben bereits von diesem Ereignis geträumt, aber weder seine spirituelle Bedeutung verstanden noch wo es stattfand oder warum sie in diesem Traum bestimmte Handlungen ausgeführt haben. Zu Wesak wird für die Menschheit eine Art Kanal geöffnet, der den Schülern und Eingeweihten erlaubt, mit bestimmten Energien in Kontakt zu kommen, die ihnen so im Normalfall nicht zur Verfügung stehen oder die nicht so leicht zugänglich sind. Auf diese Weise ist es möglich, dass eine große Erweiterung im Bewusstsein geschehen kann.

In „*Die geistige Hierarchie tritt in Erscheinung*" von Alice Bailey spricht Djwhal Khul davon, dass es „ ... die Absicht des Buddha und des Christus ist, dass es in jedem Land jemanden geben solle, der in ihrem Namen zu der Zeit auftreten soll, wenn diese beiden Feste stattfinden, so dass die spirituelle Energie des ersten Aspektes oder Strahls weitergegeben wird – vom Buddha zum Christus, und von dort zu den Eingeweihten in allen Ländern, die überstrahlt werden können und so als Kanal für den direkten Strom der Energie dienen." Dies bezieht sich auf das Christus-Fest und auf das Wesak-Fest. An einer anderen Stelle in dem Buch „*Denke darüber nach*", von A. Bailey, sagt er außerdem über Wesak: „Kein Aufwand ist zu hoch, um zu Vollmond im Mai, dem Wesak-Fest, von Nutzen für die Spirituelle Hierarchie zu sein. Keine

Mühe ist zu groß, in der Absicht, die mögliche spirituelle Erleuchtung zu erhalten, die zu dieser Zeit zur Verfügung steht."

Wesak hat vier grundlegende Funktionen:

1. Es beweist die Tatsache der physischen Erscheinung des Christus auf der Erde.
2. Die Solidarität zwischen Ost und West zu belegen, Gott im Physischen näher zu kommen.
3. Einen Treffpunkt und Versammlungsort für jene zu kreieren, die sich alljährlich in Synthese und symbolisch mit dem Hause des Vaters verbinden und es repräsentieren, das Königreich Gottes und der Menschheit.
4. Den Charakter der Arbeit des Christus, als den großen und auserwählten Vermittler, und als den Leiter der Spirituellen Hierarchie, der Schüler und Eingeweihten auf der Erde zu beweisen.

In seiner Person drückt er das Wiedererkennen des tatsächlichen Bestehens des Königreiches Gottes aus, hier und jetzt. (Auszug aus Alice Bailey - *Denke darüber nach*).

Das Ziel des Wesak-Festes ist:

1. Die Freisetzung bestimmter Energie-Übertragungen für die Menschheit, welche den Geist der Liebe, der Bruderschaft und des guten Willens anregen werden.
2. Die Vereinigung aller Männer und Frauen Gottes soll zu einem verständnisvollen integrierten Ganzen führen.
3. Das Anrufen bestimmter kosmischer Wesen und von ihnen Antwort zu erhalten, sofern frühere Zielpunkte erreicht worden sind.

Ich würde diesen Abschnitt gerne mit einem letzten Zitat von Djwhal Khul zum Thema Wesak beenden, aus dem Buch *Die Strahlen und die Einweihungen - Buch 2*, von A. Bailey: „Wenn euer Glaube die Größe eines

Senfkorns hat, wenn ihr einen unerschütterlichen Glauben in das Wirken des Geistes Gottes und in die Göttlichkeit des Menschen habt, dann vergesst euch selbst und widmet all eure Bemühungen von dem Moment an, an dem ihr diese Information erhaltet, der Aufgabe, zusammenzuarbeiten in dem gemeinschaftlichen Bemühen, den Strom persönlicher und weltlicher Angelegenheiten durch eine Verstärkung des Geistes der Liebe und des guten Willens in der Welt im Monat Mai zu verändern."

Durch den Buddha verbreitet sich die Weisheit Gottes. Durch Maitreya, den Christus, wird die Liebe Gottes für die Menschheit manifestiert. Das Wesak-Fest verbindet auf symbolische und tatsächliche Weise die Arbeit des Buddha mit der von Lord Maitreya. Es ist eine Zeit, in der großer Segen auf die Schüler, Eingeweihten, die neue Gruppe derer, die den Weltendienst leisten, und die Menschheit hier auf Erden niedergeht. Wenn Meister, Eingeweihte und Schüler die Zeremonie verlassen, sind sie von einer erneuerten Kraft erfüllt, um ein weiteres Jahr des Dienstes für die Welt zu übernehmen.

Das Wesak-Fest ist aus der Sicht der Aufgestiegenen Meister das wichtigste Ereignis auf unserem Planeten, welches die größten Auswirkungen auf die Menschheit hat. In dieser Zeit trifft sich die Loge der Meister auf den Inneren Ebenen aus den Gründen, die Djwhal Khul in den Büchern von Alice Bailey folgendermaßen beschreibt: „Um in Kontakt mit der spirituellen Kraft zu kommen, die für unseren Planeten durch den Buddha und Lord Maitreya übertragen wird; um miteinander zu beraten, welche unmittelbaren Notwendigkeiten und Arbeiten für die Menschheit ausgeführt werden müssen; diejenigen für die Einweihung zuzulassen, die dafür bereit sind, und ihre Schüler zu mehr Aktivität und Dienst anzuspornen."

Kannst du dir die Auswirkungen auf unseren Planeten vorstellen, wenn die gesamte Menschheit bewusst das Wesak-Fest feiert? Nun ist vor kurzem ein Ruf der Spirituellen Hierarchie an die Schüler, Eingeweihten und die neue Gruppe derer, die den Weltendienst leisten, ergangen, dass sie sich für einen intensiven heiligen Monat verstärkter Arbeit vorbereiten, wenn der Vollmond im Mai ansteht. Dieses verstärkte Bemühen dient dazu, die Empfänglichkeit der Menschheit für die spirituellen Kräfte zu erhöhen, die zu dieser Zeit freigesetzt werden. Dieser besondere Zeitpunkt wurde kürzlich auf nun fünf Tage der Arbeit und des Dienens erweitert - zwei Tage vor Vollmond, der Tag des Festes selbst und die zwei Tage danach. Die beiden Tage der Vorbereitung werden als die Tage des Verzichts und der Loslösung bezeichnet. Der Tag des Festes wird der Tag des sicheren Bewachens und die beiden folgenden Tage werden die Tage der Gabe genannt. Das erfordert also fünf Tage des intensivsten Dienens. Aus diesem Grund haben uns die Meister dazu angeleitet, unsere Wesak-Zeremonie am Mount Shasta über drei Tage abzuhalten, dazu jeweils einen Tag vor und nach der Zeremonie für die An- und Abreise, was die kollektive Gruppenerfahrung vorbereitet und sie danach integriert.

Während unserer Zeremonie werden wir als Gruppe in der Merkabah von Lord Maitreya und Lord Buddha ins Wesak-Tal reisen und an der Feier teilnehmen, wie ich dies zuvor beschrieben habe. Wir werden als Gruppe von diesen großen Meistern gesegnet werden. In unserem Auditorium wird eine gefüllte Wasserschale stehen, die synchron während der eigentlichen Zeremonie gesegnet wird, und von der die Menschen trinken und Segen erhalten können. Es ist nicht das erste Mal, dass diese großen Meister, Lord Maitreya und Lord Buddha, derart zusammenwirken. Diejenigen, die sich mit ostasiatischen Religionen beschäftigen, sollten sich daran erinnern, dass Lord Maitreya in einer früheren Inkarnation der große Avatar Lord Krishna war und Lord Buddha zu dieser Zeit sein Schüler Arjuna. Ihre gemeinsame Arbeit setzt sich nun in einer viel kosmischeren und erweiterten Form fort.

Das Fest der Menschheit und des Guten Willens

Dieses Fest des Geistes der Menschheit strebt nach Göttlichkeit, danach, sich auf den göttlichen Willen auszurichten und nach angemessenen menschlichen Beziehungen. Es findet jedes Jahr zum Vollmond im Juni statt. An diesem Tag geht es darum, die göttliche Natur des Menschen anzuerkennen und zu ehren, und um das Streben nach spiritueller Verbundenheit. Diese Feier steht für die Wirkung der Arbeit auf das menschliche Bewusstsein durch Gautama Buddha, Lord Maitreya und Jesus. Dieses Fest ist auch unter dem Namen ‚Weltinvokationstag' bekannt.

Die vorherrschende Kraft zu dieser Zeit ist die Kraft des Wiederaufbaus. Es ist die Kraft des ersten Strahls oder des Willensaspektes des Göttlichen, die in direkter Verbindung mit Shamballa steht. Diese Energie wirkt vor allem auf das Verhältnis der einzelnen Nationen untereinander. Ihre Auswirkung auf die einzelnen Staaten ist vom Grad ihrer Bewusstheit abhängig. Die beiden Extreme in diesem Fall sind entweder Staaten, die besonders egoistisch sind, oder Länder, die sich um die Einheit der Welt bemühen. Die Vereinten Nationen stellen, in einem etwas positiveren Aspekt, eine Manifestation dieser Kraft dar. Die drei Kräfte der Wiederherstellung, Erleuchtung und des Wiederaufbaus sind der Ausdruck des Lichtes, der Liebe und der Weisheit Gottes. Die Synthese dieser Kräfte und das bewusste Feiern dieser Feste durch die Menschheit wird folgende Wirkungen hervorrufen, wie sie in dem Buch *Serving Humanity* von A. Bailey beschrieben sind:

(1) Den Schülern und Eingeweihten wird Macht in die Hände gegeben, so dass sie den Prozess der Neuordnung ihres Lebens weise und effizient gestalten können.
(2) Der ‚Wille zur Liebe' wird Menschen guten Willens überall anregen, so dass der Hass langsam überwunden werden kann. Der innere Drang in Männern und Frauen, in aufrichtiger Gemeinschaft miteinander zu leben, ist bereits vorhanden und Gegenstand der Stimulation.

(3) Der ‚Wille, zu handeln' wird intelligente Menschen überall auf der Welt dazu bringen, Aktivitäten zu initiieren, die das Fundament für eine neue, bessere und glücklichere Welt legen werden.
(4) Der ‚Wille zur Kooperation' wird stetig größer werden. Männer und Frauen haben den Wunsch nach und fordern wahrhaftige zwischenmenschliche Beziehungen, als einer natürlichen Art und Weise, zu leben.
(5) Der ‚Wille, zu wissen und richtig und kreativ zu denken' wird zu einem außerordentlichen Merkmal der Massen werden. Wissen ist der erste Schritt auf dem Weg zu Weisheit.
(6) Der ‚Wille zu Beharrlichkeit' wird zu einem Merkmal der Menschen werden, einer Umsetzung der Urtriebe von Selbsterhaltung und Selbstbezogenheit. Dies führt zu einem nachhaltigen Glauben an die Ideale, die von der Spirituellen Hierarchie dargestellt werden, und zu der Demonstration physischer Unsterblichkeit.
(7) Der ‚Wille, zu organisieren' wird einen Prozess des Aufbaus fördern, der auf Grund der direkten Inspiration durch die Spirituelle Hierarchie weiter vorangetragen wird. Das Mittel dazu wird das Potenzial des ‚Willens zum Guten' der Neuen Gruppe der Diener der Welt und des dafür empfänglichen guten Willens der Menschheit sein.

Zusammenfassung

So wie es zurzeit in der Welt aussieht, feiern alle Religionen ihre Feste zu unterschiedlichen Zeiten. Christen, Buddhisten, Hindus, Moslems und Juden haben alle ihre eigenen Feiertage. In Zukunft werden alle Schüler und Eingeweihten dieselben Feiertage haben. Es ist klar und deutlich zu erkennen, dass unser gegenwärtiger Zustand eine Manifestation des negativen Egos und der Trennung ist. Es ist ungefähr so, als würde jedes Land seine eigenen Interessen verfolgen, anstatt für das Beste des Planeten zusammenzuarbeiten. Durch das Begehen gemeinsamer Feiertage wird eine Vereinigung von Ressourcen entstehen, von vereinten spirituellen Anstrengungen und viel stärkeren spirituellen

Anrufungen. Das Feiern der drei großen Feste wird einen gemeinsamen spirituellen Zugang erschaffen, der sowohl die westlichen wie auch die östlichen Traditionen ehrt. Auf diese Weise wird eine viel größere spirituelle Einheit auf dem Planeten entstehen. Die übrigen Vollmonde stehen für Feste mit etwas geringerer Bedeutung, werden aber trotzdem als von wichtiger Bedeutung anerkannt sein. Dieser vereinte und eher astrologische Ansatz wird eine breite Anziehung auf alle Weltreligionen ausüben.

Hier sollte bedacht werden, dass die Aufgestiegenen Meister einen deutlich universelleren Ansatz verfolgen. Wir hier auf der Erde sind dazu angehalten, es auf die gleiche Weise zu tun. Die zwölf Jahresfeste werden – in Übereinstimmung mit dem Studium der Astrologie, was die jeweilige Bedeutung betrifft – für die vollständige Enthüllung des Göttlichen gegenüber der Menschheit sorgen. Es wird die Menschen mit dem Verständnis der sieben Strahlen verbinden, die sogar der Wissenschaft der Astrologie zugrunde liegen. Dieser Ansatz wird die Menschheit außerdem mit der Arbeit der Spirituellen Hierarchie und der Aufgestiegenen Meister verbinden, was zur Manifestation der neuen Weltreligion auf Erden führen wird.

13 Vergleichender Überblick der westlichen und indischen Ebenen der Einweihung und Meditation

In den meisten meiner Bücher geht es in erster Linie um die sieben Stufen der Einweihung und darum, wie man den Aufstieg erreicht. Ich dachte, es könnte interessant sein, diese Aspekte aus der Sicht der hinduistischen Tradition zu betrachten, indem wir als theoretische Grundlage die verschiedenen Stufen des *Samadhi* verwenden. Es gibt fünfzehn Stufen, die zur Erleuchtung führen, zu denen die neun Stufen des Samadhi gehören

Diese fünfzehn Stufen sind, beginnend mit der niedrigsten:

1. Wachsamkeit (bewusst werden)
2. Rückzug der Sinne (die Wendung nach innen)
3. Konzentration (auf eine Sache)
4. Meditation (Mühelosigkeit)
5. Inaktivität des Bewusstseins (das Erschauen der Leere)
6. Sa-vitarka (grobe Ideen)
7. Nir-vitarka (grobe, und keine, Ideen)
8. Sa-vichara (subtile Ideen)
9. Nir-vichara (subtile, und keine, Ideen)
10. Ananda (Glückseligkeit)
11. Asmita (Bewusstheit über das Selbst)
12. Purusha khyati (das Atma und die Welt)
13. Asam-prajnata (Verzicht)
14. Dharma-megha (Involution, Rückentwicklung nach innen)
15. Kaivalya (das Berühren der absoluten Realität)

Die ersten fünf sind Vorstufen; die Stufen Sechs bis Fünfzehn werden als die eigentlichen neun Stufen des Samadhi angesehen.

1. Schritt: Wachsamkeit

In diesem Stadium erfährst du das Leben auf der Erde. Das Ringen auf dieser Stufe macht dir bewusst, dass du lebendig bist. Dieses Ringen bringt dich dazu, dich auf die Suche nach dem Bewusstsein des Selbst und der Selbst-Verwirklichung zu begeben.

2. Schritt: Rückzug der Sinne

Dies ist der zweite notwendige Schritt in dieser Tradition, um die Befreiung zu erreichen. Die Entwicklung beginnt mit der Einsicht, dass du nicht die äußere Welt, sondern nur deine Haltungen und dein Bewusstsein gegenüber der äußeren Welt ändern kannst, um deinen inneren Frieden zu bewahren. Dieser Schritt bedeutet die Bewegung nach innen, um in der Folge im Innern, statt äußerlich, zentriert zu sein.

3. Schritt: Konzentration

Der nächste Schritt im Prozess der Selbstmeisterung und Befreiung beginnt mit der Konzentration auf ein Objekt oder Ideal, was dir ermöglicht, den Rest deines mentalen Universums zu entfernen, welches dich nicht deinem ultimativen spirituellen Ziel näher bringt.

4. Schritt: Meditation

In diesem Stadium ist es das höchste Ziel, während der Meditation ohne Mühen an deinem Objekt oder Ideal festzuhalten. Du beginnst damit, dieses Objekt loszulassen mit dem Ziel, mit immer weniger Mühe an ihm festhalten zu wollen. Das Objekt beginnt sich in dein Bewusstsein hinein aufzulösen und dann löst sich dein Bewusstsein in diesem Objekt auf. Das Objekt könnte ein spirituelles Ideal sein, etwa Liebe, oder die Vision eines Meisters wie Krishna, Rama oder Sai Baba. Die meditierende Person, das Objekt der Meditation und der Vorgang des Meditierens werden eins.

5. Schritt: Inaktivität des Bewusstseins

Auf dieser Stufe lässt du in deinem Bewusstsein das Objekt oder Ideal vollständig los oder fallen. Es existiert nichts mehr außer dem

Bewusstsein in seinem reinen, formlosen und leeren Zustand. Dieser Zustand ist eine Art Überbewusstsein, ein Zustand des reinen Bewusstseins ohne Form. Der Verstand nimmt sich selbst als formlos war und ist die alles formende Substanz. Das Selbst wird sich des Selbstes bewusst. Das ist die erste Stufe des Samadhi. Er wird dann in neun weitere, größere Stufen unterteilt, von denen jede einzelne eine weiter fortgeschrittene auf dem Weg zur Gottesverwirklichung darstellt.

Die neun Stufen des Samadhi

•Stufe 1: Auf dieser Stufe hat die Aufmerksamkeit als Grundlage ein *grobes Objekt*. Dies ist die einfachste Form des Samadhi und bezieht sich auf bestimmte Vorstellungen, nicht aber auf Gedanken. Außerdem gibt es eine bestimmte Art der überbewussten Betrachtung, die hier eine Rolle spielt. Das Objekt wird betrachtet, wie es war, ist und sein wird.

•Stufe 2: Hier richtet sich die eigene Aufmerksamkeit wieder auf ein grobes Objekt, besitzt in diesem Fall allerdings nicht die überbewusste Betrachtung der vorangegangenen Stufe. Die Wahrnehmung des Objekts in der Meditation ist *ohne jegliche Art von Vorstellung*. Auf dieser Stufe gibt es oft eine Mischung von astralen und kausalen Klängen, Farben und dem Wissen, das dort vorhanden ist.

•Stufe 3: Nun richtet sich die Aufmerksamkeit auf *subtile Ideen,* im Unterschied zu den beiden vorhergehenden Stufen. In den östlichen Religionen gibt es eine Unterscheidung zwischen Ideen und Gedanken, wobei letztere eine gröbere Natur besitzen.

•Stufe 4: Auf dieser Stufe gibt es eine noch tiefere Bewegung hin zu subtilen und keinerlei Vorstellungen. Die Mischung aus Klängen, Farben und Wissen aus den beiden vorangegangenen Stufen bewegt sich hin zu *transzendentem Wissen*. Fällt dir auf, dass sich die Entwicklung auf jeder Stufe vertieft, von groben Ideen hin zu subtileren, und dann zu keinerlei

Vorstellungen mehr? Jedes Loslassen trägt dich zu einer immer tieferen Ebene des inneren Kerns. Diese Stufe des Samadhi ist voll Klarheit und Wahrheit.

•Stufe 5: Hier geht es um *Ananda,* oder Glückseligkeit. Es bedeutet Rückzug von allen äußeren Wirklichkeiten. *Atma* (das Selbst) kann nicht innerhalb der Form gefunden werden. Glückseligkeit entsteht, wenn die supramentalen Aktivitäten zur Ruhe gebracht worden sind. Es gibt allerdings noch eine Ebene, die über die Glückseligkeit hinausgeht. Eine Metapher, die in diesen Fällen oft verwendet wird, ist das Goldene Ei, das du erhalten kannst, oder die Gans, die das Goldene Ei legt – das „Realitätsprinzip" hinter dem Goldenen Ei.

•Stufe 6: Jetzt geht es um die bewusste Wahrnehmung des Atma (oder Selbst). Auf dieser Stufe befindet man sich an den äußeren Rändern des Gottes-Bewusstseins. Es ist die letzte der Stufen des Samadhi, auch bekannt als der *extrovertierte Fokus,* mit einer supramentalen Wahrnehmung von Materie. Diese letzten sechs Stufen des Samadhi heißen *Sam-prajnata Samadhi,* was „transzendentes Wissen" bedeutet.

•Stufe 7: Diese Stufe bedeutet die totale, vollständige, ununterbrochene, bewusst wahrnehmende Vision zwischen Universum und dem Atma (Selbst). Auf dieser Stufe, wie auch auf der achten und neunten, wird das supramentale Wissen transzendiert. Die siebte Stufe wird auch *Viveka-Khyati, Viveka-Jnana* und Taraka-*Jnana* genannt.

•Stufe 8: Die folgende Stufe erreicht man durch die vollständige Entsagung aller weltlichen Objekte. In diesem Bewusstseinszustand gibt es keine bewussten, sondern nur noch unterbewusste Sinneseindrücke. Diese unterbewussten Sinneseindrücke werden in den östlichen Religionen Samskaras genannt. Diese Samskaras (man könnte es auch das eigene mentale Karma nennen) werden durch das Verbleiben auf der achten Stufe transformiert. Diese Stufe erinnert mich an die vierte Einweihung in den Lehren der Aufgestiegenen Meister, bei der es ebenfalls um Entsagung geht. Der Unterschied besteht darin, dass es sich bei den Stufen des Samadhi um eine schrittweise Verwirklichung innerhalb der Meditation handelt. Die Samskaras (oder karmischen Gedanken) werden auch als „karmische Saat" bezeichnet. Diese karmischen Samen sind verantwortlich für deine zukünftigen Erfahrungen und zukünftige Wiedergeburten. Gewöhnlich gibt es zwei Arten des Samadhi: *Samprajna,* „Samadhi mit Samen", und *Isasam-Prajnam,* „Samadhi ohne Samen".

Bei der achten Stufe handelt es sich um einen Samadhi ohne Samen. Bleibt man in diesem Bewusstseinszustand, werden alle karmischen Samen verbrannt (oder transformiert). Dieses Bewusstsein ist ein Zustand, der über den Ozean dieses Universums hinausreicht und bedeutet damit die Auflösung der Anhaftung an alle Samen. Allerdings erreichen nur wenige Seelen jemals diesen Zustand. Ich sage nochmals, es handelt sich hier um verschiedene Stufen oder Tiefen der Meditation, nicht etwa um Einweihungen an sich.

•Stufe 9: Die neunte Stufe des Samadhi verursacht die Entwicklung ursprünglicher Energien oder Qualitäten, die Gunas genannt werden (tamas, rajas, sattva) [siehe das Kapitel über die Bhagavad Gita, in meinem Buch *Verborgene Mysterien*]. Das Ideal ist dabei, mehr sattvisch als tamasisch oder rajasisch zu sein. Mehr sattvisch zu sein bedeutet, im Zusammenhang mit seinen psychologischen Eigenschaften stärker Energien des Christusbewusstseins auszustrahlen. Nach den Aussagen östlicher Religionen führt diese Stufe direkt zur Befreiung vom Rad der Wiedergeburt. Alle Auswirkungen von Karma, alle Anhaftungen und Beschränkungen werden aufgelöst. Das Selbst (Atma, Purusha) erstrahlt nun in allergrößter Pracht und Herrlichkeit. Die neun Stufen besitzen übrigens in ähnlicher Weise sieben Unterebenen, wie die sieben Stufen der Einweihung.

•Stufe 10 (letzte Stufe): Das Gottes-Bewusstsein wird erreicht, wenn der Yogi *kaivalya* (Emanzipation) erreicht. Die vorangegangenen neun Stufen enthielten eher subtile Techniken und Schritte. Dies ist jetzt die ultimative Erfahrung. Es ist eine anhaltende Erfahrung des göttlichen Bewusstseins. In den religiösen Texten wird diese Stufe der Bewusstheit mit amorphem Ton verglichen, also mit einem Ton, der keine wirkliche Form besitzt. Wird dieser Ton nun mit Wasser vermischt, kann daraus eine unbegrenzte Anzahl von materiellen Formen hergestellt werden. An dieser Stelle scheitert die Menschheit im Normalfall, denn sie identifiziert sich mit der Welt der Form, anstatt dem Formlosen. In der Annäherung an das göttliche Bewusstsein befasst man sich nicht mehr so sehr mit äußeren Formen, sondern mit der Essenz dessen, was die Grundlage der Form ausmacht. Alle Formen entstehen aus amorphem Ton.

Sai Baba hat die Fähigkeit demonstriert, jederzeit irgendein beliebiges Objekt aus diesem amorphen Ton materialisieren zu können. Das ist genau die Aufgabe, die wir uns selbst gegenüber erfüllen müssen, nämlich alle Formen aufzulösen, die wir in all den früheren und unserem jetzigen Leben erschaffen haben, um sie dann im Sinne des Christusbewusstseins wieder neu zu erschaffen und dauerhaft am Leben zu erhalten. Es ist das Bewusstsein, zu lernen, ununterbrochen in der Wirklichkeit des ewigen Selbstes zu leben.

Dann ist die Ausbildung abgeschlossen und man ist bereit für den Abschluss, um die nächste Ebene in Gottes Schule zu betreten. Samadhi ist die Methode, um erleuchtet zu werden, so dass man den Zustand des Kaivalya (göttliches Bewusstsein) erreichen kann. Selbst wenn man Samadhi nur eine Sekunde lang aufrechterhält, verbessert und transformiert es die eigene Existenz auf nachhaltige Weise. Erfahrungen von Samadhi offenbaren, dass das ultimative göttliche Bewusstsein erreicht werden kann. Im Samadhi zu sein ist, wie wenn man kurze Augenblicke des Gottes-Bewusstseins erfährt, mit dem ultimativen Ziel, dieses Bewusstsein ununterbrochen zu leben. Ebenso gibt es Stufen im göttlichen Bewusstsein. Das vollständige Gottes-Bewusstsein lässt sich in dieser Erdenschule nicht erleben. Das wäre gleichbedeutend mit dem kosmischen Aufstieg. Es besteht die Möglichkeit der Offenbarung Gottes, nicht aber des ununterbrochen aufrechterhaltenen göttlichen Bewusstseins, denn das würde unsere physisch-ätherischen Körper augenblicklich verbrennen, da diese Frequenz so außerordentlich hoch ist.

Die Stufen des göttlichen Bewusstseins sind: planetarer, solarer, galaktischer, universaler, multi-universaler und kosmischer Aufstieg. Dies ist das System, das uns von Melchizedek als Anleitung gegeben wurde. All diese Ebenen sind Stufen der Gottes-Verwirklichung. Sai Baba hat auf diesem Planeten die Stufe universaler Gottes-Verwirklichung erreicht und ist damit ein exzellentes Beispiel für unsere Diskussion. Trotzdem ist er etwas außergewöhnlich, denn er ist ein echter Avatar. Die wahre Definition eines „Avatars" bezeichnet ein Wesen, das bereits bei der Geburt vollkommen gottverwirklicht ist. Sai Baba ist kein Teil des karmischen Rades unseres Planeten. Er ist zu uns in einer besonderen Mission als dreifacher Avatar zurückgekehrt, und für nichts anderes. Die Inkarnation eines Avatars ist ein absolut einzigartiges und besonderes Ereignis, und wir haben nur etwa eine Handvoll davon hier auf der Erde, so wie Lord Maitreya.

Die höchste erreichbare Ebene für alle anderen auf diesem Planeten ist der planetare und solare Aufstieg, und zusätzlich noch das Anfangsstadium der Verwirklichung auf galaktischer Ebene. Du kannst auf diesem Planeten wie gesagt auch noch die universale Ebene verankern und aktivieren, allerdings macht das aus dir noch keinen Meister der galaktischen Ebene. Die vollständige Installierung, Aktivierung und Verwirklichung der universellen Chakren und des universalen Körpers bedeutet höchstens die Verwirklichung von etwa fünf Prozent des vollen Verständnisses und der Bedeutung dieser Ebene. So wie es also einzelne Stufen des Samadhi gibt, gibt es auch einzelne Stufen der Gottes-Verwirklichung. Gottes-Verwirklichung, oder *daivalya*, wie es im Kriya Yoga oder in den religiösen Texten heißt, ist die vollständige Verwirklichung des planetaren Aufstiegs. Man könnte ein Buch schreiben, das sich ausschließlich mit dem Prozess des

„kosmischen Samadhi" befasst, so wie ich dieses Buch hier aus Sicht unserer westlichen Terminologie schreibe. Die östlichen Lehren haben die Entwicklung der fortgeschrittenen Techniken eines Aufgestiegenen Meisters schneller erreicht. Wie dieses Kapitel zeigt, sind sie in ihrem Wissen über Meditation sehr viel stärker fokussiert und geübt. Die westlichen Lehren bieten häufiger Übungen in Bezug auf einige andere Aspekte an. Es wäre sicher ideal, wenn man die östlichen und westlichen Traditionen miteinander vereinigen könnte, da beide so reich sind, und genau das versuche ich mit meinen Büchern zu erreichen.

Weitere Gedanken zu Samadhi

In seinem Buch *Autobiographie eines Yogi* sagt Paramahansa Yogananda, dass „...Samadhi erreicht wird, wenn die Meditation, der Vorgang des Meditierens und das Objekt der Meditation eins werden." Im Anfangsstadium der Zwiesprache mit Gott (*Sabikalpa Samadhi*) verschmilzt das Bewusstsein des Meditierenden mit dem kosmischen Bewusstsein. Die Lebensenergie wird vom Körper zurückgezogen, der wie tot, bewegungslos und starr wirkt. Der Yogi ist sich dieses körperlichen Zustandes einer vorübergehenden Bewusstlosigkeit vollkommen bewusst.

Wenn die Entwicklung fortschreitet und der Yogi höhere Ebenen des Bewusstseins erreicht (*Nirbikalpa Samadhi*), ist es ihm ohne den zur Ruhe gebrachten Körper möglich, innerhalb des Wachbewusstseins mit Gott zu kommunizieren, sogar inmitten seiner weltlichen Verpflichtungen. Beide Zustände sind gekennzeichnet durch die Einheit mit der immerwährenden Glückseligkeit des Geistes, aber der Zustand des *Nirbikalpa Samadhi* wird nur von den am weitesten fortgeschrittenen Meistern erfahren. In diesem Zustand löst der Yogi die letzten Überreste seines materiellen oder irdischen Karmas auf. Dennoch kann es immer noch Reste von bestimmtem astralem oder kausalem Karma geben, das aufgearbeitet werden muss, so dass noch Verkörperungen auf astraler oder kausaler Ebene in Sphären mit einer sehr hohen Schwingung notwendig sind. Im *Sabikalpa Samadhi* befindet sich der Körper in einer Trance, ohne zu atmen oder sich zu bewegen. Im *Nirbikalpa Samadhi* ist man unwiderruflich in Gott verankert, egal, ob man atmet oder nicht, bewegungslos ist oder sich bewegt.

In Marshall Govindans Buch *Babaji Kriya Yoga und die 18 Siddhas* erwähnt er den Zustand des *Soruba Samadhi,* in den sich Babaji begibt, „...indem sich das Göttliche in die spirituellen, mentalen, vitalen und physischen Körper herabsenkt, sich mit ihnen vereint und sie transformiert. Der physische Körper hörte auf, zu altern und begann, in einem goldenen Glanz göttlicher Integrität zu erstrahlen." *Soruba Samadhi* lässt sich so in etwa mit der fortgeschrittenen Verwirklichung der siebten Einweihung vergleichen.

Swami Kriyananda spricht in seinem Buch *Die Suche nach dem Sinn* ebenfalls von *Sabikalpa Samadhi*. Er sagt: „In diesem Zustand verharrt der Körper bewegungslos und man befindet sich in einem Zustand der Trance, in einem Vertieftsein in Gott." Aber es ist ein eingeschränktes Vertieft- sein, ein Zustand, der sich immer noch ändern kann. Durch die Wiederholung der Vertiefung in diesem Trancezustand wird man vom Griff des Egos schrittweise befreit, bis zur Verwirklichung dessen, was Yogananda *Nirbikalpa Samadhi,* unbegrenztes Vertieftsein, genannt hat. Es ist der Zustand (oder das Bewusstsein) der vollkommenen Verwirklichung der Einheit mit dem Göttlichen.

Selbst wenn man nach dem Trancezustand im *Nirbikalpa Samadhi* zurückkehrt, geschieht dies nicht länger in dem Bewusstsein einer getrennten Existenz vom Ozean des Geistes. Dieser Zustand wird auch *Sahaja Samadhi,* oder „Samadhi ohne Bemühen", genannt. Nach den Worten von Kriyananda erreicht man göttliche Freiheit nur durch *Nirbikalpa Samadhi*. Wenn dies erreicht ist, wird man zu *Jivan Mukti,* eine „bereite Seele" – frei, obwohl man sich noch in seinem physischen Körper befindet. Dies könnte in der westlichen Tradition mit dem

Bestehen der siebten Einweihung verglichen werden, denn man wird nicht vom Rad der Wiedergeburt befreit, wenn man nicht wenigstens die Anfänge der siebten Einweihung erreicht hat.

Das Ideal des *Nirbikalpa Samadhi* (oder der unbegrenzten Vertiefung) in den östlichen Traditionen, sei es durch Meditation, Dienen oder sein Leben zu leben, ist ein hehres Ideal, das alle Menschen anstreben sollten. Es ist sehr einfach, spirituell zu sein, während man meditiert. Die wahre Prüfung besteht darin, in diesem Zustand zu verbleiben, während man sich mit den alltäglichen Problemen auseinandersetzt. *Nirbikalpa Samadhi* lässt sich sowohl durch psychologische Formen der inneren Arbeit, als auch durch Meditation erreichen – im Idealfall durch beides zusammen. Die östliche Tradition betont den Weg der Meditation; im Westen sind es eher die psychologischen Methoden und Hilfen. Beide sind in Wahrheit von essenzieller Bedeutung.

Hier haben wir also ein weiteres Verständnis des Samadhi durch Yogananda, Kriyananda und Babaji: Stufe eins: *Sabikalpa Samadhi*; Stufe zwei: *Nirbikalpa Samadhi*; Stufe drei: *Soruba Samadhi*. Je mehr man *Sabikalpa Samadhi* praktiziert, desto schneller kann man *Nirbikalpa Samadhi* erreichen, was zum Vollendung der siebten Einweihung, dem Aufstieg und der Befreiung vom Rad der Wiedergeburt führt. Das beständige Ausüben von *Nirbikalpa Samadhi* führt zu *Soruba Samadhi*, was die vollständige Verwirklichung der siebten Einweihung bedeutet, die Entwicklung der höheren Fertigkeiten eines Aufgestiegenen Meisters, und physische Unsterblichkeit. *Sabikalpa Samadhi* kann und wird gewöhnlich von der dritten bis zur fünften oder sechsten Einweihung praktiziert. *Nirbikalpa Samadhi* ist mit der siebten Einweihung vollständig verwirklicht. *Soruba Samadhi* ist verwirklicht mit der vollständigen Vollendung der siebten Einweihung und/oder der Verwirklichung des planetaren Aufstiegs, bezogen auf die Installierung, Aktivierung und Verwirklichung der sieben Stufen der Einweihung, der Chakren 50 bis 200 und der 12 Körper, einschließlich des solaren, galaktischen und universalen Körpers. Die Stufen des Samadhi haben ganz offensichtlich eine Verbindung zu den Einweihungen, trotzdem sind sie nicht genau dasselbe. *Soruba Samadhi* kann beispielsweise bei einer Reihe von Verankerungen von höheren Chakren, Körpern oder Dimensionen auftreten. Das Erreichen dieses Zustands der Meditation besitzt ganz offensichtlich eine Verbindung mit der persönlichen Reife, die entsprechenden Einweihungen nehmen zu können. Wie gesagt, es sind deine persönliche ICH BIN - Gegenwart und die Chohans der sieben Strahlen, die zusammen mit Lord Maitreya, Sanat Kumara, Lord Buddha und Lord Melchizedek entscheiden, wann ein Schüler oder Eingeweihter für eine Einweihung bereit ist. Häufig gibt es große Unterschiede in Bezug auf Talente oder Fähigkeiten bei denjenigen, welche die gleiche Einweihung nehmen. Doch genauso soll es sein, denn jeder Einzelne hat eine andere Aufgabe in Gottes Plan zu erfüllen.

Zusammenfassung

Dieses Thema der einzelnen Stufen des Samadhi hat mich immer schon sehr interessiert. Die östlichen Religionen kümmern sich nicht so sehr um Einweihungen, wie das in den westlichen Mysterienschulen der Fall ist. Die Stufen stellen jedenfalls die größte Annäherung an die westliche Tradition dar. Ich hoffe, dass dieser Vergleich der westlichen und östlichen Traditionen hilfreich gewesen ist.

An dieser Stelle möchte ich gerne Julie Ray Kuever meinen Dank und meine Anerkennung ausdrücken, was ihre Unterstützung bei der Arbeit an diesem Kapitel betrifft. Klare und präzise Informationen zu diesem Thema zu finden ist etwa so wie die Suche nach der berühmten Nadel im Heuhaufen. Ich bin deshalb sehr froh, dass ich dieses Kapitel geschrieben und versucht habe, eine Brücke zwischen beiden Traditionen zu schlagen. Wer an weitergehenden Informationen über die einzelnen Stufen des Samadhi interessiert ist, dem empfehle ich Goswami Kriyanandas Buch *The Spiritual Science of Kriya Yoga*. Das Wesentliche des ersten Teils dieses Kapitels ist eine Zusammenfassung eines Kapitels aus seinem Buch. Ich hoffe und bete, dass beide Traditionen sich zukünftig noch mehr miteinander verbinden, damit sie eine wahrhaft göttliche Hochzeit eingehen.

14 Planetare und kosmische Schülerschaft

Die folgenden Informationen sind eine Zusammenstellung der Lehren Djwhal Khuls aus Alice Baileys wundervollen Büchern *Jüngerschaft im Neuen Zeitalter* Band I + II. Zum besseren Verständnis des Materials möchte ich all meinen Lesern beide Bücher sehr ans Herz legen. Die Welt ist Alice Bailey zu großem Dank verpflichtet für die außerordentlichen Dienste, die sie geleistet hat, indem sie diese Informationen verbreitete. Djwhal Khul beschreibt hier sechs Grade der Schülerschaft, esoterisch wie folgt genannt:

1. Kleine Chelaschaft (das Wort „Chela" bedeutet Schüler)
2. Der Chela im Licht
3. Der angenommene Jünger
4. Der Chela am Faden
5. Der Chela innerhalb der Aura
6. Der Chela innerhalb des Herzens seines Meisters

Das folgende Kapitel wird sich mit diesem Verständnis der sechs Grade der Schülerschaft auf dem spirituellen Pfad befassen.

Kleine Chelaschaft

Alles beginnt, wenn ein Meister mit einem aufstrebenden Schüler durch einen weiter fortgeschrittenen Chela, ein Schüler auf der physischen Ebene, Kontakt aufnimmt. Der aufstrebende Schüler wird von dem Meister bemerkt, wenn Licht in bestimmten Situationen wie ein Blitz aus der Aura des Schülers hervortritt. Dies ist das Zeichen, dass der Schüler begonnen hat, Kontakt zu seiner Seelenebene aufzunehmen. In diesem Moment beginnt er, einen Teil des Gruppenkarmas auf seine Schultern zu nehmen. Sobald dies geschieht, kommt das Höhere Selbst aus seiner Meditation und beginnt, „...nach unten auf die Seelenausdehnung zu blicken." Der Meister, der sich gewöhnlich auf dem gleichen Strahl wie die Seele befindet, bemerkt die herabblickende Seele, was sein Interesse an dem neu entdeckten Schüler weckt. Der Schüler beginnt nun seinerseits damit, die Antakarana zur Seelenebene aufzubauen und sich spirituelle Gewohnheiten anzueignen. Diese Aktivitäten finden ebenfalls das Interesse des Meisters. Aus Sicht der Seelenebene sind die Bemühungen des Schülers zu diesem Zeitpunkt, obwohl bewundernswert, immer noch recht bedeutungslos, da die Persönlichkeit noch einen großen Einfluss auf den Schüler hat. Die Ausrichtung auf das Göttliche besitzt immer noch einen selbstsüchtigen Charakter und noch hat sich kein Gruppenbewusstsein entwickelt. Das ist auch der Grund, warum der Meister den Schüler nicht direkt kontaktiert, sondern einem fortgeschrittenen Chela die Führung überlässt. Dieser weiter fortgeschrittene Chela leitet den Schüler schrittweise an und gibt ihm die nötige Unterstützung. Da er dem neu gewonnenen Schüler näher ist, kann er auf unterschiedliche Weise eine bessere Verbindung aufbauen, als dies dem Meister möglich wäre.

In dieser Phase widmet ein Meister seinem Schüler keine Aufmerksamkeit. Die Verantwortung liegt vollständig in der Hand des Chelas, der dem Meister in seltenen und großen Abständen erfolgenden Intervallen über seinen Schüler berichtet. Erst wenn der Aspirant „...in das Licht des Engels (der Seele) eintreten kann," übernimmt der Meister die weitere Ausbildung. Dies geschieht allerdings erst bei der dritten Stufe, welche *angenommene Jüngerschaft* genannt wird. Alle Stationen einer Schülerschaft stehen in Verbindung mit den sieben Stufen der Einweihung. Die erste Stufe der kleinen Chelaschaft gehört zur ersten Einweihung. Diese Einweihung ist mit der physischen Ebene verbunden. Aus diesem Grund wird diese Stufe auch die Stufe des *lemurianischen Bewusstseins* genannt. Die zweite Stufe, der Chela im Licht, heißt *atlantisches Bewusstsein*, und die dritte Stufe der angenommenen Jüngerschaft heißt *arisches Bewusstsein*. Die Stufe der kleinen Chelaschaft bedeutet eine grundlegende Erfahrung der Prüfungen und karmischen Verwicklungen. Sie wird als die Stufe beschrieben, in der die „Wurzeln des Schülers' erschüttert werden. Was da erschüttert wird, ist ein Leben der Überidentifizierung mit der Materie und der Persönlichkeit. Das Seelenbewusstsein beginnt jetzt mit dem Prozess der Polarisierung von der Persönlichkeit hin zur Seele.

Der Chela im Licht

Auf der zweiten Stufe leitet ein höherer Schüler den Chela von der Seelenebene aus an, im Unterschied zur ersten Ebene, auf welcher der Chela von der physischen Ebene aus geführt wurde. Hier ist der Chela damit befasst, alle Verblendungen zu überwinden und seine Emotionen zu kontrollieren, da diese Stufe mit der zweiten Einweihung verbunden ist. Der Meister nimmt auf dieser Stufe immer noch keinen Anteil, denn die Meister arbeiten nicht auf der Astralebene, die für sie ja nicht existiert. Aus diesem Grund wird der Chela von einem Schüler geführt, der sich ebenfalls mit diesen Verblendungen auseinandersetzen muss, sich aber gleichzeitig ihrer illusionären Natur bewusst ist. Es ist die Stufe, auf welcher der Aspirant einen Wechsel im Bewusstsein von der Astral- zur Mentalebene vornimmt. Auf dieser Stufe lernt der Aspirant, zwischen verschiedenen Gegensatzpaaren zu unterscheiden. Ihm wird außerdem bewusst, dass er sich von allen Verblendungen und von der Welt der Form befreien muss. In dieser Phase ist sich der Aspirant gewöhnlich nicht des Interesses des Meisters bewusst.

Der Meister erhält regelmäßige Berichte durch seinen fortgeschrittenen Schüler, der den Neophyten in seiner Obhut hat. Die Aspiranten auf dieser Stufe werden als die zukünftigen Weltendiener betrachtet und sind daher von großer Bedeutung für die Arbeit, die noch getan werden muss. Dem Aspiranten wird auch vermittelt, höher rangige Mitglieder der Hierarchie von solchen zu unterscheiden, die noch nicht so weit entwickelt sind. Das erlaubt ihm, zu erkennen, von wem er etwas lernen und wem er nützlich sein kann. Auf dieser Stufe arbeitet der Aspirant sein Karma so effektiv wie möglich ab. Er beginnt damit, Karma auf sich zu nehmen, womit er sonst erst in einem zukünftigen Leben konfrontiert worden wäre. Außerdem beginnt er, etwas von dem allgemeinen Karma der Menschheit auf sich zu nehmen und das planetare Karma ein wenig zu verstehen. Verantwortung für das planetare Karma übernimmt er allerdings erst nach der dritten Einweihung und nachdem die Schülerschaft anerkannt wurde.

Djwhal Khul spricht davon, dass diese Phase des *Chelas im Licht* nicht lange dauern wird, wenn die Absichten des Aspiranten ernsthaft sind. Zwei Leben seien dafür eine ausreichende Zeit. Ich bin allerdings der Meinung, dass, seitdem diese Bücher geschrieben wurden, diese Arbeit sogar noch schneller geleistet werden kann. Vor kurzem sagte er mir, dass ein Schüler jetzt innerhalb von sechs Jahren von der dritten bis zur sechsten Einweihung gelangen kann, wenn er sich seinem Pfad des Aufstiegs hundertprozentig verpflichtet hat. Das ist wirklich absolut unglaublich.

Was in früheren Zeiten fünfzehn Jahre der vollkommenen Hingabe erforderte, kann jetzt in fünfzehn Monaten erreicht werden. Viele große Meister (einige der größten, die jemals diesen Planeten mit ihrer Gegenwart beehrt haben), benötigten dagegen ein ganzes Leben, um lediglich eine einzige Einweihung zu vollziehen. Die Schwierigkeit in der Phase des *Chelas im Licht* liegt eigentlich nur darin, dass es dabei um die Beherrschung des Emotionalkörpers und des Begierdenkörpers geht. Das ist – für die meisten Menschen – die härteste Prüfung von allen. Ist dies einmal geschafft, geht es mit Lichtgeschwindigkeit weiter. Der *Chela im Licht* folgt einem Pfad, der esoterisch die „kleinere Offenbarung" genannt wird. Sie ist kleiner, weil sie mehr auf die Integration der Persönlichkeit gerichtet ist, weniger auf die Offenbarung des göttlichen Geistes oder des Kosmos. In dieser Phase versuchen die Seele und der weiter fortgeschrittene Schüler, dem Chela die Fehler seines Charakters und seines Verhaltens sichtbar zu machen. Am wichtigsten sind für den Meister dabei nicht die Ergebnisse, sondern die Mühe, die man sich gibt. An den Diagrammen, die den Fortschritt des Aspiranten aufzeichnen, kann der Meister erkennen, wann der Schüler für die nächste Stufe der *angenommenen Jüngerschaft* bereit ist. Der Schüler bleibt in der Gruppe des Meisters, bis er die vierte Einweihung bestanden hat. Mit der vierten Einweihung ist der Schüler ein Meister der Weisheit und des Mitgefühls geworden. Ich erinnere nochmals daran, dass auf einen eingeweihten Meister noch zwei weitere Einweihungen warten, bevor er das Anfangsstadium des Aufstiegs erreicht hat. Der wichtigste Aspekt für jeden Schüler im Ashram des Meisters ist, in der Lage zu sein, das Bewusstsein bis zur Schwingung des Ashrams anzuheben, um die geplanten Aktivitäten des Ashrams nicht zu behindern. Das Ziel des Meisters für seine Schüler ist es, ihren Willen zu lieben, zu stimulieren. Man könnte auch sagen, dass der Meister versucht, Liebe und Absicht (oder Wille) zu vereinen.

Angenommene Jüngerschaft

Auf der dritten Stufe der Schülerschaft nimmt der Meister zum Chela Kontakt auf durch: 1. eine intensive Erfahrung im Traumzustand, 2. das Lehren über Symbole, 3. durch die Verwendung einer Gedankenform des Meisters, 4. den Kontakt in der Meditation oder 5. ein vollständig und bewusst erinnertes Gespräch im Ashram des Meisters. Der Meister eines Ashrams und die höheren Eingeweihten seiner Gruppe sind verantwortlich für die Beziehungen zwischen Shamballa und der Hierarchie. „Angenommene" Jünger und niedere Eingeweihte sind verantwortlich für die Beziehungen zwischen der Hierarchie und der Menschheit. Eingeweihte Schüler, die auf einer höheren Stufe stehen als angenommene Jünger, haben kein anderes Interesse mehr als die Vision und den göttlichen Plan, die auf der planetaren Ebene manifestiert werden sollen. Angenommene Jünger sind dabei, genau dies zu lernen und reagieren gleichzeitig in indirekter Weise darauf. Obwohl sie noch nicht die vollständige Vision erfassen können, sind sie dennoch sehr in den Plan sowie an der Vermittlung der Kräfte beteiligt, die den Plan verwirklichen werden. Das Wichtigste auf dieser Stufe ist die Kontaktaufnahme mit dem Meister. Was seinen Schüler angeht, achtet der Meister besonders auf dessen Bemühen, sich ihm, den anderen Schülern oder generell anderen Menschen gegenüber „unpersönlich" zu verhalten. „Unpersönlich" steht für den ersten Schritt in Richtung spiritueller Liebe und Verständnis. Der Meister legt ebenfalls Wert darauf, dass sich der Schüler darum bemüht, seine Arbeit unter den Menschen auf einer größeren und großzügigeren Ebene zu leisten. In welcher Form das geschieht, ist dem Schüler überlassen; die Hoffnung ist, dass sie mit den Visionen und Zielen des Meisters übereinstimmt. Die Kraft für den richtigen Fokus und die Fähigkeit zur Zusammenarbeit mit anderen Schülern wird durch den Meister sehr unterstützt. Die Qualitäten von Mitgefühl und göttlichem Gleichmut, die als Ausgleich dienen, sind auf dieser Stufe von entscheidender Bedeutung.

Die Arbeit des Meisters mit seinen Schülern besteht darin, ihnen zu helfen, sich von den äußeren Formen des Lebens zu lösen und sie auf große Erweiterungen ihres Bewusstseins vorzubereiten. Der Meister behält den Klang oder die Schwingung seines Schülers im Auge und weist ihn darauf hin, wo er seine Einstellungen oder seinen Ausdruck verändern muss. Reagiert der Schüler auf Grund seines Egos empfindlich auf das Feedback des Meisters, ist das ein Zeichen, dass er immer noch von Reaktionen auf der Persönlichkeitsebene bestimmt wird, die er noch überwinden muss. Der Meister hat die Verantwortung dafür übernommen, die Schüler unter seiner Aufsicht auf eine Einweihung vorzubereiten.

Der Chela am Faden

Auf dieser Stufe hat der Schüler Weisheit bei seinem Handeln gezeigt und Wertschätzung für die Aufgaben des Meisters bewiesen. Von jetzt an wird er darin unterrichtet, wie er die Aufmerksamkeit des Meisters in Notfällen erreichen kann. Dies erlaubt dem Chela, die Stärke des Meisters, sein Wissen und seinen Rat zu erhalten. Der Faden in dem Ausdruck *Chela am Faden* bezieht sich auf die ätherische Telefonleitung, die den Schüler mit seinem Meister verbindet. Der Schüler, der nun unter Aufsicht seiner Seelenebene steht, sendet über Schwingungen einen Anruf aus, der das Ohr des Meisters, der sich am anderen Ende des Fadens befindet, erreicht. Diese vierte Stufe kann nach den Worten Djwhal Khuls nur von Schülern erreicht werden, die mehr als nur ein Leben lang angenommene Jünger waren und die Fähigkeit demonstriert haben, selbstlos und mit großer spiritueller Beharrlichkeit zu arbeiten.

Der Schüler war erfolgreich in seinem Voranschreiten. Er ist nicht länger selbst der Mittelpunkt seines Lebens, sondern der Dienst an der Menschheit ist jetzt sein wichtigster Lebensinhalt. Er ist nun in der Lage, unbeteiligt zu bleiben, wie auch immer sein Ego reagieren mag. Das heißt, dass seine eigenen Gedanken, Gefühle, Neigungen, Abneigungen oder Wünsche nicht länger die bestimmenden Faktoren sind. Die Priorität des Schülers liegt jetzt auf dem Wohl der Gruppe. Er hat einen Bewusstseinsgrad erreicht, in dem er in den Augen des Meisters mehr mit dem Dienen befasst ist, als sich um seine individuelle Position zu kümmern. Das erinnert mich an das alte Sprichwort, „Verliere dich selbst, und du wirst dein Selbst finden." Damit ist die Fähigkeit gemeint, sein negatives Ego zu überwinden.

Auf dieser Stufe hat der Schüler nun ein gutes Gefühl für seine Arbeit, für den relativen Wert seines Beitrags zur Arbeit des Meisters und für das Leben des Ashrams im Allgemeinen entwickelt. In gleicher Weise ist er jetzt in der Lage, auf zwei Bewusstseinsebenen gleichzeitig zu existieren. Er lebt in der spirituellen Wirklichkeit und gleichzeitig befindet er sich in der Sphäre konzentrierter Aktivität des irdischen Lebens, im Dienst für die Menschheit. Dem Schüler ist nur dann erlaubt seinen Meister um Hilfe zu bitten, wenn es um die Zwecke des Gruppendienstes geht, niemals für seinen persönlichen Vorteil. Dadurch beweist er die Fähigkeit, sein eigenes Leben im Griff zu haben. Außerdem zeigt es an, dass der Schüler von solcher Hingabe und Selbstlosigkeit erfüllt ist, dass der Ashram keinen Schutz vor den schwingungsmäßigen Aktivitäten des Schülers benötigt. An diesem Punkt hat er auf jeden Fall die dritte Einweihung bestanden. Der Meister weiß: ruft sein Schüler ihn, wird es von so großer Wichtigkeit sein, dass er antworten wird. Auf dieser Stufe wird der Meister unabhängig davon, was er tut oder was sein Anliegen auf den Inneren Ebenen gerade ist, auf diesen Anruf antworten. Die Stufe des *Chelas am Faden* ist eine Belohnung für selbstloses Dienen, das um jeden Preis aufrechterhalten wurde. Der Schüler verwendet für den Anruf bei seinem Meister eine besondere Technik, die mit seinem Strahlentyp zusammenhängt. Dieser

Anruf wird immer durch das Kronenchakra gesendet und wird eher innerlich als durch die Stimme vollzogen. Diese Technik wird dem Schüler direkt vermittelt, sobald er diese Stufe der Schülerschaft erreicht. Dieser Faden zwischen Meister und Schüler ist jedoch nicht die Antakarana. Die Antakarana ist die Verbindung zwischen einem Schüler und seiner Seele und Monade. Der Faden zum Meister besteht aus einer lebendigen Lichtsubstanz und ist die ultimative Telefonleitung. In der Huna-Lehre Hawaiis heißen diese Fäden *Akaschnüre*.

Der Chela innerhalb der Aura

Nun wird dem Schüler erlaubt, die Methode zu erfahren, durch die er einen Ruf an den Meister senden darf, um mit ihm sprechen zu können. Ein Schüler dieses Grades wird sein Wissen nur für den selbstlosen Dienst und für die große, wichtige Arbeit, die getan werden muss, verwenden. Diese Stufe stellt eine viel weiter fortgeschrittene Ebene dar als das, was von den meisten Schülern in ihrer Entwicklung erreicht wird. Sie bedeutet den vollkommenen Einklang zwischen dem Schüler und der Gruppe des Meisters. Der Schüler ist nun zu einem vertrauenswürdigen Stellvertreter des Meisters und des Ashrams geworden. Dem Schüler kann auf dieser Entwicklungsstufe nun dahingehend vertraut werden, dass er den Zielen der Gruppe immer den Vorrang vor seinen persönlichen Interessen geben wird. Für den Meister ist es jetzt eine Gewissheit, dass sein Schüler nicht länger ein Hindernis im Leben der Gruppe darstellt. Die eigentliche Eingliederung eines neuen Schülers in den Ashram eines Meisters ist ein sehr langsamer und schwieriger Vorgang. Der Schüler wird sich langsam, aber stetig vom Rand der Gruppe zu ihrer Mitte bewegen. Erst wenn der Schüler erreicht hat, was esoterisch „okkulte Ruhe (oder Gelassenheit)" genannt wird, bekommt er die Erlaubnis, sich ständig innerhalb der Aura der Gruppe zu fokussieren.

Djwhal Khul beschreibt diese Gelassenheit in dem Buch *Esoterisches Heilen* (von A. Bailey) auf folgende Weise:„...diese tiefe Ruhe, die frei ist von emotionalem Aufruhr", welche den Schüler auszeichnet, der „sein Bewusstsein beständig im Licht hält." Die Aura des Schülers gleicht sich der Aura des Meisters immer mehr an. Das Bewusstsein des Schülers wird auch weiterhin geschult, erweitert und geklärt. Die Kraft seiner Ausstrahlung wird verbessert, indem das Leben des Ashrams sich seiner Körper bedient. Die Schwingungen des Meisters und seines Schülers haben begonnen, miteinander zu verschmelzen. Der Schüler führt seine Arbeit in der äußeren Welt fort, während er gleichzeitig in dem strahlenden Zentrum der Gruppe steht. Dabei ist er in Bezug auf sein eigenes Bewusstsein auch weiterhin beständig wachsam, um das Zentrum des Ashrams vor Energien in seiner Aura zu beschützen, die nicht im Einklang mit den Qualitäten des Meisters sind. Wenn der Schüler gelernt hat, seine Schwingung so zu verstärken, dass sie mit der Schwingung des Meisters identisch ist und sie zu seiner normalen, alltäglichen Qualität geworden ist, dann ist er selbst zu einem Meister geworden. In jedem Ashram gibt es immer einen Schüler, der entsprechend ausgebildet wird, um einmal den Platz des Meisters einzunehmen. Das erlaubt dem Meister, sich in seiner Evolution auf die kosmische Ebene zu begeben.

Djwhal Khul war Kuthumis höchster Schüler. Als er dann zu einem Meister wurde, gab dies Kuthumi die Möglichkeit, seine Arbeit auf noch höheren Ebenen als bisher in Angriff zu nehmen. Indem Djwhal Khul die Stufenleiter des Bewusstseins höher stieg, nahm ein anderer Schüler seinen Platz ein. Nach seinen Worten braucht es zwei Schüler, die dabei sind, zu Meistern zu werden, um den vorhandenen Meister von allen Pflichten im Ashram zu befreien. Djwhal Khul war nun der erste in Kuthumis Ashram, der dies erreichte. In der Zeit, als er die Bücher durch Alice Bailey schreiben ließ, hatte der andere Schüler noch nicht den Grad eines Meisters erreicht. Wenn etwas Derartiges geschieht, erfahren alle Ebenen des Ashrams eine Veränderung ihrer Qualität nach oben.

Während wir, die wir dieses Buch lesen, uns weiterentwickeln, werden wir schließlich die Positionen der Großen Weißen Bruderschaft und der Spirituellen Hierarchie einnehmen, wenn sich die Meister dereinst auf ihren Pfad der kosmischen Evolution begeben werden. Einem Meister stehen immer drei Schüler zur Seite, die seine engsten Mitarbeiter und Vermittler sind. In der Bibel ist die Geschichte von Jesus Christus sowohl wörtlich als auch symbolisch ein perfektes Spiegelbild der Organisation eines Ashrams. Christus besaß drei Schüler, die ihm näher standen als die anderen neun. Die zwölf Apostel stellen den inneren Ashram dar. Die 72 standen symbolisch für den Ashram als Ganzes. Die 500 waren diejenigen, die noch auf dem Probepfad waren, sich aber bereits unter der Obhut des Meisters befanden. Die wirkliche Zahl der Schüler eines Ashrams ändert sich laufend, was allerdings nicht für die gerade erwähnten drei gilt. Der Chela innerhalb der Aura des Meisters ist schließlich so weit, die Aura des Meisters zu „erkennen". Er ist mehr und mehr in der Lage, zu verstehen, womit der Meister sich befasst. Er befindet sich telepathisch in einer harmonischen Übereinstimmung mit dem Meister. Er ist über alle inneren Auseinandersetzungen hinweg, wenn es darum geht, was der Meister von ihm erwartet. Der Schüler kennt seine Aufgabe und erfüllt sie innerhalb des Plans auf effiziente Weise. Der Eingeweihte ist in der Lage, den Plan des Meisters auf der Astralebene in die Tat umzusetzen. Außerdem ist er fähig, die ätherische Kraft und Energie seiner Seele und des Ashrams des Meisters zu verwenden, um Resultate auf der physischen Ebene hervorzubringen. Es gibt sieben große Ashrams, einen für jeden Strahl. Alle Ashrams zusammen bilden den einen Ashram des Christus, Lord Maitreya. Die sechs Stufen der Schülerschaft lassen sich auch mit den sechs Schulen der indischen Philosophie vergleichen. Die drei letztgenannten Stufen haben mit dem Bewusstsein der Einweihung zu tun, denn jetzt haben wir die dritte Einweihung hinter uns gelassen, die aus Sicht der Spirituellen Hierarchie die erste größere Einweihung darstellt.

Der Chela innerhalb des Herzens seines Meisters

Auf dieser Stufe erhält der Schüler in jedem gewünschten Augenblick die Aufmerksamkeit des Meisters. Er wird mit großer Sicherheit auf eine nahe bevorstehende Einweihung vorbereitet oder es wird ihm eine spezielle Aufgabe übertragen, die er in Zusammenarbeit mit seinem Meister bewältigt. Das ist gemeint, wenn es heißt, dass man eins ist im Herzen des Meisters. Es gibt noch einen letzten Schritt, den man als die siebte Stufe bezeichnen könnte, welche das „Verschmelzen der Lichter" genannt wird. Ein Eingeweihter dieses Grades hat sich das Anrecht erworben, wirklich nahe bei seinem Meister zu sein. Durch sein Leben und/oder seine Leben des Dienens hat er sich diese Anerkennung verdient. Der Eingeweihte hat nun freien Zugang zum Meister, auf der Basis einer höchstmöglichen und wechselseitigen Beziehung eines liebevollen Verständnisses. Der Schüler ist zu einem Eingeweihten von „hohem Stand und erhabenem Grad" geworden und besitzt auch eine direkte Verbindung zu dem Meister aller Meister, Lord Maitreya.

Schülerschaft

Ein Schüler muss vor allem anderen drei Dinge geloben:

1. Der Menschheit zu dienen
2. Mit dem Plan der Meister zu kooperieren
3. Die Kräfte zu entwickeln und der Führung durch die Seele und nicht den drei Körpern der niederen Natur (physisch, astral, mental) zu folgen.

Ein Schüler wendet seine Aufmerksamkeit von seinem Selbst hin zu einem Gruppenbewusstsein. Er befindet sich in dem Prozess des vollständigen Erkennens der „essenziellen" Seiten des Lebens, und wendet sich nicht länger den äußeren Formen des Lebens zu – ausgenommen dann, wenn es um die vollständige Verwirklichung der Seele und des göttlichen Bewusstseins geht. Ein Schüler ist dann ein Schüler, wenn er begonnen hat, sich als „Außenposten" des Meisters zu erkennen. Er hat sich von einem persönlichen zu einem unpersönlichen Bewusstsein hin entwickelt. Schwierigkeiten entstehen für Schüler aus zwei wesentlichen Gründen. Zum einen rebelliert das niedere Selbst (das negative Ego) dagegen, transformiert und wieder in das Bewusstsein des Höheren Selbstes überführt zu werden. Die andere Ursache sind

Familienmitglieder und Freunde, welche die wachsende unpersönliche Haltung des Schülers missverstehen. Ein Schüler übernimmt Verantwortung für alles, was sich in seinem Einflussbereich befindet. Er ist in der Lage, zwischen Wirklichem und Unwirklichem, Wahrheit und Illusion und zwischen Christusbewusst-sein und negativem Ego zu unterscheiden. Er verfolgt vier wesentliche Ziele:

1. Eine sensible Antwort auf die Schwingung des Meisters zu geben.
2. Ein Leben in Reinheit zu demonstrieren.
3. Die Freiheit von allen Sorgen zu erreichen, was durch fehlende Anhaftung entsteht, durch göttlichen Gleichmut und den Einklang mit der Seelenebene.
4. Die Erfüllung von Aufgaben und Pflichten.

Der Pfad des Schülers ist sehr schwierig und bei jedem Schritt voller Hindernisse. Auf dem Pfad zu bleiben und alle Hindernisse zu überwinden bedeutet, dass man Meisterschaft erreicht und ein Diener der Menschheit wird. Auf dem Pfad der Schülerschaft wird es eine Zeit geben, in welcher der Schüler vielleicht Einsamkeit erleben wird. Das ist eine vorübergehende Phase des Übergangs. Die Hauptaufgabe des Schülers besteht darin, sein niederes Selbst zu kontrollieren und alle materiellen Wünsche loszulassen, um dadurch einen ausgeglichenen inneren Frieden und Freude zu erreichen. Er erreicht einen Punkt der Entwicklung in seinem Bewusstsein, an dem nichts seine innere Ruhe erschüttern kann, weil sein Bewusstsein in der Seele zentriert ist. Außerdem besitzt er große Geduld, Ausdauer und Durchhaltevermögen. Die Eigenschaften, die der Schüler überwinden muss, sind Egoismus, Selbstbezogenheit, materielle Begierden, persönlicher Ehrgeiz, Stolz, Mangel an Integrität, Getrenntsein, Kritiksucht, Gereiztheit, Fanatismus, Trägheit, Gewalttätigkeit, Misstrauen, Überempfindlichkeit.

Was er entwickeln muss, sind Liebe, guter Wille, Vergebung, Opferbereitschaft, Verantwortung, Unterscheidungsfähigkeit, freier Wille, Demut, Einfachheit, das Freisein von Anhaftungen, eine unpersönliche

Einstellung, Akzeptanz, Gelassenheit, Selbstlosigkeit, Mut, Durchhaltevermögen, Teilen können, Geben können, Friedfertigkeit, innere Balance, Stabilität, Sinn für Humor, Alleinsein können, Hingabe, Freude, esoterischer Sinn, verstärkte Fähigkeiten und Empfindsamkeit gegenüber Übersinnlichem, die Fähigkeit zu schweigen, göttlicher Gleichmut und Ernsthaftigkeit.

Im Anfangsstadium der Schülerschaft, wenn ein Meister den neuen Aspiranten begutachtet, betrachtet er im Wesentlichen drei Aspekte:

1. Das Licht im Kopf des Aspiranten.
2. Das Karma des Aspiranten.
3. Den Dienst des Aspiranten für die Welt.

Der Aspirant wird dann Kräften ausgesetzt, die hauptsächlich aus drei Quellen stammen:

1. seiner Seele
2. seinem Meister
3. der Gruppe der weiteren Schüler, mit der er verbunden ist

Ich möchte dir an dieser Stelle den Rat geben, nicht mit anderen Menschen über deinen Grad der Einweihung zu sprechen, ausgenommen in den seltenen Fällen, wenn du wirklich das Gefühl hast, dass es angemessen ist. Der Grund ist, dass solche Informationen zu Konkurrenz, Neid, Kritik oder zu Anspruchsdenken führen können. Diese Informationen gehen nur dich (vielleicht auch noch deinen spirituellen Lehrer) und Gott etwas an. In Wahrheit ist jeder Einzelne der Christus, ganz egal, welchen Grad der Einweihung ein Mensch haben mag, und genau so sollte diese Angelegenheit auch betrachtet werden. Durch die Verwendung des Wortes „Schüler" für alle Grade der Einweihung entsteht eine Gleichheit und genau so sollte es sein. Die Meister sind auf der Suche nach Aspiranten und Schülern, die eine klare Vision haben, die kompromisslos an der Wahrheit festhalten, einen nie endenden Antrieb und die entsprechende Aufmerksamkeit für die Manifestation dieses Ideals aufbringen. Am wichtigsten ist den Meistern aber ein erweiterter Kanal von der Seele (dem Höheren Selbst) zum Gehirn des Schülers über das Bewusstsein. Dieser erweiterte Kanal zeigt dem Meister an, dass der Aspirant für das große Werk der Erlösung der Menschheit verwendbar ist, welches getan werden muss. Der Meister hat ein Interesse daran, dass die Antakarana, oder Regenbogenbrücke, perfekt erschaffen wird. Drei Eigenschaften werden benötigt, um den individuellen Zweck und den Gruppenzweck im Bewusstsein des Schülers zustande zu bringen: Kraft, fehlende Anhaftung und das Vermeiden von Kritik. Der Schüler beginnt außerdem, die Einheit des *einen Lebens* zu erkennen, das alle Lebensformen durchdringt, und dass es weder einen Tod gibt, noch Leiden oder Trennung. Der Schüler erkennt, dass die Welt der Formen nur ein Schleier ist, der die Schönheit des Göttlichen verbirgt.

Für die Seele gibt es keine Zeit und kein Alter und dadurch kann sie von jeder inkarnierten Persönlichkeit, unabhängig von deren Alter, Gebrauch machen, solange diese Person sich zu einem nützlichen Instrument macht. Nach den Worten Djwhal Khuls ist es allerdings so, dass im Alter von 49 Jahren die Form des Dienstes, den der Schüler leisten will, klar definiert sein sollte. Nach den Aussagen der Meister ist die Verschmelzung von Seele und Persönlichkeit, wenn sie nicht bis zum Alter von 56 Jahren erreicht ist, dann eher unwahrscheinlich, obwohl es auch da Ausnahmen gegeben hat. Kann dies also bis dahin verwirklicht werden, wird die Enthüllung auf dem Pfad der Schülerschaft mit Sicherheit möglich sein. Das 63. Lebensjahr wird nach Djwhal Khul für alle Schüler ein Jahr der Krisen und der großen Möglichkeiten sein.

Ein Schüler befindet sich gewöhnlich im Übergang zwischen der alten und neuen Wirklichkeit. Er entfernt sich von der Identifizierung mit der Welt der Form, hin zu der vollständigen Identifikation mit der Seele und mit Gott. Der Pfad der Schülerschaft bedeutet Synthese, harte Arbeit, intellektuelle Entfaltung, beständiges Streben, Friedfertigkeit, eine spirituelle Orientierung und die schrittweise Öffnung des Dritten Auges. Der innere Gehorsam eines jeden Schülers gilt den inneren Impulsen der

Seele. Der Schüler wird angeleitet, der Selbstgerechtigkeit der weltlichen Wissenschaften und dem allgemeinen irdischen Wissen keine Beachtung zu schenken, denn diese sehen das Leben nur als halbe Wahrheit, da sie nur die äußere Wirklichkeit anerkennen. Nur dann, wenn der Schüler bereit ist, im Dienst für Gott allem zu entsagen, kann er die Befreiung erreichen. Wenn das geschieht, ist der Körper der Begierde in den Körper der höheren Intuition transformiert worden. Eine große Mobilisierung von Schülern auf diesem Planeten ist jetzt noch mehr als bisher vonnöten, um die letzten Vorbereitungen für die Wiederkehr des Christus und das Hervortreten der Hierarchie zu treffen. Der Schüler ist aufgefordert, seine ganze Energie, Zeit und seine Ressourcen im Namen der Menschheit zu bündeln. Das verlangt die erneuerte Hingabe und Widmung seines Selbstes für das ganze Leben und es erfordert das Zurücklassen seines persönlichen Selbstes.

Dieses Zurücklassen des Selbstes führt zum Loslassen von Missmut, persönlichen Wünschen, Verbitterung, Groll und Kleinlichkeit. Das führt wiederum zu einem Leben, das sich nur noch auf den aktiven Dienst für die Menschheit konzentriert. Es sind diejenigen, die diesen Eid geleistet haben, durch welche die Meister ihre Liebe, ihr Licht und ihre Führung fließen lassen. In dem Buch *Esoterische Astrologie* (von A. Bailey) nimmt Djwhal Khul einen interessanten Vergleich der drei Stufen des spirituellen Pfades vor, welche die Schüler bewältigen müssen.

1. Der Pfad der Evolution und der Bewährung

- Die Entwicklung des Intellekts und der sinnlichen Wahrnehmung
- Die Antwort auf das Zentrum, das Menschheit genannt wird
- Der Verstand übernimmt die Kontrolle; die Eigenschaften der Persönlichkeit

2. Der Pfad der Schülerschaft

- Die Entfaltung der inneren Qualität der Liebe
- Das Erreichen der Erleuchtung

- Die Antwort auf das Zentrum, das Hierarchie genannt wird
- *Buddhi*, oder Intuition, hat die Kontrolle übernommen; die Eigenschaften der Seele

3. Der Pfad der Einweihung

- Die Entwicklung des Willens
- Das Erreichen der Synthese
- Die Antwort auf das Zentrum, das Shamballa genannt wird
- Der dynamische Zweck hat die Kontrolle; der Wille zum Guten, die Eigenschaften der Monade

Im Anfangsstadium der Schülerschaft ist der Schüler aufgefordert, vier Dinge zu leisten:

1. Den Weg zu erkunden
2. Der Führung durch die Seelenebene zu folgen
3. Den weltlichen Dingen keine Aufmerksamkeit zu widmen
4. Ein Leben zu führen, das anderen als Beispiel dient

Der Schüler muss auch lernen, zwischen den vier nachfolgenden Polaritäten des Niederen und des Höheren Selbstes unterscheiden zu können:

1. Instinkt und Intuition
2. Niederer Verstand im Gegensatz zu höherem Verstand
3. Begierde und spiritueller Impuls
4. Selbstsüchtiges Bestreben, göttliche Initiative und Gruppenbewusstsein

15 Die Entwicklung der Nationen

Ich werde jetzt mit der Beschreibung des kosmischen Aufstiegs fortfahren. Dazu ist es notwendig, dass wir über die persönliche evolutionäre Entwicklung hinausgehen und betrachten, wie sich einzelne Nationen hier auf Erden entwickeln und die Menschheit als Ganzes sich durch den Einweihungsprozess bewegt. Die folgenden Informationen in diesem Kapitel habe ich aus den Aussagen Djwhal Khuls aus dem Buch *Schicksal und Aufgabe der Nationen*, von A. Bailey, zusammengestellt. Allen Lesern, die noch mehr darüber wissen möchten, empfehle ich die Lektüre dieses Buches. Nationen sind, in einer gewissen Weise, wie Individuen, nur in einem viel größeren Maßstab. So wie Menschen einen Persönlichkeitsstrahl und einen Seelenstrahl besitzen, ist es auch bei den Nationen. In diesem Kapitel werde ich versuchen, dir die wesentlichen Aussagen aus diesem Werk nahe zu bringen, damit du eine Einführung zu diesem Thema erhältst.

Grundsätzlich gibt es fünf große Strahlen, die sich in unserer heutigen Welt manifestieren:

1. Der erste Strahl des göttlichen Willens
2. Der zweite Strahl der Liebe und Weisheit, der sich immer in Manifestation befindet, da unser Sonnensystem ein System des zweiten Strahls ist
3. Der dritte Strahl der aktiven Intelligenz
4. Der sechste Strahl der Hingabe und des Idealismus
5. Der siebte Strahl des zeremoniellen Rituals

Diese fünf Strahlen haben einen enormen Effekt auf diesen Planeten, ähnlich dem, wenn sie sich in unserer Monade, Seele, Persönlichkeit und im Verstand, Emotional- und im physischen Körper manifestieren.

Die fünf Hauptideen, die sich in unserer heutigen Welt manifestieren

Nach Djwhal Khul sind diese fünf großen Ideen:

1. Die alten und überlieferten Vorstellungen, die das Zusammenleben der Rassen über viele Jahrhunderte bestimmt haben.
2. Relativ neue Ideen wie Nationalsozialismus, Faschismus und Kommunismus.
3. Die Idee der Demokratie, die nicht spezifisch alt oder neu ist, und in der im Idealfall das Volk regiert und die Regierung den Willen des Volkes repräsentiert.
4. Die Idee einer einzigen Nation, welche die ganze Welt vereint und in verschiedene Provinzen unterteilt ist.
5. Das Konzept der Spirituellen Hierarchie, welches mit Hilfe der besten Elemente aus den gerade genannten Systemen die Welt und die Menschen regieren wird.

Der Einfluss des ersten Strahls in der Welt

Einen umfassenden Einfluss des ersten Strahls auf die ganze Welt hat es in der Geschichte erst zwei Mal gegeben. Das erste Mal geschah dies in der lemurianischen Epoche und er manifestierte sich in der Individualisierung des Menschen. Das zweite Mal geschah dies in der Zeit der atlantischen Wurzelrasse, während der Auseinandersetzung zwischen denen, die den Gesetzen des Einen gehorchten und den Herren des Materialismus, auch als „Söhne von Belial“ bekannt. Dieser Strahl trägt im positiven Sinne eine destruktive Qualität in sich, indem er alte Formen zerstört. Dieser Strahl ist in Verbindung mit dem zweiten Strahl ein Grund für die außerordentliche Krise, in der sich die Welt momentan befindet. Diese destruktive Kraft kann von Menschen auch zerstörerisch verwendet werden. Ein Beispiel dafür ist, wie wir im Namen der Wissenschaft viele Ausdrucksformen aus dem Tierreich getötet haben. In dieser Form wurde die destruktive Kraft durch das negative Ego des Menschen manipuliert. Ein weiterer Ausdruck der Manifestation dieses

Strahls ist das Auftreten dominierender Persönlichkeiten des ersten Strahls auf der Weltbühne. Diese erscheinen normalerweise auf der politischen Ebene. Diese Kraft kann sich abhängig von der individuellen Persönlichkeit als Diktator oder als ein mächtiger, überaus liebevoller spiritueller Führer manifestieren, der das Wohl der Menschheit in seinem Herzen verankert hat. Der erste Strahl macht sich außerdem durch die Stimme der Massen auf der ganzen Welt bemerkbar. Das manifestiert sich durch den Ruf der Massen nach Werten, die den Fortschritt der ganzen Menschheit, Frieden und den guten Willen der Menschen füreinander zum Ziel haben.

Der Einfluss des zweiten Strahls in der Welt von heute

Dieser Strahl stammt von der Spirituellen Hierarchie, so wie der erste Strahl von Shamballa ausgeht. Diese Energie des zweiten Strahls, die Liebe, strebt danach, sich mit der Energie des ersten Strahls zu vereinigen. In gewissem Sinne ist es der erste Strahl, der den Weg für den zweiten Strahl bereitet. Die Energie des zweiten Strahls befindet sich hauptsächlich in der neuen Gruppe derjenigen, die der Welt dienen. Diese Gruppe wurde von der Spirituellen Hierarchie dafür ausgewählt, ein wesentlicher Kanal des Ausdrucks für sie zu sein.

Die Auswirkungen des dritten Strahls auf die Menschheit

Der dritte Strahl der aktiven Intelligenz erhält seinen Ausdruck durch das dritte wichtige Zentrum auf diesem Planeten, nämlich die Menschheit selbst. Dieser Strahl stellt die Anrufung einer liebenden, intelligenten Antwort auf die Strahlen von Shamballa und der Spirituellen Hierarchie dar. Nach den Worten Djwhal Khuls erscheint diese Antwort in der heutigen Zeit.

Das folgende Diagramm aus dem Buch *Schicksal und Aufgabe der Nationen* fasst das gerade Gesagte noch einmal zusammen:

I. Shamballa Die Heilige Stadt	Wille, oder Macht Zweck, Plan Aspekt des Lebens	Planetares Kronenzentrum, spirituelle Zirbeldrüse
	Herrscher: Sanat Kumara, der Herr der Welt Der Alte der Tage Melchizedek	
II. Die Hierarchie Das Neue Jerusalem	Liebe-Weisheit Bewusstsein Einheit der Gruppe	Planetares Herzzentrum
	Herrscher: Der Christus Der Erlöser der Welt	
III. Die Menschheit Die Stadt, die auf festem Boden steht	Aktive Intelligenz Selbst-Bewusstsein Kreativität	Planetares Kehlzentrum
	Herrscher: Luzifer Der Sohn des Morgens Der Verlorene Sohn	

Ich denke, die nun folgende okkulte Information wirst du absolut faszinierend finden. Die Ideologie der totalitären Herrschaft ist, obwohl von den Menschen falsch interpretiert und verdunkelt, eine Antwort auf die Energie des ersten Strahls von Shamballa. Das Konzept der Demokratie als einer Form der Herrschaft ist eine Reaktion auf den Einfluss des zweiten Strahls der Hierarchie. Die Ideologie des Kommunismus, auch sie von den Menschen wiederum missverstanden, ist eine Antwort auf die Energien des dritten Strahls durch die Menschheit selbst. Die drei Aspekte der göttlichen Natur sind in den verschiedenen Formen von Herrschaft manifestiert. In ihrer essenziellen Form sind sie alle göttlich, nur das negative Ego der Menschen hat die wahre Natur dieser drei Konzepte missverstanden.

Der Einfluss des sechsten und des siebten Strahls in der Welt von heute

Der sechste Strahl (nach einer langen Periode des Einflusses) begann mit dem Jahr 1625, sich aus der Manifestation in dieser Welt zurückzuziehen. Der siebte Strahl der Magie und zeremoniellen Ordnung begann mit seiner Manifestation im Jahre 1675. Zurzeit ist der sechste Strahl von allen manifestierten Strahlen der machtvollste. Er stellt den Weg des geringsten Widerstandes für die meisten Angehörigen der Arischen Rasse dar. Diese großen Strahlen haben sowohl einen größeren Einfluss auf Gruppen als auch auf Individuen. Sobald sich die Gruppen unter dem Einfluss der Strahlen zusammenfinden, wird über eine lange Zeit hinweg ein starker Impuls erzeugt. Das ist der Grund, warum eine große Zahl von Menschen Schwierigkeiten damit haben, sich von dieser Energie zu lösen, da sie dabei ist, sich aus der Manifestation zurückzuziehen.

Die Menschen, die dem sechsten Strahl zugehören, sind reaktionär, konservativ und fanatisch; sie halten an der Vergangenheit fest und behindern den Fortschritt der Menschheit, die sich auf das Neue Zeitalter zubewegt. Und obwohl sie das tun, sorgen sie dennoch für die notwendige Balance und Stabilisierung dieses Prozesses, die diese Welt in der heutigen Zeit braucht. Der siebte Strahl hat mehr und mehr an Bedeutung gewonnen, seitdem er begann, sich zu manifestieren. Einer der wichtigsten Aspekte dieser Energie ist die Integration von Geist und Materie. Die Wirkung des sechsten Strahls endet auf der Astral- oder Emotionalebene. Der siebte Strahl hat den wunderbaren Effekt, die Dinge in die Manifestation hinein zu erden und zu materialisieren. Viele Seelen, die zurzeit inkarniert sind, tragen die Energien des siebten Strahls in sich. Ihre Aufgabe ist es, die Aktivitäten des Neuen Zeitalters zu koordinieren und die alten Methoden und überholten und verkrusteten Vorstellungen des sechsten Strahls und des Fische-Zeitalters zu beenden. Ein Teil der Krise in der heutigen Welt hat mit diesem zurückgehenden Einfluss des sechsten Strahls und dem verstärkten Fluss des siebten Strahls zu tun.

Die Menschheit befindet sich auf einer Art Brücke zwischen zwei Wirklichkeiten, aber sie ist in keiner der beiden richtig verankert. Das gilt auch für den Übergang vom Fische- ins Wassermann-Zeitalter. Die Energien des sechsten und des siebten Strahls befinden sich tatsächlich im Konflikt miteinander. Dies wird beispielsweise auf der politischen Bühne deutlich, aber eigentlich gilt es für alle Aspekte des Lebens. Der sechste Strahl kontrolliert den Solarplexus, der siebte Strahl beherrscht das zweite Chakra. Das ist der Grund, warum so viele Gefühle, Begierden und Idealismus sich in dem weltweiten Konflikt und der Transformation miteinander vermischen.

Jeder Strahl besitzt eine höhere und eine niedere Ausdrucksform. Man könnte fast sagen, dass ein Strahl sowohl vom niederen als auch vom Höheren Selbst benutzt werden kann. Der höhere Ausdruck des sechsten Strahls stellte sich im Christentum dar, so wie es von Jesus vermittelt wurde. Jesus und Lord Maitreya schufen das Ideal für den zweitausendjährigen Zyklus des Fische-Zeitalters. Das Wort „Ideal" ist der Schlüsselbegriff für den sechsten Strahl.

Djwhal Khul sagt in seinen Schriften, dass es drei große Meister gegeben hat, die auf perfekte Weise dieses Ideal für die Menschheit manifestierten. Einer dieser drei wird dich, denke ich, überraschen: Die ersten beiden sind Christus und Buddha, der dritte aber war Herkules. Er war der perfekte Schüler, aber noch nicht der perfekte Sohn Gottes. Buddha war der perfekte Eingeweihte. Er erreichte die Erleuchtung durch die Vervollkommnung aller göttlichen Attribute. Christus war der vollkommen perfekte Ausdruck der Göttlichkeit in seinem Zyklus. Lord Maitreyas Wiederkehr mit Beginn des Wassermann-Zeitalters wird eine noch höhere Perfektion als noch vor zweitausend Jahren manifestieren. Diese drei sind Beispiele für eine Perfektion, die weit über dem steht, was die große Masse der Menschheit ausmacht. In allen drei waren der erste, der sechste und der siebte Strahl die bestimmenden Faktoren. Herkules' Seele ist vom ersten Strahl, seine Persönlichkeit vom zweiten Strahl und sein Astralkörper vom sechsten Strahl. Buddhas Seele ist vom zweiten Strahl, seine Persönlichkeit vom ersten Strahl und sein Verstand ist erfüllt von der Energie des sechsten Strahls. Die Seelenenergie von Christus ist vom zweiten Strahl, die Persönlichkeit hat die Energie des sechsten Strahls und sein Verstand die des ersten Strahls.

Der niedere Aspekt des sechsten Strahls ist die dogmatische, autoritäre Religion der organisierten fundamentalistischen und orthodoxen Kirchen unserer Zeit. Dies drückt sich in diesen Kirchen durch starre, festgelegte Theologien, Hassgefühle, Bigotterie, Getrenntsein, Selbstgerechtigkeit, übertriebene Selbstdarstellung, Prunk und ein luxuriöses Erscheinungsbild aus. Das gilt ganz allgemein für alle Religionen.

Beim siebten Strahl ist es etwas schwieriger, zwischen den höheren und niederen Aspekten zu unterscheiden. Ein deutlicher Unterschied lässt sich auf jeden Fall in der Trennung zwischen weißer und schwarzer Magie sehen. Die Aufgabe der „weißen Magie" besteht in der Integration und Synthese folgender Aspekte:

1. Das, was innen ist, und das, was außen ist
2. Das, was oben ist, und das, was unten ist
3. Geist und Materie
4. Leben und Form
5. Seele und Persönlichkeit
6. Die Seele und ihr äußerer Ausdruck
7. Die höheren Welten des spirituellen Willens, der Intuition und der höheren Abstraktion, und ihrer niederen Entsprechung in Verstand, Gefühl und physischem Sein
8. Integration von Kopf und Herz, oder dem Solarplexus und dem Herz-Chakra
9. Integration von den ätherischen und astralen Ebenen mit der dichten, physischen Ebene
10. Die nicht greifbare, subjektive Realität und die äußere, greifbare Realität

Die Arbeit eines Schwarzmagiers besteht natürlich im genauen Gegenteil. Auflösung ist sein Motto und die Anbetung der äußeren Formen ist sein wichtigster Fokus. Dies ist ein Aspekt der niederen Ausdrucksform dieses Strahles. Spiritismus war die bestimmende Religion des alten Atlantis und der siebte Strahl bestimmte diese Zivilisation besonders in der ersten Hälfte. Der fünfte Strahl der „konkreten Wissenschaft" (der Verstand) bestimmt unser Arisches Zeitalter und wir sehen, wie sehr Wissenschaft und Verstandesdenken unsere Kultur beherrschen und die Seele vieler Dinge auf die unterschiedlichste Art und Weise ausgelöscht haben. Der größte Teil der Menschheit ist immer noch atlantisch (emotional) und beginnt erst damit, sich den Standpunkt der arischen Sichtweise anzueignen (Verstandesbewusstsein). Die zukünftige Meruvianische Wurzelrasse, die nun langsam in die Manifestation eintritt, überlagert die Arische Rasse, welche die Seele der Dinge mit sich trägt. Nach Djwhal Khul ist der höhere Aspekt des siebten Strahls im gegenwärtigen Augenblick sehr aktiv.

Die Nationen und ihre Strahlen

Jede Nation besitzt einen Seelen- und einen Persönlichkeitsstrahl. Die meisten Länder identifizieren sich mit ihrem Persönlichkeitsstrahl. Der Seelenstrahl wird nur von den Aspiranten, Schülern und Eingeweihten dieser Länder wahrgenommen. Eines der wichtigsten Ziele für die neue Gruppe der Weltendiener ist die Anrufung des Seelenstrahls des Landes, in dem sie leben. Das folgende Diagramm stammt aus dem Buch *Schicksal und Aufgabe der Nationen*, von Alice Bailey, beschreibt den Seelen- und den Persönlichkeitsstrahl einiger der einflussreichsten Nationen unserer Zeit.

Nation	Persönlichkeits-Strahl	Seelenstrahl	Nationales Motto
Indien	Vierter Strahl der Harmonie durch Konflikt	Erster Strahl der Macht	„Ich verberge das Licht“
China	Dritter Strahl der Intelligenz	Erster Strahl der Macht	„Ich weise den Weg“
Deutschland	Erster Strahl der Macht	Vierter Strahl der Harmonie durch Konflikt	„Ich bewahre“
Frankreich	Dritter Strahl der Intelligenz	Fünfter Strahl des Wissens	„Ich lasse das Licht frei“
Großbritannien	Erster Strahl der Macht	Zweiter Strahl der Liebe	„Ich diene“
Italien	Vierter Strahl der Harmonie durch Konflikt	Sechster Strahl des Idealismus	„Ich bereite die Pfade“
USA	Sechster Strahl des Idealismus	Zweiter Strahl der Liebe	„Ich erleuchte den Weg“
Russland	Sechster Strahl des Idealismus	Siebter Strahl der Ordnung	„Ich verbinde zwei Wege“
Österreich	Fünfter Strahl des Wissens	Vierter Strahl der Harmonie durch Konflikt	„Ich diene dem erleuchteten Weg“
Spanien	Siebter Strahl der Ordnung	Sechster Strahl des Idealismus	„Ich löse die Dunkelheit auf“
Brasilien	Zweiter Strahl der Liebe	Vierter Strahl der Harmonie durch Konflikt	„Ich verberge den Samen“

Betrachtet man diese Darstellung, dann ist es schon erstaunlich, wie sehr sie zutrifft. Deutschland beispielsweise hat als Persönlichkeitsstrahl den ersten Strahl der Macht – und sieh dir an, wie sehr Deutschland seine Macht während des zweiten Weltkriegs missbraucht hat. Frankreichs Persönlichkeitsstrahl ist der dritte Strahl der Intelligenz und des Intellekts, was absolut zutreffend ist, wobei der niedere Aspekt dieses Strahls die Arroganz ist.

Großbritannien hat ebenfalls eine Persönlichkeitsstruktur des ersten Strahls, was ebenso Sinn ergibt. Denke an die Zeit, als Margaret Thatcher Premierministerin war und an die Einstellung ihrer Regierung. In Italien ist es der vierte Strahl, und sieh dir an, welch großartige Kunstwerke und Skulpturen in diesem Land geschaffen wurden. Erkennst du, wie präzise die Wissenschaft der Strahlen sogar Nationen charakterisieren kann, von einzelnen Individuen ganz abgesehen?

Der Persönlichkeitsstrahl der Vereinigten Staaten ist der sechste Strahl, der mit Idealismus zu tun hat und sich perfekt eignet, um dieses Land zu charakterisieren. Dasselbe trifft auch auf Russland zu, was genauso viel Sinn ergibt. Im Diagramm sieht man den Seelenstrahl der einzelnen Länder und erhält so eine Vorstellung davon, wohin sich die Länder entwickeln werden. Die Betrachtung der einzelnen nationalen Mottos oder Affirmationen, ist ebenfalls sehr interessant. Für die USA lautet es: „Ich erleuchte den Weg." Der sechste Strahl manifestierte sich sowohl in den USA wie auch in Russland als ein fanatisches Festhalten an Idealen. Indiens Motto lautet: „Ich verberge das Licht." Auch das ist eine treffende Beschreibung Indiens, denn dort ist man auf inneren Ebenen sehr weit entwickelt, ganz im Gegensatz zur äußeren Wirklichkeit. Die Seelenenergie des siebten Strahls führte die frühere Sowjetunion (Russland) dazu, ein Ideal der Struktur und Ordnung durchzusetzen. Die Seelenenergie des zweiten Strahls führte die USA zu einem Idealismus auf der Grundlage von Liebe.

Großbritannien ist der Hüter des Weisheitsaspektes des zweiten Strahls. Die Vereinigten Staaten werden diese Aufgabe in der näheren Zukunft übernehmen. Nach vielen tausend Jahren wird dann nach Djwhal Khuls Worten Brasilien diese Funktion ausüben. Diese drei Staaten, die USA, Großbritannien und Brasilien, werden mit ihrer Seelenenergie des zweiten Strahls Weisheit und rechtes Regieren demonstrieren, auf der Grundlage von Liebe und echtem Idealismus. Mir ist klar, warum ich mich mit der Seelen- und monadischen Energie des zweiten Strahls so wohl und glücklich fühle, hier in den USA zu leben.

Es ist kein Zufall, dass Lord Maitreya in London lebt, denn er ist ein Meister vom zweiten Strahl. Großbritannien repräsentiert den Aspekt des Bewusstseins, der sich durch „intelligentes Regieren“, welches auf einem liebenden Verständnis gegründet ist, ausdrückt. Das ist das Ideal für diese Regierung, auch wenn es noch nicht erfüllt wurde.

Die Vereinigten Staaten repräsentieren die Fähigkeiten der Intuition, ausgedrückt durch Erleuchtung. Brasilien wird zukünftig „abstraktes Bewusstsein“ repräsentieren, also eine Vereinigung von Intellekt und Intuition.Ein weiterer interessanter Aspekt bei der Betrachtung der Nationen ist die Frage, ob ihre Energie eher maskulin oder feminin ist. Indien, Frankreich, die Vereinigten Staaten, Russland und Brasilien sind feminine Nationen. China, Deutschland, Großbritannien und Italien sind maskulin. Wenn man sich auf die Energie dieser Länder einschwingt, fühlt man, dass dies stimmig ist. Manche haben eher eine mentale Energie, andere sind eher nährend und bemutternd.

Die Auswirkungen der hereinkommenden Strahlen

Der hereinkommende siebte Strahl führt langsam, aber sicher eine neue Ordnung und einen neuen Rhythmus für die Menschheit ein. Wenn ein neuer Strahl in die Manifestation kommt, wird er, in einem beliebigen Augenblick, in einer bestimmten Reihenfolge wahrgenommen. Die folgende Liste zeigt diese Reihenfolge auf:

1. Das Erspüren eines neuen Ideals
2. Die Formulierung einer neuen Theorie
3. Die Entwicklung der öffentlichen Meinung
4. Die Einführung des neuen und sich entwickelnden Musters für das sich entwickelnde Leben
5. Die Erschaffung einer Form, die auf diesem Muster basiert
6. Das stabile Funktionieren des Lebens innerhalb des neuen Musters

Jeder Strahl verkörpert eine Idee, die als Ideal wahrgenommen werden kann. Jeder Strahl erschafft drei größere Muster, die entsprechend auf einen Menschen, eine Nation oder einen Planeten angewandt werden. Diese Muster sind das emotionale Muster, das mentale Muster und das Seelen-Muster. Die folgende Darstellung zeigt die Strahlen auf, welche die Menschheit als Ganzes bestimmen; sie enthält den Verstandes-, den astralen und den physischen Strahl der Menschheit.

<u>Seelenstrahl:</u> Zweiter Strahl – Die Menschheit ist aufgefordert, Liebe auszudrücken

<u>Persönlichkeitsstrahl:</u> Dritter Strahl – Die Entwicklung von Intelligenz für die Transformation zu Liebe/Weisheit (der Energie des zweiten Strahls)

<u>Verstandesstrahl:</u> Fünfter Strahl – Wissenschaftliche Errungenschaften

<u>Astraler Strahl:</u> Sechster Strahl – Idealistische Errungenschaften

<u>Physischer Strahl:</u> Siebter Strahl – Organisation, Handel

Manifestierte und nicht manifestierte Strahlen

In A. Baileys Buch *Esoterische Psychologie* zeigt ein Diagramm die sieben Strahlen und den genauen Zeitpunkt an, wann die Strahlen in die Manifestation kamen oder sie wieder verließen.

Erster Strahl: nicht in Manifestation
Zweiter Strahl: in Manifestation seit 1575
Dritter Strahl: in Manifestation seit 1425
Vierter Strahl: wird um das Jahr 2025 langsam in die Manifestation eintreten
Fünfter Strahl: in Manifestation seit 1775
Sechster Strahl: verlässt nun sehr schnell die Manifestation, begann damit im Jahre 1625
Siebter Strahl: in Manifestation seit 1675

Großstädte und ihre Strahlen

Vielleicht überrascht es dich, wenn ich sage, dass auch jede Stadt einen Persönlichkeits- und einen Seelenstrahl besitzt. Es sind fünf größere Städte, die als Zentren für spirituelle Übertragungen dienen, und zwar London, New York, Tokyo, Genf und Darjeeling. Nach den Worten Djwhal Khuls werden in Zukunft noch zwei weitere Städte hinzukommen, so dass es dann sieben Städte sind. Die folgende Darstellung aus dem Buch *Schicksal und Aufgabe der Nationen* zeigt den Seelen- und Persönlichkeitsstrahl sowie das astrologische Zeichen, welches eines der fünf größeren spirituellen Zentren für die Verteilung spiritueller Energie regiert.

Stadt	Seele	Persönlichkeit	Zeichen
London	fünfter Strahl	siebter Strahl	Zwilling
New York	zweiter Strahl	dritter Strahl	Krebs
Tokyo	sechster Strahl	vierter Strahl	Krebs
Genf	erster Strahl	zweiter Strahl	Löwe
Darjeeling	zweiter Strahl	fünfter Strahl	Skorpion

Die Tatsache, dass die Vereinten Nationen ihren Platz in New York haben und diese Stadt eines der spirituellen Zentren ist, ist sicher kein Zufall. Die beiden Städte, die zukünftig die Anzahl der Zentren auf sieben erhöhen werden (so wie die sieben Chakras), liegen in Afrika und in Australien. Diese Zentren haben auch eine Beziehung zu dem Umstand, dass wir uns in der fünften Wurzelrasse befinden. Diese fünf Städte, durch die Shamballa und die Spirituelle Hierarchie arbeiten, korrespondieren esoterisch mit den ersten vier Chakren und dem Dritten Auge im Körper der Menschheit und des einzelnen Menschen.

Los Angeles, so erklärte uns Djwhal Khul, ist bezogen auf sein psychologisches Alter gerade dabei, den Teenagerjahren zu entwachsen und langsam erwachsen zu werden. Es ist eine sehr spirituelle Stadt, wie schon sein Name, „Stadt der Engel", andeutet. Allerdings besitzt sie natürlich nicht die Reife einer Stadt wie etwa London. Wer sich ansieht, was in Los Angeles auf einer breiten Basis gelehrt wird, kann den Wahrheitsgehalt dieser Aussage gut erkennen. Das ist von mir wirklich nicht als Wertung gedacht, denn ich mag diese Stadt und habe sehr davon profitiert, hier zu leben. Es ist in jedem Fall interessant, über den Grad der spirituellen Reife von verschiedenen Städten rund um den Globus nachzudenken.

Die Auswirkungen des siebten Strahls auf die vier Königreiche

Eine der Auswirkungen der Energie des siebten Strahls wird sein, eine größere Integration und Synthese zwischen den vier Königreichen von Menschen, Tieren, Pflanzen und Mineralien herzustellen. Ein Teil des Auftrags der Menschheit (was den meisten Menschen allerdings nicht bewusst ist) besteht in der Aufgabe, ein Verteiler für spirituelle Energien zu den niederen Königreichen zu sein. Der siebte Strahl wird die Körper von Menschen und Tieren stetig zu einem noch stärker spezialisierten Zustand der Entwicklung hin verbessern. Dies wird der Seele ermöglichen, durch sehr viel bessere Instrumente wirken zu können.

Ein weiterer Effekt des siebten Strahls wird die Erschaffung einer besonderen Nähe zwischen Mensch und Tier sein. Als Nebeneffekt werden bestimmte Formen tierischer Körper und sehr wenig entwickelter menschlicher Körper beseitigt. Eine der wesentlichen Eigenschaften eines Schülers vom siebten Strahl wird ein ausgeprägter Sinn für die praktischen Dinge des Lebens sein. Der Schüler des sechsten Strahls war viel abstrakter und mystischer und besaß nur ein geringes Verständnis über die angemessene Beziehung zwischen Geist und Materie. Er interessierte sich für die Materie und war dabei nur an der

„Seele" der Dinge interessiert. Dies war nicht gerade hilfreich bei dem Versuch, den Himmel auf Erden zu erschaffen. Es führte zu einer Art „gespaltener Persönlichkeit". Die Spaltung zwischen Religion und Wissenschaft ist nur eines der vielen Beispiele dafür.

Eine der gegenwärtigen Aufgaben des Lichtarbeiters im Neuen Zeitalter ist, diese Trennung zu heilen und die Materie zu vergeistigen. Ein Schüler des sechsten Strahls führte seine Arbeit bis zur Astralebene, um dann dort stehen zu bleiben. Durch den sechsten Strahl entstand die östliche Schule des Okkultismus. Der siebte Strahl wird eine westliche Schule des Okkultismus entstehen lassen. Es gibt einen wichtigen Punkt im Zusammenhang mit all den neu hereinkommenden Strahlen: ihre Auswirkungen unterscheiden sich im Zusammenhang mit dem Strahlentyp des jeweiligen Schülers. Jeder Mensch besitzt einen monadischen, Seelen-, Persönlichkeits-, mentalen, emotionalen und einen physischen Strahl. Diese persönlichen Strahlen und der Grad der spirituellen Entwicklung des Schülers haben einen großen Einfluss darauf, wie die planetaren Strahlen das betreffende Individuum beeinflussen.

Die folgende Darstellung aus dem Buch *Schicksal und Aufgabe der Nationen* enthält eine Zusammenfassung der Strahlen und der Energien, die sie verkörpern.

Erster Strahl: Stärke, Energie, Aktion, der Okkultist

Zweiter Strahl: Bewusstsein, Ausdehnung, Einweihung, der wahrhaft Übersinnliche

Dritter Strahl: Anpassung, Entwicklung, Evolution, der Magier

Vierter Strahl: Schwingung, Erwiderung, Ausdruck, der Künstler

Fünfter Strahl: Geistige Aktivität, Wissen, Wissenschaft, der Wissenschaftler

Sechster Strahl: Hingabe, Abstraktion, Idealismus, der Anhänger

Siebter Strahl: Beschwörung, Magie, Ritual

Was verursacht die Unterschiede bei den Schülern?

Djwhal Khul führt in dem Buch *Eine Abhandlung über Weiße Magie* (von A. Bailey) sechs wesentliche Gründe auf, die für Unterschiede bei den Schülern verantwortlich sind und von daher auch auf unterschiedliche Weise von den großen planetaren Strahlen beeinflusst werden. Dies sind:

1. Der Strahlentyp (physisch, emotional, mental, die Persönlichkeit, die Seele, die Monade)
2. Ihre Annäherung an die Wahrheit, bezogen auf die Frage, ob sie dem mystischen oder dem okkulten Pfad folgen
3. Ob sie mehr physisch, mental oder emotional polarisiert sind
4. Den Status ihrer Entwicklung und ihr Grad der Einweihung
5. Ihr astrologisches Zeichen
6. Ihre Rasse (nur auf Grund der Tatsache, dass jede Rasse eine bestimmte Gedankenform besitzt)

Die erste Einweihung und der siebte Strahl

Die erste Einweihung, esoterisch die „Geburt in Bethlehem" genannt, ist mit dem siebten Strahl der zeremoniellen Ordnung und Magie verbunden. Die Wirkung dieses Strahls wird wie folgt beschrieben:

1. Unter der Menge der aufstrebenden Menschen der Erde die Geburt des Christusbewusstseins zu bewirken.
2. Relativ neue evolutionäre Prozesse in Gang zu setzen, welche die Menschheit in den Weltenschüler und Eingeweihten verwandeln.
3. Das Herbeiführen des guten Willens, der eine Reflexion des ersten Strahls mit seiner Energie des Willen-zum-Guten darstellt.
4. Liebesbeziehungen in ein neues Gleichgewicht und zu einer neuen Einstellung zu bringen.
5. Die menschliche Kreativität zu verstärken und auf diese Weise neue Ausdrucksformen in der Kunst entstehen zu lassen, die einen pädagogischen Effekt auf die Menschheit als Ganzes haben werden.

6. Die Weltpolitik so neu zu gestalten, dass sie die neue Weltordnung des Christus einleitet.

Geht es um den einzelnen Menschen, wird die Wirkung des siebten Strahls wie folgt aussehen:

1. Auf der Mentalebene eine umfassende Erkenntnis über die Beziehung zwischen Seele und Verstand zu bewirken.
2. Eine größere Ordnung und Stabilität im Emotionalkörper des Schülers zu erschaffen und ihn so auf die Zweite Einweihung vorzubereiten.
3. Den Schüler in die Lage zu versetzen, auf der physischen Ebene Beziehungen zu entwickeln, die den Charakter des Dienens besitzen, die ersten Schritte bei der Anwendung Weißer Magie zu erlernen und die erste Stufe eines wirklich kreativen, schöpferischen Lebens demonstrieren zu können.

Die zweite Einweihung und der sechste Strahl

Die zweite Einweihung ist mit dem sechsten Strahl verbunden und wird esoterisch als die „Taufe im Jordan" bezeichnet. Die Auswirkungen dieses Strahls auf die Menschheit sehen folgendermaßen aus:

1. Ein allererstes, noch nicht wirklich ausgereiftes Verständnis der Natur des Willens.
2. Ein verstärkter Konflikt zwischen dem Höheren und dem niederen Selbst, in den Worten Djwhal Khuls der Konflikt zwischen emotionaler Natur und wahrer Erkenntnis.
3. Auf Seiten der Menschheit die Klärung der Situation auf der ganzen Welt und das Freisetzen der Energie des guten Willens.
4. Den Boden für die Menschheit als Ganzes zu bereiten, damit sie die Erste und/oder die Zweite Einweihung nehmen kann.
5. Das plötzliche und mächtige Erscheinen der großen, weltumspannenden Ideologien.
6. Die Transformation der Astralebene.

In Bezug auf den einzelnen Eingeweihten ergeben sich folgende Wirkungen:

1. Es wird ein Energiewirbel erzeugt, in dem alle emotionalen und ideologischen Reaktionen des Aspiranten verstärkt werden.
2. Wenn der gerade erwähnte Effekt nachlässt, wird die Ebene der Übereinstimmung des Eingeweihten auf die Ebene des Astralen und Mentalen ausgerichtet.
3. Innerhalb des Mentalkörpers entsteht zum einen eine Klärung aller Gedankenformen, andererseits ein fanatisches Festhalten an Massenidealen.

Die dritte Einweihung und der fünfte Strahl

Die dritte Einweihung steht mit dem fünften Strahl in Verbindung und wird esoterisch als die Einweihung der Transfiguration oder als Seelenverschmelzung bezeichnet. Die Wirkungen des fünften Strahls auf die Menschheit sehen folgendermaßen aus:

1. Dies ist die momentan stärkste Energie auf der Erde, da sie in einem vorangegangenen Sonnensystem (wir befinden uns im dritten Sonnensystem) bis zur vollständigen Reife entwickelt wurde.
2. Dies ist die Energie, die der Menschheit den Zugang zu den Mysterien des göttlichen Verstandes ermöglicht; sie ist der Schlüssel zum universalen Bewusstsein.
3. Diese Energie ist auf esoterischer Ebene mit den drei Buddhas der Aktivität verbunden.
4. Diese Energie entspricht der mentalen Energie eines Menschen.
5. Die Qualität dieses Strahls ist, über die Antakarana, sehr empfänglich für die Eindrücke der Seele und der Höheren Spirituellen Triade.
6. Diese Energie dient als Lichtträger: sie antwortet, in Raum und Zeit, auf das „Licht des Logos“.
7. Diese Energie überträgt göttliche Ideen in menschliche Ideale, indem sie das Wissen und die Wissenschaften der Menschheit mit diesen

Idealen verbindet, um sie auf diese Weise zu brauchbaren Faktoren in der menschlichen Evolution zu machen.

8. Die Energie des fünften Strahls kann man als die des gesunden Menschenverstandes ansehen; sie empfängt unterschiedliche Energien und erschafft und verwirklicht dann eine Ordnung aus ihnen.

9. Diese Energie dient als Grundlage zur Erschaffung von Gedankenformen.

10. Dieser Strahl der konkreten Wissenschaft hat – zusammen mit der Tatsache, dass sich die Menschheit in der fünften Wurzelrasse befindet (das Arische Zeitalter), die den Fokus auf der mentalen Ebene hat – außerdem die menschliche Evolution sehr stark beschleunigt.

11. Zwischen dem zweiten Strahl der Liebe und der Wissensenergie des fünften Strahls gibt es eine enge Verbindung.

12. Die Energie des fünften Strahls erschafft drei große Gedankenformen oder primäre Grundlagen, wodurch sich die Energie der Erschaffung von Gedankenformen ausdrückt:

A. Wissenschaft ..... Erziehung ...... Medizin

B. Philosophie ...... Ideen .... Ideale

C. Psychologie Im Prozess der modernen Entwicklung.

13. Die Energie des fünften Strahls ist außerdem für die schnelle Ausformung der großen Erziehungsideale der Erde verantwortlich.

14. Er ist der wesentliche Faktor, der die dritte Einweihung, oder Seelenverschmelzung, ermöglicht.

15. Bezogen auf die Persönlichkeit wirkt er auf dreifache Weise: er transmutiert den physischen, den astralen und den Mentalkörper.

Die vierte Einweihung und der vierte Strahl

Die vierte Einweihung steht in Verbindung mit dem vierten Strahl der Harmonie durch Konflikt und wird esoterisch die Einweihung der Entsagung genannt. Der vierte Strahl befindet sich im Augenblick nicht mehr in der Inkarnation, in der Weise, dass es keine Seelen des vierten Strahls mehr gibt, die auf diesen Planeten kommen. Von einem anderen

Standpunkt aus gesehen ist dieser Strahl immer aktiv und gegenwärtig, denn er regiert das vierte Königreich (das dritte Königreich ist das Königreich der Tiere, das vierte das der Menschheit, das fünfte ist das Spirituelle). Auf Grund dieser Verbindung ist es die dominante Energie, die ununterbrochen Druck auf das Königreich der Menschheit ausübt. Dieser Druck machte sich erstmals zum Ende der vierten Wurzelrasse bemerkbar, der Atlantischen Wurzelrasse. Auf Grund dieses Einflusses begann der Mensch, ein wachsendes Gefühl der Verantwortung zu beweisen und gleichzeitig die Fähigkeit zu demonstrieren, Entscheidungen auf Grund seiner Unterscheidungsfähigkeit zu treffen. Der Einfluss dieses Strahls auf die Menschheit betrifft eher Gruppen, da ja im Moment keine Seelen des vierten Strahls inkarniert sind, außer innerhalb der Großen Weißen Loge, was aber keine physischen Inkarnationen sind. Das wesentliche Prinzip des vierten Strahls ist der Konflikt. Es ist der Konflikt der großen Gegensatzpaare, wie etwa dem Gegensatz zwischen Gut und Böse oder Geist und Materie. In atlantischen Zeiten wählten die Führer auf Grund der Macht des freien Willens die Materie. Es war dieser Materialismus, der im gegenwärtigen Arischen Zeitalter zu den Weltkriegen führte, was nach den Worten Djwhal Khuls in Wahrheit ein Ausdruck einer sich verändernden Orientierung war.

Das Gleichgewicht neigt sich nunmehr auf die Seite des Geistes. Dieses Prinzip verdeutlicht sowohl für das einzelne Individuum als auch für die gesamte Menschheit die Wahl, die wir alle treffen müssen: der Maya, Illusion, Verblendung und dem negativen Ego zu entsagen, die alle aus der Verhaftung an die äußeren Formen des Lebens entstehen. Nur durch diese Entsagung kann der Eingeweihte die vierte Einweihung bestehen. Vor der Entsagung sind immer Konflikte gegeben. Der vierte Strahl zwingt uns, die uns innewohnende Kraft der Unterscheidungsfähigkeit für unsere Entscheidungen anzuwenden. Der vierte Strahl zwingt uns in einem gewissen Sinne, richtiges Unterscheiden zu erlernen, was zu dem höheren Aspekt des vierten Strahls der Harmonie führt.

Der vierte Strahl bringt der Menschheit die Dualität der manifesten Welt zu Bewusstsein. Dies erschafft einen Ort der Auseinandersetzung und ein Feld der Erfahrung, welches letzten Endes dazu führt, dass wir richtig wählen, wahrnehmen und entscheiden. Dann wählen wir das Christusbewusstsein, anstelle des Bewusstseins des negativen Egos.

In der Welt von heute haben die Konflikte zugenommen und zwar auf Grund von Umständen, die Djwhal Khul in seinem Buch *Die Strahlen und die Einweihungen* folgendermaßen beschreibt:

1. Die Krise der Ideologien;
2. Das Erwachen der Menschheit hin zu einem besseren Verständnis;
3. Das Erstarken des guten Willens, was zum Auftreten bestimmter Hindernisse führt, die von der Menschheit durch eigene Anstrengungen überwunden werden müssen;
4. Das teilweise „Versiegeln der Tür, hinter der das Böse wohnt";
5. Die Verwendung der Großen Invokation mit ihren außergewöhnlichen und raschen Auswirkungen, was der Menschheit noch nicht bewusst ist;
6. Der schrittweise Weg der Hierarchie zu einer engeren und intimeren Beziehung zur Menschheit;
7. Die Wiederkehr des Christus, Lord Maitreya.

Die Wirkung des vierten Strahls in Verbindung mit dem zweiten Strahl (der jetzt ebenfalls in Erscheinung tritt) ist es, angemessene Beziehungen unter den Menschen zu schaffen, und das Anwachsen des universellen Geistes des guten Willens bei allen Menschen zu fördern. Dieser Einfluss bewirkt die Wiederkehr und das vollständige Hervortreten des Christus. Jeder einzelne Schüler und alle Gruppen von Schülern sollten stets bestrebt sein, die richtige Orientierung und einen toleranten Standpunkt einzunehmen und sich dabei ein ruhiges, leidenschaftsloses und liebendes Verständnis zu bewahren.

Die Energie des vierten Strahls erzeugt Konflikte, die zu inneren und äußeren Kriegen führen, was Entsagung zur Folge hat, was wiederum zur Befreiung führt. Dieses Prinzip des Konfliktes ist heutzutage in allen Nationen, Religionen und Organisationen wirksam. Dies führt zum

Erwachen des Neuen Zeitalters. Der Konflikt erschafft zuerst eine Krise, dann einen Spannungspunkt und dann den Punkt des Hervortretens. Dieses Prinzip ist in Wirklichkeit der Wegbereiter für die Wiederkehr und das volle Hervortreten des Christus. Und indem der einzelne Schüler lernt, sich durch Konflikte zu harmonisieren, gibt er der Menschheit als Ganzes ein Vorbild für ihren Weg.

Die fünfte Einweihung und der fünfte Strahl

Die fünfte Einweihung steht in Verbindung mit dem ersten Strahl; esoterisch wird sie die „Einweihung der Offenbarung" genannt. Dies bedeutet, dass der Eingeweihte einerseits die Fähigkeit besitzt, Licht in allen drei Welten zu verwenden und außerdem eine Offenbarung darüber erhält, wie sein nächster Schritt auf dem Pfad der höheren Evolution aussehen wird.

Der erste Strahl manifestiert sich in drei nacheinander folgenden Aspekten: erstens, Gott ist Liebe; zweitens, dem Aspekt des guten Willens, und drittens dem Willen-zum-Guten. Nimmt nun ein Meister die fünfte Einweihung, dann ist er mit den ersten beiden Aspekten bereits vertraut. Der dritte Aspekt des Willen-zum-Guten wird nun bei der fünften Einweihung erkannt. Die Energie des ersten Strahls (oder Shamballas) befindet sich zurzeit nicht in Inkarnation, das heißt zurzeit inkarnieren keine Seelen des ersten Strahls. Dem Einfluss dieses Strahls auf die Menschheit wurde erlaubt, einzuwirken und die Folgen des ersten Weltkriegs sowie die Spaltung des Atoms auszulösen, was die Entwicklung der Atombombe zur Folge hatte.

Der erste Strahl ist der Strahl der Willensenergie und der Energie der Zerstörung. Im Idealfall ist es die Zerstörung alter Formen, die es ermöglicht, dass sich neue Strukturen manifestieren. Eine weitere Auswirkung dieser Energie ist die Stimulation des logischen Denkvermögens der Menschen, so dass es der Menschheit möglich wird, neue Höhen der Erkenntnis zu erreichen. Zu Beginn dieser Entwicklung kann es zu Instabilität in den Mechanismen des menschlichen Denkens und im Ablauf des Denkprozesses kommen. Bei der vierten Einweihung ist es die Energie der Zerstörung, die dem Schüler ermöglicht, alles zu zerstören, was ihn in den drei Welten des menschlichen Strebens gefangen hielt. Bei der fünften Einweihung hilft der erste Strahl dem Eingeweihten, eine spirituelle Ausrichtung zu erhalten, die von Dauer ist. Alle materiellen und spirituellen Erkenntnisse werden aufgegeben und der Eingeweihte ist von nun an frei von allen Aspekten der Begierde.

Die Begierde ist nun durch den spirituellen Willen ersetzt worden. Dies wird durch die Energie aus Shamballa verstärkt, die diesen Willen verkörpert. Der Bewusstseinszustand des Eingeweihten oder Meisters erlaubt ihm den Zufluss dieser Energie, die ihm ermöglicht, zu sehen, was offenbart werden soll und die Offenbarung zu akzeptieren. Diese Entwicklung beginnt als erstes mit dem Willen, sich selbst zu bessern, was zu dem Willen führt, der Menschheit zu dienen, dann zum guten Willen und schließlich zum Willen-zum-Guten. Der neue Meister ist in der Lage, das Herz aller Angelegenheiten zu erschauen. Er wird sich der großen zentralen spirituellen Sonne und des Weges der höheren Evolution bewusst, was unvermeidlich in das Zentrum des allerhöchsten Gottes führt.

16 Übungsprogramm für den kosmischen Aufstieg

Das folgende Material wurde von mir und der Gruppe im Zusammenhang mit einem Übungsprogramm gechannelt, das uns von Djwhal Khul, Melchizedek und Lord Arcturus übermittelt wurde.

Spirituelles Training

Bitte nun darum, zur Goldenen Kammer von Melchizedek gebracht zu werden, damit du eine direkte Erfahrung machen kannst, während du dieses Material liest. Hier beginnt das Ritual der Verbindung mit dem Yod-Spektrum und den zehn verlorenen Strahlen. Die Strahlen gingen verloren, als die Menschheit in das Zeitalter der Atlantischen Wurzelrasse eintrat und die Illusion der Trennung von den physischen und ätherischen Aspekten der göttlichen Schöpfung entstand. Die erneute Verbindung mit dem platinfarbenen Strahl hilft uns bei der Verankerung und Verwirklichung unseres Mayavarupa-Körpers, des Körpers der göttlichen Blaupause. Diese Energie ist für das Verständnis des gesamten Aufstiegsprozesses notwendig. Sie wird uns dabei helfen, die atomare Struktur unseres Körpers zu verändern. Die Energien, die durch den platinfarbenen Strahl wirken, machen diese Verwandlung möglich.

Dieser Prozess verläuft nun in der Weise, dass zuerst die Aufstiegsenergie im Mentalkörper stabilisiert werden muss, was durch den vollständigen Abschluss der sieben Stufen der Einweihung erreicht wird. Im nächsten Schritt muss sie dann im Emotionalkörper stabilisiert werden. Dabei kommt es häufig zu Irrtümern auf Grund der Interpretationen durch das negative Ego, was in der Folge negative Gefühlsausbrüche verursachen kann. Das soll nun allerdings keine Wertung sein. Doch wie dem auch sei, du wirst an diesen Dingen arbeiten müssen, um unter allen Umständen einen ruhigen und dauerhaften inneren Frieden sowie Liebe, Freude und Gelassenheit bewahren zu können. Im letzten Schritt wird die Aufstiegsenergie dann durch die Verwirklichung des Mayavarupa-Körpers und im monadischen Blaupausenkörper im physischen Körper verankert. Der platinfarbene Strahl erfüllt den Zohar-Körper mit seiner Energie, was die Verwirklichung des Mayavarupa-Körpers aktiviert.

Aufstiegsaktivierung Nr. 1

Rufe Melchizedek, Lord Maitreya, Djwhal Khul, Vywamus und alle weiteren Meister an, die du gerne dabei haben möchtest, um die Aufstiegsenergie vollständig mit deinem Mentalkörper vereinen zu lassen.

Aufstiegsaktivierung Nr. 2

Am folgenden Tag (oder in der folgenden Woche, so wie du es für richtig hältst) bittest du darum, dass die gesamte Aufstiegsenergie mit deinem Emotional- und Astralkörper vereint werden möge.

Aufstiegsaktivierung Nr. 3

Rufe dieselben Meister an und bitte darum, dass die Aufstiegsenergie mit Hilfe des platinfarbenen Strahls und des Yod-Spektrums jetzt vollständig mit deinem physischen Körper vereint werden soll. Bitte um die vollständige Aktivierung des Zohar-Körpers, und um die vollständige Verankerung und Aktivierung des Mayavarupa-Körpers und/oder des monadischen Blaupausen-Körpers. Hier sollte ich erwähnen, dass in diesem Prozess die Aufstiegsenergien zuerst in den spirituellen Körper eintreten. Ich nehme hier einfach mal an, dass meine Leser mit der Verankerung auf spiritueller Ebene bereits begonnen haben. Diejenigen unter Euch, für die diese Arbeit eher etwas Neues ist, beginnen mit der Bitte um die Verankerung der Aufstiegsenergien in ihrem spirituellen Körper.

Aufstiegsaktivierung Nr. 4

Nach dem Abschluss des planetaren Aufstiegs folgt als nächstes die Integration aller 50 Chakren und 9 Körper. Ist dieser Vorgang abgeschlossen, bittest du dann darum, erst mit dem solaren Körper und den solaren Chakren, danach mit dem galaktischen Körper und den galaktischen Chakren, und schließlich mit dem universalen Körper und den universalen Chakren verbunden zu werden, wie ich das bereits an anderer Stelle beschrieben habe. Der kosmische Aufstieg ist ein sehr viel langsamer ablaufender Prozess. Bei der Verbindung mit den ersten vier Körpern wird es auf der Ebene des spirituellen Körpers sehr rasch vor sich gehen. Auf der Mentalebene kann dieser Prozess für die höher Eingeweihten sehr schnell ablaufen. Auf der emotionalen Ebene wird es allerdings länger brauchen, denn hier haben die meisten Schüler eine Schwachstelle. Das absolute Ideal ist hier emotionale Stabilität und eine unerschütterliche innere Ruhe. Die Integration auf der physischen Ebene wird bei all dem die längste Zeit in Anspruch nehmen.

Aktivierung zur Verankerung des Christus-/Buddha-Archetyps

Bei der nächsten Aufstiegsaktivierung geht es um die Bitte, in der Meditation nach Shamballa gehen zu dürfen. Bist du dort angekommen, rufst du Lord Maitreya und Lord Buddha an und bittest um die Verankerung und Aktivierung des Christus-/Buddha-Archetyps innerhalb deines Bewusstseins und Vier-Körper-Systems. Bade in dieser Energie, solange du deine Konzentration auf angenehme Weise aufrechterhalten kannst.

Christus/Buddha/Melchizedek-Verankerung

In einer weiteren Meditation bittest du darum, zur Goldenen Kammer von Melchizedek gebracht zu werden und rufst dort Lord Maitreya, Lord Buddha und Melchizedek an. Rufe die Verankerung des Christus/

Buddha/Melchizedek-Archetyps innerhalb deines Bewusstseins und Vier-Körper-Systems an. Das ist das höchste Ideal, nach dem die Seele auf unserem Planeten streben kann. Bitte darum, dass diese Verankerung dauerhaft erfolgen soll und sie wird für alle Zeiten in deinem Sein einkodiert sein. Diese Aktivierung stellt die nächst höhere Stufe dar.

Christus/Buddha/Lord Sirius/Melchizedek-Verankerung

Wenn du etwas ganz Besonderes erleben möchtest, kannst du auch um die Verankerung der archetypischen Energie des Lord Sirius bitten. Er leitet die Große Weiße Loge des Sirius auf der galaktischen und universalen Ebene. Diese Kodierung würde dann den vollständigen Prozess der Verankerung der Archetypen umfassen.

Der Weckruf von Lord Arcturus

Eine der vielen Lektionen, mit denen sich Lichtarbeiter häufig konfrontiert sehen, ist Erschöpfung, auf Grund von Überarbeitung, fehlendem erholsamem Schlaf oder anderen Ursachen. Ich habe dafür ein Gegenmittel entdeckt, das ich patentieren und für viel Geld verkaufen sollte. Wenn du also das nächste Mal aufwachen und dich erschöpft fühlen solltest, oder es ist nachmittags um Drei und du fühlst dich vollkommen ausgelaugt, dann rufe Lord Arcturus und die Arcturianer an und bitte um die 100 %-ige Erhöhung deines Lichtquotienten und die vollständige Revitalisierung und das Aufwecken deines physischen Körpers. Sie werden dich an ihre Computer auf dem Mutterschiff anschließen und die notwendigen Energien verwenden, um das gewünschte Resultat zu erzielen. Das ist viel, viel besser als Kaffee und es hat weder Entzugserscheinungen noch die Vergiftung deiner Leber zur Folge. Die Arcturianer sind wirklich eines der größten Geschenke Gottes an die Menschheit. Ich bin ihr größter Bewunderer und Fürsprecher. Die Arcturianer sind das Allheilmittel für alle Probleme.

Die Invokation des Yod-Spektrums

Die folgende Invokation kann für die Anrufung des Yod-Spektrums verwendet werden:

"Wir bringen jetzt das Yod-Spektrum durch den Zohar-Körper herein, um das Vier-Körper-System mit dem göttlichen Licht der Mayavarupa-Blaupause zu verbinden und die Zellstruktur vollständig zu transformieren.

Wir bringen jetzt den platinfarbenen Strahl herein, der das Yod-Spektrum repräsentiert – durch Melchizedek, Metatron und die Große Zentralsonne. Wir bitten darum, dass Gott, der unsere unbegrenzte Quelle ist, uns diese Energie für das allerhöchste Gute gewähren möge. So sei es. So ist es."

Lasse die Energie vom Kronenchakra aus nach unten bis zum Wurzelchakra fließen, und bewege sie dann kreisförmig von links nach rechts. Danach bringst du sie wieder nach oben und fühlst die Energie von Christus/Buddha, wie sie in deinen Körper hineinfließt. Versiegele dann diese direkt von Gott stammenden Energien mit Hilfe des Christus/Buddha-Bewusstseins und durch Gott, den Allerhöchsten des Universums.
Mögen Melchizedek und Metatron uns beistehen.

Spirituelle Mudra-Übung

Verbinde an beiden Händen zuerst Zeige- und Mittelfinger, und diese beiden dann mit dem Daumen. Fühle, wie der erste und zweite Strahl sich vereinen – Macht und Liebe. Spüre, wie das Yod-Spektrum durch diese Strahlen hindurchwirkt und sende die Energie dann an die Menschen in deiner Stadt oder Gemeinde. Dann spüre, wie sich zuerst die ersten sieben Strahlen vereinen. Als nächstes spürst du, wie sich alle zwölf Strahlen vereinen, während das Yod-Spektrum durch sie alle hindurchwirkt. Sende diese Energie dann an den gesamten Planeten, während du das Mudra weiter aufrechterhältst.

Sende die Energie an das gesamte Universum. Erlebe, wie dein Körper zu einem Strahl des Lichts wird. Werde zu der aktiven Energie des platinfarbenen Strahls. Sieh dich selbst in der Goldenen Kammer von Melchizedek sitzen, wo du platinfarbene, goldene und silberne Energien erhältst. Öffne deine Hände, wobei die Handflächen nach oben geöffnet sind. Spüre, wie diese Energie deine Hände anfüllt. Nimm diese Energie auf allen Ebenen vollständig auf (physisch, emotional, mental, spirituell).

Berühre nun deinen Körper und lenke die Energie durch deine Hände in Augen, Gesicht, Ohren, Nacken, Schultern, Herz, Hüften und Füße. Bringe das Licht besonders in deine Thymusdrüse. Sieh auch, wie dieses Licht deine gesamte Monade mit ihren 144 Seelenausdehnungen stärkt. Spüre die Gegenwart deiner Monade. Spüre, wie du mit dieser Gegenwart vollständig vereint und verbunden bist.

Forme dann mit den Händen eine Sch ale. Während du dies tust, baut sich die Energie auf und du speicherst sie. Die Energie des platinfarbenen Strahls wird in deinem Energiefeld erschaffen und gespeichert und erreicht jetzt, entlang der Meridiane, die Schaltkreise deines Nervensystems.Dann hältst du deine Hände über der Thymusdrüse und dem Herzen und spürst, wie sich der platinfarbene Strahl durch das elektrische System (die Nadis) und das Nervensystem bewegt und Blut, Sekrete und Drüsen stimuliert, um spirituelle Sekrete, spiritualisierte Drüsensekrete und Zellkörper zu erschaffen.

Visualisiere, wie das Licht überall in deinem gesamten Körper zirkuliert. Bestätige gedanklich die regenerierenden Kräfte dieses Lichtes: „Ich erneuere jetzt die Struktur meines gesamten physischen und Vier-Körper-Systems und baue meine Immunität auf. Im Namen Gottes der ICH BIN, erneuere und regeneriere ich das Bewusstsein, stelle es wieder her und bringe es zurück zu meiner perfekten göttlichen Ordnung, meiner ursprünglichen Blaupause – dem Körper, für den ich in dieses Universum gekommen bin, um ihn in die physische Ebene und in das Leben in der dritten Dimension zu bringen.

Fühle, wie die Energien physisch spürbar werden. Vielleicht bemerkst du einen Energiefluss in deinem Körper. Es ist das Öl des Nektars des Lebens, das nun dabei ist, jeden einzelnen Punkt und jede Stelle zu massieren und zu salben und so einen geschmeidigen Fluss der göttlichen Essenz zu bewirken. Dann reibst du deine Zunge an Gaumen und Zähnen, um so die Aktivierung der Zirbeldrüse und den Fluss des goldenen Nektars zu stimulieren. Spüre den Energiefluss, der den Solarplexus, sämtliche Chakren und dein gesamtes Vier-Körper-System erfüllt. Spüre, wie das Öl Gottes alle Zellen und die gesamte Körpermatrix erfrischt.

Die alchimistische Hochzeit

Alle Menschen müssen ihre männlichen und weiblichen Anteile integrieren und vereinen, um den Aufstiegsprozess vollständig zu verwirklichen. Nach den Worten Yoganandas muss ein Mensch „...so stark sein wie ein von Gott geschmiedeter Stahl." Das innere Selbst der männlichen Seite muss hart sein und eine stählerne Selbstbeherrschung und Kraft besitzen, damit nichts den Fluss der göttlichen Energie unterbrechen kann und keine Erschütterung des Systems zugelassen wird. Die männliche Seite ist hart wie Diamant in ihrer bewussten Ausrichtung auf den geistigen Weg, auf das Bewusstsein dessen, wer man ist und worin die eigenen Aufgaben liegen. Nichts kann dann deine Konzentration beeinträchtigen, dich entmutigen oder herabsetzen. Diese Härte besitzt einen strahlenden Glanz; sie ist keine brüchige, spröde Härte. Die Energie ist so stark, dass du vielleicht den Eindruck hast, wie ein Wesen aus Marmor zu sein. Aber dieser Marmor ist warm und lebendig und wird vom weiblichen Aspekt bewohnt.

Die weibliche Seite ist vollkommen offen und steht allen Aspekten des Lebens vorurteilsfrei und mit bedingungsloser Liebe gegenüber. Wenn Vorurteile auftauchen, werden sie sofort und ansonsten solange wieder und wieder korrigiert, bis das Spektrum des gesamten Wesens in allen Aspekten seiner Wahrnehmung keine anderen Vorstellungen mehr enthält außer Einheit und vollständig geworden ist. Sollten Missverständnisse in Bezug auf Dominanz, Abhängigkeit, Stress, Sorgen oder ein Mangel an Beständigkeit oder Uneinigkeit aufkommen, werden sie durch ein umfassendes Wohlwollen sowie durch Offenheit und Liebe korrigiert. Die Stärke des männlichen und die Offenheit des weiblichen Aspektes sind vollständig miteinander vereint und arbeiten harmonisch und im Einklang zusammen. Die Flammen der Liebe, Weisheit und Kraft sind dann vollständig in dir entflammt. Du gehst diesen Weg alleine und trotzdem weißt du, dass du nicht alleine bist. Du gehst, wohin auch immer dein Weg dich führt und weißt, dass du stark, weise und liebevoll bist und ein gutes Urteilsvermögen besitzt.

Dies ist die umfassende und vollständige Verkörperung der alchimistischen Hochzeit. Wir alle tun dies gemeinsam und unterstützen uns gegenseitig. Ein Einzelner kann dies nicht tun, ohne dass wir alle gemeinsam daran arbeiten und dennoch besitzt jeder von uns seinen eigenen Platz als ein eigenständiges Individuum, das den Pfad allein beschreitet. Wir sind zugleich eins in uns selbst und eins mit dem Gruppenbewusstsein. Während wir alleine auf unserem Pfad voranschreiten, sehen wir alle anderen auf diesem Weg und wir helfen und unterstützen uns, wann immer wir können. Niemand geht genau den gleichen Weg und doch verbinden sich alle Wege zu einem Ganzen. Spüre in deinem Inneren jetzt das vollständige Wirken deiner männlichen und weiblichen Seite, ohne eine Spur der Trennung. Spüre das umfassende Gefühl der Vollständigkeit in deinem Selbst. Der Wille Gottes, die Liebe Gottes; so wie Gott ist, so bist auch du.

Kosmisches Reinigungsdreieck

Rufe Metatron, Melchizedek und Vywamus an, dass sie in der Goldenen Kammer ein Dreieck um dich herum bilden. Der Sinn dieser Übung ist, in die tiefsten Schichten unseres Seins und in unsere genetischen und zellulären Strukturen aus dem jetzigen und aus vergangenen Leben hineinzugehen. Dies wird praktisch alle Ablagerungen und Behinderungen beseitigen, um so wirklich den Weg freizumachen, damit wir uns in unseren Mayavarupa-Körper begeben können und wahrhaftig zu einer Monade oder mächtigen ICH BIN - Gegenwart werden können. *Visualisiere, wie du im Zentrum des Dreiecks von Melchizedek, Metatron und Vywamus sitzt. Atme tief ein. Melchizedek steht vor dir, zu deiner Rechten befindet sich Metatron, links ist Vywamus. Metatron verkörpert den Lichtaspekt Gottes, Vywamus arbeitet an den neuen elektrischen Verbindungen der vier Körper und Melchizedek arbeitet mit dem Weisheitsaspekt Gottes. Gemeinsam erschaffen sie eine elektrische Ladung, die einen intensiven reinigenden Effekt besitzt. Diese Reinigung wird an den Füßen beginnen und dann durch deinen Körper nach oben wandern. Die elektrische Energie besitzt eine blaue Farbe und du spürst, wie sich eine Schwingung in deinen Füßen bemerkbar macht. Visualisiere nun, wie sich diese Energie durch deinen Körper nach oben durch die Chakren und den gesamten Körper bewegt. Spüre, wie sie den ganzen Körper durchdringt. Verwende nun eine Affirmation, mit der du deine Bereitschaft bestätigst, die alten genetischen und zellulären Strukturen loszulassen. Die elektrisch-blaue Energie verstärkt sich jetzt, damit sie diese Strukturen aufbrechen kann, die wie unerwünschte Kalkablagerungen sind, welche die Zellen bisher umschlossen hatten.*

Jetzt spürst du, wie die Energie aus vier verschiedene Richtungen hereinkommt: zuerst von der Ebene der Quelle, dann durch Melchizedek, Metatron und Vywamus. Lasse zu, dass diese Energie dein Sein nährt, indem sie in die zwölf Stränge der DNS und in alle Zellen deines Körpers eindringt. Erlaube, dass jetzt eine vollständige Reinigung stattfindet, durch die alle unerwünschten Energien in die Erde geleitet werden, wo sie gereinigt und in göttliche Reinheit transmutiert werden.

Dann rufst du alle deine Seelenausdehnungen an und bittest darum, dass sie durch diese Energie gereinigt werden, wenn sie sich auf Grund ihres freien Willens dazu entscheiden, an diesen Energien teilzuhaben. Rufe dann ein sanftes blaues Licht an, welches dein Vier-Körper-System beruhigt und bade für eine Weile darin.

Zum Abschluss sprichst du das Monadenmantra:

ICH BIN die Monade
ICH BIN göttliches Licht
ICH BIN Liebe
ICH BIN Wille
ICH BIN die Bestimmung

Die neun Stufen des Seelenmantras

Das machtvollste Mantra, dem ich in all den Jahren meiner spirituellen Forschungen begegnet bin, wurde von Djwhal Khul durch Alice Bailey übermittelt. Meiner Meinung nach ist es das Mantra aller Mantren. Es heißt Seelenmantra. Ich empfehle, es vor Beginn von jeder Form spiritueller Arbeit zu verwenden. Es gibt nichts, was du sagen oder tun könntest, das dich auf eine ähnliche Weise in deine spirituelle Mitte und zu deinem innersten Kern bringt. So wie es von Djwhal Khul gelehrt wird, lautet es:

ICH BIN die Seele
ICH BIN göttliches Licht
ICH BIN Liebe
ICH BIN Wille
ICH BIN die Bestimmung

Dieses Mantra bringt deine Seele (oder Höheres Selbst, Überseele) dazu, an die Arbeit zu gehen und aktiv zu werden. Als Djwhal Khul dieses Mantra zwischen 1899 und 1940 lehrte, waren selbst die am weitesten entwickelten Lichtarbeiter im Allgemeinen nicht weiter als bis zur dritten oder vierten Einweihung vorangekommen, da der evolutionäre Prozess stark verlangsamt worden war. Doch auf Grund der außergewöhnlichen Zeiten, in denen wir leben und den vielen Dispensationen, die der Menschheit gewährt wurden, hat sich die Entwicklung der Menschheit enorm beschleunigt.

Die Seele ist der vermittelnde Lehrer, die so lange dient, bis die sich entwickelnden Söhne und Töchter Gottes die nächste Stufe erreicht haben, denn nach der vierten Einweihung ist es nicht mehr angemessen, sich mit seiner Seele zu identifizieren. Stattdessen sollte man sich mit seiner Monade, seiner mächtigen ICH BIN - Gegenwart identifizieren. Dann muss die erste Zeile des Mantras geändert werden und lautet wie folgt:

ICH BIN die Monade
ICH BIN göttliches Licht
ICH BIN Liebe
ICH BIN Wille
ICH BIN die Bestimmung

Ich selbst arbeitete mit diesem vor einigen Jahren neu geschaffenen Mantra, nachdem ich dazu von geistiger Seite angeleitet worden war. Vor kurzem wurde ich dann nach meinem Abschluss des planetaren Aufstiegs und der sieben Stufen der Einweihung von Melchizedek angeleitet, einen weiteren Wechsel in meiner Identifikation zu vollziehen. Wenn die sieben Stufen der Einweihung vollendet, der Lichtquotient bei 99 % stabilisiert, die 50 Chakren und die 9 Körper aktiviert und die 144 Seelenausdehnungen integriert und geklärt sind, ist es erneut an der Zeit, seine Identifikation, wie bei der vierten Einweihung, zu ändern.

Melchizedek erklärte, dass sich die Identifikation jetzt auf die kosmische (anstelle der persönlichen) Monade richten werde. Das Verständnis der ultimativen kosmischen Monade beinhaltet, so Melchizedek, zu erkennen, dass in Wahrheit nur *eine* Monade und *eine* Seele existieren. Alle individualisierten Monaden sind in Wirklichkeit Teil dieser einen, unendlichen Monade. Melchizedek leitete mich und die Gruppe dazu an, uns selbst nicht länger als individuelle Monaden, sondern als diese eine, unendliche Monade anzusehen. Dies stellt eine natürliche Entwicklung auf dem spirituellen Pfad und den Eintritt in den kosmischen

Aufstiegsprozess dar. Wenn man sich mit der kosmischen Monade identifiziert, sieht man alle Menschen als Teil seines eigenen Selbstes an. Die eigene Aura erweitert sich in einem enormen Ausmaß, wenn man dazu übergeht, eine kosmische Identität anzunehmen und nicht länger die individuelle Identifikation nur über die eigene Monade vornimmt.

Aus dieser Sicht verlangt die Integration all dessen, wozu Melchizedek uns anleitete, einen Quantensprung in unserem Bewusstsein – und es benötigt das Verständnis, dass es in diesem Prozess der vollständigen kosmisch-monadischen Identifikation einzelne Stufen geben wird. Melchizedek sagte übereinstimmend, dass dieser Quantensprung einfach zu groß sein würde, wollte man all diese Inhalte integrieren, ohne die einzelnen Zwischenschritte wirklich verstanden zu haben.

Dies führte zu der Erkenntnis, dass es acht Stufen des Seelenmantras gibt, die ich im Folgenden der Menschheit vermitteln werde, als Teil unserer Darstellung der kosmischen Zusammenhänge. Was Djwhal Khul durch Alice Bailey übermittelte, war zu diesem Zeitpunkt für die Menschheit perfekt. Die folgenden sieben monadischen Mantras werden uns, in einem ultimativen kosmischen Sinne, den Rest unseres Weges nach Hause bringen.

Das dritte Monadenmantra, welches der Menschheit nun ganz neu enthüllt wird, lautet also:

ICH BIN die sechs Monaden
ICH BIN göttliches Licht
ICH BIN Liebe
ICH BIN Wille
ICH BIN die Bestimmung

Du fragst dich vielleicht, warum sechs Monaden? Erinnere dich bitte daran, dass es sechs Monaden in Form einer Gruppe sind, durch welche die achte und neunte Dimension integriert werden. Auf diese Weise werden die Gruppenseele und die Gruppenmonade auf der acht- und neundimensionalen Ebene verwirklicht. Dies ist die nächste Stufe der angemessenen Identifikation, nachdem man seine Identifikation mit der individuellen Monade verwirklicht hat.

Das nächste Monadenmantra lautet:

ICH BIN die solar-monadische Struktur
ICH BIN göttliches Licht
ICH BIN Liebe
ICH BIN Wille
ICH BIN die Bestimmung

Sobald die solare Ebene verwirklicht ist, erfolgt wieder ein Wechsel in der monadischen Identifikation, in diesem Fall zur galaktischen Ebene:

ICH BIN die galaktisch-monadische Struktur
ICH BIN göttliches Licht
ICH BIN Liebe
ICH BIN Wille
ICH BIN die Bestimmung

Ist die galaktische Ebene verwirklicht, erfolgt der nächste Wechsel, nun zur universalen Ebene, deren Mantra lautet:

ICH BIN die universal-monadische Struktur
ICH BIN göttliches Licht
ICH BIN Liebe
ICH BIN Wille
ICH BIN die Bestimmung

Auf der multi-universalen Ebene lautet der erste Satz:
ICH BIN die multi-universale Struktur...

Wenn man die höchste Ebene der Schöpfung erreicht, findet man dort zwölf kosmische Strahlen vor, die jeder für sich eine kosmische Monade enthalten. Jeder Einzelne von uns ist mit einer dieser zwölf kosmischen Monaden verbunden. Wenn du beispielsweise eine Monade des Zweiten Kosmischen Strahls bist, würde dein Mantra wie folgt lauten:

ICH BIN die Monade des zweiten kosmischen Strahls
ICH BIN göttliches Licht...

Im ultimativen Sinne der Gottes-Verwirklichung und des kosmischen Aufstiegs sind die zwölf kosmischen Monaden des Kosmischen Rates der Zwölf *eine* Monade. Daher lautet das letzte monadische Mantra nach Erreichen dieser ultimativen Ebene:

ICH BIN die ultimative kosmische Monade...

Dies sind die neun (eher vereinfacht) dargestellten Stufen der Identifikation, durch die wir unseren kosmischen Aufstieg erreichen. Es ist möglich, mit diesen Mantren zu arbeiten und auf diese Weise zu erfahren, was unsere ultimative Identität ausmacht. Da wir allerdings nicht über die siebte Einweihung hinausgehen können, während wir uns noch im Körper befinden, werden wir realistisch betrachtet nicht in der Lage sein, hier auf Erden eine umfassende Erfahrung davon zu erhalten, was die Identifikation auf kosmischer Ebene wirklich bedeutet. In gewisser Weise werden wir allerdings durch die Tatsache entschädigt, dass wir eben höhere Chakren, Körper, Dimensionen und weitere Seelenausdehnungen verankern können, was uns die Möglich-keit gibt, das zuvor erwähnte bis zu einem bestimmten Grad zu erfahren.

Die Monadenmantras geben uns ein sehr wichtiges Werkzeug an die Hand, um damit zu beginnen, das negative Ego aufzulösen – jene imaginären Abgrenzungen, von denen wir geglaubt haben, sie seien unsere wahre Identität. Im ultimativen Sinne sind wir bereits die ultimative kosmische Monade. Ein Teil von uns lebt bereits auf dieser

Ebene. Dies könnte man dann als unseren *mystischen Körper des Herrn* (und das entsprechende Selbst), oder unseren *Elohim-Körper* (und das entsprechende Selbst) bezeichnen.

In dieser allerhöchsten, ultimativen Wahrheit ist dies die einzige Wirklichkeit und alles andere ist eine Illusion. Aus diesem Grund heißt es im *Kurs in Wundern*: „Nichts Wirkliches kann bedroht werden. Nichts Unwirkliches existiert. Hierin liegt der Frieden Gottes." Und obwohl dies wahr ist, besteht der Weg der Evolution, den Gott erschaffen hat, darin, dass wir dieses Ideal, wie es im *Kurs in Wundern* heißt, „...durch unsere sichtbare Bereitschaft und unsere Erfahrung verwirklichen müssen." Dies führt uns zu der Frage der Gleichheit. Alle Menschen sind gleich, denn alle Menschen sind Gott, doch wir sind uns dieser Wahrheit nicht im gleichen Maße bewusst. Melchizedek ist mehr Gott-verwirklicht als du oder ich – das ist eine Tatsache. Es sei noch einmal gesagt, dass wir in einem ultimativen Sinne alle gleich sind. Deshalb heißt es im *Kurs in Wundern*, dass der Ausdruck „Ehrfurcht" nur für Gott angebracht sei und nicht für einen älteren Bruder oder eine ältere Schwester. Das ist wahr, weil Gott uns alle erschaffen hat.

Wenn man mit den Aufgestiegenen Meistern arbeitet, empfindet man zu Anfang vielleicht Ehrfurcht vor Wesen wie Jesus/Sananda, Saint Germain, Kuthumi, Lord Maitreya, Buddha, Djwhal Khul usw. Wenn du eine Weile mit ihnen gearbeitet hast, wirst du erkennen, dass sie Wesen sind wie du und ich; sie sind nur etwas weiter entwickelt und können mehr Licht halten. Eine Unterhaltung mit ihnen unterscheidet sich eigentlich überhaupt nicht von einem Gespräch mit Freunden und Weggefährten hier auf Erden. Es stimmt, dass sie ein bisschen weiser sind, aber sie sind oft sehr humorvoll und lieben es, Witze zu machen. Ich habe begriffen, dass sie genauso den Wunsch haben, akzeptiert zu werden, wie wir.

Ich sehe keine großen Unterschiede zu den regelmäßigen Treffen, die ich mit meiner Gruppe oder mit anderen höheren Eingeweihten habe. Ich erwähne das, um die Aufgestiegenen Meister zu entmystifizieren und dir zu zeigen, wie sehr sie in Wahrheit unsere Freunde sind, uns ähneln und zur Verfügung stehen. Sogar Melchizedek, der Großmeister selbst, das höchste Wesen unseres Universums, ist eine sehr sympathische und liebenswerte Gestalt. Er macht ständig Witze und neckt uns, so wie alle Meister. Und wenn wir manchmal nicht mehr zu bremsen sind, bringt er uns auf liebevolle Weise wieder zum Wesentlichen zurück. Ich hätte nie geglaubt, dass ich das einmal sagen würde, aber ich fühle mich mit Melchizedek wirklich sehr vertraut, und ich weiß, dass es ihm genauso geht. Für mich ist das nichts Außergewöhnliches, denn solche Verbindungen kann er mit allen Menschen haben. Was die Aufgestiegenen Meister betrifft, gibt es da sehr viele Phantasien und Projektionen, die einfach nicht wahr sind. Der einfachste Weg, das zu erkennen, ist, wenn man erkennt, dass wir, indem wir unsere Lebensaufgabe erfüllen und danach auf die Inneren Ebenen übergehen, um unsere Arbeit des Dienens zu vervollständigen, selbst die Aufgestiegenen Meister sein werden, von denen die noch junge Menschheit Führung suchen wird. Ich bin ziemlich überrascht, wie sehr ich mich bereits auf einer Stufe mit ihnen fühle.

Selbst wenn du nicht hellhörig oder hellsichtig sein solltest, wird jede ernst gemeinte Bitte von dir an irgendeinen der Meister umgehend eine Antwort auf den Inneren Ebenen bewirken. Die Meister werden in jedem Fall auf eine Bitte oder Anrufung reagieren. Ihre Antwort erreicht dich vielleicht durch eine Vision oder über das Hören, einen Gedanken, eine Intuition, im Traum, in der Meditation, über eine Wahrnehmung in deinem Emotionalkörper, durch ein Bild in deinem Geist oder vielleicht über eine Energie, die du wahrnimmst.

Jedem Menschen steht hier eine andere Verbindung zur Verfügung, abhängig davon, wie dieser Mensch am Besten seinen Zugang zum Göttlichen findet. Das hat sehr viel damit zu tun, wie Gott dich erschaffen hat – ob du etwa mehr der mystische oder eher der okkulte Typ bist oder auf welche Weise du dich in früheren Leben entwickelt hast. Es kommt also nicht darauf an, wie du mit den Aufgestiegenen Meistern zusammenarbeitest, solange du nur *mit* ihnen arbeitest. Allen Schülern wird es möglich sein, die Energien der Meister wahrzunehmen, wenn sie die verschiedenen Aufstiegstechniken aus meinen Büchern anwenden. Vergiss nie, dass die Energie der Schlüssel ist; sie ist es, welche dir die Transformation ermöglicht. Indem du mit der Energie in Verbindung bleibst, bleibst du auch mit den Meistern verbunden.

Modelle für Körpersysteme

Am Beginn des spirituellen Pfades sprechen wir vom Vier-Körper-System: vom physischen, astralen, mentalen und spirituellen Körper. Das ist allerdings nicht die richtige Bezeichnung, denn eigentlich müsste es das Fünf-Körper-System heißen: physisch, ätherisch, astral, mental und spirituell. In der weiteren Entwicklung wird es dann notwendig, dieses System um das Modell des Sieben-Körper-Systems zu erweitern: physisch, astral, mental, buddhisch, atmisch, monadisch und logoisch. Jeder dieser Körper ist mit der entsprechenden Ebene gleichen Namens verbunden.

Wenn wir den Abschluss der siebten Einweihung erreicht haben, muss das System wieder erweitert werden, jetzt zum Zwölf-Körper-System, das zusätzlich noch den Gruppenseelen-, Gruppenmonadischen-, solaren, galaktischen und universalen Körper umfasst. In Zukunft werden wir, wenn das Zwölf-Körper-System und unsere 200 Chakren integriert sind, dieses Modell nochmals erweitern, dann um den Körper des paradiesischen Sohnes, den elohistischen Körper des Herrn und den mystischen Körper des Herrn. Im Augenblick ist das allerdings noch nicht angemessen; in unserer Entwicklung sind wir, realistisch betrachtet, noch nicht in der Lage, diese Körper zu integrieren. Während wir uns innerhalb dieser Ebenen weiterentwickeln, müssen wir bereit sein, alte Modelle und Vorstellungen loszulassen. Aus diesem Grund sind häufig viele der Informationen aus den Büchern, die wir früher gelesen und wertgeschätzt haben, überholt. Es ist von großer Wichtigkeit, dass wir uns nicht an der Vergangenheit oder an bestimmten Lehren festhalten, unabhängig davon, wie fähig der Channel oder die hellsichtige Person gewesen sein mag, die es ermöglicht hat, dass diese Informationen durchkamen. Verwende diese Lehren aus der Vergangenheit als eine Grundlage, auf der du aufbauen kannst, aber halte nicht daran fest. Diese Aufforderung gilt für alle spirituellen Organisationen, die auf der irdischen Ebene agieren.

Die planetaren und kosmischen Ashrams und die Dimensionen der Wirklichkeit

Gottes Ashrams und die Dimensionen der Wirklichkeit

Ashram	**Dimension der Wirklichkeit**
Gottes Ashram (enthält alle anderen Ashrams als einen Aspekt seines Ashrams)	**48 & 49 und weiter bis zur Unendlichkeit**
Ashram der multi-universalen Ebene	**24 bis 48**
Die Goldene Kammer von Melchizedek	**12 bis 24**
Ashram der Großen Weißen Loge von Sirius (innerhalb des Ashrams gibt es eine solare, galaktische und universale Ebene)	**9 bis 12**
Buddhas Ashram in Shamballa	**8 & 9**
Lord Maitreyas Ashram 7	
Die Ashrams von El Morya, Kuthumi, Paul, dem Venezianer, Serapis Bey, Hilarion, Sananda, St. Germain	**6**
Djwhal Khuls Synthesis-Ashram	5

Körper und dimensionale Ebenen

Das folgende Diagramm beschreibt das Zwölf-Körper-System und was darüber hinausgeht. Dieses Modell der Dimensionen, von denen unsere verschiedenen Körper aus arbeiten, ist keine hundertprozentig genaue Darstellung; es verwendet die 49 Dimensionen der Realität, die uns von Großmeister Melchizedek gegeben wurden. Auf Grund der unermesslichen Größe von Gottes unendlichem Universum war es nicht möglich, für einige der kosmischen Körper genaue Angaben zu erhalten.

Diagramm unserer Körper und ihrer dimensionalen Ebenen

Körper	**Dimension**
Gottes Körper (auch bekannt als der mystische Körper des Herrn)	**49, und darüber hinaus**
Elohistischer Körper des Herrn	**48**
Körper des paradiesischen Sohnes	**36 bis 48**
Multi-universaler Körper	**24 bis 36 (enthält den Körper des Ordens der Sohnschaft)**
Universaler Körper	**12 bis 24**
Galaktischer Körper	**11**
Solarer Körper	**10**
Gruppenmonadischer Körper	**8 & 9**
Gruppenseelen-Körper	**7**
Logoischer Körper	**6**
Monadischer Körper	**5**
Atmischer Körper	**4**
Buddhischer-Körper	**4**
Mentalkörper	**4**
Astralkörper	**4**
Ätherischer Körper	**4**
Physischer Körper	**3**

Zweites Modell für kosmische Körper und Dimensionen

Das zweite Modell verwendet Djwhal Khuls Darstellung des Kosmos und vereint die sieben Unterebenen der kosmisch-physischen Ebene mit den sieben kosmischen Ebenen und ihren korrespondierenden Dimensionen.

Kosmische Körper und Dimensionen

Körper	**Dimensionen**
Gottes Körper	**49, und darüber hinaus**
Kosmisch-logoischer Körper	**42 bis 49**
Kosmisch-monadischer Körper	**35 bis 42**
Kosmisch-atmischer Körper	**28 bis 35**
Kosmisch-buddhischer Körper	**21 bis 28**
Kosmischer Mentalkörper	**14 bis 21**
Kosmischer Astralkörper	**8 bis 14**
Kosmisch-physischer Körper	**3 bis 7**

A. Planetar-logoisch	D. Planetar-buddhisch	G. Planetar-physisch
B. Planetar-monadisch	E. Planetar-mental	
C. Planetar-atmisch	F. Planetar-astral	

Die beiden Diagramme könnten eigentlich auch vereint werden. Im zweiten Diagramm ist interessant, dass das Omniversum/Universum durch die Zahl Sieben strukturiert ist: sieben kosmische Ebenen, sieben Unterebenen der kosmisch-physischen Ebene, und sieben Unterebenen von der einen kosmischen Ebene zur nächsten. 7 mal 7 ergibt natürlich 49 – die Zahl, die uns Melchizedek gab, unabhängig davon, was in den Büchern von Djwhal Khul (gechannelt durch A. Bailey) steht.

Dimensionen, Körper, Chakren, Einweihungen und Lichtquotienten

Göttliche Ebene: 49. Dimension, 330. Chakra, 36. bis 49. Einweihung, 100 % kosmischer Lichtquotient.
Multi-universale Ebene: 24. bis 36. Dimension, Chakren 200 bis 250, 24. bis 36. Einweihung, 60 % kosmischer Lichtquotient, multi-universaler Körper.
Universale Ebene: 12. bis 24. Dimension, Chakren 150 bis 200, 12. bis 24. Einweihung, 40 % kosmischer Lichtquotient, universaler oder gesalbter Christus-Überselbst-Körper und Zohar-Körper.

Galaktische Ebene: 11. Dimension, Chakren 100 bis 150, 11. Einweihung, 30 % kosmischer Lichtquotient, galaktischer Körper.
Solare Ebene: 10. Dimension, Chakren 50 bis 100, 10. Einweihung, 20 % kosmischer Lichtquotient, solarer Körper.
Planetare Ebene: 1. bis 7. Dimension, Chakren 1 bis 50, 1. bis 7. Einweihung, 99 % planetarer oder 10 % kosmischer Lichtquotient, neun planetare Körper.

Hier muss beachtet werden, dass diese Darstellung die Perspektive eines auf Erden inkarnierten Lichtarbeiters wiedergibt. Die Zahlen aus diesem Modell würden sich aus der Sicht eines Wesens wie Vywamus, der in höheren Dimensionen existiert, entsprechend ändern. Dazu gehört auch das Verständnis, dass man lediglich fünf oder zehn Prozent der solaren, galaktischen und universalen Ebenen (und den entsprechenden Einweihungen) integrieren kann. Das ist der Grund, warum sich Perspektiven und Zahlen unterscheiden. Dennoch ist dieses Modell in jedem Fall eine gute Arbeitsgrundlage für alle Seelen, die hier auf Erden in einem physischen Körper leben.

Zweites kosmisches Modell von Dimensionen, Körpern, Chakren, Einweihungen und kosmischem Lichtquotienten

Göttliche Ebene (Der mystische Körper des Herrn): 49. Dimension; der Körper Gottes; 330. kosmisches Chakra; 352. kosmische Einweihung; kosmischer Lichtquotient 100 %.
Kosmisch-logoische Ebene: 42. bis 48. Dimension; kosmisch-logoischer Körper; kosmische Chakren 273 bis 329; 293. bis 351. kosmische Einweihung; kosmischer Lichtquotient von 90 bis 99 %.
Kosmisch-monadische Ebene: 35. bis 42. Dimension; kosmisch-monadischer Körper; kosmische Chakren 220 bis 273; 236. bis 293. kosmische Einweihung; kosmischer Lichtquotient von 74 bis 90 %.
Kosmisch-atmische Ebene: 28. bis 35. Dimension; kosmisch-atmischer Körper; kosmische Chakren 167 bis 220; 179. bis 236. kosmische Einweihung; kosmischer Lichtquotient von 58 bis 74 %.

Kosmisch-buddhische Ebene: 21. bis 28. Dimension; kosmisch-buddhischer Körper; kosmische Chakren 114 bis 167; 122. bis 179. kosmische Einweihung; kosmischer Lichtquotient von 42 bis 58 %.

Kosmisch-mentale Ebene: 14. bis 21. Dimension; kosmischer Mentalkörper; 61. bis 114. Chakra; 65. bis 122. kosmische Einweihung; kosmischer Lichtquotient von 26 bis 42 %.

Kosmisch-astrale Ebene: 8. bis 14. Dimension; kosmischer Astralkörper; 8. bis 61. Chakra; 8. bis 65. Einweihung; kosmischer Lichtquotient von 10 bis 26 %.

Kosmisch-physische Ebene:

A. Planetar-logoische Ebene

B. Planetar-monadische Ebene

C. Planetar-atmische Ebene

D. Planetar-buddhische Ebene

E. Planetare Mentalebene

F. Planetare Astralebene

G. Planetare physische Ebene.

Kosmisch-physische Ebene: 1. bis 7. Dimension; die sieben gerade erwähnten Unterkörper der kosmisch-physischen Ebene; 1. bis 50. Chakra; 1. bis 7. Einweihung; 99 % planetarer und/oder 10 % kosmischer Lichtquotient.

Dieses zweite kosmische Diagramm, das die Anforderungen für die kosmische Evolution darstellt, basiert vollständig auf den mathematischen Berechnungen im Zusammenhang mit den Modellen der Heiligen Geometrie, die uns von den Meistern gegeben wurden. In diesem Diagramm habe ich die 352 Ebenen des Mahatma verwendet, um eine etwas andere Variante des Einweihungsprozesses zu veranschaulichen. Wie du siehst, lässt sich die planetare und kosmische Evolution durch eine sehr genaue Wissenschaft der Integration von Dimensionen, Körpern, Chakren, Einweihungen und Lichtquotienten darstellen. Alle Wesen in Gottes grenzenlosem Universum werden diese Entwicklung durchlaufen und abschließen. Es ist nur eine Frage der Zeit. Wir alle sind ewige, unsterbliche Wesen. Die Geschwindigkeit, mit der du dich entwickeln wirst, hängt ausschließlich von deiner Bereitschaft zu Selbstdisziplin, konzentrierter Aufmerksamkeit, Liebe und zum Dienen ab. Der Grundgedanke ist, so schnell und effizient wie möglich diesen Prozess zu durchlaufen, während man ihn gleichzeitig genießt. Jede Stufe muss vollständig gemeistert werden, bevor man dir erlauben wird, die nächste Ebene zu betreten. Diese Darstellungen können da recht hilfreich sein, denn sie geben uns die Route nach Hause vor und halten uns außerdem bescheiden, wenn wir verstehen, wie weit unser Weg ist. Das höchste Wesen hier auf Erden ist Seine Heiligkeit, Lord Sai Baba, der zuletzt einen Lichtquotienten von 31 % aufwies. Sollten dir also Menschen begegnen, die von sich behaupten, vollständig gottesverwirklicht zu sein, leben sie in einer völligen Illusion und werden von ihrem negativen Ego gesteuert.

Planetare Meisterschaft und wahre Gottes-Verwirklichung sind Lichtjahre voneinander entfernt. Niemand auf dieser Ebene kann oder wird jemals die wahre Gottes-Verwirklichung oder seinen kosmischen Aufstieg erreichen. Selbst die Integration der ersten zwölf Dimensionen der Wirklichkeit ist kaum jemals zuvor hier auf Erden vollzogen worden. In der Vergangenheit geschah dies stets auf der Innere Ebene. Erst seit 1987 oder 1988 hat sich diese Tür wirklich geöffnet. Wir sind außerordentlich gesegnet, dass wir in diesen Zeiten inkarniert sind. Sai Baba agiert vielleicht von einer Ebene und einem Modell aus wie dem von Vywamus, Sanat Kumara oder Lenduce. Als Avatar hat er bereits Einweihungen über die siebte Einweihung hinaus genommen, was nur Avataren wie Sai Baba oder Lord Maitreya möglich ist. Ein Avatar, um es noch einmal zu sagen, ist bereits bei seiner Geburt vollkommen gottverwirklicht und braucht weder spirituelle Übungen noch spirituelle Lehrer oder Bücher.

Sai Baba konnte bereits als Kind Gegenstände materialisieren. Krishna, Jesus und Buddha waren in diesem Sinne keine Avatare, denn sie mussten während ihres Lebens den Einweihungsprozess in ihren Körpern durchlaufen. Sai Babas und Lord Maitreyas Inkarnationen in dieser Zeit der Erdgeschichte sind wahre Beispiele für galaktische und universale Avatare, die bereits bei ihrer Geburt oder, wie im Fall von Lord Maitreya, zum Zeitpunkt der Materialisierung seines Mayavarupa-Körpers vollständig erwacht sind.

Ich erwähne dies, um deutlich zu machen, dass für einen Avatar andere Modelle gelten als die, die ich hier vorgestellt habe. Sai Babas Lichtquotient liegt vielleicht noch viel höher als die in unserem Modell beschriebenen 31 %. Ich erinnere nochmals daran, dass wir nur einen Teil der solaren, galaktischen und universalen Energien auf der irdischen Ebene integrieren, während wir uns noch in unseren physischen Körpern befinden.

Warum wir die höheren Fähigkeiten eines Aufgestiegenen Meisters nur langsam entwickeln können

Eine der allgemein am häufigsten gestellten Frage, die ich von Lichtarbeitern gestellt bekomme, ist diese: „Wie kommt es, dass wir höhere Grade der Einweihung erhalten, aber nicht dazu in der Lage sind, die höheren Fähigkeiten eines Aufgestiegenen Meisters zu manifestieren?" Ich möchte dazu Folgendes klarstellen: Wir leben in einem anderen Zeitabschnitt und einer anderen Dispensation des Aufstiegsprozesses. Was jetzt auf einer breiten Basis stattfindet, geschah in der Vergangenheit ausschließlich in kleinen, versteckten Refugien im Himalaja und in den geheimen Mysterienschulen. Shamballa und die Spirituelle Hierarchie haben gewissermaßen den Aufstiegsprozess verändert, um einer großen Anzahl von Menschen zu ermöglichen, den Aufstieg zu erreichen.

Viele Lichtarbeiter erreichen jetzt ihren Aufstieg, doch dies geschieht eigentlich nur auf der spirituellen und der mentalen Ebene. Auf der emotionalen Ebene wird es mit Sicherheit noch nicht vollständig verwirklicht sein, genauso wenig auf der physischen Ebene. Diese

Beschleunigung ist ein großer Segen aus den Händen Gottes, denn sie hat vielen Lichtarbeitern die Möglichkeit gegeben, sich vom Rad der Wiedergeburt zu befreien, während es im Sinne einer vollständigen Integration immer noch viele Lektionen zu lernen gilt. Vieles davon hat mit dieser nie zuvor in dieser Weise beschleunigten Phase der Geschichte der Erde zu tun. Die Meister konnten früher ganze Leben damit verbringen, eine einzige Einweihung zu integrieren. Jetzt vollziehen wir Lichtarbeiter dasselbe in nur ein oder zwei Jahren. Das ist der wichtigste Grund dafür, dass die höheren Fähigkeiten wie Teleportation oder Dematerialisierung nur Potenziale für die zukünftige Entwicklung darstellen. Selbst wenn man die sechste oder siebte Einweihung genommen hat, bedeutet das nicht, dass damit alle Aspekte vollständig aktiviert und verwirklicht wären. Der Aufstieg ist ein Prozess. Hätten wir ein ganzes Leben zur Verfügung, um eine einzelne Einweihung zu vollziehen, würden wir solche Fähigkeiten schneller entwickeln. Da die Entwicklung jetzt aber so schnell voranschreitet, verläuft dieser Prozess nicht mehr in der Art, wie wir ihn vielleicht aus einigen Büchern kennen. Nach den Worten von Melchizedek (bedenkt man, wie schnell dies alles vorangeht) müssen wir nun bis zur zwölften Dimension (der universalen Ebene) hin integriert haben, bevor sich diese Fähigkeiten einstellen. Vor fünfzig oder hundert Jahren wäre all das unmöglich gewesen, selbst für die am weitesten fortgeschrittenen Meister. Bedenkt man, wie schnell sich die Dinge jetzt entwickeln und welche neue Dispensation die Menschheit erhalten hat, ist dies nun für alle engagierten Lichtarbeiter möglich geworden. Unserer Gruppe wurde erklärt, dass wir auf Grund unserer Führungspositionen, die wir innehaben, die Möglichkeit besitzen, bei einer kontinuierlichen Fortsetzung unserer Arbeit von der neunten bis zur zwölften Ebene zu gelangen, was die Arbeit bis zum 150. Chakra beinhaltet.

Zum Teil hat dies auch damit zu tun, dass wir unsere Aufmerksamkeit genau in der Phase darauf richten, in der es um den Massenaufstieg der Menschheit geht. In gewisser Weise reiten wir alle wie auf einer großen Welle. Aus diesem Grund ist es von allergrößter Wichtigkeit, in dieser wirklich außergewöhnlichsten historischen Phase so konzentriert, engagiert und aktiv wie möglich zu sein. Die höheren Fähigkeiten eines Aufgestiegenen Meisters wirst du sicher irgendwann erreichen, aber bevor das geschehen kann, müssen die Aufstiegsenergien erst mit dem Vier-Körper-System verbunden, dann integriert und schließlich stabilisiert werden, um zu erlauben, das dies geschehen kann. Habe Geduld. Das, wofür Djwhal Khul vierzehn Jahre benötigte, erreichen wir jetzt innerhalb eines Jahres. Es liegt erst 50 Jahre zurück, dass er die physische Ebene verlassen hat, und zu dieser Zeit war er einer der am weitesten fortgeschrittenen Eingeweihten dieser Erde. Die zwölfdimensionale Ebene garantiert, dass diese Arbeit getan wird, bevor so beeindruckende Siddhas, oder Kräfte, manifestiert werden können. Lenke die Aufmerksamkeit mehr auf dein spirituelles Wachstum, auf den Aufbau des Lichtquotienten, die Aufstiegsaktivierungen, die Verankerung von Chakren und dimensionalen Körpern, die Integration und Klärung von Seelenausdehnungen sowie auf die Führerschaft und den planetaren Dienst für die Welt. Die besonderen Fähigkeiten werden dann als ein natürliches Nebenprodukt und als Entwicklung auf Grund dieser Arbeit entstehen. Außerdem wurde, wegen der Geschwindigkeit der evolutionären Prozesse, die Auflösung der physischen Form in Licht im Unterschied zu früher auf einen späteren Zeitpunkt verlegt. Nur auf Grund einer besonderen Dispensation von Shamballa ist es uns erlaubt, die sechste und siebte Einweihung zu nehmen, ohne vorher die mentalen, emotionalen und physischen Körper vervollkommnet zu haben.

In früheren Zeiten waren die Meister gezwungen, viele, viele Leben lang diese Körper zu vervollkommnen, bevor ihnen erlaubt wurde, die höheren Einweihungen zu nehmen. Im Gegensatz zu früher ist es jetzt wortwörtlich tausendmal leichter geworden. Eben weil es jetzt für die Masse so viel einfacher geworden ist, den Aufstieg und den Abschluss der siebten Stufe der Einweihung zu erreichen, ist es nur sinnvoll, dass die höheren Fähigkeiten auf eine sehr viel höhere Ebene der Entwicklung verlagert wurden. Dennoch ist es für alle im Bereich des Möglichen und alle werden es zu gegebener Zeit erreichen.

Der Prozess beginnt damit, perfekte Gesundheit im physischen Körper zu entwickeln und, als ein vorbereitender Schritt, die physischen Aspekte der Wirklichkeit wie Reichtumsbewusstsein oder das Auftreten als Aufgestiegener Meister in der realen Welt zu meistern. Während wir bezogen auf unsere Arbeit des Dienens die Aufstiegsenergien und die Aufstiegsbewegung in der dreidimensionalen Welt erschaffen, werden sie sich zugleich in unseren physischen Körpern manifestieren. Die Erdung der spirituellen Energien ist das Schlüsselprinzip des Neuen Zeitalters. Auf der planetaren Ebene ist das mit dem Ende des Zyklusses des sechsten Strahls und dem Beginn des siebten Strahls verbunden. Die Spiritualität wurde im letzten zweitausendjährigen Zyklus auf der spirituellen, mentalen, psychischen und emotionalen Ebene gehalten, aber sie war nicht geerdet. Dies ist, für die nächste Phase in der Geschichte der Erde, die große Aufgabe der spirituellen Führer und der neuen Gruppe derer, die den Weltendienst leisten werden. Dieser Prozess wird zur Ausbildung aller zwölf Stränge der DNS und zur vollständig integrierten elektrischen Verbindung aller Körper (nicht nur auf den ätherischen Ebenen, sondern auch im physischen Körper) führen, wodurch ein einheitliches Energiefeld entstehen wird.

Der nahtlose Körper aus goldenem Licht

Stelle dir deinen Körper als einen nahtlosen Körper aus goldenem Licht vor, in dessen Zentrum sich der platinfarbene Strahl befindet – strahlend hell. Dein Körper ist nahtlos in dem Sinne, dass nichts Unregelmäßiges mehr an ihm ist; er ist glatt und vollkommen. Rufe Vywamus an und bitte darum, dass dieser Körper jetzt vollständig in dir manifestiert werden möge. Spüre, wie seine Hände an diesem Körper hinabgleiten und dabei alle Eigenschaften und Qualitäten der Göttlichkeit in dich einprägen, die wir in Wahrheit besitzen. Bitte darum, im Aufstiegsplatz von Shamballa sitzen zu dürfen, und bitte Vywamus darum, sich zu dir zu setzen und seine Energien mit dir zu vereinen, um den nahtlosen Körper aus goldenem und platinfarbenem Licht zu vervollkommnen. Spüre die Einheit von Herz, Verstand und dem gesamten

Chakra-System, spüre die Anpassung, die Vywamus zwischen Höherem und Niederem vornimmt, so dass sich alle Trennung und alle Definitionen von Gegensätzen auflösen und du eins wirst. Fühle diese Vereinigung in deinem gesamten Wesen, und die Trennung zwischen Innerem und Äußerem löst sich auf. Erlebe die Reinheit und Unschuld in diesem neuen Körper. Erlebe die Freude des galaktischen Wesens Vywamus, wie er innerhalb deines Energiefeldes spielt.

Betrachte nun an diesem Aufstiegsplatz in Shamballa (er befindet sich in der neunten Dimension) die Aufgabe dieses Planeten. Dann vereinige dein Bewusstsein auf achtdimensionaler Ebene mit Lord Maitreya, dem Oberhaupt der Spirituellen Hierarchie, und verschmelze in vollkommenem Einssein und vollständiger Einheit mit den solaren, galaktischen und universalen Meistern in der Goldenen Kammer von Melchizedek. Spüre diese Vereinigung, so wie auch Gott, Christus und der Heilige Geist eins sind. Dies ist die Reise des Mahatma, die über 352 Stufen zurück zu Gott führt.

Rufe jetzt eine besondere Dispensation vom Karmischen Rat an. Siehe vor deinem Angesicht Kwan Yin, wie sie die Waagschalen der Gerechtigkeit, der Gnade und des Mitgefühls hält. Siehe außerdem den Buddha, Mutter Maria und alle weiteren Mitglieder des Karmischen Rates. Bitte um eine besondere Dispensation des karmischen Ausgleichs für deinen Bereich, dein Zwölf-Körper-System und dein gesamtes Programm.

Siehe, wie Sai Baba erscheint und eine Petition aus Licht auf den Tisch des Karmischen Rates niederlegt, die dir erlaubt, dass dieser Ausgleich in deinen Körpern, dem Planeten und dem Universum in die göttliche Ordnung gebracht wird. Bitte in einer Anrufung um die Beschleunigung deines Aufstiegs, während Sai Baba, Vywamus, Lord Melchizedek, Lord Buddha, Lord Maitreya, Sanat Kumara, Helios und Vesta, Melchior, der Lord der Großen Weißen Loge des Sirius und alle weiteren Mitglieder des Karmischen Rates vor dir stehen. Im eigentlichen Sinne ist dies eine Bitte um einen Ausgleich für das gesamte monadische Bewusstsein der 144 Seelenausdehnungen.

Du bittest darum, dass alle Themen durch dich harmonisiert und ins Gleichgewicht gebracht werden sollen. Bitte darum, deinen Platz und deinen Teil in diesem großen Geschehen des Aufstiegs der Menschheit und des Planeten übernehmen und einnehmen zu können. Verpflichte dich dazu, deinen Anteil am göttlichen Plan in Bezug auf deine Form des Dienens gegenüber der Welt zu übernehmen und diesen Teil sowohl im Wachzustand als auch im Traum als jemand zu demonstrieren, der Einheit erschafft. Du bewahrst das Gleichgewicht und erfüllst deine Erdenmission als Mann, als Frau, als ein Aufgestiegenes Wesen – als ein Repräsentant der Spirituellen Hierarchie, als Bodhisattva. Sprich und bete jetzt im Heiligtum deines eigenen Wesens zum Karmischen Rat und den versammelten Meistern und bitte um das, was auch immer du als Unterstützung für deine Mission benötigst – zum Höchsten und Besten aller Beteiligten. Sei schließlich vollkommen sicher, dass alles, worum du gebeten hast, dir für alle Zeiten bestätigt und gewährt wird.

Setze dich dann in die Stille der inneren Kammer und lasse zu, dass alle Energien des negativen Egos aufgelöst werden. Lasse alle früher begangenen Fehler jetzt vollständig vergeben sein. Lasse jede Verletzung, die dir selbst oder anderen in diesem oder irgendeinem deiner früheren Leben angetan wurde, geheilt, bereinigt, vergeben und ausgeglichen sein. Lasse alle Muster, Gewohnheiten, Archetypen, Unterpersönlichkeiten und Aspekte aus früheren Leben in Harmonie mit dem Christus/Buddha/Melchizedek-Archetyp und Grundmuster kommen.

Spüre, wie alle Archetypen, Strahlen und astrologische Zeichen jetzt auf göttliche Weise in einer perfekten Harmonie und Balance integriert werden. Spüre, wie all diese Aspekte durch die mächtigen Energien der Weisheit ausgeglichen werden. Fühle, wie die Flamme Gottes hell im Zentrum deines Seins brennt. Spüre die reinigende und transformierende Violette Flamme von Saint Germain und Erzengel Zadkiel, wie sie alles reinigt und verbrennt, das nicht vom Lichte Gottes ist. Im Angesicht aller Meister, in der inneren Stille deines Wesens, sprichst du nun, anstatt zu beten, deine höchsten Gelübde der Verpflichtung und des Dienstes für Gott in einer Art und Weise, wie du es noch nie zuvor getan hast und du weißt, dass du dir niemals erlauben wirst, diese

Gelübde zu brechen. Sprich diese Gelübde mit einer wirklich stählernen Kraft und Stärke. Dieser Schwur gibt dir die vollständige Freiheit, ganz du selbst zu sein und stellt deinen Erfolg in Bezug auf den planetaren und kosmischen Aufstieg sicher. Sprich jetzt das Gelübde und die Bestätigung des „ICH BIN DAS ICH BIN" den Schwur, dass: „ICH ALL DAS BIN, WAS ICH BIN." Jetzt atmest du dies vollständig in dein Wesen ein und verankerst es dort für alle Ewigkeit.

Nun ist Frieden eingekehrt. Spüre, wie sehr du jetzt in dieser Energie geerdet bist. All das, wozu du geworden bist, wird jetzt auf deinen physischen Körper übertragen und mit der Erde verbunden. Du hast den Himmel zur Erde gebracht und bist jetzt die lebende Verkörperung der Monade, der mächtigen ICH BIN - Gegenwart auf Erden. Der einzige Grund für dein Dasein ist der, dass du dienst, denn das ist der Eid des Bodhisattva. Du bist Gott, der sich auf Erden manifestiert hat, um zu demonstrieren, dass dies deine wahre Identität ist und du dies durch bedingungslose Liebe, vollkommene Selbstlosigkeit und ein Gleichgewicht in allen Dingen vermittelst.

Öffne die Augen, wenn du die Meditation beendet hast. Halte dieses Bewusstsein und diesen Einklang in dem Wissen, dass du nicht erst meditieren musst, um diesen Zustand zu erreichen. In Wahrheit war dies alles immer schon da. Meditation ist nichts anderes als ein Hilfsmittel, das dir hilft, dich daran zu erinnern, wer und was du wirklich bist, immer warst und immer sein wirst.

Die arcturianische Lichtkammer

Immer dann, wenn du dich mit dem Aufbau deines Lichtquotienten befassen möchtest, kannst du Lord Arcturus und die Arcturianer anrufen und darum bitten, in deinem spirituellen Körper zur *arcturianischen Lichtkammer* gebracht zu werden. (Hier handelt es sich in Wahrheit um eine Art Aufstiegsplatz.) Sie besitzt einen enorm beruhigenden Effekt und gleicht alle Reflexe aus. Es handelt sich um eine der Kammern auf dem Mutterschiff von Lord Arcturus. Zusätzlich dazu scheint sie auch eine ausgeprägte Heilwirkung auf den physischen Körper zu haben.

Erzengel Michaels Schwert der Klarheit und Vision

Rufe Erzengel Michael und sein Schwert der Klarheit und Wahrheit an, damit es dich von aller Illusion und Maya trennt. Er ist besonders gut darin, astrale Verbindungen zu durchtrennen, die wir auf Grund falscher Bindungsmuster mit anderen Menschen erschaffen. Außerdem ist er sehr hilfreich, wenn es darum geht, für Schutz zu sorgen. Rufe Erzengel Michael und seine Legionen jederzeit an, wenn du in Nöten bist.

Das Prana-Wind-Reinigungsgerät

Diese arcturianische Technologie habe ich bereits in einigen meiner früheren Bücher beschrieben. Ich erwähne sie hier noch einmal, da inzwischen neue Informationen über dieses wundervolle Instrument hinzugekommen sind. Es handelt sich dabei um eine Art Ventilator, der in das Solarplexus-Chakra (seit kurzem in das Herz-Chakra) hinabgesenkt wird und dort alle vorhandenen blockierten Energien und ätherischen Schleim durch die Meridiane, Nadis und Arterien entfernt. Es dreht sich mit hoher Geschwindigkeit im Uhrzeigersinn von links nach rechts und bläst dabei Prana sprichwörtlich durch unseren gesamten genetischen Code. Die einzelnen Zellbestandteile nehmen die pranische Energie in sich auf und beginnen, sich auszudehnen. Das gesamte ätherische Gewebe erhält pranische Energie. Als wir zum ersten Mal mit diesem Instrument arbeiteten, wurde es noch in unserem Solarplexus platziert. Jetzt wird die Prana-Windmaschine im Herz-Chakra zentriert und reinigt sämtliche Zellen und Ablagerungen des Körpers sowie das ätherische Gewebe. Du kannst es jederzeit anzurufen, denn durch die Gnade von Lord Arcturus und den Arcturianern ist es für uns alle jederzeit verfügbar. Stell dir ein Schilfrohr vor, das innen staubig geworden ist und aus dem der Staub jetzt hinausgeblasen wird. Das geschieht, wenn die Prana-Windreinigungs-Maschine mit deinem Ätherkörper arbeitet.

Diese Reinigung erlaubt unserem wahren genetischen Code, den wir erhielten, als wir das erste Mal in dieses System kamen, geöffnet und zusätzlich durch neue Lichtkristalle kodiert zu werden. Darunter kann man sich die heiligen Feuerzeichen, Schlüsselcodes und die heiligen geometrischen Formen vorstellen. Auf diese Weise können die Kodierungen unseres alten Selbst als auch die unseres zukünftigen Selbst sowie unsere zukünftigen Schichten offenbar werden. Es geht darum, dass wir alle zu dem strahlend hellen Licht der Wahrheit werden, das wir sind. Die Arcturianer haben diese Entwicklung bereits hinter sich. Sie sind eine wundervolle Rasse, die jetzt der Menschheit dabei hilft, in ihre Fußstapfen zu treten. Es scheint übrigens zwei verschiedene Formen von Arcturianern zu geben. Der eine Typ ist sehr groß und majestätisch, ähnlich wie Lord Arcturus; der andere ist ebenfalls sehr schön, allerdings von etwas kleinerer, eher asiatischer Statur, und besitzt enorme technische Kenntnisse im Zusammenhang mit dem Mutterschiff.

Durch die Gnade Gottes haben uns die Arcturianer ein Arsenal an spirituellen Technologien zur Verfügung gestellt, darunter die Prana-Wind-Maschine, die arcturianische Lichtkammer, den Goldenen Zylinder, den direkten Aufbau des Lichtquotienten, die Licht-Synthese-Kammer (siehe dazu auch mein Buch *Das komplette Aufstiegshandbuch*), die Mechanismus-Kammer, das arcturianische Beschichtungs-System (siehe dazu auch mein Buch *Jenseits des Aufstiegs*, die Gitter-Integrationstechnologie und die „Freude-Maschine". Mache dir diese Werkzeuge und Techniken zunutze, denn es sind einige der fortschrittlichsten Hilfsmittel in unserer Galaxie und sogar im gesamten Universum. Die Arcturianer stellen, wie ich schon so oft betont habe, unser zukünftiges Selbst und unseren göttlichen Prototypen dar. Sie sind die wundervollsten und liebevollsten Wesen, die man sich vorstellen kann. Rufe sie an und knüpfe ein Band der Freundschaft mit ihnen, und lasse dir von ihnen auf deinem Weg des Aufstiegs helfen.

Das Prana-Wind-Reinigungsgerät kannst du übrigens auch so weit ausdehnen, dass es einen großen Raum oder ein Auditorium ausfüllt, oder du lässt es so klein werden, dass es in jedes Chakra hineinpasst. Bitte darum, dass es in jedem einzelnen deiner Chakren platziert werden soll, um dort alle Abschnitte zu öffnen. Jedes Chakra besteht aus sieben Ebenen und drei Abschnitten. Der innerste Abschnitt wird geöffnet, um die Vergangenheit und Gegenwart zu umfassen und die Illusionen der Vergangenheit loszulassen. Dies trägt dazu bei, Herz, Wille, Verstand und das Göttliche zu vereinen. Während in jedem Chakra die einzelnen Abschnitte geöffnet werden, erreichst du im Zentrum deines Selbst einen Punkt der Stille - frei von allen negativen Überresten, frei von Trennung und von allen Vorurteilen und falschen Vorstellungen des negativen Egos, was zu einem reinen Sein führen wird.

Erlaube dem Prana-Wind-Reinigungsgerät, innerhalb der Schaltkreise deines Gehirns und deines Verstandes alles Notwendige zu tun, was getan werden muss. Außerdem gibst du Vywamus so die Möglichkeit, eine noch intensivere Neugestaltung deiner Gitterstruktur vorzunehmen. Es ist beinahe so, als würde der Garten deines Selbstes von allem überflüssigen Unkraut befreit. Nach den Worten Djwhal Khuls stellt dieses Instrument den nächsten Schritt nach dem *Matrix-Entfernungsprogramm* dar, welches ich in meinem Buch *Jenseits des Aufstiegs* vorgestellt habe. Es klärt nicht nur die letzten Verschmutzungen und negativen Überreste in unserer Blaupause, sondern hilft auch dabei, die neuen Energien zu verankern. Uns allen ist bewusst, woher der Wind auf unserem Planeten weht. Durch diese arcturianische Technologie erleben wir die Winde des Lichts, die unsere Körper mit neuen Energien durchziehen. Arbeite damit und verwende die Dinge, die ich hier und in meinen anderen Büchern erwähne. Sie gehören zu den führenden und fortgeschrittensten Techniken für spirituelles Wachstum auf diesem Planeten. In dieser so außergewöhnlichen Entwicklungsphase der Erde wurden sie uns durch die Gnade von Melchizedek, Lord Sirius in der Großen Weißen Loge, Lord Arcturus, Sanat Kumara, Lord Buddha, Lord Maitreya, Lord Metatron,

Erzengel Michael, Meister Kuthumi, Djwhal Khul, dem Ashtar-Kommando, Allah Gobi, dem Maha Chohan, El Morya, Serapis Bey, Paul, dem Venezianer, Hilarion, Sananda und Saint Germain zur Verfügung gestellt. Diese Aufstiegsinstrumente und Technologien sind wirklich der „Express-Weg zur Gottes-Verwirklichung", wie Paramahansa Yogananda es einmal so treffend beschrieb. Sie wurden der Erde noch nie zuvor enthüllt und sind Ausdruck einer neuen Dispensation in dieser wunderbaren Phase der Geschichte der Erde.

Falsche Vorstellungen über den Aufstieg

Ich begegne in meiner Arbeit vielen Lichtarbeitern der unterschiedlichsten spirituellen Gruppen, was für mich immer sehr interessant ist. An dieser Stelle möchte ich nun die Antworten der Meister auf meine Fragen bezüglich einiger Praktiken dieser Gruppen wiedergeben. Es gibt viele Gruppen auf diesem Planeten, die Einweihungen unterschiedlichster Art vornehmen, manche davon sogar Einweihungen für den Aufstieg. Doch um etwas klarzustellen, niemand auf dieser Erde kann dir eine Einweihung geben, außer Lord Maitreya, Lord Buddha, Sanat Kumara und Melchizedek; nicht einmal El Morya, Kuthumi, Djwhal Khul, Sananda oder Saint Germain können dies tun. Die Chohans der sieben Strahlen berichten Lord Maitreya, Lord Buddha, Sanat Kumara und Melchizedek, wenn ihrer Meinung nach ein Schüler oder Eingeweihter für die nächste Einweihung bereit ist, aber nur diese vier können eine Einweihung tatsächlich vollziehen. Sollte irgendjemand also behaupten, dir eine Einweihung geben zu wollen, ist dies lediglich eine Illusion und eine Manifestation des negativen Egos. Melchizedek erklärte mir auch, dass alle Einweihungen in seinen Orden in Wahrheit Selbsteinweihungen sind. Sie werden allen gewährt, die in ihrer Meditation um die Einweihung in den Orden von Melchizedek bitten. Du brauchst also niemanden außerhalb von dir, um dies zu tun.

In manchen Gruppen (obwohl das alles wirklich äußerst liebenswerte Leute sind) wird allen Ernstes behauptet, dass dort jemand nach einer viertelstündigen Zeremonie eine Aufstiegseinweihung erhalten kann. Ich fragte die Meister danach und erhielt die Antwort, dass dies eine Illusion sei. Zurzeit geben nur Buddha und Melchizedek echte Aufstiegseinweihungen. Diese Missverständnisse entstehen auf einer sprachlichen Ebene. Aufzusteigen bedeutet nicht nur, zu der Tatsache erweckt zu werden, dass man das ewige Selbst ist. Aufstieg heißt nicht nur, zu erwachen. Der Aufstieg geschieht, wenn Lord Buddha und/oder Lord Melchizedek ihr Zepter der Einweihung in deinem Wesen platzieren und dich vollständig in deine sechste Einweihung einweihen. Erst wenn du die sechste Einweihung genommen hast, bist du berechtigt, dich als Aufgestiegenen Meister zu bezeichnen.

Diese anderen Einweihungen sind zwar hübsche Zeremonien, bedeuten aber letzten Endes gar nichts. Es geschieht nichts weiter, als dass du eine gewisse Menge *Shaktipat* (Energie) von einem spirituellen Lehrer erhältst, der ein bisschen weiter entwickelt ist als du. Ich habe mich nach dem Grad der Einweihung dieser spirituellen Lehrer erkundigt, die solche Einweihungen vornehmen, und sie haben selbst noch nicht einmal ihre sechste Einweihung genommen. Trotzdem nehmen sie sich heraus, den Menschen zu sagen, dass sie nach einer kurzen und schmerzlosen Zeremonie bereits aufgestiegen seien. Es wird dabei zwar kein Schaden angerichtet und die meisten dieser spirituellen Lehrer sind wirklich liebenswert, aber die Vorstellung, dass sie anderen eine Aufstiegseinweihung geben können, ist eine absolute Illusion. Wollte ich das Ganze in der positivsten Art und Weise ausdrücken, die mir möglich ist (was ich auch tun möchte), dann würde ich sagen, dass sie so etwas wie Voreinweihungen geben.

Liebe Mitschüler und Eingeweihte, lasst euch hier nicht von eurem negativen Ego verleiten, zu meinen, dass ihr in einer fünfzehnminütigen Zeremonie eine Einweihung für den Aufstieg bekommen könnt. Das ist eine Illusion, und ihr werdet von eurem Ego dazu verleitet, wenn ihr daran glaubt. Ich habe mir die Lehren dieser Gruppen und ihrer Führer angeschaut und ich werde euch jetzt erklären, wodurch die Verwirrung entsteht. Erstens, ist der wahre Aufstieg mehr als nur ein Erwachen. Zweitens (und äußerst wichtig), kommt die Tatsache hinzu, dass es stimmt, dass jeder Mensch das Ewige Selbst ist und der „Sündenfall" in Wahrheit nie geschah. Wir dachten einfach nur, dass es so war.

In diesem Zusammenhang muss auf spiritueller Ebene niemand etwas tun, um seine Göttlichkeit zu erreichen, denn wir sind bereits Gott, wir waren es und werden es immer sein. Die Verwirrung oder das Missverständnis ist, dass – obwohl es auf der spirituellen Ebene wahr ist – dies eben nicht bedeutet, dass man es innerhalb der Evolution der eigenen Seele verstanden und verwirklicht hat. Diese Erleuchtung ist eine mentale Erleuchtung, was an sich gut ist. Allerdings ist es keine vollständige Erleuchtung auf seelischer, mentaler, emotionaler und physischer Ebene in dem Sinne, dass man diese Wahrheit verwirklicht hätte. Es genügt nicht, sie einfach nur zu denken. Man muss sie auf der irdischen Ebene demonstrieren, um sie zu verwirklichen. Für den Abschluss der planetaren Ebene müssen sieben Einweihungen vollzogen werden, um den Aufstieg zu erreichen; auf kosmischer Ebene sind es 352 Einweihungen für den kosmischen Aufstieg. Allein die Erkenntnis, das Ewige Selbst zu sein, so wie alle anderen auch, wird für dich so gut wie gar nichts dazu beitragen, diese Einweihungen zu bestehen.

Solche Gruppen befinden sich in dem Irrglauben, dass allein das Erwachen zu seiner Identität als dem Ewigen Selbst den Anspruch erfüllt, ein Aufgestiegener Meister zu sein. Ein Meister zu sein bedeutet viel mehr, als nur diese Erkenntnis zu erlangen und eine kurze Shaktipat-Zeremonie zu durchlaufen. Sich selbst als Aufgestiegenen Meister zu bezeichnen, bevor man auf legitime Weise seinen Aufstieg erreicht hat, ist nur eine Manifestation von Verblendung, Illusion und Maya. Im Kern (ohne ihnen etwas Schlechtes zu wollen) haben diese Bewegungen einfach eine falsche Vorstellung davon, was Aufstieg wirklich heißt. Das ist nichts, was man wahllos irgendwelchen Leuten geben kann, die zuerst ein Seminar von zwei Stunden und dann eine kleine Zeremonie durchlaufen. Es bedeutet mehr als nur die Einheit mit allem zu erkennen, was ist.

Um wirklich deinen Aufstieg zu erreichen, musst du mindestens 50 % des Karmas deiner gesamten Seelengruppe ausgleichen. Du musst einen Lichtquotienten von 80 bis 83 % in der Aura stabilisieren können. Einer der Chohans der sieben Strahlen muss entscheiden, dass du soweit bist. Du musst dein 16. Chakra in deinem Kronenzentrum, und deine Seele und Monade vollständig in deinem Vier-Körper-System verankern. Dies alles wird schrittweise im Laufe der Zeit erreicht, und nicht etwa, weil irgendein spiritueller Lehrer behauptet, dass es so ist – egal, wie wohlmeinend oder liebevoll er ist. Nur weil spirituelle Lehrer besonders liebevoll sind, heißt das nicht, dass die Inhalte, die sie vermitteln, vollkommen klar sein müssen.

Auch die Vorstellung, spirituelle Praktiken (Sadhana) seien nicht notwendig, was häufig in solchen Gruppen geglaubt wird, ist ein weiteres Warnsignal, dass hier ein falsches Denken und das negative Ego von dem entsprechenden spirituellen Lehrer Besitz ergriffen haben. Der Glaube, Gebete, Mantren oder das Denken seien eine Form der Trennung, ist ebenfalls eine Illusion. Wenn du mir nicht glaubst, dann betrachte die Lehren von Sai Baba, dem höchsten spirituellen Wesen hier auf Erden, einem universalen Avatar.

Das bringt mich zu unserem nächsten Punkt, dem Begriff *Avatar*. In seiner wahren Bedeutung bezeichnet er jemanden, der bei seiner Geburt bereits gottverwirklicht ist. Ich weiß nur von zwei Avataren hier auf Erden: Sai Baba und Lord Maitreya. Die Vorstellung, dass sich alle Menschen auf der gleichen Stufe der Gottes-Verwirklichung befinden, ist eine Illusion. Jeder Mensch ist das Ewige Selbst, aber nicht jeder befindet sich auf der gleichen Stufe der Verwirklichung dieser Wahrheit. Aus diesem Grunde ist es eine Illusion, wenn man Vorträge hält und den Menschen erklärt, sie seien aufgestiegen. Ich wiederhole mich hier gerne, wenn ich sage, dass man in diesen Gruppen wirklich die liebenswürdigsten Leute kennen lernt, die es gibt, und ich bin stolz darauf, mit vielen von ihnen befreundet zu sein. Aus der Sicht der Aufgestiegenen Meister ist es allerdings ein Missverständnis, vom Aufstieg zu sprechen, wenn es darum geht, was diese Leute tun.

Diese Erläuterung verfolgt nicht den Zweck, irgendjemand zu verurteilen. Es geht hier um die Notwendigkeit, das Verständnis des Aufstiegs auf ein viel höheres Niveau zu bringen. Das Ego sucht immer nach einfachen Wegen, um sich gut zu fühlen. An sich ist an solch einem Verhalten nichts Falsches, aber du solltest sicherstellen, dass es sich in diesen Fällen um die Wahrheit und nicht um eine Illusion handelt. Ein anderer Irrtum beinhaltet die Vorstellung, dass es bis zum Jahr 2000 einen Polsprung geben wird. Auch das ist eine Illusion. Vor 50 Jahren bestand tatsächlich noch die Möglichkeit für ein solches Ereignis, doch das ist jetzt nicht mehr der Fall. Die Erde und die Menschheit haben in den letzten dreißig oder vierzig Jahren eine so erstaunliche Transformation erlebt, wodurch alle einst von Sehern wie Edgar Cayce und anderen prophezeiten Katastrophen inzwischen überholt sind und alles nur noch als ein Akt der Gnade geschieht und nicht mehr aus karmischen Gründen. Niemand, der an solche Dinge glaubt, soll hier verurteilt oder angeklagt werden. Ich selbst bin den meisten dieser falschen Theorien zu dem einen oder anderen Zeitpunkt auf den Leim gegangen. Achte deshalb mehr als alles andere auf die Wahrheit. Folge nicht blind den Lehren irgendeines spirituellen Lehrers. Eine der wichtigsten Lektionen für die Lichtarbeiter dieses Planeten ist die Entwicklung ihrer spirituellen Unterscheidungskraft. Ich habe hier viele der falschen Vorstellungen aufgezeigt, die von einigen Organisationen und ihren Lehrern in heutiger Zeit verbreitet werden. Es ist allerdings ebenso wichtig, zu erwähnen, dass dort auch viele Wahrheiten und wundervolle Lehren vermittelt werden. Es ist also nicht nötig, das Kind mit dem Bade auszuschütten. Nutze deine Unterscheidungskraft und akzeptiere nur, was wahr ist, und lass alles beiseite, was nicht wahr ist. Für die Lichtarbeiter ist es an der Zeit, alle noch vorhandenen Guru-

Devotee-Beziehungen loszulassen, denn das Ende aller Abhängigkeiten ist ein Aspekt des Ausklangs des Fische-Zeitalters. Jetzt ist für alle der Zeitpunkt gekommen, ihre Macht anzunehmen und doch zugleich auch weiterhin spirituelle Lehrer zu haben, ohne jedoch ihre Macht abzugeben.

Auch das Weltbild, welches darauf basiert, dass man keinerlei Weltbild benötigt und außerdem nichts tun muss, um seine Gottes-Verwirklichung zu erreichen, da man bereits Gott ist, beruht auf einer gefährlichen Denkweise, die in extremer Weise vom negativen Ego beeinflusst ist. Das ist etwas, was man vielleicht als Halbwahrheit bezeichnen könnte. Sei wachsam, was solche Inhalte angeht. Spirituelle Lehrer, die solche Ideen verbreiten, meinen es gut, sind sich aber ihres Mangels an Verständnis und Integration nicht bewusst. Alle Lichtarbeiter dieser Erde sind daher zu noch mehr spiritueller Urteils- und Unterscheidungsfähigkeit aufgefordert. Habe den Mut, in diesem Zusammenhang eigene Fehler einzugestehen, denn alles ist bereits vergeben. Verwende sie als einen Katalysator, der dich einen Schritt weiterbringt. Solltest du jedoch an solchen Vorstellungen festhalten, wirst du deinen wahren Aufstiegsprozess behindern. Betrachte diese unterschiedlichen Gruppen als Sprungbrett, welches dich zur nächsten Offenbarung auf deinem spirituellen Entwicklungsweg führt. Es sind keine schlechten Erfahrungen, denn das Leben kennt keine schlechten Erfahrungen. Jede Erfahrung hat ihr Gutes, denn wir lernen aus allem. Vertraue der inneren Führung durch deine Seele und deine mächtige ICH BIN - Gegenwart, die dir sagen, ob die Gruppen oder Lehrer, mit denen du zu tun hast, die ganze Wahrheit vermitteln. Vermeide es, irgendeinem spirituellen Lehrer blind zu folgen, mich selbst eingeschlossen. Niemand kann Gott näher sein als dein eigenes Herz. Vertraue deiner Intuition, deinem Unterscheidungsvermögen und deinem Instinkt in Bezug auf das, was ich oder andere spirituelle Lehrer dir sagen. Suche nicht nach perfekten spirituellen Lehrern – es gibt keine. Suche nach solchen, die so klar wie möglich sind. Das Stichwort hierzu lautet: „Integration." Versichere dich, dass sie über integrierte Lehren und Anschauungen verfügen und die Dinge nicht nur von der spirituellen Ebene aus betrachten, wie es bei so vielen der östlichen Traditionen vorkommen kann.

Wenn du den wahren Grad deiner Einweihung innerhalb des Systems der sieben Ebenen der Einweihung wissen möchtest und es bis jetzt nicht selbst herausfinden konntest, dann setze dich mit der I AM University in Verbindung. Wir werden es herausfinden oder dich mit den richtigen Leuten zusammenbringen, die klare Kanäle für die Aufgestiegenen Meister sind und es dir sagen können. Sei mutig genug, um nach der Wahrheit zu suchen, anstatt lediglich eine schnelle Befriedigung erleben zu wollen. Das ist für uns alle eine schwierige Aufgabe. Ich selbst habe mich jahrelang in den unterschiedlichsten Lehren und Theorien verloren, bemühe mich jetzt aber zunehmend um mehr Klarheit, Vervollkommnung und Unterscheidungsfähigkeit. Das ultimative Ziel ist, in der Lage zu sein, durch das gesamte Prisma zu sehen und nicht durch die unendliche Zahl von Brechungen des Prismas.

Eine weitere falsche Vorstellung in vielen dieser Lehren besagt, dass das Ziel im Leben darin besteht, alle Gedanken loszulassen. Das ist nicht wahr. Man muss nicht zuerst alle Gedanken loslassen, bevor man das Göttliche verwirklichen kann. Loslassen musst du das Denken des negativen Egos, nicht das Denken des Christusbewusstseins. Die fernöstlichen Religionen tendieren leider häufig dazu, gegen das Denken gerichtet zu sein. Wie Sai Baba sagt: „Es ist dein Bewusstsein, das deine Anhaftungen erzeugt, und es ist dein Bewusstsein, das dich davon befreit." Versuche nicht, dich von deinem Verstand zu befreien. Versuche, alle Gedanken des negativen Egos und alles, was auf Angst und Trennung in deinem Bewusstsein basiert, loszulassen. Häufig kann man bei spirituellen Lehrern beobachten, dass sie sich für weiter entwickelt halten, als sie in Wirklichkeit sind. Kein spiritueller Lehrer, ausgenommen Sai Baba und Lord Maitreya, ist in seiner Entwicklung bereits über die siebte Einweihung (von 352) hinaus. Die meisten derjenigen, die sich für sehr weit entwickelt halten, haben dagegen nicht mehr als die dritte, vierte oder fünfte Einweihung erhalten, was auch für die Gruppen gilt, die ich zuvor erwähnte, ohne hier irgendwelche Namen nennen zu wollen.

Ich habe nicht die Absicht, jemanden in Verlegenheit zu bringen oder zu kritisieren. Ich möchte nur den Schülern und Eingeweihten der Erde dabei helfen, sich von der Illusion des negativen Egos zu befreien. Das negative Ego kann unglaublich raffiniert sein und hat alle Aspekte der Wirklichkeit infiltriert, die esoterische Bewegung inbegriffen. Aus diesem Grund ist unsere spirituelle Unterscheidungskraft die vielleicht wichtigste Christus/Buddha-Qualität, die wir entwickeln müssen. In gleicher Weise ist der Glaube, dass wir mit Gott auf einer Stufe stehen, eine weitere irreführende Behauptung auf diesem Pfad und die höchste Form des Egoismus. Wir können eins mit Gott sein, aber wir stehen keinesfalls auf einer Stufe mit Ihm, denn Er hat uns erschaffen und nicht wir ihn. In einem spirituellen Sinne sind wir eins mit unseren Brüdern und Schwestern, aber nicht gleich mit Gott.

Ebenso ist der Gedanke, dass Beten Trennung verursacht, eine falsche Behauptung des negativen Egos. Angesichts der Tatsache, dass niemand auf dieser Erde außer Sai Baba und Lord Maitreya mehr als nur ein Zehntel des gesamten spirituellen Pfades hinter sich hat, ist die Behauptung, dass Gebete eine Form der Trennung seien, eine Tarnung, hinter der sich das negative Ego verbirgt. Gebete sind eine Form, um Trennung zu heilen und die durch die fehlende Gottes-Verwirklichung entstandene Kluft zu verringern. Wenn dir jemand auf Grund solcher Vorstellungen nicht erlaubt, zu beten, bedeutet das geradezu, dass er die Macht Gottes und der Aufgestiegenen Meister zurückweist, dir helfen zu können. Es ist den Meistern nicht erlaubt, Fragen zu beantworten oder helfend einzugreifen, solange sie nicht darum gebeten werden. Beten heißt bitten. Bitte, und du wirst empfangen. All das zeigt, wie sehr das negative Ego und die Kräfte der Illusion die Glaubenssysteme von Führern großer Bewegungen vereinnahmen können. Diese Führer sind der Meinung, dass sie bereits alles vollständig abgeschlossen haben und von der 352. Stufe aus agieren, während sie sich in Wirklichkeit auf den Stufen 3 bis 5 befinden.

Lichtarbeiter lassen sich im Grunde zu tausenden auf solche Ego-Trips ein. Heißt es nicht in der Bibel, es werde einst viele falsche Propheten und Lehren geben? Nur weil jemand behauptet, ein Meister zu sein, macht ihn das noch nicht zu einem. In der Regel werden jene, die darauf angewiesen sind, das von sich zu behaupten und sich dazu noch einen ausgefallenen Namen geben, keine Meister sein. Gleichgültig wie liebenswürdig jemand auftritt oder behauptet zu sein - du darfst auf keinen Fall alles unwidersprochen annehmen, was er lehrt. Nur weil ein spiritueller Lehrer liebenswert ist, heißt das nicht, dass er seinen Mentalkörper oder sein geistiges Verständnis auch nur im Geringsten entwickelt hätte. Deshalb muss dir Folgendes klar sein: Wir alle sind auf spiritueller Ebene gleich, doch haben wir dieses Ideal nicht alle im gleichen Maße verwirklicht. Buddha und Melchizedek befinden sich auf einer ungleich höheren Stufe der Gottes-Verwirklichung. Dies ist der Einweihungsprozess. Die spirituellen Gruppen, auf die ich mich hier beziehe, besitzen in Bezug auf den Prozess der Verwirklichung weder das nötige Verständnis noch das Wissen, wie er funktioniert.

Eine andere verbreitete Annahme besagt, dass es nichts zu klären oder zu bereinigen gibt, da wir alle bereits die ewige Seele und der Christus sind. Das stimmt zwar, bedeutet aber keinesfalls, dass du nichts zu klären hättest. Denn auch wenn du diese Tatsache für dich in Anspruch genommen hast, gilt das nicht in gleicher Weise für dein Vier-Körper-System. Du könntest beispielsweise noch voller außerirdischer Implantate sein, die nie entfernt wurden. Vielleicht wirst du noch vom Denken deines negativen Egos belastet und weißt nichts davon. Vielleicht hast du Toxine in deinem physischen Körper. Vielleicht befinden sich noch elementare Ängste in deinem Emotionalkörper. Wer an solche Vorstellungen glaubt, verweigert sich der Realität. Und wie sehr du auch an solchen Vorstellungen festhalten magst, sie werden dadurch nicht wahrer werden. Die Mitglieder solcher Gruppen glauben auf Anleitung ihrer Lehrer daran, dass sie auf dem spirituellen Pfad nichts tun müssen, sondern alles einfach geschehen lassen können. Auch das ist eine Irreführung durch das negative Ego. Es gibt eine Zeit, um zu arbeiten, und eine Zeit, um zu spielen. Der Weg zur wahren Gottes-Erkenntnis ist lang und beinhaltet viel Arbeit. Wer an etwas anderes glaubt, hat eine falsche Auffassung der Dinge. Es ist richtig, dass man nicht zu viel tun und die Dinge auf dem spirituellen Pfad nicht zu ernst nehmen sollte, aber die Vorstellung, gar nichts tun zu müssen, ist einfach grotesk.

Ein weiterer Irrglaube des fernöstlichen Pfades besagt, dass du nach dem Nichts streben sollst. In der Meditation geht es dann darum, Freiheit von seinen Gedanken und das Erreichen des Nichts anzustreben. Die Aufgestiegenen Meister lehren etwas anderes. Wie das alte Sprichwort sagt: „Kämpfe für deine Begrenzungen und sie sind dein." Es ist nichts daran auszusetzen, wenn du gelegentlich über das Nichts meditierst, aber das sollte man nicht ständig tun, wie es vorgeschrieben wird. Mit Meditationen ausgeglichener umzugehen bedeutet, die unterschiedlichsten Meditationsformen zu verwenden: Meditationen für den Aufbau des Lichtquotienten oder für Gespräche mit den Meistern auf den Inneren Ebenen, zur Lichtaktivierung, solche, bei denen Mantren verwendet werden oder Channelings, automatisches Schreiben, das Matrix-Entfernungs-Programm und die Reinigungstechniken. Ich frage euch, meine Freunde, was ist euch lieber: „Nichts" oder eine vielfältige Kombination unterschiedlicher Meditationen? Werdet euch bewusst, dass selbst die am weitesten entwickelten spirituellen Lehrer dieses Planeten mit ihren vielen Anhängern all diesen unterschiedlichen Missverständnissen unterliegen. Das betrifft sogar Lehrer, die bereits den Aufstieg erreicht haben. Aufzusteigen bedeutet nicht, dass man automatisch eine absolut klare Philosophie zur Verfügung hat.

Ein anderes Missverständnis ist in diesem Zusammenhang die Vorstellung, dass der Aufstieg in dem Moment geschieht, wenn der Körper in Licht verwandelt wird. Das ist keine gute Definition, denn viele haben ihren Aufstieg erreicht, ohne dass dies geschehen ist. Der Aufstieg ist die vollständige Integration und Vereinigung mit der Seele und Monade innerhalb des Vier-Körper-Systems. Eine genauere

Definition lautet natürlich, dass es in dem Moment geschieht, wenn du das Zepter der Einweihung von Buddha, dem Planetaren Logos, oder Melchizedek, dem Universalen Logos, erhältst. Nach der sechsten Einweihung ist man ja noch kein vollständig verwirklichter Meister. Man könnte diesen Zustand eher als „Kindergarten"- Aufgestiegener Meister bezeichnen. Dein Aufstieg ist jedenfalls nicht wirklich vollendet, bis du nicht die siebte Einweihung genommen und abgeschlossen hast, indem du deine 50 Chakren aktivierst und integrierst, deinen Lichtquotienten bei 99 % stabilisierst und deine 144 Seelenausdehnungen integriert und geklärt hast.

Deshalb ist es absurd, wenn man Leute sieht, die sich Aufgestiegene Meister nennen und in Wahrheit vielleicht nur die dritte oder vierte Einweihung erreicht haben. Das Ego hat hier einen Weg gefunden, um sich über die Ebene hinaus aufzublähen, welche die betroffene Person eigentlich erreicht hat. Wir alle haben davon gehört, wie gefährlich es ist, nur einen Teil der Wahrheit zu kennen. Genau das geschieht, wenn spirituelle Lehrer, die noch nicht sehr weit entwickelt sind, zu Weltenlehrern werden, bevor sie sich über diese Dinge im Klaren sind. Diese Lehrer besitzen gut entwickelte Führungsqualitäten, was an sich positiv ist, aber sie lassen eine wirkliche spirituelle Klarheit und die Angebundenheit an die Meister vermissen. Hier gibt es prinzipiell keinen Unterschied zu den religiösen Führern dieser Welt, die von sich glauben, die am weitesten entwickelten spirituellen Führer auf dem Planeten zu sein, dabei aber weder etwas von dem verstehen, was ich hier beschreibe noch von den Aufgestiegenen Meistern. Der Punkt, den man erreichen muss, um den physischen Körper in Licht zu verwandeln, kommt in der gegenwärtigen Phase der Erde erst lange nach dem Aufstieg. Dies wird erst dann möglich, wenn man über die fünfte Dimension hinaus die zwölfdimensionale (oder universale) Ebene integriert hat. So hat Melchizedek es uns erklärt.

Es muss daher klar sein, dass alle ihren Aufstieg erreichen können, ohne dabei den Körper in Licht zu verwandeln. Dies ist die Fähigkeit eines höher entwickelten Meisters, die nicht von allen, die den Aufstieg erreichen, entwickelt werden wird. Manche entscheiden sich dafür, ihren physischen Körper mit dem Tod loszulassen, werden ihren Aufstieg aber in jedem Fall erreicht haben. Ein weiteres, in vielen dieser Gruppen existierende Missverständnis besagt, dass man nichts anderes tun muss, als ein „Beobachter" zu sein. Zu einem Beobachter zu werden ist sicher etwas Positives, doch das allein kann und wird nicht alle deine Probleme lösen. Du kennst sicher den Ausdruck, „Selig sind die Unwissenden." Es gibt Menschen, die zwar bereits Beobachter sind, aber keine persönliche Kraft besitzen. Die persönliche Kraft muss mit dem Bewusstsein des Beobachters verbunden werden; man muss ein Gleichgewicht zwischen dem Beobachter und seinem mentalen und physischen Handeln finden. Das bedeutet, dass man keinem Gedanken mehr den Zutritt zu seinem Bewusstsein erlaubt, der nicht göttlichen Ursprungs ist. Außerdem kann ein Mensch ein Beobachter und dennoch ein Opfer sein, wenn er nicht handelt. Das ist mit dem nächsten Missverständnis verknüpft, nämlich der Vorstellung, dass das Höhere Selbst alles durch dich tun wird. Dieses Missverständnis entsteht durch die mangelnde Integration der drei Bewusstseinsebenen. Jede Ebene muss die ihr zugewiesene Rolle spielen. Das Höhere Selbst hat seinen Part, das Mittlere Selbst (in Verbindung mit der persönlichen Kraft) besitzt seine Aufgaben, und das Niedere Selbst muss seinen Part erfüllen. Auch der Glaube, dass dein Höheres Selbst alles durch dich tun muss, ohne dass du auf der bewussten Ebene deinen Beitrag dazu leistest, ist eine Täuschung. Erinnere dich an den Ausdruck, „Hilf dir selbst, dann hilft dir Gott." Gott, deine persönliche Kraft und die Kraft deines Unterbewusstseins sind ein unschlagbares Team.

Es ist richtig, am ultimativen spirituellen Ideal festzuhalten, dass man das Ewige Selbst und physisch unsterblich ist und Krankheit und Tod Illusion sind. Trotzdem musst du erkennen, dass sich solche Dinge nicht verwirklichen lassen, nur weil du sie denkst. Verwirklicht werden sie durch den Prozess der Einweihung, den Aufbau des Lichtquotienten und die Verankerung und Aktivierung von Chakren, Körpern, Dimensionen und Liebe. Das sind die Mechanismen und Voraussetzungen, die dem Aufstieg zugrunde liegen. Halte also in jedem Fall an deinen hohen geistigen Idealen fest, aber sei realistisch in Bezug auf den Stand deiner Entwicklung. Niemand auf diesem Planeten kann, unabhängig davon, wer sein spiritueller Lehrer ist, welchem Pfad er folgt oder welcher Mysterienschule er angehört, dem Prozess der Einweihung entkommen. Dieser Prozess wurde der Erde durch Sanat Kumara und die Aufgestiegenen Meister gegeben. Nur weil jemand behauptet, sich auf einer bestimmten Stufe zu befinden, wird daraus noch keine Wahrheit. Lass dich nicht von den Egos anderer Leute oder von denen täuschen, die von sich behaupten, mehr zu sein als das, was sie sind, und einen spirituellen Segen erteilen, der ihnen gar nicht zusteht. Lass dich nicht von unzulänglichen Lehren in die Irre führen, die nicht in aller Klarheit vermitteln, was der Aufstieg bedeutet.

Ein weiteres Missverständnis betrifft das Thema der Aufstiegswellen. Es gibt nicht lediglich nur drei solcher Wellen. Wir bewegen uns momentan mit einer derart hohen Geschwindigkeit, dass es zwischen 1995 und dem Jahr 2000 (dem Fenster des Massenaufstiegs für diesen Planeten) nahezu drei Wellen pro Jahr geben wird. Die erste Welle ereignete sich während des Wesak-Festes 1995; genau ein Jahr später folgten dann zwei weitere Wellen. Nach dem Jahr 2000 werden die Aufstiegswellen dann in zunehmenden Maße bis 2012 (dem Ende des Maya-Kalenders) und weiter in das Goldene Zeitalter hinein auftreten und um das Jahr 2028 herum beginnen auszulaufen.

Dieser Prozess wird in Wahrheit so lange dauern, bis alle Menschen auf diesem Planeten dieses ultimative spirituelle Ziel erreicht haben werden. An dieser Stelle will ich noch einmal darauf hinweisen, dass die wahre Befreiung vom Rad der Wiedergeburt erst dann erfolgt, wenn man zumindest den Anfang der siebten Einweihung genommen hat. Viele, die von sich behaupten, Aufgestiegene Meister zu sein, sind in Wahrheit weder aufgestiegen noch vom Rad der Wiedergeburt befreit. Unter diesen Aufstiegswellen ist keine besser als die andere, denn alle Menschen entwickeln sich innerhalb ihres eigenen göttlichen Zeitplans. Hier geht es nicht um ein Wettrennen oder einen Wettbewerb. Die

Lichtarbeiter müssen sich verstärkt darüber informieren, worum es beim Aufstieg wirklich geht, damit sie sich nicht in vereinfachenden Missverständnissen verfangen.

Eine weitere notwendige Erkenntnis betrifft die Tatsache, dass man innerhalb seines Aufstiegsprozesses nicht länger mit dem Höheren Selbst zu tun hat. Mit der vierten Einweihung erhält man andere spirituelle Lehrer und arbeitet nicht länger mit seinem Höheren Selbst (oder Seele), sondern mit seiner Monade (oder mächtigen ICH BIN - Gegenwart). Die Vereinigung mit dem Höheren Selbst geschieht bei der dritten Einweihung, daher der Name Seelenverschmelzung. Der Aufstieg ist die Vereinigung mit der Monade, was, wie gesagt, erst vollständig erreicht wird, wenn alle sieben Stufen der Einweihung abgeschlossen sind und ein Lichtquotient von 99 % erreicht ist. Wer diese Stufe erreicht, hat erst ein Zehntel seines spirituellen Pfades hinter sich. Das ist der Grund, warum einige Behauptungen von bestimmten spirituellen Lehrern so absurd sind. Selbst wenn wir unseren Aufstieg vollständig verwirklicht haben, *beginnen* wir in Wahrheit erst mit unserem wahren spirituellen Weg. Etwas Gutes lässt sich über diese Gruppen allerdings sagen: Obwohl es enorme Missverständnisse und falsche Vorstellungen über den Pfad des Aufstiegs gibt, haben sie dazu beigetragen, dass man begann, sich für den Aufstieg zu interessieren und damit zu befassen. Jetzt besteht der nächste Schritt darin, das zu klären und zu verbessern, was an Grundlagen geschaffen wurde.

Gelübde und Eid für ein Leben in Harmonie

Djwhal Khul hat in seinen Unterweisungen angeregt, dass jeder Mensch einen persönlichen Eid oder ein Gelübde gegenüber seinem Selbst, Gott, den Aufgestiegenen Meistern und der Menschheit ablegen sollte. Gelobe und schwöre aus dem tiefsten Inneren deines Wesens, dass du für immer in Harmonie, Liebe und Frieden leben willst, anstatt in Angst, Konflikten und mit einer Angriffshaltung. Dieses Gelübde muss zur absoluten

Grundlage deines Lebens werden, ohne dass du jemals von diesem Weg abweichst. Man musst geloben, sein Bewusstsein ständig im Licht halten zu wollen. Dieses Gelöbnis muss mit der ganzen Kraft der Energie des ersten Strahls (dem Strahl des göttlichen Willens) geleistet werden, ebenso mit der vollständigen Kraft des Archetyps des Spirituellen Kriegers (Shiva-Energie).

Sobald dieses Gelöbnis abgelegt wurde, endet alle Wahl oder Dualität in deinem Leben. Gott, Liebe, Vergebung, Frieden und Harmonie sind alles, was existiert, denn dieser Eid richtet dein Bewusstsein von nun an mit allergrößter Wachsamkeit darauf. Nachsichtigkeit gegenüber dem negativen Ego und Konflikte stellen nicht länger eine Möglichkeit dar, die manifestiert werden darf. Diese psychisch-spirituelle Verpflichtung ist von wesentlicher Bedeutung für die Arbeit mit den Technologien der Arcturianer und der Aufgestiegenen Meister.

Wird dieser Eid nicht geleistet (der im Kern bedeutet, sich für Gott und gegen das negative Ego zu entscheiden), wird das Bewusstsein des negativen Egos all die negativen Energien immer wieder aufs Neue erschaffen. Auf diese Weise wirst du dich mit Symptomen auseinandersetzen, anstatt mit den Ursachen. Unser Bewusstsein ist die Ursache unserer Wirklichkeit. Gelobe nun diesen ultimativen Eid des Friedens und der Harmonie und verbanne alle Entscheidungsfreiheit aus deinem Leben. Nichts wird dich stärker auf deinem spirituellen Pfad und deinem Pfad des Aufstiegs weiterbringen, als diesen Eid abzulegen und diese Verpflichtung einzugehen. Außerdem wird dein Leben sehr viel einfacher werden, denn hast du diese eine Entscheidung getroffen, sind alle künftigen Entscheidungen in Wahrheit bereits erfolgt.

Das Hervortreten der Hierarchie

Vor kurzem sprach Djwhal Khul darüber, dass das, was wir als Spirituelle Hierarchie der Inneren Ebenen ansehen, in wenigen Jahren auf der irdischen Ebene vollständig manifest und sichtbar sein wird. Dadurch wird es keine Trennung mehr zwischen Innerem und Äußerem, oder dem vierten Königreich (die Menschheit) und der fünften Dimension (die Spirituelle Hierarchie) geben. Dies geschieht, weil die dritte Dimension jetzt auf die Ebene der fünften Dimension angehoben wird. Die Erde hat ihre sechste Einweihung genommen und die Menschheit nimmt zum ersten Mal den Aufstieg auf einer breiten Basis, bei der Millionen von Lichtarbeitern einen bestimmten Punkt innerhalb ihres Aufstiegsprozesses erreichen werden. Massenaufstiege waren in der Vergangenheit nur einer kleinen Anzahl von Menschen vorbehalten. Es ist das erste Mal in der Geschichte der Erde, dass Millionen Menschen aufsteigen und auf der Erde bleiben, um als Boddhisattvas zu dienen und zu geloben, als befreite Wesen ihren spirituellen Dienst zu leisten. Für die Lichtarbeiter ist es an der Zeit, zu erkennen, dass *wir* das Hervortreten der Hierarchie sind, die jetzt in Erscheinung tritt. Für meine Gruppe und mich besteht die Aufgabe darin, den Ashram von Djwhal Khul, Lord Maitreya und Melchizedek wortwörtlich auf Erden zu manifestieren, so wie er auf den Inneren Ebenen existiert. Das ist der Grund, warum all das Wissen, Licht und die Informationen jetzt auf diese Weise sichtbar werden.

Bis zu diesem Augenblick gab es dafür keine Möglichkeit, da Erde und Menschheit noch nicht weit genug entwickelt waren. Jetzt machen beide einen Quantensprung, um die Trennung zu heilen, die nicht nur zwischen uns und der Spirituellen Hierarchie bestand, sondern auch zwischen all den außerirdischen Gruppen wie den Arcturianern, dem Ashtar-Kommando, den Plejadiern und den vielen weiteren außerirdischen Zivilisationen, die von der Ebene des Christusbewusstseins aus agieren. Wir werden erleben, wie dieses Hervortreten während unseres Lebens in einer sichtbareren Form geschehen wird. Erkennst du die Vision, auf die sich das Goldene Zeitalter dieses Planeten mit Lichtgeschwindigkeit zubewegt? Dies ist das große Werk aller Lichtarbeiter hier auf Erden - das vollständig verwirklichte Hervortreten der Spirituellen Hierarchie zu verkörpern und diese illusionäre und überflüssige Trennung zu heilen.

Der Unterschied zwischen uns und der Spirituellen Hierarchie sowie den Aufgestiegenen Meistern wird sich langsam auflösen. Während wir das mehr und mehr erkennen, beginnen wir, in großer Anzahl ihre Positionen in der Spirituellen Hierarchie einzunehmen, da viele dieser Wesenheiten sich auf ihrem Pfad der kosmischen Evolution an andere Orte in Gottes Universum begeben werden. In dieser Hinsicht ist es für uns alle an der Zeit, das Zepter der Macht, Führerschaft und Liebe an uns zu nehmen.

Als Beispiel dafür mag dienen, wie ich und meine Gruppe die Aufgabe bekommen haben, Djwhal Khuls Ashram der Inneren Ebene im Jahre 2012 zu übernehmen. Obwohl wir diese Aufgabe erst zu diesem Zeitpunkt erhalten werden, werden wir immer noch auf der Erde sein. Dann werden wir das vollständige Zepter der Macht erhalten haben und seinen Ashram auf Erden leiten. (In Wahrheit tun wir das bereits, doch die vollständige Übergabe der Verantwortung findet erst zu diesem Zeitpunkt statt.) Die Abteilung für den zweiten Strahl innerhalb der Spirituellen Regierung wird wortwörtlich auf Erden sichtbar gemacht. Aus diesem Grund bitte ich um die Unterstützung aller Lichtarbeiter, damit sie zu den Wesak-Feiern kommen und die Inhalte meiner Bücher mit ihren Schülern und Freunden teilen. Auf diese Weise können die Lichtarbeiter der Erde zu Teammitgliedern in den Ashrams von Djwhal Khul, Lord Maitreya und Melchizedek werden.

Jeder von uns hat seine Rolle im Ganzen zu spielen und seine Aufgabe als Teammitglied zu erfüllen. Wir alle sind Mitglieder in den Ashrams von Lord Maitreya und Melchizedek, denn in Wahrheit gibt es in diesem Universum nur einen einzigen Ashram – den Ashram Gottes. Lord Maitreya ist für die Ashrams der sieben Strahlen verantwortlich, aus denen sein Ashram besteht. Melchizedek ist für alle Ashrams des gesamten Universums verantwortlich, nicht nur für unseren Planeten.

Zwischen den Ashrams von El Morya, Kuthumi und Djwhal Khul, Paul, dem Venezianer, Serapis Bey, Hilarion, Sananda und Saint Germain gibt keine Trennung; das ist sehr wichtig. Wie schon gesagt, die sieben Ashrams dieser Chohans sind der eine Ashram Lord Maitreyas.

Die sieben Ashrams und Lord Maitreya gehören zu dem einen Ashram des Buddha. Der Ashram Buddhas ist Teil des Ashrams von Helios und Vesta, unserem Solaren Logos, der wiederum Teil des Ashrams von Melchior und dem galaktischen Ashram von Lord Sirius ist, die ihrerseits ein Teil von Melchizedeks Ashram sind. Sie alle sind eins. Das Ego hat hier keinen Einfluss und es gibt keine Trennung zwischen den Ashrams. Jede Art von Wettbewerb oder Trennung unter den sieben großen Ashrams des Christus und den sieben Chohans, zu denen alle Schüler und Eingeweihten gehören, ist daher absurd und ein solches Denken der allergrößte Egoismus. Wir alle gehören zum selben Team. Dies ist mein Aufruf an euch, meine Brüder und Schwestern aus dem einen Ashram des Christus und von Melchizedek, auf dass ihr helft und euren Teil in diesem ganzen Werk erfüllt, was immer es auch sein mag. Dieses Werk wird ohne eure Hilfe nicht vollendet werden können. Dieser Aufruf ergeht an euch von Djwhal Khul, Lord Maitreya und Lord Melchizedek.

Kürzlich sprach ich mit einer Freundin, die mir bei den Vorbereitungen für das Wesak-Fest half. Ich wollte ihr gegenüber meine Dankbarkeit für ihre Unterstützung ausdrücken, als ich plötzlich ganz spontan sagte, dass sie in Wahrheit gar nicht mir helfen würde, denn es gäbe gar kein „Ich“. Mein ganzes Leben, Denken und Atmen dreht sich nur um die Aufgabe, die mir Gott und die Meister gegeben haben (wobei es natürlich nicht so ist, als ob ich keine Freunde hätte, ins Kino gehen würde usw.). Indem du „mir“ hilfst, hilfst du Djwhal Khul. Sein einziger Gedanke besteht darin, Lord Maitreya und dem Buddha zu dienen, die ihrerseits an nichts anderes denken, als Lord Sirius und Melchizedek zu dienen. Kannst du erkennen, wie das alles zusammenhängt?

Vor kurzem hatte ich einen Traum, in dem mich jemand fragte, wie ich heiße, und ich antwortete: „Djwhal Khul." Mir geht es hier nicht darum, zu versuchen, wie Djwhal Khul zu sein. Ich möchte meine eigene mächtige ICH BIN - Gegenwart und Monade vollständig manifestieren, und indem ich das tue, ist Djwhal Khul das Muster, welches ich reflektiere, sogar ohne dass ich es will. Ich besitze immer noch ein sehr starkes Gefühl für mein Selbst und meine ICH BIN - Gegenwart, aber ich bin gleichzeitig und vollständig mit den Meistern und der Verantwortung durch die mir anvertrauten spirituellen Aufgaben verbunden. Meine persönliche Identität ist außerdem mit meiner Gruppe verschmolzen.

Auf Grund der mir anvertrauten Führungsaufgaben im Ashram des zweiten Strahls, der mit der Erziehung des Planeten befasst ist, rufe ich euch auf, meine Brüder und Schwestern, Freunde und Mitstreiter, mir dabei zu helfen, diese Bücher und Lehren zu verbreiten. Ich bitte euch um diese Unterstützung aus dem vereinten Bewusstsein von Djwhal Khul, Lord Maitreya und Melchizedek. Erzählt außerdem allen Menschen von den Wesak-Feiern, die jedes Jahr bei Vollmond im Stier abgehalten werden. Ich fühle, dass diese Feiern äußerst wichtig sind, denn sie schaffen einen Ort der Begegnung für alle hervorgetretenen Meister der Spirituellen Hierarchie auf dem ganzen Planeten, um sich zu treffen, auszutauschen und sich wieder zu erneuern. Außerdem ist es eine Gelegenheit, um als ein Team zusammenzuarbeiten, ungeachtet der Verbindung zu bestimmten spirituellen Lehrern, Ashrams, Mysterienschulen, Religionen oder spirituellen Lehren.

Externe Channel

Mit dem Begriff „externe Channel" meine ich Menschen, die noch etwas anderes als ihren eigenen Kanal oder ihre innere Führung channeln. Zu diesem Punkt möchte ich dir jetzt einen Rat geben, der dich vielleicht überraschen wird. Unter Lichtarbeitern ist die Ansicht verbreitet, dass man sich nur auf den eigenen Kanal und die eigene innere Führung verlassen sollte. Ich bin da anderer Ansicht. Mir ist diese Einstellung zu autonom. Auf der anderen Seite sind viele, viele Lichtarbeiter viel zu abhängig von externen Channels und vertrauen ihrer eigenen inneren Führung nicht. Das Ideal ist hier eine gegenseitiges Verhältnis, was seinen Widerhall bei dem Thema der externen Channels findet. Beginnen wir mit der Einsicht, dass es kein Medium oder keinen Channel gibt, dessen Durchgaben nicht zu bis einem gewissen Grad durch die Persönlichkeit oder die ihm zur Verfügung stehenden Informationen beeinflusst werden. Das gilt sogar für so große Namen wie Edgar Cayce, Alice Bailey oder Godfre Ray King; das ist die Natur des Channelns. Eine Durchsage wird auf jeden Fall durch die Persönlichkeit, die ihr zur Verfügung stehenden Informationen, vergangene Leben, die Strahlenkonfiguration, persönliche Mission und weitere Faktoren des Channels gefärbt sein. Manche Channel sind sehr viel klarer und weiter entwickelt als andere, doch der größte Prozentsatz der Channelings (über 90 %) erreicht nur die Astral- und Mentalebene, hat also die spirituelle Ebene noch gar nicht berührt. Daher sollten alle Lichtarbeiter hier sehr genau unterscheiden. Mir ist bei Lichtarbeitern ein sehr interessantes Phänomen aufgefallen; sagt man ihnen, dass etwas gechannelt ist, glauben sie es; ist es dagegen nicht gechannelt, dann glauben sie eher nicht daran. Eine solche Denkweise ist jedoch unangebracht. Es gibt bei diesem Thema wirklich jede Menge Verwirrung. Nur weil jemand behauptet, die Aufgestiegenen Meister zu channeln, heißt das nicht, dass es stimmt, und es ist mir egal, ob dieser Mensch zwanzig Bücher geschrieben hat und behauptet, dass sie von den Meistern gechannelt sind. Meiner Meinung nach sind Lichtarbeiter oft viel zu leichtgläubig.

Die Aufgestiegenen Meister können durchaus bei manchen Durchsagen durchkommen, aber diese Informationen werden auf Grund der Persönlichkeit, des negativen Egos und anderer Verzerrungsfaktoren zu etwa 50 bis 75 % negativ beeinflusst. Alle Lichtarbeiter müssen daher lernen, ihre Macht nicht an Channels abzugeben, was leider häufig geschieht. Ich werde deshalb an dieser Stelle ausnahmsweise zwei Beispiele anführen, was ich sonst vermeide. Ich möchte nämlich nicht den Eindruck erwecken, als ob ich andere verurteilen oder kritisieren wollte. Außerdem möchte ich keine Lichtarbeiter (häufig äußerst anständige und wundervolle Menschen) in Verlegenheit bringen, bei denen Verzerrungen in ihrem Kanal und bei ihrer Arbeit auftreten. Ich mache hier aber eine Ausnahme von meiner Regel, weil dieses Thema so wichtig ist. Das erste Beispiel betrifft die Arbeit von *Elizabeth Claire Prophet*. Die Meister haben mir nahe gelegt, mich von ihrem Werk fern zu halten, obwohl sie einer der bekanntesten Channels der Aufgestiegenen Meister ist. Ich will damit nicht sagen, dass alles an ihrer Arbeit schlecht ist, denn das ist es nicht. Ich habe mir ihr Material angesehen und einige wenige Dinge verwerten können. Meiner Meinung nach wird den meisten Lichtarbeitern jedoch auffallen, dass mit ihrem Material irgendetwas nicht stimmt. Sie channelt die Meister; trotzdem glaube ich, dass dabei eine enorme Verunreinigung stattfindet.

Im zweiten Beispiel geht es um die *I Am America Map*, die einige von euch vielleicht kennen. Auch hier wird behauptet, dass die Aussagen von den Meistern stammen, doch meiner Ansicht nach handelt es sich hier um extrem verzerrte und verfälschte Informationen. Diese Ereignisse mögen vor 50 Jahren vielleicht eine gewisse Wahrscheinlichkeit besessen haben, sie sind aber heute nur noch eine Illusion. Das soll nicht wertend gemeint sein, aber ich habe das gemeinsam mit den Meistern umfassend nachgeprüft. Diese Beispiele dienen der Wachsamkeit in Bezug auf alle Formen von Channelings, erst recht gegenüber Channels, die von sich behaupten, Aufgestiegene Meister zu channeln und/oder es tatsächlich tun. Trotz allem bin ich davon überzeugt, dass sie für viele Menschen eine Hilfe darstellen, denn diese Verzerrungen disqualifizieren nicht ihre gesamte spirituelle Arbeit.

Manchmal sind es Wesenheiten von der Astral- oder Mentalebene, die von sich behaupten, Aufgestiegene Meister zu sein und sich ihrer Namen bedienen, ohne dass der Channel das erkennt. In anderen Fällen channelt jemand sein eigenes Unterbewusstsein in dem Glauben, dass es ein Meister ist. Oder jemand channelt eine Gedankenform anstatt eines realen Wesens. Es gibt Millionen Lichtarbeiter auf diesem Planeten, deren Alltagsgespräche einen sehr viel höheren Stellenwert haben, als die Aussage von achtundneunzig Prozent aller Channels auf diesem Planeten. Auf der anderen Seite der Medaille finden wir den Standpunkt, dass man seine Führung nur aus seinem Inneren erhalten sollte und jeder Mensch eine Insel für sich alleine ist. Diese Ansicht ist deshalb so gefährlich, weil jeder von uns seine innere Führung durch seinen eigenen Filter erhält, um es einmal so zu beschreiben. Natürlich sollte das Vertrauen zu sich selbst stets über allem anderen stehen – wie sagte Shakespeare so treffend: „Vor allem andern stets deinem eignen Selbst sei treu." Obwohl das in jedem Fall für das Channeln gilt, ist es gleichzeitig äußerst wichtig, mit anderen Menschen verbunden zu sein und ab und zu gemeinsam mit anderen Channels (welche die unterschiedlichsten Hintergründe haben können) den Dingen auf den Grund zu gehen. Bei einem Channeling können manchmal die seltsamsten Informationen durchkommen, was eine Bestätigung durch andere Quellen notwendig macht, aber das ist ein Aspekt des Gruppenbewusstseins. Wer glaubt, durch niemand anderen als sich selbst die nötige Führung erhalten zu können, dürfte demzufolge niemals ein spirituelles Buch lesen.

Welche Bedeutung haben deiner Meinung nach Bücher wie *Die Schlüssel des Enoch, Ein Kurs in Wundern, Das Urantia Buch, Die Ich Bin - Reden,* die Werke von Alice Bailey und Edgar Cayce, oder Auszüge aus den Büchern über Theosophie, Bücher der Tibetan Foundation und sogar die Bibel? Sie alle sind durch Menschen gechannelt worden. Häufig channeln Leute Informationen, die sie in irgendwelchen Büchern gelesen haben. Ihre Persönlichkeit glaubt dann, dass sie wahr sind, was meiner Ansicht nach auf den Fall der *I Am Map* zutrifft. Grundsätzlich ist es eine wundervolle Sache, all die Channelings zu lesen und zu studieren, die sich in Büchern finden lassen (dieses Buch mit eingeschlossen). Doch nachdem wir solche Informationen gelesen oder gehört haben, müssen wir sie mit Hilfe unserer inneren Führung, unseres Kanals, unserer Intuition und unserer spirituellen Unterscheidungsfähigkeit überprüfen, denn niemand kann sozusagen das gesamte Prisma channeln.

Ich persönlich finde es spannend, das Leben durch die Filter anderer Meister und Channels zu betrachten, anstatt nur durch meine eigene Aufstiegs-Abstammungslinie und Strahlenkonfiguration. Trotzdem gilt auch in diesem Fall, dass ein Inhalt nicht der Wahrheit entsprechen muss, nur weil er sich in einem gechannelten spirituellen Buch befindet, denn er kann in irgendeiner Form verunreinigt sein. Wie kann eine solche Verunreinigung entstehen? Nun, als mögliche Ursachen kommen das negative Ego, die Persönlichkeit, die Vorstellungen des Channels, negative Emotionen, vergangene Leben, Gefühle wie Macht, Gier und Ruhm, Erschöpfung oder schlechte Laune, die Bücher, die jemand gelesen hat, begrenzte Informationsspeicher des Unterbewusstseins in Bezug auf ein bestimmtes Thema, Überlagerungen, astrale Wesenheiten, negative Implantate und Elementale, Mangel an psychologischer Klarheit, der Grad der Einweihung, ob jemand innerhalb der Meistergitter A, B oder C arbeitet und, am allermeisten, das Glaubenssystem des Channels in Frage! Weitere Gründe sind die Strahlenkonfiguration des Channels, seine Seele und Monade, eine nicht ausreichende Integration der zwölf Archetypen, seine astrologischen Konstellationen, elektromagnetische Einwirkungen und sogar gesundheitliche Probleme, um nur einige zu nennen.

Alle Faktoren können einzeln oder als Ganzes ihren Einfluss auf den Channel haben. Ich habe die Hoffnung, dass alle Lichtarbeiter zukünftig etwas genauer unterscheiden werden. Mein Rat an euch alle ist: Gebt eure Macht niemals an externe Channel ab. Obwohl ich das sage, rate ich euch gleichzeitig, das Kind nicht mit dem Bade auszuschütten, denn sogar diejenigen, die selber Channel sind, benötigen ab und zu ein Feedback oder eine Bestätigung. Achtundneunzig Prozent der Weltbevölkerung sind nicht hellhörig und können daher nicht direkt mit den Meistern kommunizieren. Für diejenigen unter euch, die mehr Informationen über sich haben möchten (Grad der Einweihung, Strahlenkonfiguration oder die erreichte Stufe des Lichtquotienten) und Hilfe benötigen - es ist überhaupt nichts dagegen einzuwenden, dass ihr Rat bei einem qualifizierten Channel sucht.

Der Schlüssel ist, einen qualifizierten Channel zu finden. Einen guten externen Channel zu finden ist besser, als tausend Readings von mittelmäßigen Channels zu bekommen. Ein Channel ist nur so gut, wie es das Maß seiner Entwicklung von Seele, Mentalkörper, Emotionalkörper und allgemeiner psychologischer Klarheit zulässt. Wie du siehst, weise ich dich sowohl auf Risiken als auch auf die Vorteile des Channelns hin. Der Schlüssel ist, nicht zu sehr von externen Channeln abhängig zu sein, wie es bei vielen Lichtarbeitern vorkommt, und sich andererseits nicht zu sehr zu isolieren oder zu unabhängig zu machen. Wenn du zu einem Channel gehst (was sich in Wirklichkeit nicht so sehr vom Lesen eines Buches oder dem Besuch eines Vortrags unterscheidet), dann sei wachsam - verwende das, was wertvoll ist und lass alles andere beiseite.

Ein anderes, äußerst interessantes Phänomen innerhalb der esoterischen Bewegung, ist, auf welche Weise bedeutende Channels aus der Vergangenheit wie Edgar Cayce, Godfre King und Madame Blavatsky von ihren Anhängern verewigt werden. Diese Menschen glauben wirklich, dass es seither keine anderen bedeutenden Channels mehr gegeben hätte. Die Absurdität dieser Vorstellung ist einfach grenzenlos.
Traditionelle Religionen tun das allerdings in gleicher Weise, wenn sie behaupten, dass nur die Lehren von Jesus, Mohammed, Moses, Buddha oder Krishna wahr sind. All das führt innerhalb der esoterischen Bewegung sowie den traditionellen Religionen dazu, dass die Menschen dadurch in einer bestimmten Phase der Geschichte gefangen gehalten werden. Ihr Bewusstsein befindet sich dann im Jahr 1942, 1930, 1890, im Jahr 0 oder im Jahr 500 v. Christus. Zu glauben, dass es nur einen wahren Propheten oder Kanal Gottes gibt, ist völlig absurd und sollte so rasch und wertfrei wie möglich losgelassen werden. Gott ist in allen Menschen, Tieren, Pflanzen und Steinen. Er entwickelt sich unaufhörlich weiter und verbessert sich dabei. Bleibe nicht in irgendeiner Lehre aus der Vergangenheit stecken. Das bedeutet allerdings nicht, dass du dich nicht mit diesen vergangenen Lehren auseinandersetzen solltest, denn das befürworte ich sehr.

Ich liebe die Bücher von Alice Bailey, der theosophischen Bewegung und der Tibetan Foundation. Doch auch diese Informationen sind einem ständigen Wandel unterworfen und werden stets auf den neuesten Stand gebracht. Das ist der Inhalt von diesem und von meinen anderen Büchern. Djwhal Khul sagt in den Büchern von Alice Bailey voraus, dass es gegen Ende des 20. Jahrhunderts eine dritte Dispensation der Lehren der Aufgestiegenen Meister (nach der Theosophischen Bewegung und nach Alice Bailey) geben wird. Abschließend sei nochmals gesagt, dass du dich nicht scheuen solltest, um Hilfe zu bitten. Finde einen guten Channel, doch sei vorsichtig und werde nicht von ihm abhängig. Wir alle sind miteinander verbunden und in diesem Zusammenhang um Hilfe zu bitten unterscheidet sich nicht von irgendeiner anderen Form der Unterstützung, die du anderen Lichtarbeitern gewährst. Wir sind hier, um uns gegenseitig zu helfen, und nicht, dass jeder nur für sich alleine lebt. Die Vorteile eines guten externen Channels oder Hellsichtigen zu nutzen ist nicht anders als das Lesen eines guten Buches oder der Besuch eines guten Seminars. Integriere das Ganze mit der Einstellung, nicht deine Kraft abzugeben, und es kann zu einem wunderbaren Hilfsmittel, zu einer Bereicherung und zu einem Katalysator für dein spirituelles Wachstum werden.

Die solare Kammer von Helios und Vesta

Dies ist die große Kammer von Helios und Vesta; sie erstrahlt in einem intensiven Goldorange. Auch die Arcturianer arbeiten eng mit dieser Kammer zusammen. Melchizedek wird das goldene Licht zuerst durch Melchior, den Galaktischen Logos, und dann zu Helios, dem Solaren Logos, fließen lassen. Diese Energien werden auf eine Frequenz eingestellt und verringert, mit der wir umgehen können. Tausende kleinster, goldorangefarbener Kügelchen beginnen herabzukommen und durch unser ätherisches Gewebe zu rollen. Wir werden regelrecht mit der atomaren Struktur der Zentralsonne angefüllt, der Kammer von Helios.

Sieh nun, wie dein gesamtes, durch das Prana-Windreinigungs-Instrument gereinigtes ätherisches Gewebe durch diese goldorangefarbenen Lichter erleuchtet wird, die wie eine Weihnachtsbeleuchtung aussehen. Wird diese Energie an den Schnittstellen, das heißt an den Chakren, aufgebaut, wird sie sehr, sehr hell. Wir werden geradezu zu der hellsten Sonne und halten dann die Energie des Solaren Logos. Dazu gibt es noch eine geometrische Formation, die man beschreiben kann. Diese Formation steht in Verbindung mit dem Grad der Lichtausstrahlung, den alle Eingeweihten in ihrer Gitterstruktur besitzen. Die geometrischen Formationen bestehen aus Kreisen, Dreiecken, Ellipsen, Rechtecken und sternförmigen Strukturen. Die strahlende Gitterstruktur aus Licht, die allen Menschen gemeinsam ist, besteht aus solchen geometrischen Formen innerhalb der Bausteine der atomaren Struktur. Aus diesen Lichtbausteinen bestehen unsere Aminosäuren, Proteinketten, das Nervensystem und das System der Blutgefäße. Alle Systeme unseres Körpers sind von diesen Strukturen und der Intelligenz dieser Kodierungen durchdrungen. Erlebe die sieben Sonnen des Selbst, wie sie erleuchtet werden und sich zu einer großen Sonne vereinen, einer strahlenden solaren Sonne. Dieses Licht ist sichtbar, spürbar und greifbar. Verankere es, und spüre deine Füße auf der Erde. Sei ausgeglichen in diesem solaren Licht.

Schwingungserhöhung der atomaren Struktur

Auf jeder Stufe des Einweihungsprozesses und des vollständigen Eintritts in die Integration unseres Zwölf-Körper-Systems und unserer 200 Chakren wird die Schwingung deiner atomaren Struktur langsam, aber sicher erhöht. Dies muss in einem schrittweisen, allmählichen Prozess vor sich gehen. Bitte – unabhängig davon, in welchem Grad der Einweihung du dich befindest – Melchizedek, Metatron, Melchior, Helios, Buddha, Lord Maitreya und den Meister des Ashrams, dem du momentan angeschlossen bist, um eine besondere göttliche Dispensation zur Anhebung der Schwingung in deiner atomaren Struktur, um dich auf die nächst höhere Stufe deiner Evolution und deines Weltendienstes zu bringen. Wiederhole diese Bitte auf jeder Stufe deiner Arbeit am Einweihungsprozess und an der Integration der Dimensionen. Durch einen allmählichen Prozess wirst du deinen Lichtkörper schrittweise erst auf der planetaren und dann der kosmischen Ebene des Aufstiegsprozesses aufbauen.

Meine Lieblingstechniken zur Klärung und Reinigung

Mir kam der Gedanke, dass es nützlich wäre, all die Techniken mit meinen Lesern zu teilen, die ich gefunden habe, um meine Aura und meine Psyche rein und den physischen Körper in gutem Zustand und im Gleichgewicht zu halten.

1. Anrufung der Arcturianer zum direkten Aufbau des Lichtquotienten, während ich gleichzeitig um Heilung und Stärkung in den Bereichen meines Körpers bitte, die Unterstützung brauchen. Das erreicht man, indem man die Arcturianer anruft und zuerst um die einhundertprozentige Erhöhung des Lichtquotienten bittet, und dann um die Heilung und Stärkung von Organen, Drüsen, Immunsystem, Verdauungssystem (oder was auch immer gerade eine spezifische Unterstützung benötigt).

Wenn du beispielsweise an einer Blasenentzündung leidest, könntest du sagen: „Ich bitte um die einhundertprozentige Erhöhung des Lichtquotienten, und bitte heilt und stärkt meine Blase." Diese Bitte kannst du jederzeit entsprechend deinen Bedürfnissen ändern. Ich verwende diese Technik meist tagsüber, während ich schreibe, arbeite oder Besorgungen erledige. So wird mein physischer Körper mit Energie aufgeladen und gestärkt; außerdem wird dadurch der Lichtquotient aufgebaut. Zusätzlich bewirkt es bei mir eine größere Ausdauer bei der Arbeit. Gewöhnlich verwende ich die Energie der Arcturianer fast den ganzen Tag über, während ich nachts mit den Aufstiegsplätzen und einigen anderen Techniken arbeite, wenn ich zusätzlich Klärung benötige.

2. Die arcturianische Lichtkammer ist, wie gesagt, ein Aufstiegsplatz auf dem arcturianischen Mutterschiff.
3. Das Prana-Wind-Reinigungsgerät.
4. Der goldene Reinigungszylinder der Arcturianer.
5. Axiatonale Ausrichtung: Dieses Werkzeug verwende ich mehrmals am Tag, um alle Meridiane ins Gleichgewicht zu bringen und mein Meridiansystem auf das planetare und universale Meridiansystem auszurichten. Außerdem hat es einen stärkenden Effekt auf meinen physischen Körper.
6. Aufsuchen des Synthesis-Ashrams von Djwhal Khul zur Anrufung des Matrix-Entfernungs-Programms und der Klärung von unausgeglichenen Energien, wie es in meinem Buch *Jenseits des Aufstiegs* beschrieben wird.
7. Verwenden der Kristall-Lichttechnologie der Arcturianer und von Melchizedek, welche im letzten Kapitel dieses Buches beschrieben wird.
8. Sich die Unterstützung der Aufgestiegenen Meister und Engel der Heilung zunutze machen. Jedes Mal, wenn du oder irgendjemand, den du kennst, gesundheitliche oder emotionale Probleme hat, rufst du diese Wesenheiten an, damit sie die Energien ausgleichen können. Sie sind wirklich ein absolutes Gottesgeschenk.
9. Aufsuchen der Aufstiegsplätze, so wie es in diesem Buch beschrieben wird. Wenn ich abends entspanne, sitze ich gerne lange Zeit an diesen Plätzen, während ich fernsehe, mit Freunden telefoniere, spazieren gehe oder irgendwelche Dinge im Haushalt erledige.
10. Einmal pro Woche führe ich eine tief gehende Meditation durch, in der ich zusätzlich noch viele andere Aktivierungen einbringe. Seit mein Aufstieg abgeschlossen ist, habe ich allerdings nicht mehr den Wunsch oder das Bedürfnis, all jene Aktivierungen anzuwenden, die ich früher verwendet habe.

Meine hauptsächliche spirituelle Arbeit, oder mein Sadhana, ist jetzt das Dienen. Zusätzlich dazu leite ich den ganzen Tag über spirituelle Energien durch mich, die entweder von den Arcturianern, den Aufstiegsplätzen oder dem Aufbau des Lichtquotienten stammen. Auf diese Weise muss ich eigentlich nicht länger der Form nach meditieren; in Wahrheit meditiere ich immer. Während ich den verschiedene Aufgaben nachkomme, durch die ich diene – schreiben, das Wesak-Fest ausrichten, mit Schülern arbeiten, Kontakte knüpfen, Bücher vertreiben und den Ashram von Djwhal Khul, Lord Maitreya und Melchizedek führen – leite ich automatisch all die spirituellen Energien durch mich hindurch, die ich benötige. Das ist der Schlüssel - sein Leben zu einer ununterbrochenen Meditation zu machen.

Sobald du deinen Aufstieg vollendet hast, wirst du nicht mehr so viele Aufstiegsaktivierungen benötigen, wie das jetzt noch der Fall ist. Der kosmische Aufstieg ist ein sehr viel langsamer fortschreitender Prozess. Es können ja keine weiteren Einweihungen mehr genommen werden, und es ist ein innerer Frieden entstanden, weil man sozusagen den Gipfel des Berges erreicht hat. Für den kosmischen Aufstieg müssen keine Gipfel erklommen werden; dennoch tritt diese unglaublich tiefe Seelenruhe ein, die durch das Erreichen des „planetaren Aufstiegsgipfels“ entstanden ist. Vergiss niemals, dass die wichtigste spirituelle Praxis die Liebe ist, gefolgt vom Dienen. Den Meistern ist dieser Aspekt bei ihren Eingeweihten am wichtigsten, denn während du dienst, leitest du die spirituelle Energie durch dein System.

Ein weiterer Aspekt, der dir nach dem Abschluss der sieben Stufen der Einweihung begegnen wird, ist, dass dir die Ausrichtung auf deine eigene persönliche Entwicklung nicht mehr so wichtig ist. Dein Dienst für die Welt wird zu deinem allumfassenden Wunsch und Fokus. Nachdem du den Gipfel des Berges erreicht hast, fühlt sich die Absicht, dich auf dein eigenes spirituelles Wachstum konzentrieren zu wollen, beinahe selbstsüchtig an. Es ist mehr oder weniger in Ordnung, dies vor dem Abschluss der Einweihungen zu tun, aber nachdem du diesen

Punkt erreicht hast, sollte deine ganze Aufmerksamkeit vollständig dem Weltendienst und der Führerschaft gelten. Auf unserem Entwicklungsstand geht die kosmische Evolution sehr langsam voran, und die Meister erwarten jetzt wirklich von dir, dass du nach vorne trittst und dienst. Die Probezeit ist vorbei; du bist jetzt offiziell ein Aufgestiegener Meister. Die Meister auf den Inneren Ebenen befassen sich nicht mit ihrer persönlichen Entwicklung, denn sie sind vollständig mit ihrer Arbeit des Dienens beschäftigt. Sobald du diese Ebene erreicht hast, verläuft der kosmische Aufstieg gewissermaßen wie von selbst. Ich würde nicht sagen, dass ich in diesem Zusammenhang gar nichts tue, aber es ist so gut wie nichts im Vergleich zu dem, was ich zuvor getan habe. Indem ich voll und ganz in meiner Arbeit des Dienens und Führens aufgehe, komme ich genau an den Punkt, an den ich kommen muss, ohne viel Zeit damit zu verbringen, darüber nachzudenken oder mich damit zu befassen.

Ein anderer Aspekt, den die Lichtarbeiter verstehen müssen, ist, dass du in dem Moment, in dem du die höheren Stufen der Einweihung erreichst, mit anderen Lichtarbeitern auf deinem Niveau sozusagen zu einem Teil einer Welle wirst. Solange du grundsätzlich deinen Kurs hältst, bleibst du auf dieser Welle. Unabhängig davon, in welcher Wellengruppe du bist, erhalten alle die gleichen Wohltaten von den Meistern, denn die Meister konzentrieren sich mehr auf Gruppen als auf Individuen. Der Grad deiner spirituellen Entwicklung platziert dich automatisch auf einer Welle. Während du in diesem Prozess eine Reifung durchmachst, beginnst du dieser Welle zu vertrauen, auf der du sozusagen in einem spirituellen Sinne surfst, was dir die Möglichkeit gibt, dich weniger auf dich selbst und mehr auf die Hilfe für andere zu konzentrieren. Sobald du die sechste und siebte Einweihung erreicht hast, werden die Meister beginnen, dich gewissermaßen aus dem Nest zu stoßen. Sie werden immer weniger an deiner spirituellen Entwicklung interessiert sein, sondern viel mehr daran, wie du bei der Arbeit des Ashrams und der Erfüllung des göttlichen Plans von Nutzen sein kannst. Möchtest du eine wirklich gute Beziehung mit den Aufgestiegenen

Meistern haben, dann mache dich durch deine Arbeit des Dienens für sie wertvoll. Auf den höheren Ebenen achtet man nicht so sehr auf spirituelles Wachstum wie hier unten, sondern konzentriert sich auf das Dienen und auf spirituelle Führerschaft.

Die richtige Strategie für den kosmischen Aufstieg

Noch zu Anfang meines Aufstiegsprozesses habe ich alles angerufen, was mir „gut“ und „angemessen“ zu sein schien. Als ich in diesem Prozess dann etwas reifer geworden war und meinen Aufstieg vollendete, wurde mir klar, dass diese ganzen kosmischen Energien realistisch betrachtet nicht wirklich integriert worden waren. Auf meinem spirituellen Pfad habe ich jetzt die sieben Stufen der Einweihung abgeschlossen, die ersten 50 Chakren verankert und aktiviert, den Lichtquotienten bei 99 % stabilisiert, die neun Körper verankert und aktiviert sowie alle 144 Seelenausdehnungen geklärt und integriert. Gleichzeitig habe ich die Arbeit am solaren Geflecht begonnen und bin jetzt dabei, den solaren Körper und die solaren Chakren 50 bis 100 zu integrieren. Realistisch betrachtet befinde ich mich im Anfangsstadium der Integration der solaren Ebene. In meinen Meditationen könnte ich nun die galaktischen, universalen und kosmischen Körper, 330 Chakren, kosmische Monade usw. anrufen. Tatsache ist aber, dass ich nicht in der Lage bin, alle diese Dinge zu integrieren.

Da ich jetzt mehr Einsicht in den ganzen Prozess habe, rufe ich nicht länger etwas an, das ich sowieso nicht integrieren könnte. Ich konzentriere mich nur auf die Ebene, auf der ich mich gerade befinde und versuche nicht, irgendwelche Schritte zu überspringen. Ich bedauere allerdings keinesfalls, in der Vergangenheit all diese Dinge angerufen zu haben, denn es hat Spaß gemacht und machte die Meister auf mich aufmerksam. Ich konzentriere mich jetzt auf die solare Ebene und verbringe mehr Zeit in der Goldenen Kammer von Helios und Vesta, wobei ich häufiger Bitten in Bezug auf Aktivierungen für die solare Ebene ausspreche, und nicht weiter für diese ganzen „kosmischen Dinge." Das ist etwas, meine Leser, das ihr vielleicht als Möglichkeit betrachten könnt, eure Energien effizienter einzusetzen. Eine gelegentliche kosmische Party ist eine gute Sache, sie ist auch angemessen und macht Spaß. Doch zum spirituellen Verständnis gehört auch, effizient zu sein. Außerdem besteht die Gefahr, dass ihr euer System durch ein Übermaß an kosmischer Energie überlastet, mit dem es noch nicht umgehen kann. Ein großer Teil der kosmischen Energie wird sowieso nicht weitergegeben (selbst wenn du darum bittest), denn den Meistern ist bewusst, wie unrealistisch das ist. Vielleicht werden sie dir ermöglichen, auf einer bestimmten Ebene von der Energie überlagert zu werden, aber sie können erst dann tatsächlich etwas bewirken, wenn die Verkabelung und Integration auf der solaren Ebene vollständig ist, und dann entsprechend auf galaktischer und universaler Ebene. Diese Betrachtungen werden interessant, wenn man sich der sechsten und siebten Einweihung nähert.

Die folgende Liste beinhaltet einige der Aktivierungen, mit denen ich persönlich zusammen mit meiner Gruppe arbeite. In meinen Büchern habe ich so viele Aktivierungen beschrieben, dass selbst ich manchmal überwältigt bin. Ich bin immer dafür, in meiner Arbeit Prioritäten zu setzen und alles auf die wesentlichen Dinge zu reduzieren, die ich tun muss; mehr ist in diesem Fall nicht unbedingt besser. Mit den nun folgenden Aktivierungen arbeite ich im Moment bevorzugt, um die solare Ebene zu integrieren. Diese Liste kann sich von Zeit zu Zeit ändern und ist nicht in Stein gemeißelt.

1. Integration und Klärung meiner 144 Seelenausdehnungen.
2. Arbeiten mit dem Aufstiegsplatz in der Goldenen Kammer, dem Aufstiegsplatz in der arcturianischen Lichtkammer auf dem arcturianischen Mutterschiff, und dem Aufstiegsplatz von Lord Sirius in der Großen Weißen Loge des Sirius.
3. Arbeiten im Goldenen Zentrum von Helios und Vesta für solare Überbrückung und Arbeit an der solaren Integration.

4. Verankerung des platinfarbenen Strahls und des Yod-Spektrums.
5. Herabströmen lassen passender Feuerzeichen, Schlüsselcodes und heiliger Geometrie, die uns zu unserem nächsten Schritt voranbringen.
6. Erhöhen des Lichtquotienten.
7. Die Einladung an meine 144 Seelenausdehnungen, mit uns zu meditieren, wenn sie aus ihrem freien Willen heraus dazu bereit sind.
8. Die Hilfe von Vywamus bei der Arbeit an der Neuverkabelung.
9. Axiatonale Ausrichtung auf planetaren und kosmischen Ebenen.
10. Verankerung des Buddha/Christus/Melchizedek-Archetyps und Einprägen der Energie.
11. Ein tieferes Eindringen der Mahatma-Energien.
12. Integration der Aufstiegsstruktur in den physischen, emotionalen, mentalen, spirituellen und solaren Körper.
13. Verankerung und Aktivierung der zwölf Körper und der Chakren 50 bis 100, besonders des solaren Körpers.
14. Permanente Integration des gesalbten Christus-Überselbst-Körpers, des Zohar-Körpers und des Überselbst-Körpers.
15. Alle Klärungstechniken, die in dem Abschnitt „Meine Lieblingstechniken zur Klärung und Reinigung" erwähnt werden, so wie es gerade erforderlich ist.
16. Weltendienst leisten, indem man Menschen, Gruppen, Städten oder Ländern je nach Bedarf Licht sendet.
17. Anheben der Schwingung der atomaren Struktur auf die Ebene der solaren Sonne.
18. Verankerung der Licht-Informationspäckchen aus der Schatzkammer des Lichts (die Tafeln der Schöpfung, die Thora oder die Zehn Gebote, die Schriften der Elohim, das kosmische Buch des Wissens, das Goldene Buch von Melchizedek, die Schriften von Metatron).
19. Verankerung der zweiundsiebzig heiligen Namen von Metatron.
20. Verankerung und Aktivierung der Deca-Delta-Lichtkodierungen aus den zehn Überschriften des göttlichen Bewusstseins.
21. Eine tiefere Öffnung des kosmischen Baum des Lebens sowie den zehn kosmischen Sephiroth und der verborgenen Sephiroth von Daath.

22. Die Bitte an die Meister richten, das nächste Stück Arbeit tun zu können, das notwendig ist, um uns auf die nächste Stufe unseres persönlichen spirituellen Entwicklungsprozesses zu bringen.

Ich weise nochmals darauf hin, dass diese Aktivierungen nicht das Ende des spirituellen Wachstums bedeuten; sie sind das, womit ich im Moment arbeite. Alle Lichtarbeiter müssen ihre spirituellen Übungen selbst an ihre eigene Stufe der Verwirklichung oder Einweihung anpassen. Mein Vorschlag lautet, zuerst alle Aufstiegsaktivierungen und Meditationen in diesem Buch durchzugehen. Dann verwende deine Intuition, um dir eine Liste und Strategie zu den Techniken zurechtzulegen, von denen deine mächtige ICH BIN - Gegenwart möchte, dass du mit ihnen arbeitest. Deine Intuition wird dir genau sagen, was du tun sollst.

Meine Strategie ändert sich laufend innerhalb der unterschiedlichen Phasen meines Lebens. Sobald ich längere Zeit damit arbeite, ändere ich sie unter Umständen, füge etwas hinzu oder lasse anderes weg, damit alles lebendig und anregend bleibt. Die oben angegebene Liste ist gut geeignet für diejenigen, die ihre sieben Stufen der Einweihung abgeschlossen und die neun Körper und 50 Chakren integriert haben. Das ist jedenfalls meine aktuelle Strategie, um die solare Ebene zu integrieren.

In der Regel mache ich dies einmal die Woche zusammen mit meiner Gruppe. Dann vertiefe ich mich wieder in meine Arbeit des Dienens. Alle, die dieses Buch lesen, sind eingeladen, diese Aktivierungs-Meditation durchzuführen. Ich würde jedoch empfehlen, dass du dir aus allem dein eigenes Programm zusammenstellst, das sich vollkommen auf die nächst höhere Stufe, Einweihung und Oktave ausrichtet, die du gerne integrieren möchtest.

Was hier außerdem klar sein muss, ist der Umstand, dass es manchmal besser ist, nur mit einer einzigen Aktivierung zu arbeiten, anstatt 50 verschiedene davon anzurufen. Beispielsweise kann es eine tief greifende Erfahrung sein, einige Stunden lang in Melchizedeks Aufstiegsplatz in der Goldenen Kammer zu sitzen und nichts weiter zu tun, oder einfach längere Zeit die arcturianische Lichtquotienten-Energie zu verwenden, oder mit Metatron zu arbeiten, um den Lichtquotienten aufzubauen, was sehr effektiv sein kann. Mehr ist nicht unbedingt besser. Wie ich dir bereits sagte, arbeite ich vierundzwanzig Stunden am Tag und sieben Tage die Woche mit diesen Energien. Dennoch konzentriere ich mich die meiste Zeit über nur auf eine Energie, für etwa zwei bis drei Stunden. Dann ändere ich das Programm. Zurzeit sind meine Favoriten für die tägliche Arbeit das arcturianische Lichtquotienten-Aufbauprogramm, die Goldene Kammer von Melchizedek, der Aufstiegsplatz in der Großen Weißen Loge des Sirius und die arcturianische Lichtkammer (Aufstiegsplatz).

Ich verwende sie, wenn ich mich bei Kräften fühle. Sind mein physischer Körper oder meine Energiesysteme dagegen nicht in Ordnung sind, oder habe ich das Gefühl, etwas durch negative Energie verunreinigt zu sein, nehme ich die Liste mit den Klärungstechniken, oder die Aufgestiegenen Meister und Engel der Heilung. In Wirklichkeit arbeite ich also ununterbrochen an mir. Ich ändere ständig meinen Fokus, damit es nicht langweilig wird. Ich brauche keine bestimmte Zeit, um zu meditieren, denn ich meditiere ununterbrochen. Und ich bin nie allein, denn außer der Tatsache, dass ich Freunde habe, sind die Meister wortwörtlich ständig an meiner Seite, was sehr wohltuend und heilend ist.

Ein solches Programm zu erstellen wird einen enorm heilenden Effekt auf all deine Körper haben, den physischen Körper eingeschlossen. Es wird dir außerdem das Gefühl geben, dass du auf spiritueller Ebene Fortschritte machst, denn das tust du. Bitte jeden Abend, bevor du zu Bett gehst, einen der Aufstiegsplätze oder Ashrams und Retreats der Meister aufsuchen zu dürfen, damit du deinen Schlaf für dein spirituelles Wachstum nutzen kannst; außerdem wirst du besser schlafen. Wenn du all das tust, wird es dich mit den Meistern bekannt machen, da du bewusst mit ihnen arbeiten wirst, und es wird dich mit der passenden spirituellen Welle verbinden. Ein Teil des Reizes, mit all diesen Werkzeugen und Aufstiegs-Aktivierungstechniken zu arbeiten, ist die Tatsache, dass du weder hellsichtig, hellhörig noch hellfühlig sein musst, um sie anwenden zu können. Jeder Einzelne, und ich meine wirklich jeder, ist in der Lage, den Fluss der Energie oder des spirituellen Stroms zu spüren, der entsteht, wenn man eine oder eine Kombination dieser Techniken anwendet.

Die Energie ist das Allerwichtigste. Die Energie bewirkt die Aktivierungsarbeit. Alle Lichtarbeiter können mit Hilfe der Energie in Verbindung mit den Aufgestiegenen Meistern und kosmischen Wesenheiten sein, denn das ist alles, was ihr braucht. In der Vergangenheit besaßen nur wenige hellsichtige oder hellhörige Stimm-Medien einen Zugang, doch selbst sie hatten nicht den Zugang zu dem, wovon in diesen Büchern die Rede ist. Vieles davon ist erst seit 1987 und der Harmonischen Konvergenz zugänglich geworden. Mit den Techniken aus meinen Büchern und den Aufgestiegenen Meistern im Allgemeinen zu arbeiten, ist bei weitem der schnellste Weg auf diesem Planeten, um den Aufstieg und die Selbstverwirklichung zu erreichen. Deshalb teilt dies alles mit euren Freunden und Schülern. Verbreitet sie auf der ganzen Erde und lasst uns als ein Team zusammenarbeiten, damit dieser Planet in dem gleichen, prototypischen Licht erstrahlt wie der strahlende Stern Arcturus.

17 Achtzehn große kosmische Klärungstechniken

Das folgende Kapitel enthält mit die wichtigsten Informationen für das Erreichen des planetaren und kosmischen Aufstiegs; ich habe sie darum bewusst ans Ende des Buches gestellt. Alle hier genannten achtzehn Aspekte des Bewusstseins müssen geklärt und gereinigt werden, wenn du deine Selbstverwirklichung erreichen willst. Dies kann erreicht werden, indem man die Meister um Hilfe bittet. Der spirituelle Pfad ist wirklich erstaunlich einfach, denn für alles, was du erreichen möchtest, musst du nur die entsprechende Bitte aussprechen. Dieses Buch enthält die ultimativen Schlüssel für die Beschleunigung deiner Entwicklung. Nie zuvor wurden diese Schlüssel der Menschheit in einer derart einfachen, leicht verständlichen und praktisch anwendbaren Form vermittelt. Diese einfachen Bitten und Anrufungen können dir wortwörtlich ganze Leben und Äonen an spiritueller Arbeit ersparen. Die Meister sind bereit, das alles für dich zu tun – aber du musst sie darum bitten.

Dieses Buch wurde geschrieben, um dein kosmischer Wegweiser und Handbuch zu sein. Gehe alle Übungen einzeln durch. Dabei wirst du eine wahrhaftige Transformation erleben. Viele Millionen Jahre war der Menschheit nicht bewusst, um was oder wen sie bitten sollte. Diese Liste zeigt dir, um welche Klärungen du bitten musst. Außerdem empfehle ich dir, zusätzlich folgende Meister um ihre Unterstützung zu bitten: Djwhal Khul, Lord Maitreya, Melchizedek, Lord Buddha, andere Meister deiner Wahl und die Engel der Heilung.

1. Klärung der genetischen Linie

Rufe die Meister an und bitte sie, deine gesamte genetische Linie zu klären. Diese Linie ist mit der genetischen Struktur deines jetzigen und all deiner vergangenen Leben verbunden, wodurch sich das Erbe deines physischen Körpers zurückverfolgen lässt.

Bitte einfach darum und die Meister werden es für dich tun. Wie sie dabei vorgehen, ist zwar nicht absolut sicher, aber das ist nicht so wichtig. Dies ist die erste Stufe der planetaren und kosmischen Klärung und Reinigung. Man kann zu diesem Zweck meditieren, sich hinlegen oder es nachts während des Schlafs geschehen lassen. Ich fragte Melchizedek, an welchem Punkt dieses Prozesses sich meine Gruppe und ich befinden würden. Nach seiner Aussage ist bereits neunzig Prozent des Karmas unserer genetischen Linie geklärt. Also fragte ich Melchizedek, ob er bereit sei, auch den Rest für uns zu klären, und er antwortete, er werde unserer Bitte gerne nachkommen. Dann machte ich mir Gedanken darüber, ob wir dazu eine formale Meditation machen sollten, aber Melchizedek meinte, er würde es während unseres Schlafes tun. Für uns als vollständig Eingeweihte siebten Grades lag meiner Ansicht nach der einzige Grund, warum das alles nicht schon früher abgeschlossen worden war, darin, dass wir nicht darum gebeten hatten.

2. Klärung von vergangenen Leben

Nach den Worten Djwhal Khuls haben fast alle Menschen etwa 200 bis 250 frühere Leben. Multipliziere diese Zahl mit zwölf, wenn du deine anderen 11 Seelenausdehnungen mit einbeziehen möchtest und erhältst so die Anzahl aller Inkarnationen deiner Überseele; für deine Monade multiplizierst du diese Zahlen mit 144. Dieser Klärungsprozess ist speziell auf deine persönliche Inkarnationsgeschichte ausgerichtet. Rufe die Meister an und bitte sie darum, alle früheren Leben seit deiner ersten Existenz hier auf Erden zu klären. Das ist eine der Anforderungen für den planetaren Aufstieg. Ich fragte Melchizedek, ob wir diese Ebene bereits geklärt hätten. Er bejahte dies, was ich interessant fand, denn bis dahin hatte ich es nie formal angerufen; es geschah einfach als Teil unseres Einweihungsprozesses. Möchtest du dazu noch etwas wirklich Außergewöhnliches tun, dann bitte noch zusätzlich darum, dass all deine zukünftigen und parallelen Existenzen geklärt und gereinigt werden sollen.

3. Klärung der Seelenausdehnungen

Der nächste Klärungsprozess, der bereits im vorigen Kapitel erwähnt wurde, beinhaltet zuerst die Reinigung und Integration der anderen 11 Seelenausdehnungen, und danach von allen 144 Seelenausdehnungen deiner Monade. Dieser Prozess setzt sich auf der achten Ebene fort, wo es um die zwölf Überseelenführer der sechs Monaden (die 72 Seelenausdehnungen deiner Gruppenseele) geht. Auf der neunten Ebene sind es dann die gruppenmonadischen Verbindungen der 864 Seelenausdehnungen, und auf der zehnten Ebene die unzähligen Seelenausdehnungen der solaren, galaktischen und universalen Ebenen, die alle geklärt werden müssen. Auf diesen Ebenen ist die Zahl der Seelenausdehnungen dann wirklich so unfassbar groß, dass es fast unmöglich ist, sich ihre Zahl vorzustellen. Du solltest es allerdings vermeiden, um diese höheren Ebenen zu bitten, bis deine Seele und Monade vollständig geklärt sind. Intuitiv würde ich sagen, dass man jeweils eine Woche für die Integration und Klärung einer Seelenausdehnung brauchen wird. Meine Gruppe und ich haben die Integration und Klärung unserer 144 Seelenausdehnungen schon fast vollständig abgeschlossen. Deine Arbeit mit den höheren Ebenen beginnt erst, wenn du diese Ebene abgeschlossen hast.

4. Klärung der Archetypen

Erbitte von den Meistern die Klärung und Reinigung der zwölf grundlegenden Archetypen sowie deren Unteraspekte. Ist dies vollbracht, bittest du um die dauerhafte Einprägung aller Christus/Buddha- und Melchizedek-Archetypen in das Innerste deines Wesens. Sollte dein bewusster Verstand diese Zusammenhänge allerdings nicht vollständig erfassen, besteht die Gefahr, dass die archetypischen Energien des negativen Egos erneut entstehen, obwohl sie von den Meistern geklärt wurden. Die Meister tun dies auf einer energetischen Ebene; du musst es in deinem bewussten und unterbewussten Denkprozess klären.

5. Kosmisch-zellulare Klärung

Diese Klärung wurde ebenfalls schon an anderer Stelle erwähnt. Zu diesem Zweck verbinden sich die Energien von Melchizedek, Metatron und Vywamus - all deine Zellen (oder die zelluläre Struktur) sollen auf der tiefst möglichen Ebene gereinigt werden. Es ist, wie gesagt, interessant, zu beobachten, wie sich die Klärung vieler Aspekte überschneidet. Ich hatte mich in meinen Meditationen beispielsweise nie besonders auf diesen Aspekt konzentriert oder ihn bewusst angerufen. Als ich jedoch danach fragte, erklärte uns Melchizedek, dass dieser Aspekt für uns zu achtundneunzig Prozent geklärt sei. Es ist aber immer sinnvoll, sich mit jedem einzelnen dieser Aspekte mindestens ein Mal befasst zu haben, damit man sicherstellt, dass er geklärt ist. Mein Motto lautet hier: Vorsicht ist besser als Nachsicht. Ich würde eher zu viel des Guten tun, als zu wenig. Einige der höheren Klärungen auf kosmischer Ebene werden in jedem Fall hunderte, wenn nicht tausende von Meditationen brauchen, bis der entsprechende Prozess vollständig abgeschlossen ist.

6. Allgemeine Karma-Klärung

Bei der nächsten großen Klärung geht es um die Anrufung für eine allgemeine und umfassende Klärung von Karma. Viele von euch wissen, dass man mindestens 51 % seines Karmas ausgleichen muss, um seinen Aufstieg zu erreichen. Dieser Prozess setzt sich aber auch nach dem Aufstieg fort. Dein Bestreben wird dann sein, sämtliches Karma auszugleichen. Zuerst geht es um dein persönliches Karma aus deinen früheren Leben. Dann kommt das Karma der anderen 11 Seelenausdehnungen deiner Überseele und danach um den Ausgleich bei allen 144 Seelenausdehnungen deiner Monade. Die Meister können dir bei dieser Arbeit helfen. Es wird zwar ein ganzes Leben des Meditierens brauchen, um alles klären zu können, aber es ist ein ehrenwertes Ziel, das du anstreben kannst. Allein der Prozess der Klärung und Integration der

144 Seelenausdehnungen klärt für unsere Gruppe bis zu 75 % unseres Karmas. Durch die Anwendung der hier erwähnten Techniken ist das Ziel, deutlich über 90 % des vorhandenen Karmas zu klären, für alle engagierten und standhaften Eingeweihten absolut im Bereich des Möglichen.

7. Klärung des physischen Körpers

Hier geht es nicht um die genetische Linie, sondern um den gegenwärtigen physischen Körper. Rufe die Meister, Lord Arcturus und die Arcturianer an, um deinen Körper vollständig reinigen zu lassen. Bitte darum, dass sämtliche Krankheiten – alle schädliche Bakterien, Viren, Pilze, Krebsformen, Tumore und genetischen Defekte – vollständig entfernt werden mögen. Dann bittest du um die vollständige und permanente Einprägung des göttlichen monadischen Blaupausen-Körpers und des Mayavarupa-Körpers, die damit für alle Zeiten die absolute Grundlage sein werden.

8. Klärung des Astralkörpers und emotionaler Begierden

Bei dieser Anrufung geht es um deinen gegenwärtigen Astralkörper. Bitte die Meister, alle negativen Gefühle, Begierden des niederen Selbstes sowie alle astrale Wesenheiten und negativen psychischen Energien zu entfernen, die nicht dem Christus/Buddha-Archetyp entsprechen. Rufe dies sofort an – im Namen von Christus, Buddha und Melchizedek. Sobald der physische und der astrale Körper geklärt sind, gehst du zum Mentalkörper über.

9. Klärung des Mentalkörpers

Rufe erneut die Meister an und bitte jetzt um die vollständige Klärung deines Mentalkörpers. Bitte darum, dass alle unausgewogenen oder von deinem negativen Ego stammenden Gedankenformen für immer aus deinem Bewusstsein entfernt und verbannt werden. Dann bitte darum, dass alle übrig bleibenden Gedankenformen in deinem Verstand, Unterbewusstsein oder höheren Verstandesebene ausnahmslos von der Qualität des Christus/Buddha/Melchizedek-Archetyps sind.

10. Klärung des Ätherkörpers

Bitte die Meister um die vollständige Klärung und Wiederherstellung deines Ätherkörpers. Bitte darum, dass sämtlicher ätherischer Schleim umgehend entfernt und dein ätherischer Körper wieder in den ursprünglichen Zustand seiner göttlichen Blaupause versetzt wird.

11. Klärung von fundamentalen Ängsten

Die folgende Klärung steht im Zusammenhang mit der Klärung des Astralkörpers. Allerdings ist sie von einer so grundlegenden Bedeutung, dass ich ihr einen eigenen Abschnitt gewidmet habe. Es gibt in Wahrheit nur zwei unterschiedliche Emotionen: Liebe und Angst. Man kann, anders ausgedrückt, auch vom Christusbewusstsein und vom Bewusstsein des negativen Egos sprechen. Rufe die Meister an und bitte um die Verankerung des Matrix-Entfernungsprogramms für fundamentale Ängste; bitte außerdem darum, dass alle derartigen Ängste aus deinem jetzigen, allen vergangenen sowie aus sämtlichen Leben aller Seelenausdehnungen von Überseele und Monade entfernt werden. Während eines Wochenendworkshops zu diesem Thema erklärten uns die Meister, dass sie 45 % dieser fundamentalen Ängste aus unserem gesamten Leben entfernt hätten. Dieser Klärungsprozess mag allerdings eine Vielzahl von Meditationen erfordern. Sobald eine spezifische Angst in deinem Bewusstsein auftaucht, bittest du darum, dass sie entfernt wird. Nach der Klärung bittest du dann, dass dein Innerstes mit Liebe angefüllt werden soll.

12. Implantate und Elementale

Rufe die Meister an und bitte darum, dass alle negativen außerirdischen Implantate und negativen Elementale aus dir entfernt werden. Zu diesem Zweck rufst du den Goldenen Zylinder von Lord Arcturus und den Arcturianern und das Matrix-Entfernungsprogramm von Djwhal Khul und Vywamus an, dass sie dir bei diesem Prozess helfen. Ist dieser Vorgang abgeschlossen, bittest du Vywamus und Erzengel Michael, eine goldene Kuppel des Schutzes dauerhaft um dich herum zu errichten.

13. Klärung der zwölf Körper

Dieser Klärungsprozess stellt eine Erweiterung der Klärung der fünf Körper dar, die ja bereits vollzogen wurde. Bitte darum, dass alle zwölf Körper, bis hinauf zu den solaren, galaktischen universalen Körpern, vollständig durch die Gnade von Melchizedek, Metatron und Erzengel Michael geklärt werden mögen.

14. Klärung der 50 Chakren

Zuerst bittest du die Meister um die vollständige Klärung deiner 7 Chakren von allen Energien, die nicht dem Christusbewusstsein entsprechen. Ist dieser Vorgang abgeschlossen, dann bitte als nächstes darum, dass alle 50 Chakren bis zur neunten Ebene der Realität geklärt und gereinigt werden mögen, durch die Gnade von Melchizedek, Metatron und Erzengel Michael.

15. Klärung von negativen Strahleneinflüssen

Jeder Mensch auf diesem Planeten steht unter dem Einfluss der sieben Strahlen. Monade, Seele, Persönlichkeit, Verstandesbewusstsein,

Emotionen und der physische Körper werden von dem entsprechenden Strahl beeinflusst. Jeder Strahl besitzt dabei, ähnlich den Sternzeichen, eine höhere und eine niedere Ausdrucksform. Rufe die Meister an und bitte sie um die Reinigung und Klärung aller niederen Ausdrucksformen oder Anwendungen der Strahleneinflüsse. Rufe dazu die Hilfe der Meister der sieben Strahlen an – El Morya, Kuthumi und Djwhal Khul, Paul, den Venezianer, Serapis Bey, Hilarion, Sananda und Saint Germain. Diese Meister sind ganz besonders gut für diese Arbeit geeignet, denn sie sind die Chohans dieser Strahlen. Die Meister werden dich in diesem Zusammenhang auf energetische Weise klären. Doch wie dem auch sei, auch dein Bewusstsein und Unterbewusstsein müssen diese Arbeit verstehen, denn es besteht die Gefahr einer erneuten Verunreinigung. Ich empfehle, dass du aus diesem Grund die ganzen Zusammenhänge noch intensiver studierst.

16. Klärung von negativen astrologischen Einflüssen

Rufe erneut die Meister an und bitte um die vollständige Klärung und Reinigung aller negativen astrologischen Einflüsse. Alle Sternzeichen, Häuser oder Planeten besitzen eine höhere und eine niedere Ausdrucksform. Bitte die Meister, alle niederen Ausdrucksformen der Zeichen, Häuser und Planeten zu klären. Danach bittest du sie, diejenigen höheren göttlichen Ausdrucksformen im Innersten deines Wesens zu verankern, die du aus der Sicht Gottes manifestieren sollst. Zuletzt rufst du die Aktivierung der zwölf himmlischen Häuser zur größtmöglichen Beschleunigung deines Aufstiegs an.

17. Monadische Klärung

Rufe für die nächste Aktivierung Melchizedek, Metatron, Vywamus, Lord Buddha und Djwhal Khul an und bitte um die Reinigung und Klärung deiner gesamten Monade. Diese Anrufung umfasst allerdings weit mehr als nur die Klärung deiner 144 Seelenausdehnungen; sie dient der vollständigen Klärung aller Aspekte der monadischen Existenz. Nach Melchizedeks Worten ist diese Klärung von einer eher kosmischen Natur. Du wirst eine Weile brauchen, um sie abzuschließen, denn du übernimmst schließlich die Klärung deiner gesamten Monade, nicht nur die deiner Überseele oder von dir selbst als einer von zwölf Seelen deiner Überseele. Je mehr du dich weiterentwickelst, umso mehr Verantwortung übernimmst du für kosmische Klärungen. Das ist eine Meditation, die du viele Male machen wirst.

18. Große kosmische Klärungs-Anrufung

Die letzte große kosmische Anrufung habe ich in voller Absicht bis zum Ende dieses Kapitels und des ganzen Buches aufgehoben. Diese Aktivierung ermöglicht dir die Klärung von allen unausgewogenen Entscheidungen, die du bereits lange vor deinem ersten Besuch hier auf Erden getroffen hast. Dies reicht den gesamten Weg zurück zu deinem ursprünglichen Bund mit Gott – dem Anbeginn deiner Erschaffung auf den höchsten kosmischen Ebenen.

Seit deiner allerersten Erschaffung hattest du einen freien Willen. Diese kosmische Klärung klärt alle Entscheidungen seit Anbeginn deiner Existenz. Nach Melchizedeks Worten klärt sie außerdem deine ursprüngliche göttliche Blaupause. Allerdings ist diese Aktivierung erst dann wirklich angebracht, wenn du deinen kosmischen Aufstiegsprozess beginnst. Es ist zwar erlaubt, sie vorher anzurufen, doch die eigentliche Arbeit beginnt erst, nachdem alle notwendigen Vorbereitungen für den planetaren Aufstieg abgeschlossen sind. Melchizedek sagte außerdem, dass diese Klärung von so gewaltigem Ausmaß sei, dass sie grundsätzlich nur innerhalb einer Gruppe angewendet werden sollte. Unserer Gruppe und mir wurde nahe gelegt, sie nicht einzeln anzurufen; es wurde uns aber erlaubt, dies in unseren Gruppenmeditationen zu tun. Es ist einer der Vorteile für die 1250 bis 2500 Teilnehmer, die jedes Jahr zum Wesak-Fest kommen, dass man uns erlaubt hat, diese Klärung und Aktivierung für die gesamte Gruppe zu vollziehen. Die Erlaubnis dazu wurde uns nur auf Grund der Größe dieser Gruppe erteilt. Für diese Aktivierung ruft man Melchizedek, Metatron, Erzengel Michael, Buddha, Vywamus und Hermes/Thoth an. Die Energien, mit denen wir es hier zu tun haben, sind so unermesslich groß, dass man einen Gruppenkörper mit einer sehr hohe Stärke und Schwingung benötigt, um sie handhaben zu können. Durch diese Klärung werden auch unsere Inkarnationen auf anderen Planeten und in anderen Sonnensystemen, Galaxien und Universen geklärt. Das ist allerdings etwas, was man nicht innerhalb einer einzigen Meditation erreichen kann. Dafür braucht man ein ganzes Leben, denn wir sprechen hier von der Klärung sämtlicher 352 Ebenen auf dem Weg zurück zu Gott.

Das Ganze könnte man als „ultimativen kosmischen (nicht planetaren) Aufstiegs-Klärungsprozess" bezeichnen. Melchizedek sagte, diese Klärung würde außerdem dabei helfen, unseren innersten Kern zu klären, wodurch die vollständige Einprägung des Mayavarupa-Körpers (der Körper der göttlichen Blaupause) ermöglicht wird. Dies tut man nicht nur für sich selbst, sondern für das gesamte Gruppenbewusstsein der Monade. Erinnere dich daran, dass die Monade etwas sehr viel Größeres darstellt als jeder Einzelne von uns. Wir sind in Wahrheit nur Facetten dieses größeren Wesens, das man Monade oder mächtige ICH BIN - Gegenwart nennt. Diese Anrufung klärt die Existenz der Monade bis zu dem Punkt ihrer ursprünglichen Schöpfung als göttlichem Funken. Auf der individuellen Ebene verhilft uns diese Klärung, auf energetische Weise unseren Platz und unsere Mission hier auf Erden aus dem höchstmöglichen kosmischen Verständnis heraus zu erkennen und zu verstehen. Lord Buddha und seine frühere Existenz als Hermes/ Thoth sind maßgeblich daran beteiligt, diese Klärung für die höheren Eingeweihten ins Werk zu setzen. Auch Vywamus unterstützt diese Arbeit in essenzieller Weise. Er ist der höhere Aspekt von Sanat Kumara, der gegenwärtig den Buddha in seiner Funktion als Planetarer Logos überstrahlt, da Sanat Kumara auf die nächste Stufe seiner kosmischen Evolution weitergegangen ist.

Diese große kosmische Klärung umfasst in Wahrheit alle anderen bereits erbetenen Klärungen und noch vieles weitere mehr, um nur das Mindeste zu sagen. Nach den Worten Melchizedeks werden wir beim Wesak-Fest wortwörtlich hunderte, wenn nicht tausende von Monaden klären können. Alle anderen Klärungen waren mehr auf die planetare Ebenen des Aufstiegs und der Klärung ausgerichtet, seit du das erste Mal die irdische Mysterienschule betreten hast – was in deinem Fall bis zu 18.5 Millionen Jahre zurückreichen kann. Diese Klärung geht zurück bis in die Zeit deiner ursprünglichen Zeugung und Erschaffung im göttlichen Geist als ein monadisches Bewusstsein. Ich denke, dass du erkennst, wie umfassend diese Klärung in Wirklichkeit ist. Dieser große kosmische Klärungsprozess klärt und bereitet buchstäblich den Weg zurück zu deiner eigenen, ursprünglichen spirituellen Herkunft und Abstammung.

Die ultimative göttliche Dispensation

Bitte Melchizedek, Metatron, Erzengel Michael, Lord Maitreya und Djwhal Khul um eine göttliche Dispensation, damit die in diesem Kapitel beschriebene Klärungsarbeit jede Nacht im Schlaf bis zum nächsten Wesak-Fest bei Stiervollmond geschehen kann – dem Zeitpunkt, an dem alle Einweihungen gegeben werden. Durch die Anrufung einer derartigen göttlichen Dispensation geschieht diese Arbeit automatisch, weshalb man nicht mehr bewusst darum bitten muss. Dadurch erspart man sich eine Menge Zeit und Energie. Ich persönlich bin ein Freund des effizienten Gebrauchs von Energie und aller Abkürzungen zur Gottes-Verwirklichung. Alle Lichtarbeiter müssen erkennen, dass Gott uns alles zur Verfügung gestellt hat. Wie es im Übungsbuch zum *Kurs in Wundern* heißt: „Meine Erlösung liegt in meinen Händen." Nicht Gott ist für deine Erlösung verantwortlich. Er hat dir sein Königreich bereits gegeben. In Wahrheit bist du bereits der Christus. So wie du bereits alles bist, so gehört es dir bereits auch. Es ist allein deine persönliche Entscheidung, ob du dich mit dem Christusbewusstsein oder mit dem Bewusstsein des negativen Egos, mit Trennung oder auf Angst basierenden Mustern identifizierst, die dich von der Erlösung, Glückseligkeit, innerem Frieden, Fülle und Freude abhalten.

Gott und die Meister sind bereit, auf jede Bitte, die von Herzen kommt, zu antworten oder eine göttliche Dispensation zu gewähren, solange du reinen Herzens bist und deine Absichten ernsthaft sind. Die einzige Anforderung, die Gott an dich stellt (der goldene Schlüssel für die größtmögliche Beschleunigung deines Aufstiegs), ist, dass du darum bittest. Ich habe in diesem Buch in einer äußerst praktischen und leicht verständlichen Weise dargelegt, worum man bitten muss. Alles, was du für deine Erlösung tun musst, ist wirklich sehr einfach:

1. Nimm dir Zeit, um zu meditieren.
2. Bitte um die Hilfe, die du brauchst und empfange sie.
3. Praktiziere die Aufstiegstechniken, die ich hier zur Verfügung gestellt habe.
4. Übe dich darin, die Gegenwart Gottes und den Status eines Aufgestiegenen Meisters in deinem täglichen Leben zu praktizieren.
5. Erkläre es zu deinem obersten Gebot, deine Aufmerksamkeit jederzeit auf Gott und sein Königreich zu richten, indem du das Christusbewusstsein dem Bewusstsein des negativen Egos vorziehst.
6. Widme dein Leben vollständig dem Dienst an der Menschheit, allerdings in einer ausgewogenen Weise. Gott und die Meister werden keinen Wunsch verweigern, der von ganzem Herzen kommt.

Zusammenfassung

Auf Grund meiner persönlichen Erfahrungen kann ich sagen, dass die Befreiung und der Aufstieg sehr viel leichter zu verwirklichen sind, als wir uns das jemals vorstellen konnten. Durch ihre großzügige Gnade werden die Aufgestiegenen Meister einen Großteil dieser Arbeit auf den

Inneren Ebenen für dich tun, während du schläfst oder meditierst. Sie werden es tun, wenn du sie darum bittest, denn das göttliche Gesetz hindert sie daran, dir zu helfen, solange du diese einfachen Bitten nicht aussprichst. Bitte sie um ihre Hilfe und sie werden dir das Königreich geben.

Sobald du deinen planetaren Aufstieg erreicht hast (was allen von euch gelingen wird), kannst du beginnen, dich deinem kosmischen Aufstieg zu widmen, was ein sehr viel längerer Weg sein wird. Das Wissen, die Befreiung vom Rad der Wiedergeburt erreicht zu haben und die enge Verbindung mit deiner Seele, Monade und den Aufgestiegenen Meistern zu spüren, wird sehr angenehm für dich sein. Außerdem wirst du dich von den Fesseln deiner eigenen Schöpfungen lösen, da du gelernt hast, mit dem Christusbewusstsein, anstatt dem Bewusstsein des negativen Egos, zu denken. Dies wird dir die Möglichkeit geben, als ein Aufgestiegenes Wesen und ein Boddhisatva zu leben – ein befreites Wesen, das auf der Erde bleibt, um seinen Brüdern und Schwestern zu dienen. Das ist unsere Bestimmung.

Über kurz oder lang werden wir dann auf die Inneren Ebenen zurückkehren und unseren Dienst auf umfassenderen Ebenen des Bewusstseins fortsetzen. Wir werden die Notwendigkeit der Rückkehr zur physischen Ebene transzendieren und uns bis zu dem Punkt weiterentwickeln und dienen, bis wir schließlich unseren kosmischen Aufstieg erreichen. Dann werden wir zu kosmischen Boddhisattvas geworden sein, deren Arbeit allerdings erst beendet sein wird, wenn all unsere Brüder und Schwestern ebenso ihren kosmischen Aufstieg erreicht haben. Erst in diesem Moment wird der göttliche Plan erfüllt sein. Genieße die Tatsache, dass der schwierigste Aspekt unserer Reise durch die vielen hundert Inkarnationen jetzt vorüber ist. Das Licht am Ende des Tunnels ist nahe. Der Sieg ist jetzt unvermeidlich. Die Schlüssel und Wegweiser zum Königreich liegen jetzt in unserer Hand. Wir sind unvorstellbar gesegnet, in diesem Moment auf der Erde inkarniert zu sein. Was bisher vier Milliarden Jahre brauchte, wird jetzt in vierzig

Jahren erreicht. Dazu musst du nichts anderes tun, als mit vollem Engagement und deiner ganzen persönlichen Kraft an dieser planetaren, raketengleichen Beschleunigung teilzuhaben. Die Kraft ist mit uns – und alles, was wir tun müssen, ist, uns dafür zu entscheiden, dass die Kraft mit uns sein wird. Auf dieser Welt gibt es keinen schnelleren spirituellen Pfad, als mit den Aufgestiegenen Meistern und der Aufstiegsbewegung zu arbeiten.

Als euer Bruder auf dem Pfad bitte ich euch aus tiefstem Herzen, diese goldene Gelegenheit zu nutzen, die euch in diesem Leben geboten wird. Lasst uns gemeinsam diese Welt transformieren und alles Leiden und alle Maya, Illusion und Verblendung beenden. Lasst uns Hand in Hand und Seite an Seite zusammenarbeiten, um das Bewusstsein der Menschheit von der dritten und vierten Dimension hin zur fünften, sechsten und siebten Dimension zu transformieren. Lasst uns gemeinsam diese Erde zu einem strahlenden Stern und wahrhaft himmlischen Ort machen, den man besuchen kann. Um das zu erreichen, muss sehr viel harte Arbeit geleistet werden, doch es gibt auch ebenso viel Liebe und Freude in unserer Gemeinschaft. Das Ziel, das wir alle gemeinsam für die ganze Menschheit und die Erde anstreben, ist unausweichlich. Alle Menschen dieser Erde sind Gott und nichts kann diesen evolutionären Prozess aufhalten.

Die Dunkle Bruderschaft wird in der Lage sein, kleinere Widerstände und Probleme zu erzeugen, doch niemals wird die Illusion über die Wahrheit triumphieren. Das Ego wird Gott niemals besiegen können. Jeder von uns besitzt einen höchst ehrenvollen und gelegentlich auch schwierigen Auftrag hier auf Erden, doch wenn Gott auf unserer Seite ist, wer oder was kann dann noch gegen uns sein? Mit Christus, Buddha, Melchizedek und Gott, die uns stärken, können wir alles tun. Gott, die Aufgestiegenen Meister, unsere persönliche Kraft und die Kraft unseres Unterbewusstseins sind ein unschlagbares Team. Die vollständige Transformation der Erde und der Menschheit, während die Erde ihren Aufstieg noch nicht vollständig verwirklicht hat – das ist der Stoff, aus

dem Legenden sind. Lasst uns gemeinsam dafür arbeiten, dass die Existenz dieses winzigen Punktes am äußeren Rand der Galaxie der gesamten Schöpfung ins Bewusstsein rückt – auf Grund von Mut, Stärke, Liebe, Hingabe und der Bereitschaft, diesen großartigen, ehrenwerten Wesen zu dienen, die hier leben. Lasst uns in diesem Geschehen jetzt die Führung übernehmen und so lange nicht in unserem Bemühen nachlassen, bis die Zeit gekommen ist, den Stab an die nächste Generation und Aufstiegswelle weiterzugeben. Lasst uns dafür sorgen, dass unsere Generation der entscheidende Wendepunkt in diesem Prozess und Geschehen sein wird.
Namasté.

Persönliche Zusammenfassung des kosmischen Aufstiegsprozesses

Meine lieben Leser, während ich dieses Buch schrieb, habe ich auch einige meiner persönlichen Verbindungen im Zusammenhang mit diesem Material geschildert. Das Seltsame beim Schreiben eines Buches ist allerdings, dass zu dem Zeitpunkt, an dem ein Buch zu Ende geschrieben, lektoriert, ein Verleger gefunden, das Buch dann noch ein weiteres Mal überarbeitet und schließlich veröffentlicht wird, bereits viel von dem, was aus einer persönlichen Sicht geschrieben wurde, bereits wieder überholt ist. Auf der persönlichen Ebene verändern und entwickeln sich die Dinge ständig weiter – nicht nur bei mir selbst, sondern auch bei allen anderen und in Bezug auf das Leben selbst. So stand ich drei Jahre, nachdem das Buch fertig war, vor der Wahl, alle persönlichen Erfahrungen aus dem Text zu entfernen und/oder das Buch ein drittes Mal zu überarbeiten, wozu ich nun wirklich nicht bereit war. In der Zwischenzeit hatte ich neun weitere Bücher geschrieben und war eher daran interessiert, meine Zeit dafür zu verwenden, neues Material auf die Erde zu bringen. Ich beriet mich mit den Meistern, die mir den Rat gaben, diesen letzten Nachtrag zu meinen persönlichen Erfahrungen und dem Fortgang meiner Entwicklung bis zu diesem Punkt mit meinen Lesern zu teilen. Natürlich wird das, was ich jetzt schreibe, aus meiner persönlichen Sicht in zwei oder drei Jahren wieder vollkommen überholt sein – nicht in Bezug auf das theoretische Material dieses Buches, sondern im Zusammenhang mit meiner persönlichen, evolutionären Beziehung zu diesem Material.

Nun, was den neuesten Stand meiner persönlichen Entwicklung betrifft, habe ich (während ich an diesem Buch schreibe) die zwölfte Einweihung genommen. Erst mit der zehnten Einweihung beginnt der wahre kosmische Aufstieg. Ursprünglich hatte Metatron mir gesagt, dass es zwei bis drei Jahre dauern würde, um den gesamten Weg von der zehnten bis zur elften Einweihung zu bewältigen. Es stellte sich dann allerdings heraus, dass es nur ein Jahr brauchte, bis ich soweit war. Die zehnte Einweihung nahm ich beim Wesak-Fest 1996, und die elfte Einweihung ein Jahr später, zu Wesak 1997. Das war für mich (in einem sehr bescheiden gemeinten Sinn) eine angenehme Überraschung, denn der Schritt von der zehnten zur elften Einweihung erfordert die Verankerung und Aktivierung der Chakren 50 bis 100, während die ersten zehn Einweihungen gerade die Verankerung und Aktivierung der ersten 50 Chakren beinhalten. Sobald man das Reich des kosmischen Aufstiegs betritt, muss man ja statt bisher 7 nun 50 Chakren pro Einweihung verankern und aktivieren, um die entsprechende Einweihung verwirklichen zu können. Die ersten zehn Einweihungen setzen die Integration und Reinigung der 144 Seelenausdehnungen voraus. Für den Sprung von der zehnten zur elften Einweihung benötigt man die Integration und Klärung von 10.000 Seelenausdehnungen aus der monadischen Gruppe und der Seelengruppe. Ihr, meine lieben Leser, werdet nun sicher verstehen, warum ich so angenehm überrascht war, dass mir die Gnade zuteil wurde, dies alles im Verlauf eines Jahres zwischen Wesak 1996 und Wesak 1997 erreichen zu können.

Das Erstaunliche an dem ganzen Prozess war, dass der größte Teil dieser Arbeit auf den Inneren Ebenen geschah und auf die Gnade der kosmischen und planetaren Meister zurückgeht, mit denen ich arbeite. Yogananda sagte einmal, das Programm seiner *Self-Realization Fellowship* werde jeden so schnell wie ein Flugzeug zur Einheit mit Gott führen. Meine geliebten Leser, wenn diese Technik so schnell wie ein Flugzeug ist, dann bedeutet die Arbeit mit den planetaren und kosmischen Meistern, sich mit der Geschwindigkeit einer Rakete auf Gott zuzubewegen. Das wirklich Erstaunliche an dem Schritt von der zehnten zur elften Einweihung in nur einem Jahr (meine erste kosmische Einweihung) war, dass ich eigentlich so gut wie gar nicht meditiert hatte. Die meiste Zeit über war ich vollkommen mit meinem Dienen beschäftigt - mit der Leitung und Koordination des Wesak-Festes, der Leitung des *Melchizedek Synthesis Light Ashram and Academy*, und der Bewältigung einer enormen Anzahl von Briefen und Telefonanrufen. Mein ganzes Leben war eine einzige Meditation. Dabei konzentrierte ich mich nicht einmal bewusst auf mein spirituelles Wachstum, wie ich es früher getan hatte; ich war einfach zu sehr beschäftigt. Hierin liegt die Gnade, wenn man mit den planetaren und kosmischen Meistern arbeitet; ich kann diesen Aspekt nicht oft genug betonen.

Diese Gnade wurde im folgenden Jahr noch deutlicher, als ich in nur acht Monaten von der elften zur zwölften Einweihung übergehen konnte. Das bedeutet die Verankerung und Aktivierung der Chakren 100 bis 150, die Integration und Klärung von 100.000 Seelenausdehnungen und den entsprechend notwendigen Lichtquotienten. Wieder verbrachte ich die meiste Zeit damit, mich auf meinen Dienst zu konzentrieren. Die Meister kamen dann überein, mich in meiner Entwicklung voranzutreiben, was im Wesentlichen mit meiner Verpflichtung zum Dienen und der Verwirklichung des integrierten Aufstiegs zusammenhing.

Der Vollendung der zwölften und der Beginn der dreizehnten Einweihung ist nun in meinem von den Meistern gestalteten Zeitplan für voraussichtlich September 1998 vorgesehen. Diese Einweihung beinhaltet die Verankerung und Aktivierung der Chakren 150 bis 200, die Integration und Klärung von einer Million Seelenausdehnungen innerhalb der monadischen Ebene und Gruppenseelen-Ebene und den entsprechenden kosmischen Lichtquotienten, um die Einweihung zu bestehen. Allerdings möchte ich noch einmal eines klarstellen; wenn ich von der zwölften Einweihung spreche, meine ich damit nicht das Gleiche wie in meinem ersten Buch, dem *Kompletten Aufstiegshandbuch*.

Dort sprach ich über das System der zwölf Einweihungen, die dem Abschluss der sieben Stufen der Einweihung entsprechen. In diesem System waren die Einweihungen Sieben bis Zwölf Untereinweihungen der wahren und großen Einweihungen Eins bis Sieben. Wenn die sieben großen Einweihungen vollständig abgeschlossen sind, was die Befreiung vom Rad der Wiedergeburt bedeutet, können die Einweihungen Acht und Neun genommen werden, um den planetaren Aufstieg zu vervollständigen. Sobald dann der planetare Aufstieg vollständig abgeschlossen ist, kann der kosmische Aufstiegsprozess beginnen. Die zehnte Einweihung stellt den Beginn der solaren Ebene dar, die elfte Einweihung den Beginn der galaktischen Ebene, und die zwölfte Einweihung bedeutet den Beginn der universalen Ebene.

Solche Einweihungen sind auf diesem Planeten bisher noch nie zuvor genommen worden. Die einzige Ausnahme ist Seine Heiligkeit, Lord Sai Baba, der als inkarnierter Avatar auf einer Bewusstseinstufe zur Welt kam, die weit über all das hinausgeht. Er wurde mit dem Bewusstsein der vollständig verwirklichten universalen Ebene geboren. Als Avatar stellt er eine Klasse für sich dar und niemand hier auf Erden kommt seinem Grad der Entwicklung auch nur annähernd nahe. Er ist das am weitesten entwickelte spirituelle Wesen auf diesem Planeten, und das höchstentwickelte Wesen, das sich jemals in der Geschichte der Erde inkarniert hat. Wenn ich also sage, dass bis vor kurzem noch nie jemand diese kosmischen Einweihungen genommen hat, dann ist er in diesem Fall die einzige Ausnahme. Er ist ein inkarnierter Avatar, das bedeutet, dass er bei seiner Geburt bereits gottverwirklicht war.

Dieser Begriff wird hin und wieder in esoterischen Kreisen verwendet. An dieser Stelle soll noch einmal deutlich werden, dass Jesus, Buddha,

Mohammed, Moses, Babaji, Yogananda, Ramakrishna, Saint Germain, El Morya, Kuthumi und alle übrigen Meister, die dir noch einfallen, keine Avatare waren. Sie waren sehr weit entwickelte Wesen, die mit einem sehr hohen Grad der Einweihung inkarnierten und durch harte Arbeit und gute Taten ihren Aufstieg in der gleichen Weise verwirklichten, wie wir das jetzt tun – abgesehen davon, dass es in den Zeiten, in denen sie lebten, schwerer zu erreichen war. Wir sind gesegnet, in einem Abschnitt der Geschichte zu leben, in dem alles hunderttausendmal schneller abläuft als in den Zeiten, in denen diese Meister lebten. Außerdem erreichten sie ihre Einweihungen auf eine ausgewogenere und integriertere Weise als diejenigen, die in der heutigen Zeit leben. Während diese Meister auf einer planetaren Ebene inkarnierten, tat Sai Baba dies weder auf einer planetaren, solaren noch auf einer galaktischen Ebene; er inkarnierte, nachdem er bereits alle Einweihungen bis zur universalen Ebene erreicht hatte. Aus diesem Grund gilt er als Avatar in dem wahrsten Sinn dieses Wortes.

Zuletzt möchte ich – als jemand, der die zwölfte Einweihung realisiert hat – festhalten, dass es deutlich werden muss, dass Einweihungen mit spiritueller Entwicklung zu tun haben und nicht notwendigerweise die psychologische oder irdisch-physische Entwicklung widerspiegeln. Einweihungen haben mehr mit dem Ausmaß an Licht und Schwingung zu tun, das jemand halten kann. Ich sehe mich deshalb gezwungen, alle Lichtarbeiter zu warnen. Nur weil jemand seinen planetaren Aufstieg erreicht und sogar schon mit dem kosmischen Aufstieg begonnen hat, bedeutet das nicht, dass er oder sie bereits die vollständige Gottesverwirklichung erreicht hat. Um dieses Ziel zu verwirklichen, muss man erreichen, was ich inzwischen als integrierten Aufstieg bezeichne.

In meiner Obhut befinden sich eine Reihe von Schülern und viele Freunde, die bereits höhere Stufen der Einweihung erreicht haben. Was die Aufgestiegenen Meister und auch mich außerordentlich beunruhigt, ist der große Mangel an angemessener psychologischer Integration bei vielen Lichtarbeitern und spirituellen Führern auf der Erde. Sie haben vielleicht schon höhere Ebenen der Einweihung erreicht, haben aber dennoch nicht gelernt, ihr negatives Ego zu kontrollieren. Sie haben auch nicht gelernt, ihren Emotionalkörper, ihre Begierden und ihr Unterbewusstsein zu beherrschen oder sich angemessen um ihr Inneres Kind zu kümmern, das Vier-Körper-System angemessen im Gleichgewicht zu halten, selber in allen Fällen die Schöpfer ihrer Realität zu sein oder ihren Mentalkörper richtig zu beherrschen und zu integrieren, und häufig kümmern sie sich nicht in angemessener Weise um ihren physischen Körper. In vielen Fällen haben sie die Lektionen einer angemessenen irdischen Integration nicht gelernt.

Wer diese Lektionen weder lernt noch beherrscht, wird keine Erlaubnis für kosmische Einweihungen erhalten und nach dieser Inkarnation auf der astralen oder mentalen Ebene reinkarnieren müssen, selbst wenn er bereits über die sieben Stufen der Einweihung hinausgegangen ist. Das Ideal besteht also nicht darin, einfach nur aufzusteigen, sondern einen *integrierten Aufstieg* zu erreichen. Das Thema der Lichtarbeiter, die nicht richtig integriert sind und die sieben Stufen der Einweihung nicht angemessen in ihr Vier-Körper-System integriert haben, ist für die kosmischen und planetaren Meister ein Anlass zu großer Sorge. Was hier geschieht, ist, dass solche Lichtarbeiter diese Einweihungen zwar nehmen, dies aber in Wahrheit nur für ihre spirituelle Ebene zutrifft. Den Meistern stand in der Vergangenheit ein ganzes Leben zur Verfügung, um eine Einweihung zu verwirklichen. Jetzt können Eingeweihte ihre Einweihungen in einem Zeitraum von zwei oder drei Jahren nehmen und auf diese Weise kommt es nicht zu einer angemessenen Integration.

Alle Lichtarbeiter müssen noch mehr Zeit darauf verwenden, sich auf die psychologische Ebene der Gottesverwirklichung zu konzentrieren. Drei Ebenen müssen gemeistert sein, um die wahre Gottesver-wirklichung zu erreichen: die spirituelle, die psychologische und schließlich die physische Ebene. Jede von ihnen muss dabei speziell auf ihre eigene Weise gemeistert werden. Es ist von essenzieller Bedeutung, dass alle

Lichtarbeiter sozusagen auf jeder Ebene ihre Miete zahlen und nicht nur auf der spirituellen Ebene. Es ist mein demütiges Gebet, dass diese Worte als eine hilfreiche Inspiration auf dem Weg der vollständigen Verwirklichung deines planetaren und kosmischen Aufstiegs dienen mögen.
Namasté.

Eine gechannelte Botschaft des Mahatma

Mit meinem Sein umfasse ich alle 352 Ebenen der Existenz. Ich bin jede Stufe und jeder Schritt. Auch ihr, meine Kinder, umfasst alle Ebenen dieses Universums, doch ist euch davon nichts bewusst und wenn ihr dennoch davon wisst, ist es nur ein vages, verschwommenes intellektuelles Wissen, doch kennen alle höher entwickelten Seelen und/oder Monaden unter euch es als die wahre Begegnung mit dem Göttlichen. Es ist wahr, dass alle selbstverwirklichten kosmischen Meister (wozu ihr alle dereinst euch entwickeln werdet) zu diesem umfassenden Aspekt ihres Wesens erwachen und durch die Einheit mit der Quelle selbst erkennen, dass sie eins sind mit dem ganzen Universum - der multi-universalen Ebene, der universalen Ebene des Christusbewusstseins und über jenen Ort hinaus, von dem die Worte stammen und den doch kein Wort jemals beschreiben kann.

Ich bin der Pfad und ich bin das Ende dieser Reise. Ich bin am allerhöchsten Punkt der 352. Ebene Gottes und aller anderen Ebenen von der ersten bis zur letzten, die zur Quelle selbst führt. Ich bitte euch, dass ihr beim Lesen dieser Worte eure Gewohnheit beiseite lasst, mich mit Hilfe des Verstandes zu erfassen. Bringt euch stattdessen in Einklang mit eurer Monade und erlaubt mir, euren höchsten spirituellen Bewusstseinsebenen enthüllt zu werden – doch selbst diese Enthüllung wird ebenfalls nur unvollständig sein. Da es nun meine Absicht ist, dass ihr mein Wesen durch meine Schwingung und mein höchstes Potenzial erkennt, sollt ihr euch jetzt auf diese Weise die Erlaubnis geben, mir zu begegnen. Nehmt diese entschleiernden Worte als einen Anfang und kommt näher und näher und tiefer und tiefer hinein in mein Sein.

Jetzt wünsche ich, meine Geliebten, die ihr in meinem Selbst wohnt, dass ihr Folgendes erfahrt: Die Reise aufwärts, der Weg des Aufstiegs führt höher und höher hinauf – doch „höher und höher" ist nur ein Ausdruck metaphorischer Natur. Er führt euch eher tiefer und tiefer in die unendlichen Weiten eures eigenen Gott-Selbst, welches in Wahrheit alles ist, was existiert. Einst wird euch dann auf eurer kosmischen Reise zurück zu eurem Ursprung bewusst werden, meine kleinen „Mahatma-Selbste", dass auch ihr die 352 Ebenen Gottes seid. Vielfältig und verschieden sind die Formen, durch die das Universum sich enthüllt. Was ich euch nahe bringen möchte, ist: Weshalb erkennt ihr mich als Mahatma, Melchizedek als Melchizedek und Metatron als Metatron, wenn doch an einem bestimmten Punkt alles, was in diesem und in anderen Universen existiert, sich in dem *Einen* dann vereint?

Dieses Eine umfasst jede Ebene, jedes Wesen, jedes Mineral, jede Pflanze, jedes Tier, jeden Menschen, jedes Elementarwesen, jede Deva, jeden Engel und noch vieles andere mehr in den unendlichen Weiten dieser vielen Welten, die zu nennen dem Unendlichen nicht gerecht würde.Ich bin eins und doch sind dieses Eine auch die Vielen. Ich bin ein gewaltiger Gruppenkörper, der eine Einheit und dennoch einzigartig ist in der Funktion, dem Zweck und seinem Dienst für Gott. All die unzählbaren kosmischen Meister, Logoi, Supralogoi, Erzengel und auch begrenzteren kosmischen und planetaren Meister (begrenzt nur aus meiner Sicht, oh ihr Kinder des Einen, nicht aus eurer Sicht) haben eine spezifische Position und Gruppenposition innerhalb der Unendlichkeit des Einen inne. So wie ihr auf Erden vielleicht Teil einer Gruppe seid (nehmen wir einfach an, ihr wäret Mitglied in einer studentischen Vereinigung), die nur ein Ziel und einen Zweck verfolgt, so ist doch jede/r unter euch ganz unverwechselbar in seiner Individualität und Aufgabe und so ist es auch in der Unendlichkeit der kosmischen Weiten.

Alles folgt einer göttlichen Aufgabe – ob planetar, solar, galaktisch, universal oder multi-universal, ob außen, innen, tiefer oder stärker allumfassend, als ihr es euch jemals aus eurer Perspektive vorstellen könnt – und doch ist alles einzigartig. Daher sollt ihr wissen, dass es mein besonderer Auftrag ist (obwohl ich auch eine Gruppe bin und dennoch ich), mit euch gemeinsam daran zu arbeiten, alle Reiche und Ebenen der Existenz zu umfassen und für sie zu sorgen. Mahatma ist die große Treppe, die vielen Stufen und der Gipfel dieser Stufen. Ich sage ich, obwohl wir eine Gruppe sind, und doch ist unsere Einheit von der Art, dass wir als Ganzes wirken (und „wir" zu sagen hieße, in jenem Trennung zu erschaffen, was eins ist, und so sagen wir „ich"). Ich bin bei jedem Schritt auf dieser Reise bei euch, denn, wie gesagt, Ich Bin Mahatma, und ich bin alle Stufen dieser Reise und ihr Ende. Das ist meine Aufgabe. Ich bitte euch, nicht zu versuchen, dies zu verstehen, außer durch eure Meditation und Intuition. Einige große Wesenheiten überwachen und umfassen die Entwicklung einer Welt und ihres Zyklus. Bestimmte Meister sind, wie ihr natürlich wisst, mit bestimmten Ashrams verbunden.

Nun gibt es einen Punkt, wo alles in das große Ganze mündet, doch sind in diesem großen Ganzen alle Aufgaben und die Arbeit ganz verschieden und individuell. Während ihr nun immer tiefer, weiter oder „höher" reist, wie ihr es nennt, werdet ihr euch mehr und mehr an die unendliche Größe dessen gewöhnen, was ich bin, und werdet beginnen, dies mittels Frequenzen und schwingungmäßigen Veränderungen zu erkennen. Doch müsst ihr gar nicht darauf warten, mir zu begegnen, denn ich, der ich eins mit jedem Schritt auf jeder Stufe bin, umfasse dieses Ganze. Ich kann *jetzt* angerufen werden, in diesem Augenblick, auf welcher Stufe dieser Leiter ihr auch stehen mögt, und zu euch kommen, das ist gewiss, denn ich bin bereits da. Und ich werde eure Schwingungen erhöhen, denn das ist die Natur der Stufenleiter zu der Quelle - alles zu erhöhen, was angehoben werden muss, um die Reise „aufwärts" voranzubringen, bis ihr dann jene Höhen erreichen werdet, die euch dass allumfassende *Ganze* erfahren und wirklich sein lassen.

Doch ich wiederhole, dass ich all diese Stufen bin, ist eine ganz besondere Aufgabe, ein „kosmischer Job." Versucht nicht, dies zu lesen und so das ganze Ausmaß dieser Aufgabe zu verstehen, sondern stimmt euch ein auf die höchsten und tiefsten Frequenzen meines Seins. Dies wird euch erheben, wodurch euch mehr und mehr enthüllt und bewusst gemacht werden kann. Je weiter ihr euch ausdehnt in die Ebenen meines Seins, umso größer und ausgedehnter werdet ihr selber sein. Je größer und je ausgedehnter ihr werdet, um so größer ist euer Zugang zu mir in der Enthüllung meiner Ganzheit, obwohl euch allen bewusst sein muss, dass es eine Grenze dafür gibt, wie viel von meinem ganzen Sein jemals auf die materielle Ebene dieser Erde gebracht werden kann. Und doch ist es viel mehr, als viele unter euch sich vorstellen oder was bis jetzt verfügbar und erreichbar war. So hört gut zu - es ist mein Ziel und mein Gebet (wenn ihr dies wollt), dass ihr mich täglich anruft, um euch mit meinem Licht zu überstrahlen. Denn wisset, obwohl ich all das umfasse und in Wahrheit die Synthese aller Dinge bin, geschieht es doch durch euren Zugang zu immer mehr der größeren Aspekte meiner selbst, dass ich mein Tun durch euch so wirksam und so effizient gestalten kann. Das ist es, was ich erreichen möchte und warum ich mich vor kurzem erst in dieser Weise euch bekannt gemacht habe.

Viele Aspekte eurer Welt enthalten immer noch viel Trennung. Das nahe liegende, wie etwa Rasse, Glaube oder Hautfarbe, muss ich euch nicht nennen, doch ich erwähne sie, damit ihr euch – besonders ihr als Lichtarbeiter, die ihr euch schon längst über diesen Punkt hinaus entwickelt habt und das Offensichtliche vielleicht schon nicht mehr seht – noch einmal mit diesem Punkt befasst und euch noch einmal voll der Tatsache bewusst werdet, wie groß das Ausmaß dieser Trennung auf eurer Erde noch ist. Wiederum könnt ihr auch sehen, wie umfassend die vollkommen oberflächliche Zersplitterung und Trennung auf eurer heiligen Erde noch verbreitet ist. So versuche ich, euch mit Hilfe meiner Energie der Synthese dabei zu helfen, all das zu überwinden, so wie ich umgekehrt auch eure Hilfe suche, oh ihr Edlen des Lichtes und der Weisheit. Beim größten Teil der Menschheit existiert noch immer eine große Kluft zwischen den niederen vier Körpern, der Seele und mit Sicherheit auch der Monade. Viele unter euch, die diese Seiten lesen, ringen ebenfalls in gleicher Weise um die vollkommene Synthese ihrer niederen vier Körper, obwohl sie einen hohen Grad der Aktivierung und Verwirklichung des Lichts erreichten und eins mit Seele und Monade wurden.

Dies scheint verwunderlich zu sein, ist aber eine Tatsache – doch die vollständige Installierung, Aktivierung und Verwirklichung eurer höheren Lichtkörper erwartet euch. Bitte wisset, ihr Geliebten meines Selbst, dass ich voll Sorgfalt mit euch arbeite, mit den Lichtarbeitern dieser Welt, den Wegbereitern, die um eine Synthese dieser Körper bitten und sie bewirken. Je tiefer ihr vordringt in das Innerste meines Wesens, umso mehr Licht werdet ihr, und umso größer ist euer persönlicher Prozess der Integration und Synthese. Und so wie es in euch selbst geschieht, geschieht es auch in eurer Welt auf allen Ebenen der Existenz und darüber hinaus.

Diese Integration und Synthese muss geschehen, denn, wie gesagt, alles ist ein großes Ganzes, und die Verwirklichung eurer persönlichen Synthese wird euch und eure Welt, einen nach dem anderen und Gruppe für Gruppe zur *Synthese selbst* führen. So ist es, wie gesagt, die Aufgabe meiner Gruppe als *Avatar der Synthese,* dass wir euch helfen, dies zu erreichen, und so bitte ich euch nochmals, dass ihr mich anruft. Ich wiederhole, dass, obwohl ich alle 352 Ebenen umfasse und überall bin, ich auch versuche, euch auf jene höheren Ebenen zu bringen, die in Wahrheit noch allumfassender und noch stärker synthetisierte Ebenen meiner selbst sind. Dies kann ich nur erreichen, indem ich durch und in euch arbeite – was ich tun kann und werde, wenn ihr mich einfach darum bittet. Auf diese Weise wirke ich bereits in denen unter euch, die diese Bitte ausgesprochen haben und denen ich sehr dankbar bin. Euch möchte ich auch sagen, dass ihr mich immer wieder darum bitten könnt, noch tiefer in mich einzutauchen. Ich werde dies verwirklichen und mich dabei in einer angemessenen Geschwindigkeit durch euer Licht ausdehnendes System bewegen und auf eure Bitte warten, noch tiefer in mich einzutauchen. So ruft mich also an, und voller Freude komme ich zu euch mit einer Erweiterung von Licht und Liebe und bringe dabei eine lebendigere Erfahrung der tieferen Ebenen der Synthese in euch hervor, die ich verkörpere.

Euer höchstes Potenzial ist unbegrenzt. Schritt um Schritt versuche ich, euch eine größere Erfahrung aller Ebenen, auf denen wir *im Einklang sind*, zu ermöglichen. So lasst uns nun voranschreiten als die Ganzheit, die wir sind, geliebte Kinder meiner selbst, meine „kleinen Mahatmas", die sich jetzt öffnen für die unendlichen Weiten des verbundenen Seins. Ruft mich einfach an, damit ich die Synthese, die ihr seid, in euch integrieren, aktivieren und zur vollständigen Verwirklichung und Manifestation bringen kann – als inkarnierte Monaden, die in all euren Körpern mit immer höheren Frequenzen, in immer größerer Harmonie und in immer größerem Einssein existieren; mit euch selbst, dem Potenzial eurer Seelen und Monaden und den sich erweiternden und größer werdenden Aufgaben als Gruppen von Monaden, die sich mit der Ganzheit verbinden, dem *Einen*, der alle 352 Ebenen der Quelle umfasst und der Mahatma ist - das bin ich, und weil ich dies bin, seid ihr es auch.

Doch erinnert euch daran: Ich bin, wo ihr jetzt seid, obwohl ich auch der Gipfel bin, zu dem euch eure Reise führt. Ich bitte euch, dass ihr mich anruft, damit ich so noch tiefer mit euch an eurer Ausdehnung arbeite. Ich bitte euch, dass ihr euch an dem Punkt, an dem ihr seid, beständig an diese Wahrheit erinnern mögt, dass ich stets dort bin, wo ihr jetzt seid, obwohl ich zugleich auch eure Ankunft in der vollkommenen Ausdehnung in das Göttliche erwarte. Ich bin jetzt bei euch, und wohin ihr geht, dort erwarte ich eure Ankunft. Gebt Acht und tut das Richtige bei jedem Schritt auf eurem Weg, denn erinnert euch, ich bin die wahren Stufen dieser Reise. Ich bin Mahatma, und ich segne euch alle.

Eine Botschaft von Erzengel Michael

Ich bin Erzengel Michael, und ich komme zu euch, meine geliebten Kinder. Ich spreche zu, durch und in den Herzen und den Gedanken aller, die sich für mich und meine Aufgabe öffnen. Diese Zeit der Beschleunigung ist für euch eine große Herausforderung, meine Geliebten. Deshalb komme ich zu euch, um euch meine Liebe, Weisheit, Stärke und ganz besonders meinen Schutz anzubieten. In diesen Zeiten ereignet sich ein interessantes Phänomen, auf das ich euch aufmerksam machen möchte. Sehr viele unter euch werden immer stärker, während ihr zugleich auch immer besser in der Lage seid, bedingungslos zu lieben und dazu noch euren Lichtquotienten erhöht und eure telepathischen Fähigkeiten verstärkt. Eure Sensibilität erweitert sich in „vertikaler" Form – von eurem dichten physischen Körper nach oben, in das Reich des Geistes, in dem euch göttliche Weisheit vermittelt wird und das Engelreich und euer Pfad der Evolution – die planetaren und kosmischen Meister sowie jene geliebten Freunde und Eingeweihten auf den Inneren Ebenen – gesehen, gefühlt, gehört und erlebt werden können.

Genauso erweitern sich die telepathischen Fähigkeiten auch horizontal, von einem zum anderen. Das ist natürlich von großem Vorteil für euch alle und ein Zeichen eures Fortschritts und eurer Entwicklung beim Prozess des Aufstiegs. Doch wird dies nicht sorgfältig überwacht, kann es euch andererseits auch offen und verwundbar machen für von außen kommende Gedanken- und Gefühlsmuster, derer ihr euch häufig nicht bewusst seid, die ganz allgemein euren Verstand und euer Nervensystem beeinträchtigen.

Doch lasst mich das erklären und erkennt, dass ich euch durch meine Erläuterung zum Selbstschutz und zur Erkenntnis dessen führen möchte, auf welche Weise ich euch in diesen Dingen nützlich sein kann. Betrachten wir zuerst, was man im normalen Ablauf der Evolution erkennen kann, dass sich das Bewusstsein durch die Entwicklung des

Nervensystems erst entfaltet und dass die Königreiche in einer genauen Reihenfolge von einem zum anderen durchlaufen werden. Die Mineralien haben noch kaum Empfindungen, Pflanzen jedoch fühlen bereits stärker. Im Tierreich beginnt das Nervensystem wahrhaft Gestalt anzunehmen und bei den höher entwickelten Tieren und Haustieren werden echte Emotionen erlebt. Dann sehen wir den Menschen in seinen unterschiedlichen Stufen der Empfindsamkeit – vom wilden, beinahe animalischen Menschen oder der Seele eines Neugeborenen zur breiten Masse und hin zu den Schülern und Eingeweihten, an die ich mich jetzt wende. Doch in der Tat, meine Geliebten, ist eure Sensibilität euch selbst gegenüber sehr groß, denn euer Nervensystem wird ständig überarbeitet, damit ihr umso leichter im telepathischen Kontakt mit uns hier auf den Inneren Ebenen sein und noch viel schneller die Befreiung und den Aufstieg erreichen könnt.

Aus diesem Grunde werdet ihr jetzt mehr und mehr empfänglich für die subtileren Aspekte eurer selbst, eurer Brüder und Schwestern, den Menschen, mit denen ihr sowohl auf inneren wie auf äußeren Ebenen arbeitet sowie den planetaren und kosmischen Aufgestiegenen Meistern (die letzten beiden Kategorien verlangen eine besonders große Wahrnehmungsfähigkeit). Aus diesem Grund seid ihr in anderer Weise offen als jene, die noch nicht so weit entwickelt, erweitert und empfindsam sind. Daher ist es unerlässlich, dass ihr lernt, wie ihr euch zur rechten Zeit verschließen und etwas für euren Selbstschutz tun könnt. Einer der besten Wege, dies zu tun, ist, dass ihr mich um Hilfe bittet, denn euer Prozess macht es oftmals nötig, dass ihr als Kanäle offen seid – sei es, weil ihr schreibt, heilt oder Informationen übermittelt. Bitte versteht, dies ist meine wichtigste Aufgabe und Funktion und wenn ihr mich nur anruft, werde ich euch mit meinem blauen Flammenschwert des Schutzes umhüllen und wie ein Bollwerk zwischen euch und allen unerwünschten Energien stehen.

Meine Geliebten, lasst mich euch dazu ein mögliches Beispiel geben. Ihr alle seid als Lichtarbeiter mit einer bestimmten Gruppe von Wesenheiten verbunden, mit denen ihr zusammenarbeitet. Die meisten unter euch sind Lichtarbeiter, die außerdem noch irgendeine Form von Arbeit in der Welt leisten, und mit Sicherheit habt ihr hin und wieder eine Begegnung, selbst wenn es nur im Supermarkt sein sollte. Ihr alle seid als Lichtarbeiter äußerst offen für die inneren Reiche des Lichts und alle Aktivitäten, die grundsätzlich auf den Inneren Ebenen geschehen. Dabei seid ihr durch die wahre Natur eures Licht-und-Liebe-Selbstes geschützt, und dennoch seid ihr, wie gesagt, auch verwundbar.

Ein Beispiel: Ein Mitglied (oder mehrere) aus der Gruppe, in der ihr euren Dienst leistet, hat gerade ein paar Probleme, wie die meisten unter euch ja diese Phase des schnellen Übergangs bewältigen müssen. Ihr verbindet euch in eurer Meditation bewusst mit diesem Gruppenbewusstsein (oder es geschieht unbewusst), und weil ihr telepathisch mit dieser Gruppe verbunden seid, können sich die ausströmenden Energien dieses inneren Kampfes in Richtung eurer Aura bewegen. Im Grunde ist das sogar in Ordnung, denn es ist Teil des Lernprozesses, wie ihr euch in größeren Gruppen verhalten sollt; außerdem gehört es zu eurem Aufstiegsprozess. Doch dieses Problem kann sehr leicht bewältigt werden, indem ihr mich einfach um meinen Schutz bittet – und Schutz biete ich euch im Überfluss, ihr Lieben, denn das ist meine spezielle Aufgabe. Auf diese Weise werde ich euch nach eurer Anrufung mit meinem schützenden Schwert umgeben, mit dem Feuer seiner Kraft und Stärke umhüllen und euch davor beschützen, offen für irgendwelche Störungen zu sein. Mit Hilfe dieses Schutzes könnt ihr dann leichter eure Aufgaben und Funktionen ausüben und eure Sensibilität bewahren.

Betrachten wir noch etwas anderes. Die absichtliche Härte, die eure Welt so grundlegend prägt, verursacht oft tiefe Verletzungen und wir auf den höheren Ebenen wissen das. Ruft deshalb mich und mein Schwert an, das um so viel stärker ist als alles, was euch verletzen könnte und ich werde alles durchtrennen und beseitigen, was man euch entgegen schleuderte und ihr in eure sensible Aura aufgenommen habt. Erkennt auch, meine Geliebten, ich bitte euch, dass ihr mich um meinen immer währenden Schutz auf den Inneren Ebenen bittet. Die Zeit wird kommen, das verspreche ich, wenn eure Stärke an die Stelle eurer Empfindsamkeit treten wird, doch für die meisten unter euch ist es noch nicht soweit. Lasst mich deshalb wie eine Mauer zwischen euch und allen negativen Energien stehen, die Chaos auf den niederen astralen und mentalen Ebenen bewirken und in alle Schwachstellen eurer Psyche dringen könnten, die ihr vielleicht noch habt.

Was ich im Grunde sagen möchte, ist: Ich bin für euch da und wünsche nichts weiter, als euch zu dienen. Der Pfad, der weiter vorwärts und nach oben führt, erhöht eure Sensibilität auf Grund der wahren Natur dieses Pfades und es ist meine göttliche Berufung, meine kosmische Aufgabe, dass ich mein Schwert mit voller Kraft als Schutz für alle Pilger dieses Pfades leuchten lasse, wenn ihr nur darum bittet. Erbittet viel von mir, meine Geliebten, denn ich habe euch viel zu geben. Ich werde als euer Beschützer dienen und ihr benötigt diesen Schutz, da eure Nervensysteme immer feiner werden. Ich werde euch auch lehren, wie ihr euch selber schützen könnt. Wenn ihr mich anruft, euch auf mich einstimmt und mich euch dienen lasst, werdet ihr zugleich auch von mir lernen. Bewahrt eure Sinne dennoch nicht vor Überraschungen, denn diese Verfeinerung ist sehr wesentlich für eure Entwicklung. Doch wie dem auch sein mag, verlängert nicht ein unnötiges Leiden, wenn ich an dieser Stelle euren Ruf nach Schutz erwarte, denn das ist mein Wesen, mein Dienen, meine Freude. Zu lieben, zu dienen, zu beschützen - das ist es, was und wer ich bin.
In Liebe, euer Erzengel Michael.

Abschließende gechannelte Botschaft von Erzengel Metatron

Willkommen in den Sphären des Lichts. Ihr alle, die ihr die Reise durch die Seiten dieses Buches, des *Kosmischen Aufstiegs*, unternommen habt, habt viel mehr getan, als einfach nur zu lesen. Ihr habt dabei euer Gehirn über den niederen und höheren Aspekt eures Verstandes mit einer tiefen und immerwährenden Quelle des Lichts verbunden. Was wir dabei getan haben (mit „wir“ meine ich die planetaren und kosmischen Meister, die mit euch arbeiten), ist, euch zu helfen und zu leiten bei dieser großen Begegnung mit diesen Lehren, und mitzuhelfen, die verschiedenen Reiche in euch zu öffnen. Wir taten dies in der Hoffnung, dass jeder unter euch den heiligen Ort im Inneren finden möge, an dem vielleicht die Wahrheit der kosmischen Offenbarung und die Wahrheit, Liebe und Weisheit in den Worten, die auf diesen Seiten und in euch selbst enthüllt wurden, im Einklang schwingen können.

Was ich tat, und was ich jetzt und immer dann tue, wenn ihr euch einstimmt auf die Wirklichkeit der höheren kosmischen Natur, ist, euch mit meinem Licht zu beschenken, damit ihr in der ursprünglichen Substanz des Lichtes selbst badet, und es begierig in euch aufnehmt, zu ihm werdet und folglich in ihm die tiefst mögliche Erfahrung jener Wahrheit erlebt, die aus euch leuchtet und als die ihr selbst erstrahlt. Ich bin der Erzengel des Lichts, das ihr mit einem Feuer vergleichen würdet. Ein Feuer, welches brennt, doch nicht verzehrt, das *Zohat*, das kosmische Feuer. Ich möchte für euch der Hüter dieses Feuers sein, stets darauf bedacht, dass dieses Licht und Feuer brennt.

Ich erleuchte euch mit meinem Licht und helfe so, alle göttlichen Aspekte in euch zu jedem Zeitpunkt zu der höchstmöglichen Ebene zu bringen, auf der sie schwingen können. Daher bin ich eure Quelle der Erleuchtung für eure allumfassende und bedingungslose Liebe, für eure stetig sich erweiternde Weisheit, für eure zunehmende göttliche Kraft (die Kraft des Willens zum Guten), und ich bin die Quelle der Erleuchtung für alles, was euer Prozess des Aufstiegs noch enthüllen wird.

So wie bei allen kosmischen Meistern, die das Unendliche, die Tiefe und die Fülle dieses *Einen* umfassen und umhüllen, bin ich eins mit euch, während ich selbst jemand bin, der schon vor langer Zeit die spezielle Aufgabe übernahm, diesen besonderen Aspekt zu bewahren, den man als Licht bezeichnet. Aus diesem Grunde bin ich in euch und transzendiere euch und stehe euch zur Seite, um euch zu helfen mit der Strahlung meines Seins. Selbst während ich versuche, in Kommunikation mit euch zu sein, was ich viel eher am Ende dieses Buches (wann immer ihr in diesen Seiten lest oder über diese großen Themen nachdenkt) tun und euch verfügbar machen sollte, ist, euch diesen Weg zu Einsicht und Verständnis aller Wahrheit zu erleuchten. Es wurde einmal sehr treffend bemerkt, dass derjenige, der sich vor dem Licht nicht fürchtet, nichts mehr zu verbergen hat. Mein Wunsch ist nun, dass ihr alle wisst, dass ihr tatsächlich nichts verbergen müsst und ihr könntet doch in Wahrheit niemals etwas verbergen, denn Licht durchdringt das ganze Universum, und trachten sollt ihr danach, das zu transzendieren und zu transformieren, wovor ihr fliehen und euch verbergen wollt.

Alles ist nun offenbart, ihr Flammen meines Herzens. Feuer aus meinem Feuer, Herzen aus meinem Herz - denn das Licht bringt alles ans Licht, und es gibt keinen Grund, sich vor dem zu fürchten, was die Erleuchtung mit sich bringt. Wir aus den kosmischen Reichen, die wir die Verkörperung dessen sind, was ihr versucht, in euch zu enthüllen, sind immer da, um euch zu lieben und zu führen auf eurer eigenen planetaren und kosmischen Reise des Aufstiegs. Das Licht hat keinen anderen Wunsch, als noch mehr zu erleuchten, noch intensiver das ans Licht zu bringen, was verborgen ist und das ist meine Aufgabe.

Aus diesem Grund ist mein Geschenk eines der Erleuchtung. Es entspringt sowohl der Quelle des Schweigens als auch der Quelle jener Worte, mit denen ihr euch jetzt befasst und die ihr in euch aufgenommen habt über den Verstand. Ich rufe euch jetzt auf, am Ende dieses höchst gesegneten Buchs über die Enthüllung dieser heiligsten Mysterien mit dem Titel *Kosmischer Aufstieg* zu meditieren. Bei jedem Lesen wird sich euer Verständnis mehr vertiefen – so wie es auch geschehen wird, wenn ihr darüber nachdenkt, was hier geschrieben steht. Doch wenn ihr dieses hier enthaltene Licht nicht in euch aufnehmt, wird alle Weisheit, Liebeund Wahrheit, die sich hier findet, nur am äußeren Rand eures Bewusstseins bleiben.

Im Interesse und im Geist der Integration dieser Wahrheiten und Offenbarungen in das Innerste eures Selbst werde ich euch jetzt sanft in die Meditation geleiten. Schließt nun das Buch (ausgenommen diese letzten Seiten) und beendet alles dritt- und vierdimensionale Denken. Und wenn ihr könnt, dann nehmt diese Meditation auf Band auf, damit es nichts außer der leisen und unmittelbaren Stimme gibt, die euch durch die Stille führt.

Nimm einen tiefen Atemzug und beende mit dem Ausatmen deinen Denkprozess. Sage zu dir: Ich, der ich aus Licht bin, habe über das Licht gelesen und nachgedacht und strebe jetzt danach, mich mit dem Licht zu vereinen und zu verschmelzen, das ICH BIN. Lord Metatron verkörpert Licht und wird mich jetzt – auf meine Bitte hin, und in der absoluten Stille jener Leere ohne Gerede – mit diesem Licht verschmelzen, das ICH BIN, und in jeden Anteil meiner selbst Erleuchtung bringen.

Alles, was ich wissen möchte, wird mir jetzt und in Zukunft enthüllt werden, während ich jetzt den wahren Atem der Lichtsubstanz einatme. Ich erlaube deshalb allen Zellen in allen meinen Körpern, ihr Strahlen zu verstärken und durch diesen direkten Kontakt alles zu wissen, was ich durch Lesen und durch Nachdenken erfahren habe. So wie es ein Einatmen und Ausatmen gibt, gibt es auch eine Zeit des Studierens, Nachdenkens und der Betrachtung, und es gibt eine Zeit der Integration von allem, was ich betrachtet habe. Als Licht öffne ich mich dem größeren Licht; ich vereine den Funken mit der Flamme und bin nichts weiter als Erleuchtung. Und so sitze ich schweigend und lasse zu, dass sich mir die Wahrheit des Lichtes offenbart.

Setze dich dann in der ruhigen Stille der Einheit zwischen Funke und Flamme, zwischen Flamme und kosmischem Feuer, wodurch du dem inneren Licht erlaubst, eins zu werden mit dem strahlendsten Licht. Erlaube, dass Weisheit von dir Besitz ergreift, und wisse, dass ich da bin und diesen Prozess begleite. Wiederhole dies nach jeder Phase des Studierens, und mehr und mehr Licht wird sich über der Weisheit, der Liebe und dem Licht verbreiten, über die du nachgedacht hast, indem du dir diese Zeit der Meditation genommen hast (und es muss nicht lange dauern, obwohl du länger sitzen bleiben solltest, wenn es dir danach ist). Du hast die Garantie, dass du die Wahrheit auf allen Ebenen deines Seins in einer umfassenden und integrierten Weise aufnehmen wirst. Das, worüber du bis dahin nur nachgedacht hast, wirst du jetzt werden, und folglich werden alle Dinge im Lichte der Erleuchtung offenbart sein.

Beende dann die Meditation mit diesen Worten: „Mögen Licht, Liebe und Kraft in Fülle für immer zu mir herabkommen, so wie ich zu ihnen in Fülle aufsteige. Om, Om, Om.

Dann widme dich in Stille deiner nächsten Aufgabe, in dem Wissen, dass eine größere und wundersame Erleuchtung in dir geschieht. Und so kommt es, dass sich die Weisheit jener Worte (die auf diesen Seiten offenbart werden, während du sie wieder und wieder studierst) und die Weisheit, die aus der Stille geboren wurde, als ein Licht in dir vereinen und zur angemessenen Zeit ans Licht bringen, wonach es dich zu wissen dürstet.

Im Licht bin ich, in Liebe diene ich, in Wahrheit bin ich offenbart, Erzengel Metatron. *(Diese Meditation befindet sich u.a. auf der CD "Metatron" aus dem Lippert-Verlag).*

Ein besonderer Dank

Ich möchte Zandria Louise Fossa meinen besonderen Dank für ihre wunderbare Unterstützung aussprechen. Sie hat die Manuskripte meiner Bücher in den Computer getippt und mir bei vielen Grafiken geholfen. Ihre Hingabe und ihr Engagement haben es mir ermöglicht, meinen kreativen Fluss des Schreibens neuer Bücher aufrechtzuerhalten, anstatt mich in den zeitraubenden Aspekten der Autorenschaft zu verlieren.

Über den Autoren

Dr. Joshua David Stone war Doktor für Transpersonale Psychologie und ein anerkannter Ehe-, Familien- und Kinderberater in Kalifornien. Auf der spirituellen Ebene verankerte er die I AM University - einen integrierten Ashram auf der inneren und äußeren Ebene, der alle Wege zu Gott repräsentiert. Er diente als einer der Sprecher der planetaren Aufstiegsbewegung. Dr. Joshua David Stone ging 2005 in die Geistige Welt hinüber.

Kontaktadresse I AM University:

Gloria Excelsias
Postfach 14, A-4866 Unterach am Attersee / Österreich
Tel: (0043)-7665-60276
Fax: (0043)-7665-60277
www.iamuniversity.org
info@iamuniversity.org

Weitere Bücher von Dr. Joshua David Stone

Bitte fordern Sie die kostenlosen Verlagsinformationen an (s.S. 4)!

Wir liefern portofrei bei Bestellung direkt beim Verlag !

Die leicht zu lesende Enzyklopädie des spirituellen Pfades

Für diejenigen, die zwar die Absicht haben, die gesamte Geschichte der Spiritualität zu studieren, denen jedoch die Lebenszeit, die es benötigen würde, zu kurz ist, stellt diese Bücherserie ein großes Geschenk dar. Dr. Stone hat das Essentielle seiner ausgedehnten Forschungen und intuitiven Informationen zusammengetragen und beides zu einer einfachen und fesselnden Erforschung der Selbstverwirklichung verknüpft.

1. Band: Das komplette Aufstiegs-Handbuch

- Wie man den Aufstieg in diesem Leben erreicht

416 S., gebunden, EUR 29,90 / CHF 54,80 ISBN 978-3-933470-60-7

2. Band: Seelenpsychologie

- Psychologie der Seele - Die spirituellen Schlüssel zum Aufstieg

- 448 S., gebunden, EUR 32,90 / CHF 59,80 ISBN 978-3-933470-61-4

3. Band: Der Pfad des Aufstiegs

- Ein Wegbegleiter

288 S., broschur, EUR 22,90 / CHF 39,80 ISBN 978-3-933470-63-8

4. Band: Aufgestiegene Meister weisen den Weg

- Leuchtfeuer des Aufstiegs

320 S., gebunden, EUR 27,90 / CHF 51,80 ISBN 978-3-933470-64-5

5. Band: Integrierter Aufstieg

- Offenbarungen für das neue Jahrtausend

448 S., gebunden, EUR 31,90/ CHF 56,80 ISBN 978-3-933470-65-2

6. Band: Aufstiegskurse

224 S., broschur, EUR 23,90/ CHF 40,80 ISBN 978-3-933470-66-9

7. Band: Spirituelle Achtsamkeit

im Angesicht des Terrorismus - Enthüllte Wahrheit und Weisheit Gottes!

176 S., broschur, EUR 16,90/ CHF 29,80 ISBN 978-3-933470-67-6

8. Band: Verborgene Mysterien

448 S., gebunden, EUR 31,90/ CHF 56,80 ISBN 978-3-933470-68-3

9. Band: Wie man sich vom negativen Ego befreit

320 S., gebunden, EUR 26,90/ CHF 50,80 ISBN 978-3-933470-69-0

10. Band: Der Integrierte Lichtkörper

288S., broschur, EUR 24,90/ CHF 42,80 ISBN 978-3-933470-70-6

11. Band: Goldene Schlüssel für Aufstieg und Heilung

248S., broschur, EUR 23,90/ CHF 39,90 ISBN 978-3-933470-71-3

12. Band: Quan Yins Meisterprinzipien
für Gesundheit, Kraft und Fülle

224 S., broschur, EUR 19,90/CHF 32,80 ISBN 978-3-933470-72-0

13. Band: Sanandas Aufstiegslehren für das Neue Zeitalter -Ein Wegweiser für Suchende

2 40 S., broschur, EUR19,90/CHF 35,80 ISBN 978-3-933470-73-7

....

Renate Lippert - Das Geheimnis der Bejahungen

- Ein täglicher Begleiter für das spirituelle Wachstum

96S., broschur, EUR 12,90/CHF 21,90 ISBN 978-3-933470-12-6

Eine umfassende Auflistung sehr wirkungsvoller Bejahungen für die verschiedenen Bereiche des Lebens wie Gesundheit, Erfolg, Wohlstand, Glück, spirituelles Wachstum etc. läßt dieses Buch zu einem unverzichtbaren täglichen Begleiter werden.

....

Die Arcturianer - 4 Bände von David K. Miller

Band 1: Verbindung mit den Arcturianern

266S. , broschur EUR 21,90/CHF 37,80 ISBN 978-3-933470-21-8

Band 2: *Die Lehren vom Heiligen Dreieck Buch 1*

Buch incl. CD

266S., broschur, EUR 27,90/CHF 49,80 ISBN 978-3-933470-22-5

Band 3: *Die Lehren vom Heiligen Dreieck Buch 2*

272 S., br., Vierfarbtafeln, EUR 22,90/CHF 39,80, ISBN 978-3-933470-24-9

Band 4: *Die Lehren vom Heiligen Dreieck Buch 3*

272 S., br., Vierfarbtafeln, EUR 22,90/CHF 39,80, ISBN 978-3-933470-25-6

Kiara Windrider - Das Portal zur Ewigkeit

Brosch. 400S., 13farbig, ISBN 978-3-933470-20-1 EUR 24,90/CHF 49,90

"...Das Portal zur Ewigkeit ist genau das, was der Titel verspricht und bringt den Leser punktgenau in das Herz, die Gedanken und den Geist dessen, was IN EWIGKEIT EXISTIERT. Eine der intensivsten Beschreibungen einer Reise durch die großen Mysterien des Lebens, gleichzeitig jedoch auch eine der liebevollsten und sanftesten. Ein Muß für alle, welche die wahre Natur der Realität, des Aufstiegs, des Wachstums und des Seins erforschen wollen." *Rev. Janna S. Parker, Channel für Quan Yin*

CD 1 zum Buch "Das Portal zur Ewigkeit"

Geführte Meditationen:

Die Vipassana Meditation / Die Zeitlinien-Heilung.
In Deutsch gesprochen von Rudolf Lippert/ Musik Paul Armitage.
Preis: EUR 19,90/CHF 32,90 ISBN CD1: 978-3-933470-42-3

3 CD-Set - Dr. Stone

Preis Set EUR 59,90/CHF 99,90

In Deutsch gesprochen von R. Lippert

Einzeln EUR 21,90/CHF 35,90

1 CD Aufstieg ISBN 978-3-470-39-3

1. Die große Aufstiegsmeditation 48:00
2. Die 50 Punkte umfassende kosmische Reinigungsmeditation 21:00

2 CD In der Goldenen Kammer von Melchizedek ISBN 978-3-470-38-6

1. In der Goldenen Kammer von Melchizedek 30:00
2. Aktivierung der Göttlichen Mutter und der Meisterinnen 37:00

3 CD Aufstiegsaktivierungen ISBN 978-3-470-37-9

1. Aufstiegsaktivierungen 17:00
2. Aufstiegsplatz Gottes 21:00
3. Verankerung der kosmischen Strahlen 23:00
4. Anrufung der Heilengel 10:00

....

CD Mahatma ISBN 978-3-933470-47-8 EUR 19,90 / CHF 32,90

Die Mahatma-Energie ist die zur Zeit wichtigste und höchste Energie, die wir auf der Erde erfahren können. Sie führt uns die 352 Ebenen des göttlichen Bewusstseins hindurch direkt zur Urqelle. Das Besondere ist: Wir können die Mahatma Energie bitten, uns bei speziellen persönlichen Problemen zu helfen. Wir können zudem darum bitten, dass sie unseren Körper und unser Wesen heilt. Dauer 57:07.

....

CD Saint Germain ISBN 978-3-933470-50-8 EUR 19,90 / CHF 32,90

1.) Einführung 2.) Reinigungsmeditation Violette Flamme 3.-9.) Anrufung Nr. 1-7 10.) Meditation Dreifaltige Flamme 11.) Anrufung ICH BIN Gegenwart 12.) Übung ICH BIN Kraft 13.) Anrufung der göttlichen Liebe 14.) Entfaltung der göttlichen Liebe 15.) Affirmation 16.) Schutzmantel Meditation. Gesamtspieldauer 79:35.

Saint Germain *Crea und Sananta*

broschur 128 S., EUR 15,90/ CHF 29,80 ISBN 978-3-933470-08-9
Durchgaben, Anrufungen und Meditationsübungen von SAINT GERMAIN. Eine Beschreibung des Wirkens dieses großen Meisters. Reinigung und Umwandlung mit der Violetten Flamme.

Sananda *Crea*

broschur 152 S., EUR 16,90/ CHF 29,80 ISBN 978-3-933470-02-7
Eine Zusammenfassung wertvoller Durchgaben und Meditationsübungen von SANANDA, die das Wirken dieses großen Meisters beschreibt.

LICHT - MEDITATIONEN Bd. 1+2 *Sananta*

mit Engeln und Aufgestiegenen Meistern, brosch.128 S., EUR 15,90/ CHF 29,80, ISBN Band 1: 978-3-933470-09-6 / ISBN Band 2: 978-3-933470-11-9

Alle Meditationen auch geführt auf CD erhältlich!

Die regelmäßige Anwendung dieser Meditationen bewirkt eine Erhöhung der persönlichen Schwingung und unterstützt die eigene geistige Entwicklung. Diese Meditationen umfassen unter anderem Themen wie: Geistigen Schutz, Heilung, Reinigung, Erdung, Licht, Vergebung, Loslassen, Freude, Liebe, Frieden...

El Morya *Crea*

broschur 96 S., EUR 8,90/ CHF 16,80 ISBN 978-3-933470-01-0

Eine Zusammenfassung wertvoller Durchgaben und Meditationsübungen von EL MORYA, die das Wirken dieses großen Meisters beschreibt.

Maria - Die Ankunft des Lichtkindes *Sananta*

broschur 72 S., EUR 8,90/ CHF 16,80 ISBN 978-3-933470-00-3
Empfängnis, Schwangerschaft, Geburt
und Kindheit aus geistiger Sicht.

Bitte fordern Sie unser kostenloses Verlagsprogramm an!

Lippert-Verlag, Hartgass 9, D-88639 Wald, Tel. 07578-2229, Fax -/933194
service@lippert-verlag.de